Schriftenreihe der Deutschen Akademie
für Kinder- und Jugendliteratur Volkach e.V.

Band 25 – 2000

MÄRCHEN – KINDER – MEDIEN

Beiträge zur medialen Adaption von
Märchen und zum didaktischen Umgang

Herausgegeben von

Kurt Franz und Walter Kahn

Schneider Verlag Hohengehren GmbH

Umschlagentwurf:
Wolfgang H. Ariwald, 59519 Möhnesee

Gedruckt mit finanzieller Unterstützung der Märchen-Stiftung Walter Kahn

---

Die Deutsche Bibliothek – CIP-Einheitsaufnahme

Ein Titelsatz für diese Publikation ist bei
de Deutschen Bibliothek erhältlich

ISBN 3-89676-334-2

Alle Rechte, insbesondere das Recht der Vervielfältigung sowie der Übersetzung, vorbehalten. Kein Teil des Werkes darf in irgendeiner Form (durch Fotokopie, Mikrofilm oder ein anderes Verfahren) ohne schriftliche Genehmigung des Verlages reproduziert werden.
© Schneider Verlag Hohengehren, 2000.
Printed in Germany – Druck: Wilhelm Jungmann Göppingen

Inhaltsverzeichnis

Kurt Franz
Märchen-Diskussion heute
Zur Einführung in diesen Band 1

Walter Kahn
Warum das Symposion *Märchen in modernen Medien?* 5

Heinz-Albert Heindrichs
Das Märchen – eine Urform synästhetischen Erlebens 7

Helga Zitzlsperger
Märchenrezeptionen von Kindern 14

Ingrid Bergmann
Das Sinnbild der Verantwortlichkeit im Märchen und seine Bedeutung für
die Entwicklung ethischer Werte beim Kinde
Dargestellt am Beispiel *Die Bienenkönigin* KHM 62 31

Brigitta Schieder
Märchenarbeit aus dem Blickwinkel von Logotherapie und Existenzanalyse
oder Unter welchen Bedingungen Leben glücken kann 50

Linde Knoch
Märchen und Medien 60

Christoph Schmitt
Mündliches und mediales Erzählen
Klischees zum Phänomen filmischer Märchenbearbeitung 67

Horst Heidtmann
Medienadaptionen von Volksmärchen 82

Lutz Röhrich
GrimmSalabim – die neuen Märchen der Brüder Grimm auf dem Weg zum
Klassiker? 99

Helmut Fischer
Grimms Märchen: neu erzählt, modern, ent-grimmt und
ver-simsalagrimmt 108

Joachim Giera
„Es ist, was es ist ...?   117

Christoph Schmitt
unter Mitarbeit von Dörthe Kriedemann und Conny Schmidt
Goldesel mit Gütesiegel
Die weltmarkterobernde Zeichentrickserie *SimsalaGrimm* auf dem
Prüfstand   120

Karin Richter
Veränderte Kindheit und Märchenrezeption unter gewandelten gesellschaftlichen und medialen Bedingungen   134

Suse Weiße
Simsala versus Grimm?
Eine empirische Untersuchung über die Rezeption von Märchen und
Märchentrickfilm in Berliner Grundschulen   145

Kristin Wardetzky
Märchen als Erzählung und Trickfilm – Eine rezeptionspsychologische Vergleichsuntersuchung   158

Helge Weinrebe
Hand in Hand im Medienland
Zur Wirkung von *SimsalaGrimm*-Filmen   171

Diskussion beim Märchen-Symposion Volkach 2000   180

Über die Autoren und Autorinnen   214

KURT FRANZ

Märchen-Diskussion heute
Zur Einführung in diesen Band

Das Märchen ist tot! Wie oft wurde diese Feststellung schon getroffen, vor allem von den Ideologiekritikern der siebziger und achtziger Jahre des 20. Jahrhunderts, deren imitierend-parodierende, sozialhygienische Märchenversionen meist einen faden und kaum nennenswerten verfremdeten Abklatsch der 'Originale' darstellten. Literatur war das – bei aller Berechtigung und Notwendigkeit von Parodie, Kontrafaktur und Travestie – in den seltensten Fällen, vom pädagogischen Wert ganz zu schweigen.

Das Märchen lebt! Kaum eine Behauptung lässt sich gegenwärtig leichter verifizieren als diese, natürlich vor allem bezogen auf die narrativen Ausprägungen durch die Brüder Grimm. Die *Kinder- und Hausmärchen* sind zum exemplarischen Typ des Volksmärchens schlechthin geworden, und das schon sehr früh. Bereits im ersten Drittel des 19. Jahrhunderts lösten sie, vor allem zusammen mit den kurzen Geschichten des 'Hausfreunds' Johann Peter Hebel und einiger anderer, die traditionelle moralische Erzählliteratur im elementaren Schulunterricht, in den Lehrplänen und im Lesebuch, ab. Ein verbreitetes pädagogisches Standardwerk, die *Encyklopädie des gesammten Bildungs- und Unterrichtswesens* (8. Bd., 1870), verwendet – heutige Begriffe wie 'Grimm-Gattung' u.a. vorwegnehmend – die Doppelformel „Grimm-Hebelsche Erzählung" und assoziiert mit dieser Kurzformel „sogar die Vorstellung eines einheitlichen literarischen Typus".[1]

Abgesehen von dieser auch ansonsten häufigen Inbezugsetzung steht fest, dass die 'aus dem Volk' stammenden Märchen durch die Sammlung und Adaption der Brüder Grimm Literatur, ja Weltliteratur geworden sind (ähnlich auch Johann Peter Hebels *Schatzkästlein des rheinischen Hausfreunds* von 1811). Diese feste poetische Gestalt schränkt die allgemeine Berechtigung, mit ihnen – wie mit jeder Literatur – kreativ-verändernd umzugehen, zwar nicht ein, doch sollte man sich dessen bewusst sein, dass es sich bei diesen literarisierten Volksmärchen nicht mehr um eine willkürlich verfügbare orale Stoffmasse handelt. Die Frage nach der 'Unantastbarkeit', nach dem sakrosankten Charakter von Literatur überhaupt, aber auch nach dem akzeptablen Grad willkürlicher Verfügbarkeit wird heute ebenso noch gestellt, auch in der am Schluss dieses Bandes abgedruckten Diskussion.

Dass das Märchen lebt, nicht zuletzt auch durch mediale Vermittlung und Anverwandlung, zeigen gegenwärtige, nicht nur für den Grundschulbereich konzipierte Lehrpläne und Lesebücher, zeigt die Anzahl der Gesamt- und Einzelausgaben, etwa in hervorragend illustrierten Märchenbüchern, zeigt die immerwährende Diskussion um den ästhetischen, erzieherischen, therapeutischen Wert, zeigt die unablässig tätige Erzählforschung in Volkskunde und Germanistik[2], aber auch das Bemühen um Förderung durch Verbände und Institutionen wie etwa die *Europäische Märchengesellschaft* oder die *Märchen-Stiftung Walter Kahn*. Hinzu treten immer mehr museale Einrichtungen und touristische Aktivitäten.

Vorliegender Sammelband ist ein weiterer Mosaikstein in diesem Diskurs. Er basiert auf den Beiträgen des **Symposions Märchen in modernen Medien**, das am 8. und 9. Mai 2000 in der *Deutschen Akademie für Kinder- und Jugendliteratur* in Volkach (Schelfenhaus) unter starker Beteiligung von Fachleuten und verschiedener Institutionen stattfand. Hauptinitiator war die Märchen-Stiftung Walter Kahn, von der die Veranstaltung finanziell getragen wurde. Anlass war durchaus ein aktueller, denn die Zeichentrickfilm-Serie *SimsalaGrimm*, deren erste 26 Folgen 1999 und 2000 auf verschiedenen Fernsehkanälen liefen bzw. noch laufen und deren Nachfolgeproduktionen, darunter auch ein Kinofilm, schon in Sicht sind, löste von Anfang an hitzigste Diskussionen aus – aber auch einen Sturm der Entrüstung bei Märchenfreunden.

Diese Entrüstung gründet nicht zuletzt auf der Tatsache, dass diese Fernsehserie von verschiedenen Seiten a priori nicht nur legitimiert, sondern auch durch Aktivitäten unterstützt wurde, und zwar ausgerechnet von relevanten Institutionen, denen man etwas mehr Feingefühl und Kompetenz zugetraut hätte. Das sind vor allem das *Brüder Grimm-Museum Kassel*, das der Serie ein im Abspann der Filme und in der Werbung entsprechend häufig verwendetes 'Gütesiegel' verlieh, und die *Stiftung Lesen*, die in einer Großaktion die Kindergärten mit einer umfassenden Broschüre und Begleitmaterial auf den Umgang mit diesen Märchenfilmen einstimmte. Als Hauptvorwurf wird hier wohl mit Recht erhoben, dass man bei der 'gut gemeinten' Zielsetzung, zum Lesen zu erziehen, nicht bedacht oder in Kauf genommen hat, dass eine solche Aktion bei noch leseunmündigen Kindern eigentlich nur auf eine Motivation zum Fernsehen hinauslaufen kann.

Der Band **Märchen – Kinder – Medien** bietet zum einen die Texte der Referate und der abschließenden Diskussion bei diesem Symposion, zum andern wurden im Hinblick auf einen breiteren Diskurs und im Sinne einer allgemeineren Einführung in den gesamten Gegenstandsbereich weitere neuere Beiträge mit einbezogen, die eng in den Zusammenhang mit der gegenwärtigen Diskussion um Medienadaptionen, speziell auch *SimsalaGrimm*, stehen, die aber teilweise vereinzelt an verschiedenen, nicht immer leicht zugänglichen Orten publiziert sind.

Die Beiträge, deren Quelle gegebenenfalls im Folgenden angeführt wird, sind so angeordnet, dass sie inhaltlich eine Abfolge ergeben vom eher Allgemeinen zum Besonderen hin, d. h. von allgemeinen Ausführungen zum Märchen über die Problematik medialer Adaption bis hin zur kritischen Auseinandersetzung mit *SimsalaGrimm* speziell. Im zweiten Teil werden auch stärker Ergebnisse geboten, die auf empirischen Untersuchungen beruhen, einschließlich didaktischer Aspekte, die sich als Gliederungsprinzip insgesamt nicht anboten, da sie in fast allen Beiträgen eine mehr oder weniger große Rolle spielen. Bewusst wurde darauf geachtet, dass verschiedene Ansätze des Umgangs mit dem Märchen, unterschiedliche Erfahrungen, Meinungen und Einstellungen zu Wort kommen.

Alle Fragen, die **Walter Kahn** im Vorspann zur Einladung zu diesem Symposion aufgeworfen hatte (s. den Beitrag *Warum das Symposion 'Märchen in modernen Medien'?*), wurden in Referaten aufgegriffen und ausführlich diskutiert. Dies konnte selbstverständlich meist nicht abschließend geschehen, aber vieles wurde bewusst gemacht, vertieft und auf mögliche Lösungen hin evaluiert.

Mit der Form des Märchens und genuinen Wirkungsweisen setzt sich **Heinz-Albert Heindrichs** im Beitrag *Das Märchen – eine Urform synästhetischen Erlebens* auseinander (in: Medien erzählen Märchen. Hrsg. v. der Märchen-Stiftung Walter Kahn, 2000; Umgang mit Märchen, H. 7, S. 20-27). Grundlegende gattungstypologische, pädagogische, psychologische und didaktische Überlegungen stellt **Helga Zitzlsperger** im Beitrag *Märchenrezeptionen von Kindern* (Referat) an.

Der Psychotherapie und der Existenzanalyse nach V. E. Frankl verpflichtet sind die beiden folgenden Beiträge. **Ingrid Bergmann** (*Das Sinnbild der Verantwortlichkeit im Märchen und seine Bedeutung für die Entwicklung ethischer Werte beim Kinde;* in: Märchenspiegel 4/1996, S. 63-70) verdeutlicht ihre allgemeinen Ausführungen im Schlussteil am Grimm-Märchen *Die Bienenkönigin* (KHM 62); ähnlich **Brigitta Schieder**, die in *Märchenarbeit aus dem Blickwinkel von Logotherapie und Existenzanalyse oder Unter welchen Bedingungen Leben glücken kann* (in: Märchenspiegel 2/2000, S. 66-69) den Leser in Grundbegriffe der Logotherapie und Existenzanalyse einführt und dies am Märchen vom *Mannl Spanneland* exemplfiziert.

Einen einführenden Überblick zum Verhältnis *Märchen und Medien* (in: Märchenspiegel 1/2000, S. 8-10) gibt **Linde Knoch**, während sich **Christoph Schmitts** Beitrag *Mündliches und mediales Erzählen – Klischees zum Phänomen filmischer Märchenbearbeitung* (in: Medien erzählen Märchen. Hrsg. v. der Märchen-Stiftung Walter Kahn, 2000; Umgang mit Märchen, H. 7, S. 5-19) in vergleichender Weise auf den spezifischen Code der Märchenverfilmung konzentriert.

Horst Heidtmann beschäftigt sich umfassend mit *Medienadaptionen von Volksmärchen* (Referat) in den letzten Jahrzehnten, vor allem aber in der Gegenwart, und bietet dabei auch zahlreiches statistisches Material. Hatte er schon die Zeichentrickfilm-Serie *SimsalaGrimm* in seine Betrachtungen mit einbezogen, so folgen jetzt Beiträge, die dies analytisch und didaktisch teilweise ausschließlich tun. Kritische Analysen von *SimsalaGrimm* und Vergleiche mit den 'Originalen' bieten in detaillierter Weise **Lutz Röhrich** (*GrimmSalabim – die neuen Märchen der Brüder Grimm auf dem Weg zum Klassiker?;* Originalbeitrag), **Helmut Fischer** (*Grimms Märchen: neu erzählt, modern, ent-grimmt und ver-simsalagrimmt;* in: Märchenspiegel 1/2000, S. 43-46), **Joachim Giera** („*Es ist, was es ist ...*"; in: Märchenspiegel 1/2000, S. 11-12) und **Christoph Schmitt** unter Mitarbeit von **Dörthe Kriedemann** und **Conny Schmidt** (*Goldesel mit Gütesiegel – Die weltmarkterobernde Zeichentrickserie 'SimsalaGrimm' auf dem Prüfstand;* in: SimsalaGrimm – Klimbim? Hrsg. v. der Märchen-Stiftung Walter Kahn, 2000; Umgang mit Märchen, H. 6, S. 4-18).

Die letzten vier Beiträge schließen sich stofflich hier an, doch liefern sie hauptsächlich Erkenntnisse aus empirischen Untersuchungen, wobei **Karin Richter** in ihrem

Referat *Veränderte Kindheit und Märchenrezeption unter gewandelten gesellschaftlichen und medialen Bedingungen* noch in einem weiteren Kontext nach medialen Interessen von Kindern fragt.

Ausführlich mit dem Umgang von Grundschulkindern mit dem Erzähltext bzw. mit *SimsalaGrimm* und den Wirkungsweisen beschäftigen sich **Suse Weiße** in ihrem Referat *Simsala versus Grimm? Eine empirische Untersuchung über die Rezeption von Märchen und Märchentrickfilm in Berliner Grundschulen* (vgl. die inzwischen veröffentlichte Untersuchung[3]) und **Kristin Wardetzky** in ihrem Referat *Märchen als Erzählung und Trickfilm – Eine rezeptionspsychologische Vergleichsuntersuchung.* Dabei werden erstaunlich unterschiedliche Formen des rezeptiven Umgangs mit dem Erzähltext einerseits und mit *SimsalaGrimm* andererseits sichtbar. Hier spielt – ähnlich wie im Beitrag von **Helge Weinrebe**, *Hand in Hand im Medienland – Zur Wirkung von SimsalaGrimm-Filmen* (in: Märchenspiegel 1/2000, S. 46-48) – auch die kreativ-zeichnerische Annäherung der Kinder eine vielsagende Rolle. Das vorliegende Bildmaterial, das beim Symposion teilweise vorgestellt wurde, kann hier aus verschiedenen Gründen allerdings nicht eingebracht werden.

Um die Authentizität zu wahren, wurde am Schluss des Bandes die **Diskussion beim Märchen-Symposion Volkach 2000** fast in voller Länge abgedruckt. Hier prallen nicht nur konträre Meinungen aufeinander, mit ihren teilweise fast eigenständigen Statements vermittelt sie – dank der Teilnahme des Aufsichtsratsvorsitzenden der *Greenlight Media AG* **André Sikojev** – auch vertieften Einblick in die Produktion aufwendiger Zeichentrickfilm-Serien, speziell von *SimsalaGrimm*. In dieser Diskussion leuchtet die ganze Brisanz der Thematik auf, doch ist sie auch geprägt vom Willen zum Gespräch, von der gemeinsamen Suche nach Lösungen.

Anmerkungen

[1] Kurt Franz: Kalendermoral und Deutschunterricht. Johann Peter Hebel als Klassiker der elementaren Schulbildung im 19. Jahrhundert. Tübingen: Niemeyer 1995, S. 90.

[2] Vgl. u. a. das Standardwerk: Enzyklopädie des Märchens. Handwörterbuch zur historischen und vergleichenden Erzählforschung. Hrsg. v. Kurt Ranke zusammen mit Hermann Bausinger, Wolfgang Brückner, Max Lüthi, Lutz Röhrich, Rudolf Schenda. Berlin, New York: de Gruyter 1977ff. (bisher Bd. 1–9 vorliegend).

[3] Suse Weiße: Simsala versus Grimm? Eine Untersuchung über die Rezeption von Märchen und Märchenzeichentrickfilmen in Berliner Grundschulen. Hrsg. v. der Märchen-Stiftung Walter Kahn, 2000. DIN A 5, 222 Seiten (zum Preis von DM 20.– zu beziehen bei Märchen-Stiftung Walter Kahn, Geschäftsführung, Simsonstraße 5, 04107 Leipzig, Tel. 0341/2110670).

WALTER KAHN

Warum das Symposion
Märchen in modernen Medien?

Es ist eine nicht zu bezweifelnde Tatsache, dass die von den Brüdern Grimm gesammelten und einfühlend redigierten deutschen Volksmärchen ein achtenswertes Kunstwerk und ein wertvolles Denkmal deutscher Kultur sind.

In ihrer allgemein verständlichen Sprache, in ausdrucksvollen Bildern und Symbolen sowie dem etwas altertümlich biedermeierlichen Stil bieten diese Erzählungen den heutigen Kindern und Erwachsenen etwas eindrucksvoll Märchenhaftes. Trotz der bildhaften Darstellung bereitete die Illustration schon den Brüdern Grimm Kopfzerbrechen. Auch viele Märchenfreunde sahen und sehen in ihr eine Einengung der Phantasie, besonders bei Kindern, oder gar eine subjektiv festgelegte Entfremdung des Sinnes und lösen damit schon Diskussionen aus.

Ein neues Produkt im Gewande moderner literarischer Stilmittel, Comic, Karikatur, Witz und Zeichen-Trickfilm, regte diese Diskussion unter allen Märchenfreunden an und veranlasste die Märchen-Stiftung Walter Kahn, die dieses Produkt kritisierenden Artikel, Briefe und andere Meinungsäußerungen zu sammeln. Sie sind in der 48seitigen Ausgabe Nr. 1/2000 der Zeitschrift MÄRCHENSPIEGEL (DIN A4) und in der Broschüre *SimsalaGrimm – Klimbim?* (DIN A5, Nr. 6 der Stiftung) veröffentlicht. Die darin zu Wort kommenden fachkundigen Personen – Pädagogen, Psychologen, Volkskundler, Literaturwissenschaftler, Mediziner – und dazu einige Märchenerzähler und -freunde lassen kaum ein gutes Haar an diesem neuen Produkt. Die Märchen-Stiftung fordert damit eine Diskussion heraus, an der sich die im Programm genannten Institutionen beteiligen. Sie veranstalten gemeinsam dieses Symposion *Märchen in modernen Medien* mit dem Ziel, herauszufinden, ob und wie sich Märchen in den modernen Medien ohne großen Verlust ihrer Wirkung adaptieren lassen.

Grundlegend für eine ausgewogene Diskussion ist in der erwähnten Ausgabe des MÄRCHENSPIEGEL dargestellt, welchen Stellenwert die Autoren dem Inhalt und der Darbietungsform der Märchen für die psychische Entwicklung der Kinder einräumen. Der Artikel *Märchenmotive: Entwicklung des Denkens* von der Diplompädagogin und Dozentin an der Pädagogischen Fachhochschule Weingarten Helga Zitzlsperger und ihr Referat beim Symposion belegen die ganzheitliche Wirkung der Märchen, die somit insbesondere den Kindern Seelen- und Geistesnahrung bieten. Dazu gehört eine angemessene Vermittlung, die der Phantasie entsprechenden Spielraum lässt. Kann auf Blickkontakt, Spüren einer familiären Atmosphäre zwischen Erzähler oder Vorleser und Hörer verzichtet werden? Was ist von der Antwort zu halten, die die Erzählerin Charlotte Rougemont von einem Kind erhielt, als sie ihm aus Zeitmangel ein Märchen im Radio empfahl: **„Nein, Radio hat ja keinen Schoß!"**

Inwiefern neue Medien, filmische in ihren verschiedenen Formen, CD-ROM und Computerspiele, den Ansprüchen als künstlerisches Produkt und als Therapeutikum für Kinder gerecht werden, steht zur Diskussion. Die amerikanischen Produktionen von Walt Disney sind bekannt, werden aber nicht ohne Widerspruch akzeptiert. Wie sollte ein deutscher oder europäischer Entwurf aussehen? Welchen Ansprüchen muss er genügen? Was wird in der Vorstellung unserer Kinder bewirkt, wenn sie die Märchen im Gewand von *SimsalaGrimm* sehen? Sind es am Ende die Spiele wie *Schiffe versenken* auf der CD-ROM von TIVOLA, nicht die Geschichte etwa des tapferen Schneiderleins, die an der Produktion reizvoll für Kinder sind? Welche Möglichkeiten bietet der Kinderkanal, den Kindern Märchen nahe zu bringen? Sollten die Sender nicht auch andere Möglichkeiten wie etwa Märchenerzählen anbieten?

HEINZ-ALBERT HEINDRICHS

Das Märchen – eine Urform synästhetischen Erlebens

Wer in seiner Kindheit das Glück erfahren hat, Märchen zu hören – den Märchen zuzuhören –, der behält eine lebenslange Erinnerung davon, wie damals – über das Hören – eine magische Welt von Bildern aufstieg: der dunkle Wald, in den die Kinder immer tiefer gerieten – das schneeweiße Vöglein – das Häuslein aus Brot, aber die Fenster von hellem Zucker – die steinalte Frau mit den roten Augen – der Backofen, aus dem die Feuerflammen schon herausschlugen.[1] – Es waren die Bilder der eigenen, jungen Erlebniskraft, und es bedurfte einer schöpferischen Anstrengung, eines Phantasieschubs, um sie vom Hören ins Sehen umzusetzen.

Offenbar ist in unseren Märchen etwas von der urtümlichen Fähigkeit erhalten geblieben, die einmal alles mündlich überlieferte Dichtungsgut ausgezeichnet haben mag: Es ist die Fähigkeit, mit dem Erzählritual zugleich das Sehen von Bildern zu evozieren. In unserer Schriftsprache, die nicht mehr von Bildern, sondern von Begriffen beherrscht wird – in unserer Literatur, die nicht mehr gehört, sondern gelesen sein will, ist diese Fähigkeit zwar mehr und mehr verblaßt, aber sie ist – wenngleich verschüttet – auch in jedem von uns noch latent vorhanden. „Sprich, damit ich dich sehe!" – so hieß eine alte Forderung des Aristoteles: so aber hat auch Heinz Schwitzke sein berühmtes Buch genannt, in dem er – vor vierzig Jahren – die neue Gattung des Hörspiels begrüßte und es dahingehend interpretierte, „daß es – eine rund 500jährige Entwicklung überspringend – die Sprache wieder deliteriert und Methoden erprobt, die galten, als die Homeriden ihre Gesänge mündlich von Haus zu Haus trugen". Von der neuen Kunstform des Hörspiels erwartete er so eine Rückgewinnung der alten, verschütteten Wahrnehmungsfähigkeiten: „nämlich da, wo Herz und Phantasie des Lauschenden sich berühren und durch die Bilder weckende Kraft des Worts zu spontanen schöpferischen Reaktionen veranlaßt werden".[2]

Was hier vom Hörspiel neu erwartet wird, ist mir selbst beim Hören Grimm'scher Märchen schon früh widerfahren, und eine besondere Rolle spielte dabei das Märchen *Von dem Fischer un syner Fru*.[3] Ich erinnere mich, im Dunkel wach gelegen und mir die Stationen des Buttmärchens vorgestellt zu haben, und hierbei kamen die Farben der sich wandelnden See immer wieder auf mich zu. Ich „sah dat blanke Water ... ganß gröön un geel" werden, dann „vigelett un dunkelblau un grau", schließlich „ganß swart un dick ... un de Himmel ganß pickswart" – und ich hatte eine dunkle Ahnung davon, dass die Farben nicht nur das Wasser, sondern vielmehr den Seelenzustand des Fischers meinten: Die Kraft der Worte hatte die Bilder geweckt, sie begannen in mir zu arbeiten und meine Phantasie in Gang zu setzen, obwohl oder vielleicht gerade weil ich das Meer selbst noch nie gesehen hatte.

Heute kenne ich das Meer, und seine Realität hat meine Vorstellungen eingeholt. Heute kenne ich die Quellenlage des Fischermärchens und weiß, dass es vom Maler

Philipp Otto Runge aufgezeichnet wurde, was die besondere Bilderqualität erklären hilft. Runges Buttmärchen tendiert ja in seiner Bildersprache eher zu den Kunst- als zu den Volksmärchen. Warum wir den Kunstmärchen eine stärkere Bildhaftigkeit zuschreiben als den Volksmärchen, das ist eine Frage, die sich vornehmlich im deutschen Sprachraum ergeben hat. Sie ist orientiert an den Märchen der deutschen Romantiker, an Dichtern wie Novalis und Tieck, Brentano und E. T. A. Hoffmann, bei denen die Entsprechungen von Klang und Bild, von Ton und Farbe, von Hören und Sehen ja eine geradezu euphorische und auch virtuose Steigerung erfahren haben.

Warum wohl haben sich die Romantiker mit der Gattung Märchen so identifiziert und sie zu ihrer programmatischen Aussageform erhoben? Die Antwort kann nur lauten: weil sie im Volksmärchen alternative Dimensionen entdeckt hatten, die ihnen die Literatur vorenthielt. Es war vor allem die Wiederentdeckung des Hörraums und seiner verschütteten Qualitäten: die Märchen von Brentano und E. T. A. Hoffmann – auch sie wollen nicht gelesen, sondern wieder gehört werden; daraufhin sind sie erfunden, und nur im Hörakt entfalten sie ihr kunstreiches Programm, immer mehrere Sinnesebenen zugleich anzusprechen. Synästhesie – das war für das 19. Jahrhundert ein vorwiegend romantisches Phänomen, das sich an der Wiederentdeckung von Volksdichtung entzündete. Die Spur dahin hatte Johann Gottfried Herder gelegt, als er, eine Generation zuvor, mit dem Sammeln von Volksliedern begann. So schrieb er 1770, in einer Abhandlung über den Ursprung der Sprache: „Mir ist mehr als ein Beispiel bekannt, da Personen, vielleicht aus einem Eindruck der Kindheit, nicht anders konnten, als unmittelbar durch eine schnelle Anwandlung mit diesem Schall jene Farbe zu verbinden."[4]

Synästhesie – das ist indessen kein begrenztes Phänomen unserer Literatur- oder Musikgeschichte –, es ist vielmehr ein grenzenloses Phänomen, dem jeder Mensch an jedem Tag vielfach begegnet und das die Menschen daher zu allen Zeiten und in allen Völkern und Kulturen beschäftigt hat. Das griechische Verb synaisthanomai heißt soviel wie „mitempfinden" –, und somit versteht man unter Synästhesie „die Mitempfindung einer Sinnessphäre mit einer anderen".[5] In der Tat sind bei jeder Sinneswahrnehmung die anderen Sinne mehr oder weniger mitbeteiligt – beim Schmecken etwa das Riechen, beim Hören aber vor allem das Sehen. So ist auch unsere Sprache durchsetzt von Bezeichnungen, die auf synästhetischen Vorstellungen beruhen. Hören wir uns einmal die Bezeichnungen an, die wir zur Bestimmung von Tonlagen benutzen – wir sagen: hoch und tief – dünn und dick – leicht und schwer – scharf und stumpf – hell und dunkel – warm und kalt – rauh und schneidend –, aber all dies sind Empfindungen, die wir andern Sinnesreizen entlehnt haben, und zwar, ohne dies in irgendeiner Weise befremdend zu finden. Offenbar ist uns diese Form synästhetischer Verknüpfung ohne weiteres einsichtig. Herder hat aus solchen Sprachbeobachtungen hergeleitet, dass es einmal eine ursprüngliche „Einheit der Sinne" gegeben haben müsse – und der Musikästhetiker Albert Wellek hat für solche Verknüpfungen den Begriff der „Ursynästhesie" – der Urentsprechung – geprägt. Solche Urentsprechungen entdeckte Wellek bei vielen Völkern und Kulturen, „etwa wenn die Saiten der Lyra bei den vorklassischen Griechen den vier Elementen zugeordnet werden, und zwar so, daß die höchste dem Feuer, die tiefste der Erde zukommt".[6] Demzufolge hatte man für hohe und tiefe Töne keine eigenen Bezeichnungen, sondern verwendete für sie die Vokabeln 'oxýs' – das heißt scharf und brennend – sowie 'barýs' – und das heißt schwer.

Aus solchen Entsprechungen mögen wir folgern, dass die Menschen einer früheren Kulturstufe sich und die Welt in einer urtümlichen 'Einheit der Sinne' erlebten und dass die Bildergeschichten, die sie erfanden und sich erzählten, davon ganz erfüllt waren. Ursynästhesie – das dürfte einmal eine so innige Verschmelzung von Sinnesreizen gewesen sein, dass das Hören von Warnschreien zugleich die Empfindung greller Farben auslöste. Kinder sind solch unbefangenen Erlebnisqualitäten noch am ehesten nah – und so haben sie beim Hören von Märchen noch eine entfernte Anschauung davon.

Mit der Aufzeichnung von Sprache beginnt indessen auch immer die Reflexion darüber, warum Erfahrungen so sind und ob sie Zufällen oder Gesetzen folgen. Von Aristoteles haben wir die Vorstellung übernommen, dass die Harmonie der Farben auf denselben einfachen Zahlenverhältnissen beruhe wie die der musikalischen Konsonanzen. Heute wissen wir, dass auch die Inder, die Chinesen, die Perser und Araber ähnliche Vergleiche aufgestellt haben, und dies zum Teil schon früher. Die Römer waren so pragmatisch, die stimmigen Proportionen musikalischer Intervalle in Architekturpläne umzusetzen – und auch heute noch vertrauen sich Künstler solchen proportionalen Entsprechungen an: So baut der griechische Bildhauer Joannis Avramidis seine Figuren aus Bronzescheiben auf, deren Maße nach musikalischen Intervallzahlen berechnet sind, und das Auge kann Harmonien und Disharmonien tatsächlich sehen. Auffallend ist, dass sich die meisten Spekulationen an der Musik orientieren, offensichtlich deshalb, weil man sich wenigstens hier an ein paar Zahlen halten kann.

1704 veröffentlichte Isaac Newton das erste Lehrwerk einer *Farbenharmonie*[7]; dabei berief er sich auf Johannes Keplers *Sphärenharmonie*[8] von 1619, in der ein kosmischer Zusammenhang zwischen den sieben Intervallen unseres Tonsystems und den sieben Planeten unseres Sonnensystems aufgestellt und berechnet wird. In Keplers *Sphärenharmonie* erscheinen die sieben Intervalle der irdischen Musik als das tönende Abbild einer himmlischen Musik, einer Musica mundana. „Die Sonne tönt nach alter Weise in Brudersphären Wettgesang und ihre vorgeschriebne Reise vollendet sie mit Donnergang", so lässt Goethe – ganz im Sinne Keplers – das Himmelsvorspiel zu seinem *Faust* beginnen.[9] Newton hat in seiner *Farbenlehre* versucht, den sieben Intervallen der Tonleiter einen Farbkreis von sieben Hauptfarben zuzuordnen, und dabei hat er Keplers Gesetz über das Verhältnis von Bahnabständen und Umlaufzeiten der Planeten angewandt. Mit ihm versuchte er rechnerisch nachzuweisen, dass seine sieben Farben den sieben Intervallen entsprechen und zudem einen analogen Zusammenhang mit den sieben Planeten bilden. Newtons *Farbenharmonie* war der Gesprächsstoff des 18. Jahrhunderts und zugleich der Ausgangspunkt unzähliger Experimente und Spekulationen, aber ebenso vieler Zweifel. Den entscheidenden Einwand gegen Newton erhob schließlich die Psychologie, wenn sie sagt, dass man physikalische Gegebenheiten nicht mit psychologischen Qualitäten gleichsetzen darf – und das ist eine Aussage, die das Erforschen und Bewerten synästhetischer Wahrnehmungen entscheidend beeinflusst hat.

Seit dem Beginn unseres Jahrhunderts ist Synästhesie ein Forschungsfeld innerhalb der Sprach-, Kunst- und Musikwissenschaften, das jeweils in die Psychologie wie in die Ästhetik dieser Fächer hinübergreift. In der Forschung, zumal in der empirischen, geht es freilich immer um nachprüfbare Beweise, und um sie zu sichern, bedarf es eines Katalogs von Fachbegriffen und einer Skala gradueller Unterscheidungen. Nichts von alldem habe ich bislang ins Spiel gebracht und werde es auch weiterhin vermeiden – zum einen, weil die Terminologie den Unkundigen verwirrt – zum andern, weil sie vom Thema selbst fortlenken würde. Zu bedenken ist allerdings ein grundsätzliches Problem, das alles bisher Gesagte in ein anderes Licht rückt: Es ist das Problem, dass die Forschung zwischen 'echten' und 'unechten' Synästhesien unterscheidet. 'Echte' Synästhesien sind für sie solche, bei denen eine Empfindung eine andere Empfindung tatsächlich mitauslöst. Hier ein lapidares Beispiel: Immer, wenn ein Griffel über die Schiefertafel quietscht, bekomme ich eine Gänsehaut – und nicht nur ich, sondern auch viele andere Menschen erleben es so. Primäre und sekundäre Empfindung – sie erscheinen unmittelbar aneinander gekoppelt –, sie werden, wie die Forschung sagt, zu einer 'Doppelempfindung'.

Hierzu nun ein spezielles Beispiel: Immer, wenn ich den C-Dur-Akkord höre, sehe ich auch die Farbe Weiß – immer, wenn ich den Es-Dur-Akkord höre, sehe ich auch die Farbe Weiß-Gold –, und nicht nur ich, sondern auch einige andere Testpersonen sehen es so: Für den Wissenschaftler wäre dies der Nachweis einer 'echten' Synästhesie. Was die Forschung indessen an Fallbeispielen vorweisen kann, mag dem normalen Bürger nicht mehr geheuer erscheinen, so etwa der Fall des Wiener Musikers Robert Lach, der seine Phänomene 1903 zunächst selbst beschrieben hat und sie in den Folgejahren mehrfach überprüfen ließ: Lach hörte Farben für sämtliche Töne und Intervalle, für sämtliche Tonarten und Instrumente, aber auch für sämtliche Vokale und Konsonanten – und so sah er alle Musik und alle Sprache in Farben, die er genau bestimmen konnte.[10]

Dies eine Fallbeispiel mag genügen, um etwas Entscheidendes an ihm zu erkennen: 'Echte' Synästhesien lassen der Phantasie keinen Spielraum, denn wo Ursache und Wirkung so mechanistisch aneinander gekoppelt erscheinen, wird ein schöpferisches Anders-Reagieren nahezu unmöglich. So dürfte mein Anliegen weniger 'wissenschaftlich' als vielmehr künstlerisch und kunstpädagogisch begründet sein und sich auf solche Synästhesien erstrecken, welche die Wissenschaft als 'unecht' bezeichnet. Lässt man komplizierte Unterscheidungen beiseite, so sind, vereinfacht gesagt, 'unechte' Synästhesien solche, bei denen einer Empfindung 'nur' eine Vorstellung folgt, etwas in der Vorstellung Gedachtes, Imaginiertes – und das ist klar, dass sich solche Wahrnehmungsfelder einer messbaren Kontrolle entziehen. Daher begegnet die

Forschung den Künsten mit Skepsis – ganz besonders sogar den Märchen der Romantiker und den Tondichtungen der Programm-Musiker; sie wird aber dort auch fündig: etwa bei E. T. A. Hoffmann, wenn er Akkorde exakt durch Farben beschreibt – etwa bei Richard Wagner, wenn er, im Vorspiel zu *Rheingold*, drei lange Minuten einen Es-Dur-Dreiklang aus der Tiefe aufbaut, um im Hörer die Wogen des Rheins und das in ihm verborgene Gold zu imaginieren.

E. T. A. Hoffmann und Richard Wagner – sie sind freilich die besten Zeugen dafür, dass es keinen Sinn macht, ihr Werk auf eine bloße Fähigkeit des 'Tönesehens', des 'Farbenhörens' zu reduzieren. Gerade sie haben diese Fähigkeit ja nicht um ihrer selbst willen genutzt, sondern vielmehr, um durch sie hindurch zu einer Welt der Symbole zu gelangen. So schärft sich unser Blick nun dahingehend, dass es um mehr geht als um ein Spiel der Sinne: Es geht darum, den Schlüssel zu einem symbolischen Verständnis der Welt zu finden – und ein solcher Schlüssel ist das Erwecken von Phantasie. Dass die Märchen das Tor zu öffnen vermögen, ist wahr, und wir lesen es früh und beglückt in den Augen der Kinder. Aber das Tor offen zu halten ist uns schwerer geworden denn je – und so sehen wir ebenso früh und erschreckt, wie es sich wieder verschließt. Den Mechanismus, der dies verursacht, ihn haben wir eben benannt, ohne ihn recht zu erkennen: Das Tor geht zu, die Phantasie stirbt immer da, wo uns die Anstrengung genommen wird, das eigene Anschauen fortzuentwickeln. „Was ich weiß, geht mich nichts an", sagt eine tiefsinnige Formel von Günter Eich[11] – und in der Tat, der alte Widersacher der Phantasie ist in unserem Bildungsverständnis bislang immer das Wissen gewesen: Seit der Renaissance, dem Beginn der Aufklärungszeit, hat es uns die Bilder genommen, indem es sie wegerklärte. Heute aber sieht sich die Phantasie einem ganz anderen Widersacher ausgeliefert: der Totale einer Medienwelt nämlich, die uns mit fertigen und vielfach unstimmigen Bildern überflutet; sie macht vor allem unsere Kinder wehrlos, ihr eigenes schöpferisches Potential zu entdecken – es sei denn, man hilft ihnen, aus der süchtigen Konsumentenrolle herauszufinden. Der Schriftsteller Dieter Wellershoff sieht uns allerdings als eine korrumpierte Gesellschaft, die sich täglich in die Gefahr totaler Zerstreuung begibt, indem sie nämlich „eine Reizbedürftigkeit einübt, die keine längere Spannung, keinen Befriedigungsaufschub ertragen kann und die deshalb immer lieber das Billige als das Schwierige wählt".[12] Wohin dies führt, lässt sich am Pegel der Einschaltquoten unschwer ablesen: Sendungen, die nicht die erwartete Quote erreichen, werden kurzerhand abgesetzt – und das sind immer öfter die anspruchsvollen. Härter gesagt: Der Medienmarkt hat sich mehr und mehr darauf eingerichtet, nicht nach der Qualität des Angebots, sondern nach der Masse der Nachfragen zu produzieren.

Dass die multimediale Szene von heute die Erfüllung synästhetischer Vorstellungen sein könnte, hat sich wohl als Irrtum erwiesen: Die Erfahrungen bestätigen eher, dass Fernsehabende die Sinne zwar fesseln mögen, die Phantasie aber nicht freisetzen. Diese bedarf vielmehr eines Leer-, eines Freiraums, in den sie sich staunend entfalten kann – und so ist es nicht verwunderlich, dass sich kritischere Zeitgenossen wieder dem Hörmedium zuwenden und es für innovativer halten: Ein Multimediaspektakel, so sagen sie, involviere zwar alle Sinne, verhindere aber das tätige Wandern der Phantasie.

Dabei wissen wir alle aus eigener Anschauung, dass gerade der Film ein Medium ist, in dem sich sinnstiftende Zusammenhänge optimal vermitteln lassen. An Filmen von Ingmar Bergman, Andreij Tarkowskij oder Wim Wenders ließe sich Szene für Szene erkennbar machen, wie kunstreich und zugleich doch sparsam sie gearbeitet sind und warum sich hier, durch die Komposition der Mittel, ein symbolischer Sinn einstellt. Zur vergleichenden Betrachtung eignet sich aber vor allem die Verfilmung von literarischen Vorlagen, wobei sich am Original ermessen lässt, was die filmische Umsetzung leistet oder auch nicht leisten kann – und zu einer solchen Betrachtung sind Märchenfilme geradezu prädestiniert, und zwar deshalb, weil die Vorlagen knapp und für jeden, ob jung oder alt, verfügbar sind. Für ein Gespräch miteinander ergeben sich hier ganz konkrete Vergleichspunkte, die zum einen helfen, die Eigenart der Medien unterscheiden zu lernen, und die vor allem dazu beitragen, aus den passiven Konsumenten mündige Medienteilnehmer zu machen. Dies, so scheint mir, müsste das wichtigste Ziel einer kommenden Medienkultur sein – und seine Verwirklichung müsste ganz oben, bei den Medienmachern selbst, und zugleich ganz unten, bei den Kindern, anfangen.

Dabei sollte endlich beherzigt werden, was Pädagogen und Psychologen schon vor Jahren über das Lernen unserer Sinne herausgefunden haben. „Der Mensch", so sagen sie, „lernt zu 1 % durch Schmecken und Fühlen, zu 3 % durch Riechen, zu 12 % durch Hören und zu 83 % durch Sehen".

Aber nun kommt das Wichtigste:

„Er behält das, was er gelernt hat, nur zu 10 % durch Lesen, zu 20 % durch Hören, zu 30 % durch Sehen – aber zu 50 % durch Hören und Sehen zusammen – aber zu 70 % durch Erzählen und zu 90 % durch das eigene Tun."[13]

Von solchen Zusammenhängen zwischen Hören und Sehen, Erzählen und Tun habe ich in meinem künstlerischen Studium so gut wie nichts erfahren. Erst als ich am Regietisch im Theater, am Schneidetisch im Hörspiel- oder im Filmstudio saß, um mit der Stoppuhr Musik auf sprachliche und visuelle Abläufe zu erfinden, da wurde mir bewusst, dass ich hierfür besondere synästhetische Fähigkeiten mitbrachte. Als ich später, nach über zweihundert Auftragsproduktionen, zur Universität und zur Musikhochschule wechselte, habe ich versucht, meine Erfahrungen in empirische Forschungsvorhaben umzusetzen und diese durch praxisnahe Veranstaltungen weiter zu vermitteln. Als bester Einstieg hat sich immer der sofortige Sprung ins Wasser erwiesen: Ich verteilte Wasserfarbkästen und Pinsel und ließ die Teilnehmer Ausschnitte aus unbekannten Orchesterstücken malen, und zwar mit der doppelten Aufgabe, die Formzusammenhänge und zugleich die Ausdrucksqualitäten der Musik ins andere Medium zu übertragen. Den Ausschnitt wiederholte ich, bis die Bilder fertig waren; dann wurden sie eingehend und vor allem gemeinsam diskutiert.

Initiationskurse solcher Art führte ich mit Kindern an Grundschulen, mit Oberstufenschülern und Studenten verschiedenster Disziplinen, mit Handwerkern der Kolpingsinnung, mit Ärzten, Psychologen, Industriemanagern, Priesteramtskandidaten und alten Menschen durch – und bei all diesen Gruppen war die Verblüffung, die Aufregung, die Begeisterung darüber groß, dass jeder allein – und doch zugleich mit den anderen – die gleichen Farb- und Formentsprechungen in sich entdeckt hatte. Eine Psychologin brachte es, nach einer Projektwoche, auf den folgenden Punkt: „Es war, als würde ich wie ein Instrument neu gestimmt, und ich nehme auf einmal anders wahr, ob audiovisuelle Zusammenhänge stimmen oder ob sie nicht stimmen."

So jedenfalls stelle ich mir auch den intermedialen Umgang mit Märchen vor, und so könnte ich mir überhaupt das Lernen in einer zukünftigen Medienkultur vorstellen – ein synästhetisches Lernen, bei dem Hören und Sehen, Erzählen und gemeinsames Tun spielerisch miteinander erfahren werden. Und ich bin mir sicher: Die Einschaltquoten würden sich ändern.

Anmerkungen

[1] Hänsel und Gretel (KHM 15).
[2] Heinz Schwitzke (Hrsg.): Sprich, damit ich dich sehe. München 1961, S. 28 u. 18.
[3] Von dem Fischer un syner Fru (KHM 19).
[4] Johann Gottfried Herder, zit. nach Wellek in: Musik in Geschichte und Gegenwart (MGG), Kassel 1954, Bd. 3, Sp. 1806.
[5] Honegger / Massenkeil (Hrsg.): Lexikon der Musik, Freiburg 1982, Bd. 8, S. 66.
[6] Albert Wellek in: Musik in Geschichte und Gegenwart (MGG), Kassel 1954, Bd. 3, Sp. 1807.
[7] Isaac Newton: Optics, London 1704 (deutsch Leipzig 1898).
[8] Johannes Kepler: Harmonices mundi Libri V. Linz 1619.
[9] Johann Wolfgang von Goethe: Faust, Werke Bd. 3, München 1981, S. 16.
[10] Robert Lach: Über einen interessanten Spezialfall von „Audition coloree", in: SIMG IV, 1903, S. 589–607.
[11] Günter Eich: Anlässe und Steingärten, Frankfurt 1966, S. 70.
[12] Dieter Wellershoff in: Heinz-Albert Heindrichs, Die Künste und ihr Publikum, Panorama der Weltgeschichte III. Gütersloh 1976, S. 171.
[13] Zitiert nach Jürgen Glaus: Expansion der Kunst. Reinbek bei Hamburg 1970.

HELGA ZITZLSPERGER

Märchenrezeptionen von Kindern

Vorbemerkung

Das Thema wird angesichts seiner Komplexität über drei besondere Bereiche erschlossen, die jeweils Denkanstöße liefern möchten: 1. Märchen mit ihrer bildkräftigen Sprache auf einem völkerverbindenden Hintergrund: Hier geht es um eine allgemeine Bedeutsamkeit von Märchen. 2. Körperliche und geistige Voraussetzungen für eine sinnvolle Rezeption und 3. Besondere Märchenmerkmale, die eine produktive Rezeption unterstützen. Zur Schärfung der Aussagen werden Darstellungsweisen der Zeichentrickfilme von *SimsalaGrimm* verwendet, da diese in vielen Punkten gerade das negieren oder ad absurdum führen, was den Umgang mit Märchen doch so sinnvoll macht.

1 Bedeutsame Bildsprache auf einem völkerverbindenden Hintergrund

Wilhelm Grimm schrieb 1816 an ein kleines Mädchen einen Brief in Form einer poetischen Erzählung, die gut 170 Jahre verschollen blieb und erst 1989 in Deutschland als Märchen veröffentlicht wurde – mit Bildern von Maurice Sendak.[1] In diesem Brief beschreibt er dem Kind zuerst, wie z. B. verschiedene, an getrennten Orten weggeworfene Blumen sich im Wasser schwimmend zusammentun, um am Ende gemeinsam unterzugehen. Oder auch, wie zwei fremde Vögel, die jeweils von weit her kommen, sich irgendwo treffen und nun einander viel zu erzählen haben. Und Grimm fährt fort:

> Aber das Herz des Menschen, das kommt doch auch zu einem anderen Herzen und kümmert sich um nichts, was dazwischenliegt; und so kommt jetzt auch mein Herz zu dir, und obgleich dich meine Augen noch nicht gesehen, so hat es dich doch schon lieb und glaubt, es säße neben dir und du sprächst: „Jetzt erzähle mir etwas." „Ja, liebe Mili", antwortet es, „hör nur zu: Es war einmal eine arme Witwe, die wohnte in einem Dorfe ganz am Ende der Welt ..."

Mag auch Wilhelm Grimms Vergleich in unseren Ohren etwas sentimental klingen, so besagt er doch in bilderreicher Sprache, dass Worte und Erzählungen Menschen verbinden können, Große und Kleine, auch wenn sie sich nicht kennen. Solche Erzählungen, ob mündlich oder schriftlich weitergegeben, bewirken mit ihrer bildverdichteten Sprache offenbar ein intuitives Verstehen der Inhalte und Botschaften – und die Erzählstoffe von einst bleiben auch der Nachwelt verschriftet oder im Erinnern erhalten, da sie sich mit ihrer emotional besetzten Bildkraft ganz unmittelbar dem eigenen Vorstellungsvermögen einprägen. Was Grimm an Mili schreibt, kann man allgemein für Menschen, die Märchen lesen oder hören oder anderen weitererzählen, gültig machen. Solche erzählten Bilder mit ihren eindrücklichen Landschaften bis ans Ende der Welt, mit Menschen darin voller Liebe oder Intrige, Treue oder Verrat, Verlässlichkeit oder Gedankenlosigkeit, sind Bestandteile von Mythen, Märchen, Sagen, Tier- und Naturvölkergeschichten weltweit. Wir verstehen sie dank unserer hirnanatomischen Voraussetzungen auf analoge Weise und unmittelbar, da die komplexen Sprachbilder zu Vergleichen und Assoziationen förmlich einladen. Dieses Verstehenkönnen verbindet auch die Völker untereinander und macht Märchen zu einem interkulturellen Schatz, den man hüten sollte, da er vom Leben, Denken und Wünschen und von Welterklärungsmustern der Menschen erzählt.

Der Schriftsteller und Ethnologe Amadou Hampâthé Bâ aus Mali, einer der großen Weisen der afrikanischen Literatur, erzählt,[2] wie wichtig die mündliche Tradition der Mythen und Märchen sei, da sie bedeutsame Botschaften über Schöpfung und Vergangenheit, über die Geschichte eines Volkes, das Zusammenwirken aller Dinge dieser Welt und das Zusammenleben der Menschen vermittle und die Sprache darin einen ganz besonderen Stellenwert einnehme. Er sagt: „Das Märchen ist eine Botschaft von gestern, bestimmt für morgen, weitergegeben durch das Heute."[3]

Und so sammelte er das Erzählgut der Fulbe (Mali): Märchen, Mythen, Epen, Legenden. Für ihn ist alles Aufgeschriebene auf Papier gebannte Sprache. Die Versprachlichung der Mythen und Märchen, das Weitererzählen oder Verschriften wird zum besonderen Anliegen, um Gedanken über die Schöpfung, über das menschliche Zusammenleben und über all die Kämpfe und Abenteuer auf dem Weg zu einer mit Verantwortung getragenen Unabhängigkeit des Menschen zu bewahren. In solcherart gepflegter Sprache stecken Vergangenheit und Denken eines Volkes. Auch die Grimm'schen Märchen zeugen von solcher Bedeutsamkeit. Sie sind Menschengeschichten und hintergründige Abenteuergeschichten, geschildert als verdichtete Lebensbilder. Sie inhaltlich und sprachlich willkürlich zu verändern, zu verkürzen oder zu verdrehen oder nur albernen Klamauk mit ihnen zu treiben, wie dies z.B. in Zeichentrickfilmen von der Art *SimsalaGrimm* geschieht, bedeutet im Grunde die willkürliche Zerstörung eines Stückchens Identät von Menschen und Völkern.

Es erscheint heute wichtiger denn je, Traditionen eines Märchenerzählens und -vorlesens zu pflegen, und dies geschieht ja auch auf vielfältige Weise durch Eltern, Erzieher und professionelle Märchenerzähler. Die Konservierung als Bilder und in Büchern oder auf Tonträgern gehört inzwischen zum Alltag, und es gibt auch sehr gute Märchenfilme, z. B. als Puppentrick- oder Realfilme. Substanzverlust droht jedoch, wenn die Produktion nur noch nach kommerziellen Richtlinien erfolgt. Abgesehen von den romantischen Landschaften haben wir es bei Animationen im Stile eines *SimsalaGrimm* nur noch mit verzerrten Figuren zu tun, die kitschigen Klischees folgen – man denke an die barbiepuppenähnlichen Frauenfiguren mit Kindchenschema und Kussmäulchen und an die weiteren Figuren, die in Ausdruck und Proportionen deformiert wirken. Die märchenspezifische bildsprachliche Verdichtung zerfällt bei solchen Trickfilmen in bedeutungslose Elemente und die Sprache in Kreischen, Näseln und Deklamieren von Kurzsätzen. Eine Traditionskette mündlichen und schriftlichen Erzählens ist damit abgebrochen, stattdessen werden Geschichten von gestern verwendet, die filmisch für einen kritiklosen Massenkomsum von heute erzählen – hoffentlich solches nicht auch noch für ein Morgen! Denn: Kinder, die Märchen nur noch als unterhaltsamen Jux erleben, lernen echte Märchen so nicht mehr zu hinterfragen und sich nicht mehr auf die Bilder und die bewusst formulierte Sprache einzulassen. Sie erfahren nichts mehr von den symbolischen Darstellungen und deren Zusammenhängen und von den Spuren alter Bräuche.

Kinder erfassen die traditionelle Märchensprache sehr gut. Dabei verstehen sie in der Regel mehr, als sie sprechen können. Anspruchsvolle sprachliche Wendungen und fremde Begriffe erschließen sie oft bereits aus dem Kontext, zumal eben ihr passiver Wortschatz besonders im Schuleintrittsalter viel höher ist als der aktive. Wer selber Kindern Märchen erzählt oder vorgelesen hat, auch älteren, der weiß, wie hingebungsvoll sie diesen Botschaften lauschen – mit offenem Mund, an den Lippen des Ezählers hängend, still oder über impulsive Bewegungen mitlebend. Es geht eben nichts über ein echtes Erzählen im Zuhörerkreis, wobei Stimmfärbung, Blickkontakt, Mimik und Gestik noch unmittelbar und lebendig wirken. Geübtes, also klanggestaltendes und damit sinnerschließendes Vorlesen kann gleiche Wirkung zeitigen. In der Praxis lässt sich nacherleben, wie Märchen beobachtbar in Kindern Nachdenklichkeit auslösen. *SimsalaGrimm*-Filme sehen Kinder zwar begeistert an, da knüpften die Macher versiert an den heutigen sogenannten *Sehgewohnheiten* der Kinder an: Die haben sich längst an die schnell wechselnden Actionketten gewöhnt. Aber von Nachdenklichkeit und Gesprächsbereitschaft bleibt nach meiner bisherigen Erfahrung wenig übrig, um z. B. auf besondere Motive, Verhaltensweisen oder neue Informationen einzugehen. Die jungen Trickfilmkonsumenten ahmen von sich aus als Erstes nur die näselnden Stimmen und zappeligen Bewegungen nach, mit denen sie Aufmerksamkeit erregen und Lacher heranziehen wollen.

Erzählte Märchen (frei erzählt oder vorgelesen) ziehen wie ein innerer Film durch unsere Vorstellungswelt. Handlungskräftig öffnen sie eine komplexe Bildsituation nach der andern. Sie bilden gleichsam in einer Handlungskette jeweils Standaufnahmen, in denen Kinder sich geruhsam geistig-seelisch ausbreiten, sich mit Figuren identifizieren, auf sie projizieren und sich auf deren Tun einlassen können. An ihnen lernen sie, auf sprachlicher Ebene bildliche Verdichtungen wirken zu lassen. Das sind Wege zum Vergleichen, Assoziieren, zu einem analogen Verstehen und zum Erfassen symbolischer Ausdrucksweisen. Märchen liefern erfahrungsgemäß Stoff für gedankenreiche Gespräche und auch zum kritischen Werten – man muss junge Leute nur fragen und ihre Äußerungen ernst nehmen! Sie lernen mit der Zeit, auch die Meinungen anderer zu berücksichtigen und eine Empathiefähigkeit aufzubauen, die sich im Laufe der Grundschulzeit zunehmend differenziert. Sie beginnen, auf Inhalte zu horchen, die von uns selbst, von anderen Menschen, anderen Völkern und fremdartigen Welten und Lebewesen erzählen, Bilder zu verstehen, Sprache anzuwenden, einem Sinn nachzuspüren, dabei soziale Kompetenzen aufzubauen: Um dies näher zu begründen, werde ich nun einige Erkenntnisse zur Entwicklung des menschlichen Denkens vortragen, die den Eigenheiten von Märchen entgegenkommen, Rezeptionsweisen mitbestimmen und auch didaktisch Impulse geben können.

2 Märchen im Netzwerk der Denkentwicklung

2.1 Allgemeines zur Hirnentwicklung und die Position des Märchens darin

Die folgenden Ausführungen bewegen sich im Rahmen der sogenannten *Psychobiologie*. Dieser geht es in erster Linie um unsere Kenntnisse über das Hirn und seine Arbeitsweise; sie kombiniert Verhaltenswissenschaft und Hirnforschung. „Ihr besonderes Interesse gilt der Art und Weise, wie das Hirn unsere Wahrnehmungen der Umwelt, die Art, wie wir uns selbst und das Wesen der Wirklichkeit erkennen, beeinflußt."[4]

Das Kind kommt mit einem Gehirn (dem Zentralnervensystem, ZNS) auf die Welt, das sich in den ersten Lebensmonaten und -jahren intensiv weiterentwickelt und dabei ein unglaublich dichtes *Netzwerk* an Neuronen (Nervenzellen des Gehirns) ausbildet.[5] Diese Neuronen sind milliardenfach untereinander verbunden und bilden ein hoch leistungsfähiges Netzwerk aus. Darin werden Informationen gespeichert, die sich mit der Zeit immer besser erinnern lassen: Gedächtnis und Vorstellungsvermögen bilden sich aus. Ein solcher Aufbau des Gehirns, das zum geplanten Handeln, zum Sprechen, Verstehen und Reflektieren befähigt, wird vor allem durch all die zahllosen Wahrnehmungsimpulse veranlasst, die ein Kind erlebt, wenn es seine Sinne betätigt, wenn es also hört, sieht, riecht, schmeckt, sich bewegt, fühlt, sich selber spürt und ein Gefühl für seinen Körper im Raum entwickelt. Denken und Gedächtnis, Gefühle und Vorstellungsvermögen haben letztlich ihre Basis in all den zahllosen integrierten Sinnestätigkeiten und Wahrnehmungen und in den damit verbundenen Bewegungen, mit denen das Kind die Welt erkundet und die nun mit der Zeit als sinnliche Erfahrungen mit ihren deutbaren Informationen dauerhaft gespeichert werden.

Dieser Prozess verläuft insgesamt überaus dynamisch. Sogenannte *Bahnungen* im Gehirn, die sich durch wiederholte Tätigkeiten ausgebildet haben, werden durch neue Wahrnehmungsimpulse und Informationen immer wieder verändert – man lernt aus seinen Erfahrungen. In ihrer Komplexität bauen sie eine *Gesamtwahrnehmung* von den Dingen auf, die es nun ermöglichen, Objekte und Vorgänge unter verschiedenen Perspektiven zu betrachten. Das Kind nimmt sich zunehmend als *eigenes Ich* wahr und kann sich so auch der Welt gegenüberstellen. Mit seinen bewusst erinnerbaren bildlichen Vorstellungen verfügt es über eine der Voraussetzungen, um auch Märchen mit der Zeit zu verstehen. Erinnernd werden *Erwartungen* auf bestimmte Figuren und Handlungen gerichtet, und so gelingt es, sich in Märchen mit

Vorerwartungen, Identifikationen oder Projektionen hineinzuversetzen. Dies betrifft natürlich besonders die Heldinnen und Helden, Helfer- und Schädigerfiguren.

All diese Wahrnehmungen erfahren von der linken und rechten Hirnseite unterschiedliche Bearbeitungsweisen: Worte, Sprachvollzug, Satzbau, Formal-Logisches, Einzelelemente in sequentieller Folge und Analyse beispielsweise werden primär auf der linken, Klänge, Emotionen, bildhafte Vorstellungen, sprachliche Betonungen, räumliche Vorstellungen oder komplexe Zusammenhänge auf der rechten Hirnseite bearbeitet. Hier entfalten sich primär auch die bildlichen Vorstellungen und Sprachbilder der Märchen und entsprechender Geschichten. Sie *bilden* sich *aus*, und in ihrer Verbindung erst erzeugen die beiden Hirnhemisphären zusammen eine ganzheitliche Wahrnehmung des Gehörten, Gesehenen, Erlebten.

Warum diese Ausführungen? Sie bilden die Basis jeder Märchenrezeption. Kindergeschichten und Märchen kommen im Hören zum Klingen. Sie werden bildlich und sprachlich lebendig, da sie gleichermaßen über Wörter und Satzstrukturen innere Bilder erzeugen, die mit jeweils subjektiven Vorstellungen und Emotionen besetzt sind. Ein *inhaltliches Verstehen* stellt sich über ein Verstehen der konkreten, zugleich auf ein Wesentliches reduzierten und damit bedeutsamen Sprachbilder ein. Es erzeugt in jedem Menschen eigene Vorstellungen von dem, was er da hört. Hierfür werden eben beide Hirnseiten mit ihren sich ergänzenden Verarbeitungsweisen aktiv. Gerade Märchenhören wirkt dadurch denk- und lernfördernd. Es fordert geistig heraus und beansprucht den Körper auf anregende, sinnlich-sinnvolle, ausgeglichene Weise. Kindern geht tatsächlich etwas ab, wenn man ihnen keine Märchen und sonstigen Kindergeschichten erzählt!

Voraussetzung ist, dass der Hirnbalken, eine dichte Nervenverbindung zwischen den beiden Hirnseiten, myelinisiert wird, d. h. dass sich eine Schutzhülle um die Nervenstränge ausbildet. Erst durch Myelinisierung werden Nervenbahnen leitfähig, und erst ab Schulalter ist dieser Prozess so weit fortgeschritten, dass beispielsweise Märchen und natürlich auch andere Eindrücke und Informationen in ihrer *Ganzheitlichkeit* wahrgenommen und *überschaut* werden können.

Das Frontalhirn beginnt sich sogar erst im Alter der Vorpubertät weiter zu myelinisieren, und die Gesamtmyelinisierung des Gehirns ist erst mit etwa 20 bis 22 Jahren weitgehend abgeschlossen. Formales und abstraktes Denken reift also erst ab etwa 10 bis 12 Jahren immer präziser aus, ebenso die Fähigkeit zu Reflexionen, Empathiefähigkeit, Perspektivenwechsel und zu einem kritischen, eigenständigen Urteilen und Werten. Gerade hierzu habe ich bei Märchenprojekten eine Reihe erfrischender und erstaunlicher Erfahrungen mit Schülern zwischen 9 und 16 Jahren gemacht,[6] die einerseits Rahmen und eigenwillige Handlungslogik locker mit dem Märchen als solchem erklärten, andererseits bei moralischen Wertungen sehr differenziert die verschiedenen Figuren einkreisten, besonders die, die in ihrer Position Alltagsfiguren ähnlich waren, vorab Väter, Mütter, Geschwister und mächtige 'Beeinflusser' wie Alte, Zwerge, Feen oder Hexen. Märchen, die man als Kind schon gehört und auf bestimmte, sehr persönliche Weise erinnert hat, werden bei neuem

Hören in der Pubertät und auch danach plötzlich unter ganz neuen Perspektiven wahrgenommen. Das ist für das Erleben und Verstehen von Märchen eine spannende Sache, gewinnen diese Geschichten doch nun auch für ältere Kinder, Jugendliche und Erwachsene auf Grund solcher Voraussetzungen eine neue Einschätzung und pädagogisch-psychologisch einen bedeutsamen Stellenwert.

Ab dem Schuleintrittsalter, wenn es gelingt, umfangreichere Handlungsbögen zu überblicken und zu reflektieren, können Kinder auch mit einzelnen Vorstellungselementen spielerisch kombinieren und Märchen nach eigenen Bedürfnissen umgestalten. Diese Kombinationsfähigkeit ist Voraussetzung für Phantasie, und Märchen bieten Stufe um Stufe in der geistig-seelischen Entwicklung des Menschen Baustoff für Phantasie, für schöpferisches Denken und Handeln.

Im Vorschulalter gelingt es auf Grund des aktuellen Hirnreifestandes noch gar nicht, Filme als *Gesamthandlung* zu überschauen. Dass das reine Hingucken Spaß macht, steht außer Frage. Wenn aber eine innere Umsetzung der drei-dimensional erfahrenen Umwelt auf die zwei-dimensionale Fläche erfolgt, auf der das Körperliche verloren gegangen ist, und wenn auf dieser Ebene noch die rasche Analyse einer *bewegten* Handlungsfolge geschehen soll, dann bedarf das vorher vieler Übung und Erfahrung an Bildwerken. Der Hörsinn dagegen ist der am frühesten entwickelte Sinn und schon im Mutterleib funktionstüchtig. Er leistet über Klang- und Rhythmusempfinden und durch seine enge Verbindung mit dem Gleichgewichtssinn und Bewegungsempfinden schon aus genetischer Sicht Basisarbeit für eine gesunde körperliche und geistige Entwicklung. Kleinen Kindern Liedchen, Fingerspiele, Geschichten, kurze und reihende Märchen vorzutragen, die körperfreundlich eben mit Klang, Reim, Rhythmus und Bewegung verbunden sind, trägt zu einem frühen aktiven *Horchen auf die Welt* und unmittelbar zum geistigen Wachstum, zur Gedächtnisbildung, Imaginationsfähigkeit und Phantasie bei.

Hörbilder werden mit *eigenen* Vorstellungsbildern besetzt. Es ist deshalb sinnvoll, Kindern am Anfang Märchen zu *erzählen* oder *vorzulesen* – in jedem Fall die lebendige Sprache für sich wirken zu lassen. Auf einem Fundus von *Zuhörfähigkeit* kann dann auch ein später einsetzendes Filme-Sehen zu einem phantasieanregenden Vergnügen werden, z.B., wenn durch Andeutungen, Perspektivenwechsel, durch Einstellungen als Totale oder Detail, Zoom, durch besondere Schnitte, Geräusche usw. *eigene Vorstellungen* über die Handlung freigesetzt werden. Flutet man Kinder von klein auf mit Filmreizen zu, wie das derzeit geschieht, dann allerdings wird eigene, innere Vorstellungswelt fremdbesetzt und manipulierbar.

Filme wie *SimsalaGrimm* mit ihren unruhigen, kurzatmigen Bewegungs- und Handlungsabläufen und klischeehaften Figurengestaltungen behindern den Aufbau eines aufmerksamen Zuhör- und kritischen Sehverhaltens. Kein Wunder, wenn trickfilmgefütterte Kinder später nur noch rasche Filmactions sehen wollen und Klischees zum Maßstab wählen. Sie haben nicht gelernt, den Kräften *eigener Bilder* und *Vorstellungen* zu vertrauen. Am Anfang steht eben auch für jedes Kind das Wort- und das Hörbild.

Gründe für ein sinnorientiertes Verstehen der komplexen, mit Worten gemalten Märchenbilder liegen z. B. im *abstrakten Stil*, der die Szenen, Figuren und Handlungen verbal mit nur wesentlichen Elementen zeichnet. So kann sich der Hörer die leeren, allgemein gehaltenen Stellen mit eigenen Vorstellungen ausmalen und zum persönlichen Erlebnis machen. Filme müssen hier natürlich konkreter werden, das bewegte Bild ist ihr Medium. Nur sollte ein Anspruch dahinter stehen und gerade die spannenden Figuren wie Helden, Geistererscheinungen, Hexen, Ungeheuer usw. nicht zu lächerlichen Karikaturen degradieren. Der fruchtbarste Weg einer sinnvollen Märchenrezeption bleibt gewiss, Märchen zuerst zu erzählen, ihnen zuzuhören, eigene, subjektiv besetzte Vorstellungen in sich Form gewinnen zu lassen, solches zu malen, zu spielen, Rollen in szenischem Spiel zu vertiefen, sie für sich zu klären und auch Rollenänderungen nach eigenem Geschmack zu wagen.[7] Die abstrakten Freiräume werden so zu Räumen für Phantasie und anverwandelten Bilder. Sie machen reich, nähren Körper, Geist und Seele in wörtlichem Sinne (siehe neuronale Vernetzung und Neuronenwachstum!): Das Handwerkszeug hierfür gibt uns unser Körper und das ZNS selber.

2.2 Märchenrezeptionen auf der Basis eigener Vorerfahrungen

Das Gehirn benützt nicht einfach nur neue Informationen für den weiteren Aufbau seines Denkens, Gedächtnisses, Fühlens und Vorstellungsvermögens, sondern integriert sie in das Netz seiner *bisherigen* Erfahrungen. Neuropsychologisch genauer: Das Gehirn organisiert sich auf der Basis seiner eigenen Vorerfahrungen.[8] So kommen von Geburt an neue Erfahrungen bei jedem Menschen je nach seiner bisherigen Biographie anders an. Entsprechend antwortet jeder Mensch auf neue Erfahrungen anders, und ebenso reagiert die Umwelt ihrerseits spezifisch auf solche Antworten. Es entsteht eine stetige Wechselwirkung zwischen Gehirn und Umwelt, auch zwischen jedem einzelnen Kind und den Botschaften des von ihm gehörten Märchens. Individuelle Welterfahrungen wachsen weiter.

Wenn das Kind z. B. von Fundevogel hört, wie der sich auf Lenchen verlassen kann, so hat es solches Vertrauen gewiss schon in seiner eigenen Familie erlebt. Wenn Hänsel und Gretel sich verirren und ängstigen, welches Kind weiß da nicht bereits, wie es war, als es einmal nicht mehr heimfand? Und kennt es nicht die ohnmächtige Wut vor einer Hexe, bis es sich zur Gegenhandlung getraute und den Aufstand wagte? Die Müllerstochter versinkt in hilfloser Verzweiflung, und welches Kind weiß nicht, wie es ist, wenn man völlig überfordert oder allein gelassen wird? Oder fühlte es nicht schon wie Rumpelstilzchen, das seine eigenen Abmachungen eingehalten hat, aber letztendlich ausgebootet wird und sich in selbstmörderischer Wut zerreißt? Es kennt vielleicht die Angst vor der Gewalt, die der Wolf auf die sieben Geißlein ausübt, kennt das starre Entsetzen, diese Handlungsunfähigkeit eines Joringel oder versteinerten Bruders oder die fürwitzige Neugier eines Rotkäppchens, das tut, was es lieber lassen sollte, und das nun das große Fürchten lernt. Und wer wollte nicht schon einmal etwas, was er als Zumutung empfand, wie den Froschkönig an die Wand knal-

len und damit einem sinnlosen väterlichen Befehl zuwiderhandeln?
Immer stehen neben den negativen Erlebnissen der Märchen aber auch wohltuend Verhaltensformen wie Treue und Verlässlichkeit. Geschwister oder Liebende riskieren füreinander ihr Leben, suchen sich hartnäckig, bis sie sich finden, Eltern nehmen ihren Däumling vorbehaltlos an, und Verunstaltete werden geliebt. Die Palette der Zu- und auch Abneigungen ist groß.

Das ganz alltägliche Leben spielt hier herein. Und was hier für kleinere und größere Kinder gesagt wurde, gilt mit neuen Akzenten und Überlegungen bis hin zu neuen Einschätzungen der Situation auch für Heranwachsende, die ebenfalls immer wieder an Märchen erfahren: *Da passiert etwas, das kommt mir irgendwie bekannt vor.* Das ist ein unbewusst gehaltenes, aber Resonanz erzeugendes Erkennen, oder aber ein bewusst registriertes, das sich nun reflektieren lässt. Unmerklich verändert sich beim häufigen Märchenhören das eigene Weltbild, weil *Vorerlebtes* nun im Erzählgut *Resonanz* findet, *erinnerbar* und *nacherlebbar* wird und mit manipulierendem Interesse auf der Spielwiese der Phantasie ausagiert und behandelt werden kann. Märchen wirken in kindliches Denken hinein, aber Kinder und Jugendliche projizieren eigene Erlebnisse auch aktiv auf Märchen, die sie sich nun konkret machen, bespielen und an eigene Vorstellungen anverwandeln. Deshalb wohl zeigen schon früh gehörte Märchen eine solch tiefe Wirkung. Sie erzählen in Fragmenten auch vom Zuhörer und Leser selber und graben sich als *nachempfindbare Elemente in vorhandene Gedächtnisstrukturen* ein.

Wie im Leben begegnen die Abenteurer immer irgendwelchen Schädigern, aber: Wenn sie gut zuhören, sich auf ihr Schicksal einlassen, Tieren und Schwachen helfen, aufrichtig sind, dann taucht *angemessene* Hilfe auf. So kommt das Abenteuer zu einem guten Ende, und das Ziel ist hier ebenso wichtig wie der Weg dahin. Das gleicht dem Leben: Die Heranwachsenden wollen etwas erreichen, haben Ziele vor Augen, reifen aber erst an ihren Erfahrungen, auch an vorübergehenden Niederlagen und Nöten. Auf der Suche nach Identität lösen sie sich aus elterlicher Abhängigkeit, und auf ihrem neuen Erfahrungsweg werden sie nun von Helfern ermutigt, getröstet, beraten und zum Erfolg geführt. In diesem Punkt ist das Märchen übrigens für seine Helden verlässlicher als das Leben für so manche Kinder. Aus Märchen erfahren Kinder und Jugendliche, dass es Nöte und Schädiger gibt, doch ebenso Hilfe und Vertrauen und dass man auch mit Verstand, mit Neugier, ja mit der Frechheit eines Grenzverletzers weiterkommt: Gerade diese provozierenden Handlungsweisen im Märchen locken Kinder, da sie ein angeborenes Neugierverhalten besitzen.

Märchen fordern auf, etwas zu riskieren. Um solche Erfahrungen für sich persönlich lebendig werden zu lassen, benötigen Kinder als Rezipienten jedoch Zeit, nicht Tempo und Action. Märchenfilmproduzenten sollten ebenso daran denken wie Lehrerinnen und Lehrer im Unterricht.

Die nächsten Gedanken gelten dem Thema Angstverarbeitung: An Märchen lernen Kinder, eigene Gefühle, Ängste, Wut oder Trauer neu zu ordnen, da man die erzählte oder gelesene Handlung gefahrlos *wiederholen* und dabei einzelne Motive *her-*

ausgreifen kann, um sich über Identifikationen oder Projektionen schrittweise an die Problemstelle heranzuwagen, mit Hexen und Drachen zu kämpfen, sie zu entmachten oder zu vernichten.

Annäherungen an Grausames und Böses läuft über den Körper. Schrecken wird im Stammhirn verarbeitet, wahrnehmbar an einem Zittern, Zusammenzucken, Erstarren, Erröten, Erblassen, an aufgerissenen Augen, schnellem Atmen oder Luftanhalten. Hören kleine Kinder entsprechende Märchen, dann wirken ängstigende Stellen auf sie wie leibhaftig erlebt: Da kommt der Wolf wirklich, und die Hexe schleicht sich an! Der Riese tobt, dass der eigene Körper davon zittert oder der Held versteinert – man fühlt sich erstarrt ...!

Angstbesetzte Märchenstellen lassen sich nun aber immer wieder nachspielen, und bei solchen Spielen der entsprechenden Szenen werden Angstmotive und beunruhigende Handlungen zunehmend auch im Großhirn (Neocortex) bewusstseinsfähig. Dort sind sie reflektierbar und werden mit immer mehr kontrollierten Gefühlen besetzt. Hat das Kind die Chance, seine Spielszenen bedürfnisorientiert und im Kontext eigener Vorerfahrungen zu wiederholen, dann variiert es die Inhalte erfahrungsgemäß immer wieder. Es geht nun auch mit *Vorerwartungen* an die zu gestaltende Szenen heran, entschärft oder ändert sie nach eigenen Vorstellungen und beherrscht sie schließlich. Auf diesem sogenannten *neocorticalen Neuronenkreis*[9] zwischen Stammhirn und Großhirn vollzieht sich geistig-seelische Reifung. Kinder sollten die Chance erhalten, jenem Schrecklichen entgegenzutreten, das doch funktionaler Teil der Märchen ist, das darin einen eigenen psychologischen Stellenwert besitzt und nichts mit Horror zu tun hat. Zur Bewältigung brauchen Kinder dann allerdings für ihre Projektionen und Probehandlungen ausführliche, selbstgesteuerte Spielmöglichkeiten. Dass man jüngeren Kindern Märchen wie *Fitchers Vogel* oder den *Machandelboom* u. ä. erspart, liegt auf der Hand. Dennoch: Märchen zu verharmlosen, weil das kindgemäß sei, halte ich für einen Fehler. Was ist denn *kindgemäß*? Zu leicht verliert man bei diesem Begriff den Aspekt des für Kinder Anspruchsvollen. Man gleicht möglicherweise nur an, nivelliert und vergisst gar, Herausforderungen einzuplanen.

Märchen erzählen vom Leben, und da das Leben mit Gewalt, Krieg, Missbrauch und Umweltproblemen einschließlich zahlloser gewaltdurchtränkter Videos und Fernsehfilme für Kinder in Wirklichkeit viel grausamer ist, bieten Märchen ein ungefährliches Spielmaterial zur mentalen Bewältigung des Bösen oder Traurigen. Nicht nur Dämonen werden dabei gebändigt. Auch Loser-Typen von der Sorte Pechmarie, die die Angst des Versagens oder des Ausgelachtwerdens verkörpern und mit denen sich so manches Kind eher identifiziert als mit Helden, gehören zur Gruppe Angstbewältigung. Kinder sind auf der Spielwiese der Phantasie erfinderisch: Die Versager, wenn sie nicht gerade ein Ausbund an Gemeinheit sind, werden im Spiel ein zweites Mal und nun klüger auf den Abenteuerweg geschickt, damit auch sie ans Ziel kommen. So versuchen Kinder, Versagensängste über entsprechende Identifikationen abzubauen.

In *SimsalaGrimm* werden Spannungen und eventuell grausam Wirkendes früh durch Komik gebrochen, bevor sich die Szenen inhaltlich mit ihrer Sinnfunktion entfalten konnten: Kein Wunder, dass Kinder auf diese unverbindliche Gaudi fliegen, die in keiner Weise innerlich fordert! Bloß: Es wird dem Potential, das in Märchen steckt, nicht gerecht. Die Helden werden sogar durch die außermenschlichen Figuren Doc Croc und Yoyo zu Schwächlingen. Ohne sie, die doch Fremdgänger im Märchen sind, läuft nichts. Not und Schädiger werden bagatellisiert, und aufbauende Rezeptionsweisen im Umgang mit dem Grausamen entfallen bei dieser trickreichen Animation.

3 Aspekte der Stil- und Wesensmerkmale, Wirkungen und Anwendungen

3.1 Stil- und Wesensmerkmale, Funktionen und Wirkungen

Gründe, weshalb Märchen so zählebig sind und bisher auch alle Versuche überlebt haben, sie zu vereinnahmen, zu verändern oder totzusagen, liegen offenbar in ihrer märchenspezifischen erzählerischen Struktur und der Art der Motiv- und Handlungsgestaltung. Solche Struktur- und Wesensmerkmale, die menschlichem Denken, Fühlen und Gedächtnis entgegenzukommen scheinen, wurden von Max Lüthi ausführlich dargestellt.[10] Den *abstrakten Stil* im Zusammenhang mit den auffüllbaren Leerstellen habe ich bereits erwähnt. Die starken Kontraste der Handlungen und Figuren schärfen dabei eine konkrete Vorstellung von den komplexen Bildern. *Eindimensionaliät* durchzieht alle diese Geschichten, denn die Handlungsträger begegnen sich auf einer Ebene, die Diesseitiges und Jenseitiges umschließt. Eindimensionalität hält Kindern Möglichkeiten ganzheitlicher Weltdeutung und einen freien Horizont offen und kommt den Fähigkeiten des Gehirns entgegen, raum- und zeitsprengend zu denken. Ebenso lernen sie an Märchen, Mythen, Sagen usw. bald, den Unterschied zwischen realen und fiktionalen Handlungen zu erkennen.

Ein wesentliches Stilmittel ist der einsträngige, rhythmisch gegliederte Aufbau, besonders der Zaubermärchen. Nach einer sprachlich in der Regel knapp und präzise gehaltenen Einleitung baut sich die Handlung in oft drei Episoden auf. Wiederholungen und Spannungssteigerungen treiben die Abenteuerkette bis zum guten Ende, in zweigliedrigen Märchen aber unterbrochen von einem Zusammenbruch oder Verlust der eben erst eroberten Beziehungen oder Dinge. Hier liegt der Beginn für weitere Bewährungsproben. In diesem Aufbau nun spielen Reime, Formeln, Sprüche eine einprägsame Rolle. Für Kinder ist der Gesamtbau so anregend, dass sie rasch eine konkrete *Erwartungshaltung* aufbauen und die Geschichte mit- oder nacherzählen können. Von ihrer geistigen Struktur her finden sie in den erwähnten Merkmalen aber noch eine weitere, eine tiefe Resonanz: Handlungen, die sich wiederholen, lassen sich in ihrer Gesamtkomposition auch bald überschauen. Ich erinnere an den Stand der Hirnreifung besonders ab Schuleintrittsalter. Kinder und Jugendliche können Märchenhandlungen bald antizipieren, können in Sprüchen und Formeln das emotional besetzte Magische einbringen, können die Interaktionspunkte als Bildsituationen durch Versprachlichung gliedern, dem Auftauchen der Schädiger und Helfer und den mehrfachen Bewährungsproben erwartend entgegenkommen und auch dem Geheimnisvollen als Teil der inneren Struktur besser nachspüren. Aus diesen Märchenbauformeln gewinnen Kinder eine *geistige Ordnung*, in der auch Gefühle beherrschbar werden. Das aber kann ihnen innere Sicherheit schenken. Sie klären darin ihre eigene Rolle, die zu ihrer Persönlichkeit gehört und die sich ebenso im Resonanzraum der Märchen auffinden lässt. Nicht umsonst wollen kleine Kinder Märchen wortgleich wieder hören: Sie ordnen daran ihr Denken, Wissen und ihr Bedürfnis nach Teilhabe an dieser Geschichte.

Bei Trickfilmen in der Art von *SimsalaGrimm* sind das Geheimnisvolle und rhythmisch Strukturierte und mit ihnen die Reime, Formeln und Sprüche verlorengegangen. Ich stellte bei meinen Untersuchungen im Klassenzimmer fest, dass Kinder, wenn sie zuerst das originale Märchen gehört und dann erst den entsprechenden Film gesehen hatten, diese Formeln und auch die weggelassenen Episoden deutlich vermissten und die erfundenen Zusätze in Frage stellten.

Der *flächenhafte Stil* (Lüthi) besagt, dass auf jede Tiefengliederung der Figuren, auch der Umwelt, der Zeit und des Raumes verzichtet wird. Innere Zustände und charakterliche Qualitäten werden stattdessen als etwas Beobachtbares nach außen gewendet. Inneres wird auf die Handlungsebene projiziert und manifestiert sich in gelungenen oder misslungenen Lebenswegen. Identifikationen und Projektionen gelingen in diesem Muster gut, da selbst Tölpel, Unhelden, Erlösungsbedürftige oder Dämonische an Profil gewinnen. Erfahrungsgemäß setzen sich Kinder auch mit solchen Figuren nachdenklich auseinander, wenn sie Zeit genug für mehrfachen Rollenwechsel haben und dabei intuitiv das subtile Spiel eines Äußeren im Sinne eines Inneren nachempfinden können.

Bei *SimsalaGrimm* gibt es keinen flächenhaften Stil, der sinnvolle Aufschlüsse über das Wesen der Rollenträger geben könnte. Will man bei diesen Figuren von ihrem quengeligen, klischeehaften Äußeren mit der ausdrucksarmen Mimik und Gestik auf ein Inneres schließen, dann kann man in ihnen nur unbeholfene, schwächliche Wesen vermuten, die zu keiner eigenen Entwicklung taugen, denn schließlich müssen ihnen Crocky und Yoyo dauernd beim Problemlösen auf die Sprünge helfen.

Kinder erfassen den abstrakten und flächenhaften Märchenstil wegen ihrer Klarheit sehr gut. Auf *SimsalaGrimm* reagieren sie dennoch begeistert; das lässt sich nicht leugnen. Warum? Mag sein, dass diese Filme tatsächlich den veränderten Sehgewohnheiten unserer derzeitigen jüngsten Generation entgegenkommen, die durch Gewöhnung an Werbespots, Actions und Comics inzwischen zu einer besonders raschen optischen Analyse von Bewegungsfolgen fähig ist und die die Schlag-auf-Schlag-Actions hinzunehmen gelernt hat: allerdings auf Kosten von Besinnlichkeit und eigentlicher An-Schauung (im wörtlichen Sinne!). Dazu kommen die karikaturhaft reduzierten Figuren, die in Proportionen und Bewegungen dem Kindchenschema folgen. Das Ruckartige, Babyhafte, Großäugige ruft *O-wie-süß-Gefühle* hervor. Schließlich ist jeder von Natur aus vom Kindchenschema gerührt. Nur: Unter diesem Blickwinkel haben wir es nicht mehr mit Märchen zu tun, die ja gerade von Entwicklungen zu einer erfahreneren, eigenständigen Persönlichkeit erzählen. *Simsala-Grimm*-Filme im derzeitigen Konzept können solcherart keine echten Märchenfilme sein.

Märchenhelden handeln – nach der Terminologie von Lüthi – *isoliert* und doch *allverbunden*. Trotz der Einsamkeit des Handelnden ist er in ein übergeordnetes Lebenskonzept eingebunden, das immer da eingreift, wo es für den Helden existentiell wichtig wird. Diese Helfereingriffe entstehen in Situationen, die Erfolg nötig machen oder die von Not gezeichnet sind. Auch Niederlagen und Grenzerfahrungen gehören ja realistischerweise zum Entwicklungsweg, um eine autonome Persönlichkeit zu werden. Um an den Vorerfahrungen anzuknüpfen: Das Gefühl der Einsamkeit ist so gut wie jedem Kind vertraut. Märchen erzählen ihnen nun, dass auch Helden schwach und ängstlich sein dürfen, dass Hilfe kommt und dass es normal ist, diese anzunehmen. *SimsalaGrimm* hat da eine neue Spezies der Allverbundenheit erfunden: Diese winzigen Mischwesen Crocky und Yojo, die in allen Lebenslagen rettend eingreifen – bloß lösen sie damit keine Entwicklung aus.

Allverbundenheit bahnt sich bereits in der knapp geschilderten Ausgangsposition des Märchens an, aus der dann sinnvolles weiteres Handeln entrollt. Hier kommt eine semantische Funktion zur Geltung,[11] die sich immer weiter entfaltet und sich mit weiteren Episoden verknüpft. Diese Stringenz in den Funktionen erspüren Kinder; man merkt es an ihren gemalten Bildern mit eingebauten Details (als Nebenbilder, Sprechblasen usw.) und ebenso am szenischen Spiel, wenn sie dabei *laut denken*. Sie suchen nach Zusammenhängen und Gründen für das, was da passiert, um eine eigene Orientierung zu sichern. Immer wieder binden sie beim Spielen, Gestalten oder in Gesprächen über Märchen inhaltlich eigene Meinungen und eigene Biographie mit ein. Mich wundert nicht mehr, dass gerade aggressive Kinder auf der Suche nach innerer Orientierung ihre Märchenrollen oft zartfühlend spielen und statt erwarteter Grobheit ihren Figuren, auch Dämonen, neue, versöhnliche Rollen zuweisen.

Da *SimsalaGrimm* oft willkürlich Anfänge, Abschlüsse oder besondere Motive und Beziehungen weglässt oder verfälscht, verlieren semantische und syntaktische Funktionen ihren Sinn. Ich denke da exemplarisch an die Trickfilme von *Rapunzel, König Drosselbart* oder *Brüderchen und Schwesterchen*. Damit entfallen auch die kindlichen Erwartungshaltungen und eine sichernde Orientierung an den aufeinander bezogenen Inhalten. Zeichentrickfilme, die Märchen nur noch als Abbruchhalde benützen, tragen nichts für eine geistige oder seelische Entwicklung von Kindern bei, und Kinder, die so mit Märchen gefüttert werden, verlieren die Fähigkeit, sich interessiert auf die Inhalte einzulassen. Wer heute argumentiert, man wolle an den Sehgewohnheiten von Kindern anknüpfen und ihnen viel Spaß bereiten, der lässt Kinder letztlich auf einem intellektuell niedrigeren Niveau zurück.

Durch den sublimierenden Stil wirken Märchen leicht, schwerelos. Sie können in gleichsam exemplarischer Form inhaltlich alles an Themen aufnehmen, was zur äußeren und inneren, diesseitigen und jenseitigen Welt und Wirklichkeit gehört. Wer viele Märchen kennt, erfährt auch vielfältige Spektren des Lebens. Er kann sich in jeweils überschaubaren Ausschnitten eines Essentiellen erleben, das sich wiederum bildsprachlich, symbolisch, gedanklich und sprachlich strukturierbar vermittelt und Freiräume für eigene Vorstellungen lässt.

Solche Gebilde sind in sich stimmig, ästhetisch, in ihren Elementen aufeinander bezogen und funktionsgerecht. Comics und Trickfilme können das nicht leisten, zumal sie viel zu hektisch ablaufen und durch das Karikaturistische Spannung und Spaß aufbauen, aber kaum Gedanken über symbolische Zusammenhänge auslösen. In der Stimmigkeit und Mehrschichtigkeit der sprachlichen Bilder aber liegt konstruktiver Zündstoff. Klaus Doderer forderte einmal zum Thema *Entdeckung der ästhetischen Dimension* und zur „literarischen Befreiung der Jugend aus vorfabriziertem Ghetto, daß man dem jungen Menschen einen Weg eröffnet, an jener überkommenen, gewachsenen und diskutablen Welt des Ästhetischen, des Sinnlich-Erfaßbaren, des originellen Konstrukts teilzunehmen, welche die Dimensionen eröffnen kann, die jenseits der vorfindlichen Realität auf Zukünftiges, Mögliches, Anderes, Noch-nicht-Dagewesenes hinweisen".[12] Genau dies trifft auch für die zeitlosen Märchen zu, die doch allen Menschen gelten.

3.2 Didaktische Perspektiven und Wege zur Sinnerschließung

Für Märchenprojekte öffnet sich eine Menge kreativen Potentials, und zwar in allen Schularten. Es gibt eine Fülle phantasieanregender, ästhetischer Zugehensweisen: Man kann malen und ganze Bilderbücher in reizvollen Techniken – z. B. in Wachsschmelz-, Lavier- oder Schabetechnik – herstellen: einzeln oder als Gemeinschaftsarbeiten. Die wesentlichen Szenen lassen sich betexten oder wie Comics mit Sprechblasen und kleinen Verbindungstexten versehen. Leporellos bieten die gleichen Möglichkeiten und eignen sich als Falt-Klapp-Bücher mit zusätzlichen Öffnungen zur nächsten Seite, mit Täschchen usw. gut zum Bespielen mit kleinen Figürchen. Subjektiv als bedeutsam empfundene Märcheninhalte lassen sich darin genüsslich ausspinnen ... Reizvoll im Bildnerischen sind auch transparente Fensterbilder (Seidenpapier mit Kleister auf Folie geleimt oder mit Öl eingepinselte Wachsfarbenbilder), die als aufbauende Bilderserie bei Tageslicht am Fenster prächtig wirken.

Collagen für Tastbücher führen sensibel in Wesenszüge der Figuren ein: Weiche, seidige Stoffe, glänzende Folien, Flitter, rauhe oder derbe Materialien vermitteln den tastenden Fingern etwas vom inneren Wesen der Protagonisten – ganz im Sinne des flächenhaften Stils. Die taktilen Reize regen im Zusammenhang mit den behutsamen Finger- und Handbewegungen eine konzentrierte innere Sammlung auf Inhaltliches, dazu Vorstellungskräfte und das Sprechen an.

Szenische Spiele helfen, kleine Handlungszusammenhänge nicht nur nachzuempfinden, sondern auch bedürfnisorientiert zu verändern und zu vertiefen. Auf dem

Weg der Dramatisierung (aus der epischen Vorlage heraus) und Inszenierung, z. B. mit Hand-, Marionetten- oder Schattenfiguren, wird der Handlungsaufbau auch umgruppiert, mit neuen Akzenten versehen oder auf vergleichbare Handlungen transferiert. Solche Konzepte gelten gleichermaßen für personale Spiele, z. B. wenn Schüler ihr Märchen als Theater auf die Bühne bringen und sich dabei für besondere Sinnaussagen entscheiden. Alle Figuren- und personalen Spiele erfordern zusätzlich vertiefende Gedanken über Kulissen, Beleuchtungen, Musik, Geräusche und räumliche Planungen in der Figurenführung. Tischtheater, z. B. mit Naturprodukten aus Kieferzapfen, schönen Steinen, Ästen, Moos, mit bunten Tüchern usw., auf dem Tisch flächig arrangiert und mit Schafwollfiguren bespielt, laden förmlich dazu ein, das Märchen in seiner Gesamhandlung zu planen.

Plastizieren und Modellieren in Ton o. Ä. lenken bewusst auf einzelne Figuren. Der Bau von *Standbildern* mit Menschenkörpern (einzeln oder als Gruppen, in Ausdrucksspiel mit Mimik, Gestik und Körpersprache) kann man zu Standszenen *einfrieren*, kann dazu erzählen, die Bewegungen dieser Statuen verändern, die Figuren umstellen oder sie auf Signal wieder *verlebendigen* und so Essentielles des Märchens zur Geltung bringen.[13]

Einzelne Motive legen nahe, in der Literatur oder im Erzählgut anderer Völker (man denke an unsere multikulturell zusammengesetzten Schulklassen heute!) nach ähnlichen Motiven zu suchen, die Motive zu vergleichen, zu hinterfragen oder Märchen anderer Völker zu sammeln. Krönende Abschlüsse solcher Aktionen sind Märchenfeste, das Erzählen in fremder Sprache, Singen, Kochen und Essen nach Art jenes Landes, aus dem Märchen erzählt wurden: Hier werden Märchen zum sinnvollen Spielwerk interkultureller Begegnungen.

Auch kann man Motive wie Liebe, Freundschaft, Verlässlichkeit, Tierverwandlung, Erlösung, Gewalt usw. in anderen Märchen, Geschichten, Bilderbüchern, Gedichten suchen oder selber dazu etwas schreiben und sie in *Nestgeschichten* sammeln: Sie werden z. B. über eine bestimmte Zeit hinweg in einem *Nest* auf einem *Baum* abgelegt, der aus einem einbetonierten Besen mit einer Baumkrone aus Stroh, Weidenruten o. Ä. besteht. Diese gesammelten Geschichten werden fallweise vorgetragen, besprochen und am Ende zu einem Buch gebunden.

Gespräche und Gedankenaustausch öffnen für Empathiefähigkeit und fördern das Ertragen von Meinungsvielfalt. Sogenannte *Gerichtsspiele* (von mir so mit Halbwüchsigen praktiziert als Reflexion und Rechtfertigung besonderer, den Kindern und Jugendlichen befremdlicher und kritisch betrachteter Handlungsweisen von Feen und Zwergen, Kindern, Hexen, Königen usw.) machen offen für Empathiefähigkeit und Perspektivenwechsel und geben Jugendlichen die Chance, mit eigenen Wertungen und ihren moralischen Vorstellungen an die Geschichten heranzugehen.

Was immer auch aus den Märchen heraus gestaltet wird und dabei auch formverändernd wirkt: Wichtig bleibt bei aller Kreativität, Aktionismus zu vermeiden, dafür aber Sinnzusammenhängen und wesentlichen Aussagen nachzuspüren und sinnstiftende Kerngedanken des Märchens zu bewahren. Es gibt viele Möglichkeiten, sprechend, spielend oder gestaltend über Märchen nachzudenken, einzelne Motive wirken zu lassen und für verschiedene Deutungen offen zu sein. Bei schöpferischen Nach- oder Umgestaltungen kommen ästhetische Arbeiten heraus, die zumindest aus der Sicht der kleinen Künstler bedeutsam sind und ein Sinnlich-Erfassbares darstellen, in dem Eigenwilligkeit und Keime eines Noch-nicht-Dagewesenen stecken können. Um das geht es ja.

Voraussetzung solchen Gelingens ist, dass Kinder Impulse erhalten, die fördern und durchaus Ansprüche stellen, die ihnen aber gestalterischen Freiraum lassen. Zeit sollte man ihnen geben zum Anhören, Anschauen, Anfassen, Bewegen ... ohne Hektik und Leistungsdruck. Subjektiv gesteuertes, sinnlich-sinnhaftes Handeln trägt zum Verstehen von Märchen bei. Hierfür bedarf es keiner Interpretationen, sondern der Gespräche und des Gedankenaustausches zwischen Menschen mit verschiedenen Ansichten. Und vor aller Produktion steht das Erzählen oder Vorlesen und Zuhören original belassener Märchen, weil sie in sich stimmige, aussagekräftige Geschichten vom Leben und von unserer Welt sind. Trickfilme kann man dann allemal noch anhängen, aber erst hinterher, und sie dann kritisch betrachten. Das wäre ein Schritt, Medienkompetenz zu entwickeln, die zu Schlüsselqualifikationen gehört. Nur: Auf die Reihenfolge kommt es an.

Dass künstlerisch wertvolle Märchenfilme einen die Nachdenklichkeit und Phantasie anregenden Stellenwert besitzen, wurde bereits erwähnt und sei nochmals betont. Aber das ist einer eigenen Darstellung wert.

Einen besonderen Aspekt stellt die Sprache dar: nicht nur wegen ihrer klaren, poetischen Gestaltung und ihrer nachgewiesenen konstruktiven Modellwirkung, z. B. im semantischen und syntaktischen Bereich für Schüler. Sie orientiert sich auch stark an den Sinnestätigkeiten. Gerade in Schlüsselszenen spielen das *Hören* im Sinne eines Horchens, Gehorchens, Erinnerns oder Verstehens, das *Sehen* und Schauen im Sinne von Einsicht, Anschauung und Erkennen, das *Berühren* im Sinne von Berührtsein und Wahrnehmen und das *Bewegen* im Sinne von Handlungsfähigkeit eine Rolle.

Was in der menschlichen Entwicklung abläuft, spiegelt sich sprachlich auch im Märchen. Da heißt es z. B.: „Da sah er es an und erkannte, daß ..." (KHM 25); „... und als sie ihn anschaute, erkannte sie ihn auch ..." (KHM 186). „Da hörte er auf zu sprechen und horchte, was sie miteinander sprachen, denn er verstand das wohl" (KHM 6). „Der König verstand es (das Lied vom Mord) wohl und ließ ..." (KHM 28). Mit *Anfassen* und *Berühren* wird ständig Schicksal gespielt, ob die Heldinnen nun neugierig einen verbotenen Goldglanz *berühren*, angewidert einen Frosch *anfassen*, ob eine Hexenrute sie *schlägt* und versteinert oder Körper von Sternenhemden *eingehüllt werden*, mit denen sie zum Menschsein erlöst werden – die Grimm'schen Märchen sind voller Beispiele dieser Art der sinnlich-sinnhaften Sprachgestaltung.[14] Sie geht unter die Haut, durch Augen und Ohren und den ganzen Körper. Sie weckt auf sinnlicher Ebene ein Verständnis für die Menschwerdung.

4 Abschluss

Das Thema *Rezeption* umschließt in der Literaturwissenschaft Textaufnahme, das Verhältnis zwischen Text und Leser bzw. Hörer, die Art und Weise der Aneignung, Aufnahme und Wirkung einschließlich psychologisch und gesellschaftlich bedingter Komponenten des Verstehens.[15] Einige dieser Akzente, die mit Textaufnahme und Aneignungsformen von Volksmärchen zu tun haben, habe ich versucht herauszufeilen, dazu Wirkungen, die auch auf didaktische Perspektiven weisen. Märchen sind in sich stimmig aufgebaute Ganzheiten, und das Zuhören erzählter bzw. vorgelesener Märchen bleibt die elementarste Möglichkeit, sich mit ihnen auseinanderzusetzen. Sie enthalten ein hohes Potential an Informationen über Brauchtum, Vergangenheit, menschliche Stärken, Schwächen und menschliche Entwicklung, über Symbole, sprachliche Schönheiten und Nachsinnenswertes. Sie sind eine Fundgrube, die sich Schüler handlungs- und produktionsorientiert, ästhetisch und nach eigenen Gestaltkräften erschließen können.

Lehrer sollten sich auf diese Aneignungsformen einlassen, ohne gleich zu fordern, aber doch zu fördern und mit ästhetischen Ansprüchen zu locken. Und Zeit sollte man geben, und zuhören sollte man lernen: auf Märchen und auf andere Menschen. Solche Prozesse lösen kognitive, sozial-emotionale, sensorische und motorisch gesteuerte Lernprozesse aus, die geistig ordnen und psychisch sicherer machen. Symbolische Gehalte entfalten sich weniger durch pädagogengesteuerte Interpretationen als durch eigene Auseinandersetzungen der jungen Menschen am Märchen, indem sie den Realgehalten, dem Phantastischen, den Wundern und Geheimnissen nachspüren.

Amadou Hampâthé Bâ wies in einer Rede darauf hin, dass die Erhaltung der mündlich überlieferten Traditionen Afrikas als eine Aufgabe von gleicher Dringlichkeit betrachtet werden müsse wie der Schutz von Monumenten als Weltkulturerbe. Ich denke, das gilt derzeit noch mehr für unsere europäischen Märchen, denn sie sind in den letzten Jahren zunehmend von einer substantiellen Zerstörung durch hektische, konsumorientierte mediale Bearbeitungen bedroht. Volksmärchen als Ganzes zu bewahren und sie durch sinnvolle Rezeptionsweisen auch der nächsten Generationen zu erhalten, darin liegt eine wichtige Aufgabe.

Anmerkungen

[1] Wilhelm Grimm: Liebe Mili. Ein Märchen von Wilhelm Grimm mit Bildern von Maurice Sendak. München, Wien 1989.

[2] Amadou Hampâte Bâ: Das Wort überbrückt Jahrhunderte. In: Charlotte Oberfeld / Jörg Becker / Dieter Röth (Hrsg.) im Auftrag der Europäischen Märchengesellschaft: Märchen in der Dritten Welt. Kassel 1987, S. 29 ff.

[3] Mitschrift einer Hörcassette: Vortrag über Amadou Hampâthé Bâ mit Live-Auszeichnungen (o. J.).

[4] Richard Restak: Geist, Gehirn und Psyche. Psychobiologie, die letzte Herausforderung. Frankfurt/M. 1981 (dt. Ausg.), S. 13.

[5] Details z.B. in Richard Restak (Anm. 4) – Carla Hannaford: Bewegung, das Tor zum Lernen. Freiburg i. Breisgau, 2., verb. Aufl. 1997. – Spektrum der Wissenschaft: Gehirn und Nervensystem. Heidelberg 1988.

[6] Helga Zitzlsperger: Können die Alten der Märchen den Jungen von heute noch etwas sagen? In: Ursula Heindrichs / Heinz-Albert Heindrichs (Hrsg.): Alter und Weisheit im Märchen. Im Auftrag der Europäischen Märchengesellschaft. Bd. 25, München 2000.

[7] Vorschläge zur Praxis in Helga Zitzlsperger: Kinder spielen Märchen. Weinheim, Basel 1994. – Dieselbe: Ganzheitliches Lernen. Weinheim, Basel 1995, S. 128 ff.

[8] Siegfried Schmidt: Gedächtnisforschungen. Positionen, Probleme, Perspektiven. In: Siegfried Schmidt (Hrsg.): Gedächtnis – Probleme und Perspektiven der interdisziplinären Gedächtnisforschung. Frankfurt/M. 1992.

[9] Werner Radigk: Kognitive Entwicklung und zerebrale Dysfunktion. Dortmund 1991, S. 120 f.

[10] Max Lüthi: Das europäsche Volksmärchen. Form und Wesen. München 1978 (6., durchges. Aufl.). Er stellt dar: Eindimensionalität, Flächenhaftigkeit, Abstraktion, Isolation und Allverbundenheit, Sublimation und Welthaltigkeit.

[11] Klaus Gehrt: Elemente des Erzählens. Hannover 1983

[12] Klaus Doderer: Kinder- und Jugendliteratur im Ghetto? In: Klaus Doderer (Hrsg.): Ästhetik der Kinderliteratur. Weinheim, Basel 1981, S. 16.

[13] Hilfreiche Impulse z. B. in Wolfram Ellwanger / Arnold Grömminger: Das Puppenspiel. Psychologische Bedeutung und pädagogische Anwendung. Freiburg i. B. 1989. – Ingo Scheller: Szenisches Spiel – Handbuch für die pädagogische Praxis. Berlin 1998. – Bernhard Thurn: Mit Kindern szenisch spielen (Spielfähigkeit wecken, Pantomimen, Stegreif- und Textspiele, von der Idee zur Ausführung). Berlin 1992.

[14] Genauer bei Helga Zitzlsperger: Was macht Märchen auch für Kinder geeignet? In: Thomas Bücksteeg / Heinrich Dickerhof (Hrsg.): Märchenkinder – Kindermärchen. Im Auftrag der Europäischen Märchengesellschaft. Bd. 24, München 1999. – Helga Zitzlsperger: Märchenmotive: Entwicklung des Denkens. In: MÄRCHENSPIEGEL, Zeitschrift für internationale Märchenforschung und Märchenpflege. Hrsg.: Märchen-Stiftung Walter Kahn, Braunschweig, 1/2000. Dieselbe: Märchen neu denken, ebd. 2/2000.

[15] Ivo Braak / Martin Neubauer: Poetik in Stichworten. Unteräger / Schweiz 1990 (7., überarb. u. erw. Aufl.), S. 35.

INGRID BERGMANN

Das Sinnbild der Verantwortlichkeit im Märchen und seine Bedeutung für die Entwicklung ethischer Werte beim Kinde
Dargestellt am Beispiel *Die Bienenkönigin* KHM 62

1 Der Begriff der Verantwortung

Kein Geringerer als Hans Jonas stellt der Unbescheidenheit des technischen Fortschritts das *Prinzip Verantwortung* entgegen, das Furcht und Ehrfurcht gebietet. *Nach ihm hat der Mensch die Verantwortung in der verbleibenden Zweideutigkeit seiner Freiheit, die keine Änderung der Umstände je aufheben kann, die Unversehrtheit seiner Welt und seines Wesens gegen die Übergriffe seiner Macht zu bewahren.*[1] Die Ehrfurcht vor dem, was der Mensch war, wie er als geistbegabtes Wesen gemeint ist und das Erschaudern vor dem, was er werden könnte, lässt Jonas den Begriff des *Heiligen* verwenden, das es zu hüten gilt. Wir dürfen nicht um des naturwissenschaftlich-technischen Fortschritts willen die Gegenwart einer fragwürdigen Zukunft opfern. Das Gedeihen des Menschseins, das zu verkümmern droht, ist nicht auf später zu verschieben! Deshalb muss die Welt – und so auch der Mensch, die Natur und die Kreatur – vor dem Menschen geschützt werden, damit sich Mensch und Welt und Mensch und Mensch noch als *Ich* und *Du* (Martin Buber) begegnen können.

Für Buber ist der Begriff der Verantwortung untrennbar mit dem der Liebe verbunden. Die Grundsituation menschlichen Seins ist für ihn das *Gegenübersein*, das in einem zarten *Anrühren* ertastet und begriffen werden muss, um den jeweils *Anderen* und sich selbst zu erkennen und zu verstehen. Dieses vorsichtige Erspüren der Andersheit in Demut und wahrhaftiger Offenheit ist ein Begegnungsgeschehen, das in der Gestimmtheit des gegenseitigen Verantwortlichseins geschieht. Verantwortung nimmt ihren Raum in den Grenzen der Notwendigkeit (als Herausforderung) und der Unmöglichkeit ihrer Übernahme; denn man ist nur für das verantwortlich, was im Rahmen des Möglichen liegt. – Sie erhält ihre Bedingungen aus der Zeit, die als Daseinszeit eine endliche ist, und aus der Struktur der Gegebenheiten und Sachverhalte, denen der Mensch unterworfen ist. Er ist für das verantwortlich, was geschieht. Geschehnisse sind von anderer Beschaffenheit als Naturvorgänge, die – solange sie unangetastet von menschlicher Einflussnahme sind – nicht der Verantwortung des Menschen obliegen. Geschehnisse wie Geschichte sind Ereignisse in der Zeit, in die der Mensch verwickelt ist. Ereignisse, die er mitgestaltet und die so in den Bereich seiner Verantwortung fallen.

2 Der Begriff der Ethik

Der Begriff der Ethik ist ohne den Begriff der Verantwortung nicht zu denken, denn Menschsein heißt Verantwortlichsein. Gegenstand der Ethik ist die Lebensführung des einzelnen Menschen in der Welt mit andern Menschen. Die Fähigkeit des Verantwortlichseinkönnens beinhaltet Gelingen, aber auch immer ein Scheiternkönnen. Somit ist sie zwangsläufig begleitet von der Frage nach der Schuld. Die Grundsituation der Ethik ist die Gegebenheit des Lebens, die in sich schon appellativen Charakters ist: Dieses gegebene Leben ist ein aufgegebenes, dem Sinnverwiesenheit schon vorausgeht. Es ist sich selbst anvertraut als Verwirklichung in der eigenen Lebensführung, in dem Gemeintsein des Seins als In-Beziehung-Sein mit anderen Menschen und mit der Welt. Darum ist dieses Leben im Miteinandersein als ein *menschliches* zu führen, in dem sich Handeln – Tun und Lassen – als konkrete Verantwortung des einzelnen in seiner persönlichen Lebensgeschichte gestaltet. In ihr entfaltet sich ethisches Bewusstsein. Nicht alles, was möglich ist, kann getan werden, sondern nur das, was in diesem gegebenen Leben zu *verantworten* ist. Alles Wollen und Sollen ist durch die Gegebenheit des Lebens vermittelt.[2]

Wenn Ethik die Frage nach dem *höchsten* Gut, dem richtigen Handeln und der Freiheit des Willens stellt, so ist sittliches Handeln das Streben nach dem Guten innerhalb einer immer schon bestehenden Situation, die nicht mehr rückgängig zu machen ist. Damit ist die Frage nach dem Guten für den einzelnen Menschen nicht mehr nur eine philosophische, sondern vor allem eine existentielle Frage: Denn der Mensch muss ständig entscheiden, was das *Beste* als Wertentscheidung in dieser seiner Lebenssituation ist.

3 Der Andere als Du und Mitseiender

In diesem sittlichen Verhalten findet der Mensch seine individuelle Bestimmung, seinen *entscheidenden* Standort im Gefüge aller sittlichen Werte (Scheler). Es ist kein Einhalten von äußeren Normen und Vorschriften als Moral, die anordnungsgerecht erfüllt werden müssen, sondern es bedarf der Einkehr bei sich selbst, der Zwiesprache mit dem eigenen Gewissen, das immer wieder neu – auf keine Erfahrung sich berufen wollend – eine Wertentscheidung treffen muss.[3] Und dennoch ist Ethik nur dialogisch zu denken, denn sie ereignet und entwickelt sich in der Begegnung mit der Welt und vor allem in der Beziehung zum *Anderen*. Sie fordert Verantwortung vom Du und vom Ich in Gegenseitigkeit, die ihre höchste und vollkommenste Form in der Liebe findet. Ethik hat für uns im Sinne Levinas' den Primat vor jeder Kultur, die noch vor jedem denkerischen Akt im Angesprochenwerden durch das Antlitz des *Anderen* als Offenbarung erfahrbar wird, sie ist unabweisbarer Aufruf zur Teilnahme am Sein des *Anderen* durch Mitleiden und Verantwortungsübernahme, noch bevor der Drang zur Selbstbehauptung auf existentieller Ebene wirksam wird. Sie ist *Bedeutung*, das Verstehbare des Daseins schlechthin, das das Denken durchwirken und gestalten muss, noch ehe Kultur geschaffen wird; sie muss als wesentlicher Aspekt die Kultur mitgestalten.

Ethik als Ordnung von Bedeutung, von Sinn, liegt jenseits des Seins; und es liegt in der Möglichkeit meiner geistigen Freiheit, ihr einen Zugang und Zugriff auf mich in meiner Humanität zu gewähren.[4] Kirkegaard bezeichnet ... *das einzige, wodurch Gott mit dem Menschen kommuniziert, als das Ethische*;[5] es ist das Wesentliche in der Beziehung, und handeln und leiden kann nur der, der sich auf diese Beziehung zu Gott einlässt, indem er sich dem Mitmenschen in Liebe und Verantwortung zuwendet.[6] *In diesem Sinne fällt Gott in das Denken ein, aber in ein streng phänomenologisch verfasstes Denken. Und das ist Ethik, die Sinnhaftigkeit, der Sinn als solcher rührt vom Antlitz her.*[7]

So ist die Begegnung zwischen Ich und Du die Grundsituation menschlichen Seins, in der Ethik *geschieht*, die von Liebe und Verantwortung getragen ist und durch die Fähigkeit der Selbsttranszendenz möglich wird. In ihr überwindet der Mensch sich selbst in seiner Einsamkeit und *Sinnferne*, erkennt und entdeckt die Welt und den *Anderen*, führt ihn zur höchsten Wertvervollkommnung, die er auf dem Weg zu ihm und mit ihm auch für sich selbst erreicht. Deshalb muss die Begegnung von Ich und Du wieder in den Mittelpunkt gerückt und zum Maßstab der menschlichen Existenz gemacht werden, ihre Grundwerte Barmherzigkeit, Liebe, Güte, Achtung, Demut und Verantwortlichsein müssen ihre ursprüngliche Wirksamkeit im Begegnen mit der Welt als Ort des Zusammenlebens von Mensch und Natur zurückgewinnen. In größter Gefahr muss der Wille zum *gemeinsamen Verantwortlichsein* für alle Schicksalsfragen der Menschheit mobilisiert werden.

In der verwalteten Massengesellschaft ordnen Zuständigkeitsbereiche die *Verantwortungsvergabe*; somit bestimmt die Struktur der Sachbereiche den Verantwortungsgrad und -umfang für den einzelnen. Er übernimmt als Rollenträger in Beruf und Familie die ihm gestellte Aufgabe als gesetzlich gesicherte Pflicht. Aber selbst in diesem fremdbestimmten Verantwortungsverhältnis zur Welt, zur Gesellschaft, besteht eine gewisse Freiheit, diese Rolle zu übernehmen und die damit verbundene Aufgabe zu erfüllen. Verantwortung ist Selbstentäußerung im Sinne von Sorge um die Welt und Fürsorge (Heidegger) für den *Anderen* und auch für sich selbst. Aber das Wesen der Verantwortung greift tiefer in die Existenz des Menschen ein, als dass es nur als konkrete Rolle in Beruf und Familie zu umschreiben wäre. Als Grundkategorie des Menschseins ist die Verantwortung nicht auf die Ebene gesellschaftlicher Zuständigkeiten zu beschränken: Der Mensch muss unablässig und stets aufs Neue über sein Tun und Lassen entscheiden, das nur er zu verantworten hat, unersetzlich und unabwendbar. Jede künftige Lebenssituation wird immer wieder in ihrer Herausforderung einmalig sein und möglichenfalls eine Verantwortung fordern, für die es noch gar keine *Zuständigkeiten* gibt und die nur *ich* zu tragen habe.

Die Verantwortung setzt in mir ein Hinaustreten in die Welt, ein Öffnen voraus, das den Mut für das noch unbekannte Zukünftige und das Verwundetwerden durch die Leiden der Mitmenschen und der Kreatur miteinschließt. Ich werde aus dem Nominativ des *Ich* in den Akkusativ des *Mich* gesetzt (Levinas): Ich *lasse* mich beeindrukken, *mich* verletzen; ich *lasse* mich in die Verantwortung stürzen, mit allen unabsehbaren Folgen, weil ich als Mensch so gemeint bin.

Je mehr ich für meine Verantwortlichkeiten tue, desto mehr werde ich verantwortlich: *Die Menschen haben diese Wahrheit vergessen, sagt der Fuchs im Kleinen Prinzen. Aber du darfst sie nicht vergessen, Du bist zeitlebens für das verantwortlich, was du dir vertraut gemacht hast...* Levinas beschreibt dieses Verantwortlichsein als ein nicht verjährbares *Sollen*, das nicht um Zustimmung gebeten hat, das gekommen ist, indem es mich *erwählt* hat. Erwähltsein heißt: mich in meiner Einzigkeit und Unvertretbarkeit zu meinen, und nur *mich* zu meinen. Es ist ein Sollen, das für Levinas über die Grenzen des Seins und über den Tod hinaus – dem Menschen auferlegt wird, dem er sich als Mensch nicht entziehen kann.[8] Noch bevor er nachdenkt, erwägt, die Situation analysiert, sich entschließt, bewusst zu handeln oder abzuwarten, ist er schon ergriffen worden vom kreatürlichen Sein der Verwundbarkeit und Sterblichkeit des *Anderen*; er – der Angesprochene – hat sich schon *ergeben*. Und in dieser Ergebenheit vollzieht sich das ganze Wunder selbstvergessenen Gebens.[9]

4 Der Mensch als Angesprochener und In-Anspruch-Genommener

Der Mensch ist in seinem Leben immer schon der Angesprochene und der In-Anspruch-Genommene durch die Hilfsbedürftigkeit des *Anderen*. Nach Levinas entsteht dieser Anspruch aus der Verwundbarkeit und Schwäche des *Anderen*; der Angesprochene muss *unbedingt auf den Anspruch des Beanspruchenden reagieren. Aber jeder Mensch ist ansprechbar und ansprechender Mensch zugleich* (Paul Tillich bezeichnet die menschliche Existenz als *Zweideutigkeit*), denn Menschsein heißt, mit der Welt – und so mit den *Anderen* – unauflöslich verwoben zu sein. Leben heißt Geben und Nehmen, Anspruch zu erheben und Erfüllung zu gewähren als existentielle Notwendigkeit. Zwischen Anspruch und Beanspruchung des jewails *Anderen* besteht ein Spannungsverhältnis, das in der Zumutbarkeit eines jeden Angesprochenen innerhalb der Möglichkeiten seiner geistigen Person liegt. Das rechte Maß zu erspüren ist für den einzelnen Menschen eine Frage der Ethik.[10]

Die Persönlichkeit des Menschen entwickelt sich mit der Verantwortung, auch bei Misserfolgen und negativen Fremdwertungen, die normalerweise das Selbstbewusstsein des Menschen bilden und kräftigen. *Verantwortlichkeit ist darum der Schlüsselbegriff zu Ethik. Es ist mehr als alle andern denkbaren ethischen Prinzipien, da es alle in sich enthält: Es gibt kein Laster, keine Schwäche, kein negatives Wertprädikat, zu welchem Verantwortlichkeit nicht im klaren, konträren Gegensatz stünde.*[11]

Für Frankl ist menschliches Sein Verantwortlichsein.[12] Wenn der Mensch vor der Frage nach dem Sinn seines Lebens steht, so ist er auf sich ganz allein verwiesen, sein Leben vor sich und seinem Gewissen (oder einer höheren Instanz) zu verantworten. Er hat den Tatbestand zu akzeptieren, dass sein Dasein Verantwortlichsein ist; nicht er stellt die Fragen an das Leben, sondern das Leben stellt die Fragen an ihn. Er ist der Befragte, er hat sein Leben zu verantworten. Täglich wird unser Menschsein herausgefordert, unablässig müssen wir neu entscheiden, unterscheiden, auswählen, was Sinn hat, was sich verantworten lässt; die Entscheidung von gestern kann nicht mehr die von heute sein. – Leben heißt im Sinne Bubers *Begegnen*, dem *Anderen* und der Welt *Gegenüber-* und *Gegenwärtigsein* als *Ich* und *Du*, aber *antworten soll er, der einzelne, mit seinem Tun und Lassen antworten, die Stunde, die Weltstunde, die Allerweltsstunde als die ihm gewordene, ihm anvertraute annehmen und verantworten. Abstrich ist verboten, aussuchen darfst du das dir Zusagende nicht, die ganze grausame gilt, die ganze heischt dich an, antworten sollst du – Ihm.*[13] Der Mensch muss den Anspruch, der nur an ihn ergeht, vernehmen und sich von niemandem dreinreden lassen! Die Antwort muss er aus seinem eigenen Grunde als Stimme seiner ethischen Gestimmtheit vernehmen.

Kollektive Entscheidungen von Interessengruppen und Parteien bedrohen unsere persönliche Stellungnahme, sie schwächen die Verantwortung eines jeden Menschen, entmündigen ihn, denn er hat weder sich selbst noch seine Geschichte zu verantworten. Das *Man* kann alles verantworten, weil keiner für etwas einzustehen braucht. *Das Man 'war' es immer und doch kann gesagt werden, 'keiner' ist es gewesen.*[14] Wir müssen die Welt zu unserem *Du* machen, damit wir uns auch für sie in Liebe verantwortlich fühlen können.

5 Die Bedeutung personaler Begegnung

So bedarf der Mensch von Anbeginn seiner Existenz der personalen Begegnung in Fürsorge und Erziehung, damit er sein geistiges Dasein im Bewusstsein des Verantwortlichseins entwickeln kann. In seinem ersten Angenommensein durch andere Menschen fühlt sich das Kind erwünscht und somit sinn- und wertvoll für seine Umgebung. Es ist in seiner Wehrlosigkeit die Herausforderung purster Verantwortlichkeit, die es später selbst für andere empfinden möchte. So entdeckt das Kind seine Existenz im Spiegel seiner Bezugspersonen als eine menschliche und erfasst aus dieser Perspektive die ihm als Mensch anvertraute Welt.

6 Erziehung zur Verantwortlichkeit für einen Anderen

Das Kind vollzieht in seiner Entdeckerfreude und seinem gesunden Erkenntnisdrang eine erste wahrhaftige Form der *Selbsttranszendenz,* denn es gibt sich dem zu erkennenden Objekt selbstvergessen hin – absichtslos –, ist ganz *bei der Sache*, bei dem *Anderen*. Mit seinem Sinn-Erkennungs-Streben greift es über sich hinaus in die Welt, nur noch ohne die Bewusstheit der Sinnorientierung als Verantwortlichsein.

Im Auseinandersetzen und Ergreifen der Welt ortet das Kind seine Persönlichkeit als einen Teil dieser Welt, und gleichzeitig muss es sich im Gegenübertreten zur Welt als getrennt von ihr als einen In-sich-Einsamen, als ein Individuum empfinden. Aber es erlebt sich in seiner Geborgenheit auch als ein *Du*, als das es von einem anderen Du angesprochen, von dem es gewollt und geliebt wird. Dieser Mensch ist auch ein Ich, aber ein von ihm getrenntes. Er ist ein *Anderer* für das Kind; und später entdeckt es: Auch es selbst ist ein *Anderer* für den *Anderen*. Die Sehnsucht nach Überwindung des Getrenntseins vom *Anderen* ruft die *Liebe* auf den menschlichen Lebensplan. Sie macht uns sehend (und nicht blind, wie ein Sprichwort fälschlicherweise behauptet) für den *Anderen / das andere*, macht uns *geneigt* für das Erkennen von Personen, Gegenständen und Zusammenhängen. Sie lässt uns Werte spüren, für die es sich lohnt zu leben.

Das Empfangenhaben von Liebe fordert zum Verschenken heraus: Kinder, die geliebt werden, können sich lebend und vertrauensvoll der Welt öffnen, lebenswerte Sinnmöglichkeiten finden, können sich selbst und andere lieben. Liebe ist offenbar die Grundvoraussetzung für ein gelingendes Leben. Sie ist für das institutionalisierte Erziehungsgeschehen in den Begriff des pädagogischen *Eros* gefasst, der in der Wissenschaftsorientiertheit der Pädagogik nur noch selten zu finden ist.

Das Weltbild des Kindes wird durch liebevolles und verantwortungsbewusstes zwischenmenschliches Verhalten ebenso geprägt wie durch würde- und verantwortungsloses Umgehen miteinander, mit der Natur und mit sich selbst. Letzteres macht Lebenssinn unauffindbar, das Aufkeimen eines *Willens zum Sinn* wird erschwert. Schon Kinder im frühen Schulalter, stärker noch in der Zeit der Pubertät und Adoleszenz, werden von Langeweile und Sinnlosigkeitsgefühlen geplagt. Sie haben in ihrer kurzen Biographie keine Sinnmöglichkeit verinnerlicht, sie haben keine Entdeckungsreise in das Land der Werte mit ihren ihnen nahestehenden Menschen in liebevoller Geborgenheit unternehmen können. So haben diese Kinder keine Werte finden können, für die es sich lohnen würde, die erstarkenden Kräfte einzusetzen oder gar zu leben!

In ihre Weltsicht haben sich zu wenige Bilder sinnvollen Seins *gebildet*, aus denen ethische Werte auch in späteren Krisensituationen noch aufleuchten könnten. Materielle Ersatzwerte – wie Macht- und Besitzstreben – schieben sich bei allen Entscheidungen in den Vordergrund. Sie werden lebensbestimmend im Umgang mit anderen Menschen, mit Tieren, Pflanzen, Gegenständen und Ideen. Ethische Werte können nicht mehr erblickt und von der inneren Stimme des Gewissens nicht mehr gehört werden.

Zum *Hellsichtig-* und *Hellhörigwerden* für ethische Werte bedarf das Kind des geduldigen Auseinandersetzens mit bewussten Wertentscheidungen des *Bevorzugens* und *Nachsetzens* (Scheler) unter der Obhut personalen Mit-Seins. Ethische Erziehung, die eine bejahende selbstverantwortliche Übernahme der je eigenen Existenz anstrebt, muss dem Kind im liebevoll-zugewandten alltäglichen Miteinandersein Lebensführung selbstbewusst, verantwortungsbewusst und selbstgestaltend vorleben. Gebärden, Mimik, Sprache, alle Herangehensweisen und Reaktionen des Erziehenden *auf Welt hin* wirken im wahrsten Sinne des Wortes wegweisend und sinnbildend auf das Kind. Bei der Erziehung des Kindes zum Verantwortlichsein wird dem *Erlebnis-Lernen* im direkten zwischenmenschlichen Vollzug zwieschen Ich und Du der Vorrang gegeben: Das Kind muss geliebt werden, damit es lieben kann. Es muss mit seinem Antlitz seine Eltern ergreifen und in seinem vehementen Fordern bedingungslose Verantwortungsübernahme als Antwort erfahren. Im lebendigen Vollzug, im Begegnen ist es wehrlos geöffnet in seiner Verwundbarkeit und Sterblichkeit und wird durch die selbstvergessene Hingabe der Mutter, des Vaters zu seiner Existenz ermuntert: Sein Lächeln verlässt seine Seele, und seine Hände strecken sich dem Du entgegen. Die *Berührung* hat stattgefunden, das *Drama* des Lebens ist eröffnet worden. Der erste Akt ist der Akt des Begegnens in Liebe und im Vertrauen auf bedingungslose Verantwortungsübernahme.

Lieben und Welterkennen gehören zusammen. Geliebtwerden ermöglicht das Hinausgreifen in die Welt mit den Händen, den Augen und den Ohren, d. h. mit der ganzen Sinnesorganisation der Leiblichkeit. Besonders in der vorurteilsfreien Hingabe des Kindes an die Welt, an das liebende Du, haben wir fast ein phänomenologisch reines Wahrnehmen, das das Wesen der Welt *erschauen* kann. Das Kind tauscht bei seiner Geburt die naturhafte Verbundenheit gegen eine geistige ein, und das heißt: In-Beziehung-Treten. Es muss sich die Welt mit ihrem Sichtbaren und Unsichtbaren in ihrer Vielgestaltigkeit und Verwobenheit ertasten, erschmecken, erhorchen, erschauen und erleben. Diese Welt schüttet sich nicht als Offenbarung über dem Eintretenden füllhornartig aus, sondern hebt sich dem strebend Greifenden entgegen. Das Kind hat den Trieb, sich alles zum Du machen zu wollen; es ist das *Beziehungsstreben*, das eine *wortlose Vorgestalt* des Dusagens ist. Die dinghafte Seite der Welt, das Zerlegen in Einzelheiten und deren Benennung ist ein Zerschneiden des Urerlebnisses, das aus der Verbundenheit mit dem Du und der Welt als Ich.[15]

Diese Weltoffenheit des Kindes gilt es als Entdeckerfreude zum Hinausstreben in die Welt zu ermutigen, damit es im Bewusstsein des Angenommen- und Beschütztseins von Freude und Schmerz, Demut und Mut, Selbsterkenntnis und Fremderkenntnis, Inanspruchgenommenwerden, Getrenntsein und Beisammensein, Krankheit und Gesundheit, Leben und Tod, Angst und Sicherheit, Angenommensein und Abgelehntwerden, Können und Nichtkönnen und Gut und Böse als Wirklichkeit erleben kann, die ein Dasein in bestehenden und somit zu integrierenden Gegensätzen ist. Das Kind durchwandert bei höchstmöglicher Geborgenheit diese Welt, aber nicht als Zuschauer, sondern um im Bild des Theaters zu bleiben, als Akteur vom ersten Atemzug seines Lebens an. Es ist in die Ereignisse verwickelt, die es mitgestaltet oder gar auslöst. Auch ihm werden fordernde Antlitze gegenübertreten, und wenn seine Wahrnehmungsfähigkeit für den anderen als Liebes- und Leidensfähigkeit erweckt worden und wachgeblieben ist, wird es so – wie es diese Ereignisse selbst erlebt hat – dieses Ethos (griechisch: Sitte und Gewohnheit) zu einem festen Bestandteil seines Wertsystems gemacht haben.

Die Erziehung des Kindes ist körperlich fast unkorrigierbar, während das Psychische der Bereich ihrer Bemühung ist. Erziehung kann im Sinne Frankls als eine Umerziehung verstanden werden, die das Sosein des Kindes in ein Anderssein umwandelt, das sich am geistigen Gemeintsein – dem Sollen – orientieren muss. Erziehung ist als Grundlage zur Selbsterziehung gemeint, die das eigentliche Lebenswerk des Menschen im biographischen Sinne ist, die es vorbereiten und ermöglichen soll.[16] So gilt es bei ethischer Erziehung nicht nur die vorbehaltlose Offenheit des Kindes nicht nur *nicht* zu verschütten, sondern ihm auch einen liebevollen und von Verantwortung getragenen Lebensraum zu gestalten, in dem es Menschen als einem Du begegnen, sich selbst und den *Anderen* in seiner Einmaligkeit und Einzigartigkeit als wertvoll erleben kann. Seine Erlebnisse mit der Welt und den Menschen in seinen Ich-Du-Beziehungen (dabei auch die Autorität des Erwachsenen) gehen unverlierbar in sein Bild von der Welt ein.[17] Sie verschmelzen mit seinem Fühlen, Denken und Wollen und bestimmen später über den Prozess der Identifikation vorbildhaft seine Entscheidungen und Verhaltensweisen im weiteren Lebenslauf. Es muss aber darauf hingewiesen werden, dass Kindsein nicht nur als Vorbereitungsstadium zum Erwachsensein aufgefasst werden kann, denn jeder Augenblick des Lebens ist wertvoll und unwiederbringlich *pures* Leben und nicht *Leben in Vorbereitung*.

Während seiner Entwicklung muss das Kind auch eine Distanz zu seinen Bezugspersonen und zu sich selbst gewinnen, um sich selbst, den *Anderen* und die Welt betrachten zu können. Es muss genügend selbstsicher sein, um in die Ich-Es-Beziehung *absinken* und die Gegenwärtigkeit des Du entbehren zu können. Nur aus der Distanz zur Welt und zu sich selbst kann es zu einem *sachgerechten* Welterfassen gelangen. Es muss beginnen, sich zu entscheiden, Werte vorzuziehen oder nachzusetzen (Scheler), um dann aus seiner humanen Gestimmtheit seines präreflexiven Verantwortlichseins, das Piaget als präoperativ einstuft und *moralischen Realismus* nennt,[18] ein Bewusstsein des Verantwortunghabens mit Hilfe kognitiver Strukturen entwickeln zu können.

7 Die Bedeutung der Sprache

Mit dem Erwerb der Sprache steigt das Abstraktionsvermögen des Kindes, und es kann mit Hilfe der Sprache Situationen für sich und den *Anderen* schaffen und gestalten, die über die Gegenwärtigkeit von Zeit und Raum hinausgehen. Es redet nicht mehr *mit* den Dingen, sondern *über* die Dinge, kann Verbindungen zu Vergangenem und Zukünftigem schaffen und entfernte Örtlichkeiten in die Gegenwärtigkeit des Spracherlebens verlegen. Sprache kann als Symbol für die Darstellung von Erlebnissen und Geschehnissen benutzt und auch wieder entschlüsselt werden. Sie erfüllt für das Kind über die reine Ausdrucks- und Kommunikationsfunktion in der Ich-Du-Beziehung hinaus auch Darstellungsfunktion,[19] die ihm die Selbsttranszendenz und Selbstdistanzierung ermöglicht.

Die Sprache als Grundlage zum Denken beinhaltet die Vielfalt des Lebens in symbolisierter Form. Ohne sie wäre eine Verallgemeinerung und Abstraktion auf der einen Seite und die Entschlüsselung und das Verstehen ihrer Einzelbilder auf der anderen Seite nicht möglich. In ihr wird die Symbolkraft als Geisteskraft wirksam, die uns als künstlerisches Element, z. B. in Poesie und Prosa (auch in Malerei und Plastik), entgegentritt.

Rudolf Steiner weist auf diesen Aspekt der Sprache im Bildungsgeschehen hin und bezieht diesen Gesichtspunkt als einen wesentlichen in seine pädagogischen und didaktischen Überlegungen zur schulischen Bildung ein: Die Musikalität und Rhythmik der Sprache soll von den Kindern erlebt und als ein ästhetisches Moment gestaltet werden. Das Sinntragende der Sprache wirkt als Logos auf die gesamte Organisation der kindlichen Persönlichkeit und findet im Spiel seinen Ausdruck. Bis ins frühe Schulalter hinein beeinflusst die Sprache besonders das Fühlen und Wollen des Kindes, weit mehr als sein Denken.

Der Lehrer als ihr Vermittler muss sich der Bedeutung und Wirkung der gesprochenen Sprache bewusst sein. Er wirkt selbst in seiner Wesenhaftigkeit durch seine Sprache insbesondere auf den Gefühlsbereich der Kinder. Selbsterziehung und die Entwicklung der sittlichen Persönlichkeit bestimmen die Modalität der Sprache eines jeden Menschen – und so auch die des Lehrers. Sie kann Lebendigkeit und Kraft ausstrahlen, kann aber auch Desinteresse, Lebensverachtung, Fanatismus und Nihilismus verbreiten. Der Lehrer selbst entscheidet auch über die Geschichten, die an die Kinder herangetragen werden. Die Volksmärchen, insbesondere die Zaubermärchen, die als die eigentlichen Märchen bezeichnet werden, gelten in der Waldorf-Pädagogik als die seelenvollsten und werden deshalb dem Schulanfänger täglich erzählt.

8 Kinder und Märchen

Das Kind ist beim Hören eines Märchens ein *Bildner: Es schöpft mit seiner Phantasie für sich selbst den inneren Ereignisraum für das Märchengeschehen, führt selbst Regie und haucht den bildgewordenen gehörten Worten das Leben ein. Es ist entfernt von sich selbst, erlebt sich in einem Anderen* als Person in einer *Anderswelt.* Hier spürt es Werte, die es nur *mit dem Herzen versteht.*

Die Begegnung zwischen Kind und Märchen ist eine wahrhaftige Begegnung: Das Märchen als Ereignis ist für das Kind zu einem *Du* geworden, durch das es sich selbst neu entdeckt und als Person neu besinnt. Im Märchengeschehen erlebt das Kind das Wesen des Märchenhelden im prozesshaften Geschehen als phänomenologische Wesensschau. Es erlebt diese als seine eigene Wertorientierung, als sein eigenes Sein-Sollen. Märchen und Kind begegnen sich als Partner im Dialog zwischen realer Welt und Anderswelt. Das Märchen spricht das Kind in Bildern an, erzählt ihm über die Zusammenhänge zwischen Geburt und Tod und über die Ereignisse und Prüfungen, die als Lebenszeit dazwischen liegen. Die Antworten, die das Märchen gibt, lassen *Lebensfragen* als Sinnfragen in das kindliche Bewusstsein treten, Fragen, die es nun stellen *kann* und die es mit seinen inneren Wertentscheidungen beantworten muss.

Der Held im Märchen, mit dem sich das Kind identifiziert, handelt unentwegt, entscheidet sich intentional immer für den höheren sittlichen Wert. Alle Entscheidungen trifft er aus sich selbst heraus, angeschlossen an den Kosmos, der *Wohlordnung* bedeutet. Das Kind fühlt sich dem Helden verbunden, ja identisch mit ihm, denn er ist auch klein, schwach, unerfahren wie es selbst und vollbringt doch große Taten. Er überwindet größte Angst, löst unlösbare Aufgaben, Wunder werden ihm zuteil, und alles nimmt ein gutes Ende. Das Kind wird mit dem Helden König und ist mit ihm wohl geborgen in einer sinnvollen Ordnung. Mit dieser kreativ durchlebten Seinsgewissheit, reich an entdeckten und durchfühlten Wertorientierungen, kehrt das Kind in sich und seine Wirklichkeit zurück. Das Kind antwortet dem Märchen mit seinem Verhalten in seiner eigenen Welt unter der neu gewonnenen Weltsicht. Und es ist sich sicher, es kann auch König werden, anders sein, als es im Moment ist. Es wird auf wundersame Weise Taten vollbringen, eine Prinzessin oder einen Prinzen erlösen und Dinge tun, die sonst nur im Märchen geschehen.

9 Die Bedeutung des Märchenerzählens

Das Märchenerzählen in der Schule ist eine Möglichkeit, für das Schulkind Raum zu schaffen, in dem es frei von der oft bedrängten Wirklichkeit ist und selbstvergessen für Impulse ethischen Seins geöffnet ist. Seine geistige Person kann den ethischen Werten begegnen, die weit über seine momentane Befindlichkeit hinausweisen. Die *Bühne der Seele* ist frei für ein Begegnungsgeschehen mit dem *Anderen*, dem *Ganzanderen* in der Märchenwelt.

Das Kind erfährt Ruhe trotz Gemeinschaft, erlebt den erzählenden Lehrer als ein *Du*, dem es sich anvertraut und der ihm mit seiner Stimme und seinem Gegenübersein das Tor zu einer Anderswelt öffnet; alle Kinder fühlen sich gleichzeitig als Dialogpartner des Lehrers angesprochen und können sich bei einer vertrauensvollen Erzählatmosphäre in der Gruppe besonders geborgen fühlen. Sie lauschen und vernehmen die wunderbaren Geschichten von kleinen, schwachen und unerfahrenen Märchenmenschen, die lieben und leiden, die mutig sind und die alles wagen, wenn es darum geht, einen *anderen* zu erlösen. Sie werden von der Zauberkraft der Sprache berührt, die in ihnen Bilder sinnvollen Seins in Liebe und Verwantwortung für Mensch und Kreatur entstehen lässt. Mit ihnen und in ihnen entdeckt das Kind sich selbst, fühlt die Sehnsucht, auch so sein zu wollen, wie der Märchenheld bzw. die Märchenheldin ist.

Die Bilder der Zaubermärchen als Erlösungsmärchen haben *Depotwirkung*,[20] sie bleiben und wirken im Kind. Sie sind immateriell und gehören in das Reich des Seins und nicht des Habens (Malacek, Fromm). Ihr Schöpfer ist das Kind selbst, und mit der Kraft der Imagination kann es diese Bilder gelungenen Lebens *jederzeit* in sich erneut zum Leben erwecken. Bilder sinnerfüllten Lebens sind auch in der Literatur selten geworden. So ist es ein zu hütender Schatz, einige von ihnen in Form von Märchen in sich zu tragen.

Imaginieren heißt, sich das Nochnichtdagewesene und das Unglaubliche vorstellen zu können, das aber unbedingt von dem Wert des Guten als Sinnhaftigkeit menschlicher Existenz durchströmt sein muss. Auch noch nie erlebte Gewalt und Vernichtung (wie das Böse im Märchen) können durch diese Kraft vorstellbar werden, um aus dem Schrecken und der Angst rechtzeitig Möglichkeiten zu ihrer Verhinderung oder ihrer Überwindung zu ersinnen. *Auch Ehrfurcht und Schaudern sind wieder zu lernen, daß sie uns vor Irrwegen unserer Macht schützen.*[21] *In der Phantasie müssen Veränderungen von Situationen als Utopie vollzogen und vor allem eine eigene Verwandlung als Wandlung zum Guten innerlich erprobt* werden: Imagination fordert *Besinnung.*

Kreativität wird oft missbraucht, um Menschen zu Konsum, zum Folgen und Erfüllen fremder Interessen und Ideologien zu verführen. Wird sie so instrumentalisiert, beraubt sie die Menschen ihrer personalen Freiheit, einer eigenen Lebensauffassung und einer individuellen Daseinsgestaltung.[22]

Zaubermärchen sind Träger nachahmenswerter Lebenseinstellungen und einer ethischen Wertordnung. Sie machen Mut, vermitteln Seinsgewissheit und erhöhen die Lebensfreude, ohne erziehen oder überzeugen zu wollen. In einer Untersuchung an der Technischen Universität Berlin wurde festgestellt, dass Kinder einer Waldorfschule, denen im ersten Schuljahr täglich Märchen erzählt worden sind und die sie im Unterricht spielerisch und bildnerisch gestaltet haben, Kindern aus einer staatlichen Schule in ihren kreativen Fähigkeiten überlegen waren. Aufgaben, die Phantasiereichtum, Ideenproduktivität, Flexibilität beim Umgang mit bekannten Ideen und Objekten und bei Auffinden neuer Verwendungsmöglichkeiten als Aspekt des Erfindens erforderten, konnten Waldorfschüler phantasievoller lösen als ihre Altersgenossen in der staatlichen Schule.[23] Sinnfindung ist offensichtlich nicht erlernbar. Das Wissen um sittliche Werte – wie Verantwortlichsein für sich selbst und für andere – reicht nicht, um sie auch zu leben. Die Kräfte zu ihrer Verwirklichung bedürfen des emotionalen Beteiligtseins und der Existenz eines inneren Wertsystems, das mit Hilfe des Gewissens als Sinn-Organ (Frankl) den Menschen *treibt*, sein Versprechen, *Mensch* zu sein, einzulösen. Ethische Werte müssen entdeckt und ihre Verwirklichung muss von jedem einzelnen erst einmal gewollt werden, ehe sie als Wirk-Kräfte die Realität gestalten können.

Märchenerzählende Lehrer führen die Kinder in die Welt der Phantasie, die als Bilder in den Seelen (nicht in den Hirnen!) der Kinder entsteht und lebendig wird. Diese Bilder vollbringen den Zauber, die Kinder in Lebenswelten von Märchenmenschen zu geleiten, die ihr Leben bejahen, gelassen annehmen, es selbstbewusst und selbstverantwortlich in Liebe gestalten. Die lauschenden Kinder *fühlen*, wie aufregend, ergreifend, gefährlich und doch beglückend so ein Zaubermärchenleben ist. Trotz alles Bösen, aller Enttäuschungen, aller Leiden und Gefahren sind sie sich mit dem Helden immer eines Eingefügtseins in eine sinnvolle Ordnung (als Allverbundenheit) gewiss. Dass sie überhaupt *sind*, ist wunder- und sinnvoll zugleich. Der Lehrer erlöst die Kinder aus ihrer kleinen Wirklichkeit und ermöglicht ihnen erzählend eine phantastische *Weltsicht*, mit der sie sich Möglichkeiten eines sinnerfüllten Lebens *erschauen* können. Sie wachsen in ihrer Phantasie über sich selbst hinaus und ersinnen sich eigene Zukunftsbilder. Zaubermärchen bieten Bespiele ethischen Seins, die ergreifen und überzeugen. Ihre Bilder bleiben lebendig, tragen das Kind und werden zur unverlierbaren *Lebensgestimmtheit*. Sie zeigen das Leben als ein geschenktes, das in seiner gegebenen Vielfalt einmalig und unersetzbar ist. In späteren Lebenskrisen *blitzen* hier und da diese Bilder von Hoffnung, Zauber und Wandlung wieder auf: Unvorhergesehenes und Unglaubliches kann geschehen, nichts ist unmöglich! Das Kind muss sich nur auf den Weg machen, manchmal leidvolle Zeiten durchstehen. Aber hinter den sieben Bergen und den sieben Meeren wartet ein Mensch, der nur auf *sein* Kommen wartet. Und das Kind wird ihn erlösen, um für immer bei ihm zu sein.

Das nun folgende Märchen wird zur Verdeutlichung des bisher Gesagten nach Herkunft und Besonderheiten des Textes, nach strukturellem Aufbau, seiner sprachlichen Gestaltung und letztendlich nach seiner sinnbildlichen Aussage betrachtet. Diese Analyse des Textes ist nur für den Lehrer oder Erzieher gedacht, denn auf das Kind soll allein die möglichst textnahe Erzählung mit den ihr innewohnenden Bildekräften wirken.

10 Betrachtung des Märchens *Die Bienenkönigin* KHM 62

10.1 Text *Die Bienenkönigin* der Ausgabe von 1857 (Originalwortlaut) [24]

Zwei Königssöhne gingen einmal auf Abenteuer und gerieten in ein wildes, wüstes Leben, so daß sie gar nicht wieder nach Haus kamen. Der jüngste, welcher der Dummling hieß, machte sich auf und suchte seine Brüder; aber wie er sie endlich fand, verspotteten sie ihn, daß er mit seiner Einfalt sich durch die Welt schlagen wollte, und sie zwei könnten nicht durchkommen und waren doch viel klüger. Sie zogen alle drei miteinander fort und kamen an einen Ameisenhaufen. Die zwei ältesten wollten ihn aufwühlen und sehen, wie die kleinen Ameisen in der Angst herumkröchen und ihre Eier forttrügen, aber der Dummling sagte: „Laßt die Tiere in Frieden, ich leid's nicht, daß ihr sie stört." Da gingen sie weiter und kamen an einen See, auf dem schwammen viele, viele Enten. Die zwei Brüder wollten ein paar fangen und braten, aber der Dummling ließ es nicht zu und sprach: „Laßt die Tiere in Frieden, ich leid's nicht, daß ihr sie tötet." Endlich kamen sie an ein Bienennest, darin war so viel Honig, daß er am Stamm herunterlief. Die zwei wollten Feuer unter den Baum legen und die Bienen ersticken, damit sie den Honig wegnehmen könnten. Der Dummling hielt sie aber wieder ab und sprach: „Laßt die Tiere in Frieden, ich leid's nicht, daß ihr sie verbrennt." Endlich kamen die drei Brüder in ein Schloß, wo in den Ställen lauter steinerne Pferde standen, auch war kein Mensch zu sehen, und sie gingen durch alle Säle, bis sie vor eine Tür ganz am Ende kamen, davor hingen drei

Schlösser; es war aber mitten in der Türe ein Lädlein, dadurch konnte man in die Stube sehen. Da sahen sie ein graues Männchen, das an einem Tisch saß. Sie riefen es an, einmal, zweimal, aber es hörte nicht; endlich riefen sie zum drittenmal, da stand es auf, öffnete die Schlösser und kam heraus. Es sprach aber kein Wort, sondern führte sie zu einem reichbesetzten Tisch; und als sie gegessen und getrunken hatten, brachte es einen jeglichen in sein eigenes Schlafgemach. Am anderen Morgen kam das graue Männchen zu dem Ältesten, winkte und leitete ihn zu einer steinernen Tafel, darauf standen drei Aufgaben geschrieben, wodurch das Schloß erlöst werden konnte. Die erste war, in dem Wald unter dem Moos lagen die Perlen der Königstochter, tausend an der Zahl, die mußten aufgesucht werden, und wenn vor Sonnenuntergang noch eine einzige fehlte, so war der, welcher gesucht hatte, zu Stein. Der älteste ging hin und suchte den ganzen Tag, als aber der Tag zu Ende war, hatte er erst hundert gefunden; es geschah, wie auf der Tafel stand, er ward in Stein verwandelt. Am folgenden Tag unternahm der zweite Bruder das Abenteuer, es ging ihm aber nicht viel besser als dem ältesten, er fand nicht mehr als zweihundert Perlen und ward zu Stein. Endlich kam auch an den Dummling die Reihe, der suchte im Moos, es war aber so schwer, die Perlen zu finden, und ging so langsam. Da setzte er sich auf einen Stein und weinte. Und wie er so saß, kam der Ameisenkönig, dem er einmal das Leben erhalten hatte, mit fünftausend Ameisen, und es währte gar nicht lange, so hatten die kleinen Tiere die Perlen miteinander gefunden und auf einen Haufen getragen. Die zweite Aufgabe aber war, den Schlüssel zu der Schlafkammer der Königstochter aus der See zu holen. Wie der Dummling zur See kam, schwammen die Enten, die er einmal gerettet hatte, heran, tauchten unter und holten die Schlüssel aus der Tiefe. Die dritte Aufgabe aber war die schwerste, aus den drei schlafenden Töchtern des Königs sollte die jüngste und die liebste herausgesucht werden. Sie glichen sich aber vollkommen und waren durch nichts verschieden, als daß sie, bevor sie eingeschlafen waren, verschiedene Süßigkeiten gegessen hatten, die älteste ein Stück Zucker, die zweite ein wenig Sirup, die jüngste einen Löffel voll Honig. Da kam die Bienenkönigin von den Bienen, die der Dummling vor dem Feuer geschützt hatte, und versuchte den Mund von allen dreien, zuletzt blieb sie auf dem Mund sitzen, der Honig gegessen hatte, und so erkannte der Königssohn die rechte. Da war der Zauber vorbei, alles war aus dem Schlaf erlöst, und wer da Stein war, erhielt seine menschliche Gestalt wieder. Und der Dummling vermählte sich mit der jüngsten und liebsten und ward König nach ihres Vaters Tod; seine zwei Brüder aber erhielten die beiden andern Schwestern.

10.2 Allgemeines zum Text (Herkunft und Besonderheiten)

Die Wurzeln dieses Märchens, das von den Brüdern Grimm 1812 als aus Hessen stammend aufgezeichnet wurde, reichen bis ins 14. Jahrhundert zurück. Der Perser Nachschabi erzählt diese Geschichte über die *helfenden Tiere* im Papageienbuch, von dem auch eine alte türkische und malaiische Bearbeitung existieren. Der Straßburger G. Messerschmidt hat 1559 diese Märchen zu einem romantischen Ritterroman verarbeitet, und wir finden es auch unter dem Titel *Trudchen* in den Weimarer Ammenmärchen von 1791 als Variante wieder.[25] Nach Walter Scherf reicht die Motivik von den *helfenden Tieren* vermutlich bis in die Zeiten der Jäger und Sammler zurück, in denen das Verhältnis von Mensch zu Tier (als Beute- und Daseinspartner) als ein von Achtung und Verehrung getragenes war. Lutz Röhrich hält dieses uns so vertraute Motiv für eine spätere Psychologisierung, denn ursprünglich helfen die Tiere von sich aus spontan. Sie sind im Besitz eines höheren Wissens, das den Menschen nicht zugänglich ist. Schamanen bedienten sich dieser Kräfte, und auch im Totemismus werden Tiere verehrt, die dem jeweiligen Stamm in Notsituationen geholfen haben.[26]

Die Bienenkönigin ist von Antti Aarne als Märchentyp AT 554 unter dem Motiv der *dankbaren Tiere* katalogisiert worden. Zu ihm gehören auch *Die weiße Schlange* KHM 17 und *Das Meerhäschen* KHM 191. In der Märchensammlung Ludwig Bechsteins finden wir das gleiche Märchen als *Die verzauberte Prinzessin* in geringer Abwandlung wieder. Heinz Rölleke und A. Wesselski haben herausgefunden, daß Albert Ludwig Grimm (1786–1872), ein Namensvetter aus Heidelberg, diese Märchen in seinen 1809 veröffentlichten *Kindermährchen* als *Die drei Königssöhne* aufgezeichnet hatte. Offenbar wurde es von J. Grimm fast wörtlich herausgeschrieben, ohne über die Quelle Auskunft zu geben.[27]

In allen Zaubermärchen des Typs der *dankbaren Tiere* begegnet der Märchenheld, der meistens ein Dummling oder der Diener eines alten Königs ist, Tieren, die in Not sind. In der *Bienenkönigin* bewahrt der jüngste Sohn eines Königs die Tiere vor der mutwilligen Vernichtung durch seine Brüder. Die betroffenen Tiergruppen repräsentieren häufig die Elementarreiche Erde, Luft und Wasser. Neben Ameise, Ente und Biene finden wir auch Fisch, Rabe, Fuchs und andere Tiere in derartigen Erzählungen, wobei in unserem Falle die Ente als das Tier, das in den Reichen der Luft und des Wassers beheimatet ist, letzteres symbolisiert. Der Held wird in allen Geschichten für sein Schützen und Retten der Kreatur aller Bereiche des Kosmos von den Tieren belohnt. Sie helfen ihm beim Lösen *menschenunmöglicher* Aufgaben (z. B. ausgestreuten Rübensamen, Hirse oder Perlen zu sammeln oder Schlüssel und Ringe aus dem Meer zu fischen), retten damit auch ihm das Leben und verhelfen ihm zur Königswürde.

10.3 Betrachtung des Textes nach strukturellem Aufbau, sprachlicher Gestaltung und seiner sinnbildlichen Aussage

Dieses Zaubermärchen erzählt im Anfang von drei Königssöhnen, von denen die beiden älteren die Ausgangslage als *Mangelsituation* auslösen. Sie haben das Königshaus verlassen und sind auf Abwege geraten. Der jüngste Königssohn, der Dummling, entschließt sich, seine Brüder zu suchen. Das Böse in diesem Märchen sind die zerstörerischen und herzlosen Absichten der beiden älteren Brüder gegen die Kreatur; sie selbst als Menschen sind die Bedrohung und nicht eine Hexe oder ein anderes Ungeheuer, die im erbitterten Kampf getötet werden mussten. Sie fungieren als Gegenspieler des jüngsten Bruders, der der Held dieses Märchens ist. Er findet seine verschollen geglaubten Brüder und zieht mit ihnen gemeinsam weiter. Wohin – das bleibt märchengerecht offen. Die Brüder werden zur *Störung* auf der sonst ereignislosen Wanderung, schaffen durch ihre Böswilligkeit den Konflikt des Märchens und fordern ihren jüngeren Bruder als Helden der Geschichte zur Gegenhandlung heraus. Er, der Dummling, bedient sich der Sprache als *Zaubermittel*. Kein anderes steht ihm zur Verfügung: *Laßt die Tiere in Frieden, ich leid's nicht, daß ihr sie stört.*

Dreimal bezwingt er die Boshaftigkeit der Gegenspieler und rettet das Leben der verschiedenen Tiere; und jedes Mal werden auch sein Mut und seine Barmherzigkeit auf die Probe gestellt. Am nächsten Ereignisort werden die Gegenspieler und der Märchenheld zur Lösung von drei schweren Aufgaben aufgefordert, deren Nichtlösen mit der Versteinerung des Gescheiterten geahndet wird. Diese Herausforderung hat die Funktion der Prüfung, die die beiden älteren Brüder nicht bestehen. Der Dummling ist der Auserwählte, der mit Hilfe der von ihm geretteten Tiere alle gestellten Anforderungen erfüllen kann. Er behebt damit funktionsgerecht den Notstand der *Ausgangslage* (findet und rettet die Brüder) und erwirbt die Königswürde als Höhepunkt des Märchengeschehens. Die Brüder werden nicht nur nicht bestraft, sondern werden nach der durchstandenen Wandlung und Erlösung aus der Versteinerung jeweils mit einer schönen Prinzessin beschenkt. Die *Schürzung des Knotens* erfolgt in diesem Märchengeschehen nicht sehr dramatisch. Die Bedrohung der Tiere erfolgt durch die Boshaftigkeit der leiblichen Brüder. So tritt keine weitere Gestalt zur Verkörperung des Bösen auf. All dies geschieht in einer einzigen fortlaufenden Sequenz. Es ist ein eingliedriges Zaubermärchen, in dem der Protagonist nur wenige Funktionen als handelnde Person auszuüben hat. Sie sind linear angeordnet und werden durch keine verkomplizierenden Nebenhandlungen durchbrochen.

Die Bienenkönigin, die in der Ausgabe von 1812 unter KHM 64 zu finden ist, hat nur wenige sprachliche Veränderungen bis zur letzten Ausgabe 1857 durch W. Grimm erfahren. Schon die Aufzeichnung von J. Grimm ist wohl formuliert, ist kurz und entbehrt der wörtlichen Rede. Das Märchen hat weder eine Einleitungs- noch eine Schlussformel. Seit 1812 finden wir erstmals den eindringlichen Spruch *Laßt die Thiere in Fried, ich leids nicht, daß ihr sie stört*. Auch Einfügungen, wie *viele, viele Enten* (statt Enten), sind durch W. Grimm erfolgt, wie auch bildhafte Erweiterungen des Textes an dramatischen Stellen, (z. B. finden wir in der Uraufzeichnung von J. Grimm den Satz: *Dem dritten ging es auch schwer zu und er setzte sich auf einen Stein und weinte ...*, den W. Grimm umgestaltet in: *Endlich kam auch an den Dummling die Reihe, der suchte im Moos, es war aber so schwer, die Perlen zu finden und ging so langsam, da setzte er sich auf einen Stein und weinte ...*

Die gesamte Erzählung ist überwiegend im Dreier-Rhythmus gehalten, der sich in der Satzstruktur als Dreigliedrigkeit zeigt (z. B. *Zwei Königssöhne gingen einmal auf Abenteuer – und gerieten in ein wildes, wüstes Leben, – so daß sie gar nicht wieder nach Hause kamen,* oder *Laßt die Tiere in Frieden – ich leid's nicht –, daß ihr sie stört.* Die Handlungen der einzelnen Gestalten werden häufig in der Folge von drei Verben beschrieben (z. B. ... *da stand er auf, öffnete die Schlösser und kam heraus ...,* oder *Die Enten schwammen heran, tauchten unter und holten den Schlüssel.* Abgesehen von der Anzahl der 5000 Ameisen, der 1000, 100 bzw. 200 Perlen, finden wir in diesem Text eine besondere Prägung des Märchengeschehens durch die Zahl drei: Drei Söhne im Anfang, drei fürstliche Paare am Schluss, drei Tiergruppen, an denen Böses geschehen sollte, als drei Versuchungssituationen, in denen dreimal der rettende Spruch des Märchenhelden erklingt. Im versteinerten Schloss befinden sich drei Schlösser vor einer Tür; ein kleines graues Männchen muss dreimal angerufen werden, ehe es die drei Brüder einlässt, bewirtet und schließlich einzeln (und somit dreimal) vor eine steinerne Tafel führt, auf der drei Aufgaben geschrieben sind. In der letzten und schwersten Aufgabe muss die jüngste, liebste und schönste Königstochter (Achtergewicht) unter drei gleichaussehenden Mädchen herausgefunden werden, die drei verschiedene Süßigkeiten gegessen haben. Die Bienenkönigin versucht alle drei Münder und bleibt schließlich auf dem Mund der *rechten Braut* sitzen.

Dieses Zaubermärchen zeichnet das Bild der Erlösungsbedürftigkeit des Menschen in verschiedenen Ereignisbildern; das erste erleben wir am Anfang der Geschichte, wo zwei Königssöhne auf Abwege geraten sind und die Gefahr besteht, dass sie ihr Leben verfehlen. Nachdem sie aus dieser Situation von ihrem jüngeren Bruder gerettet worden sind, verhindert er ihr Schuldigwerden an der hilflosen Kreatur, so dass ihre Boshaftigkeit nicht wirksam werden kann. Beim dritten Mal werden sie aus der Versteinerung erlöst, die eine Folge ihrer Hartherzigkeit und Böswilligkeit gegen die Tiere war, die ihnen die Hilfe der Lösung der schier unlösbaren Aufgaben versagt hatten. Der Begriff des Tieres erfährt durch das Märchenbild der weisen, helfenden Kreatur, die des Schutzes und der Achtung durch den Menschen bedarf, eine wesentliche Erweiterung: Der Mensch kann ohne ihre Mithilfe schwerste Lebenssituationen nicht meistern. Die Tür im versteinerten Schloss, die mit drei Schlössern gesichert ist, lässt sich nur unter bestimmten Bedingungen von innen öffnen. Sie ist die *Schwelle*, die gehütet wird, ehe man eine andere Wirklichkeit betritt. Das Schweigen des grauen Männchens wird als etwas Respektgebietendes und Geheimnisvolles erlebt, das in keinem Falle ein *Nichtszusagenhaben* versinnbildlicht. Die Existenz der steinernen Tafel als Manifestation des harten, unumstößlichen Gesetzes und Urteils, wirkt so starr und gnadenlos, wie auch ihre Verkündung lautete. Es gibt kein Vielleicht! Bei Nichterfüllung der gestellten Aufgabe droht Versteinerung.

Als ein Jüngling, dem man nichts zutraut, zieht der Dummling in die Welt, um seine Brüder zu finden. Er scheint doch über mehr Kräfte zu verfügen, als die Brüder glaubten, denn trotz ihres Spottes gegen ihn geben sie ihr zweifelhaftes Leben auf und gehen mit ihm. Auf der gemeinsamen Wanderung in die Welt zeigen sie Böswilligkeit und Nichtachtung gegen die Kreatur. Aus Übermut und Egoismus wollen sie das Leben von Tieren stören oder gar vernichten. Der Märchenheld hat den *Mut,* sich gegen die Absichten seiner Brüder zu stellen. Welche Kraft hat sein Wort: *Laßt die Tiere in Frieden, ich leid's nicht, daß ihr sie stört!* Es ist eine Beschwörung, sie ist poetisch und magisch zugleich; ein eindringlicher Klang, der bösen Absichten Einhalt gebieten kann.

Der Dummling zeigt *Verantwortlichkeit* für die bedrohten Tiere, die er schützt, aber auch für seine Brüder, die er nicht schuldig werden lässt. Das erlösungsbedürftige Schloss liegt direkt auf dem Weg (Lebensweg). Es ist eine Herausforderung, die sich den drei Brüdern *in den Weg stellt*. Sie sollen das Menschenunmögliche versuchen: Verfestigtes zum Leben zu erwecken. Die beiden älteren Brüder überschätzen ihre Kräfte, scheitern und werden zu Stein; bisher war nur ihr Herz von Unbarmherzigkeit versteinert. Nun ergreift die Verhärtung ihren ganzen Körper.

Auch der Märchenheld ahnt nicht, wie schwer diese Aufgaben zu lösen sind. Seine Reinheit und die *Weisheit* seines Herzens als *Mitleidsfähigkeit* lassen ihn die Hilfe der von ihm geschätzten Tiere zuteil werden. Sie setzen die Vollkommenheit ihres Tierseins in ihrem begrenzten Lebensbereich ein und helfen mit der besonderen Fähigkeit ihrer Tiergattung, die in ihrer Ergänzung das Unglaubliche Wirklichkeit werden lassen. Der jüngste Königssohn ist der Auserwählte, denn das *Mitfühlen* mit der Kreatur war sein Prüfstein. Er kann den Bann des Zauberschlafes lösen, der wohl tiefer als Dornröschens Schlaf sein muss, denn hier reicht es nicht aus, nur zur rechten Zeit am rechten Ort zu sein. Nur wer die Tugenden der *Reinheit, der Barmherzigkeit* und der *allumfassenden Liebe* in sich vereint, dem werden auch die Kräfte des Kosmos zuteil in Allverbundenheit. Der Mensch braucht die Hilfe der Natur, die ihre Gaben und ihr Können bereitwillig verschenkt, wenn man sie achtet und schützt. Sie vergibt ihre Schätze freiwillig: Enten, die uns nähren, und von ihr geschaffene *Produkte*, die wir nutzen können (Perlen, die in diesem Märchen gesucht werden müssen, sind in ihrer Schönheit durch *Verletzung* und *Leid* von Schalentieren entstanden). Ohne die Hilfe der Ameisen finden die beiden Brüder nur wenige der Perlen, sie reichen zur Erlösung des Schlosses nicht.

Das Sinnbild des Schlüssels weist auf den Zugang zur Schlafkammer der Königstöchter und damit zu der *Schlüsselfigur* des Erlösungsgeschehens. Der Schlüssel liegt im Verborgenen, ist für gewöhnliche Sterbliche nicht auffindbar, für sie bleibt der Zugang zu dem *Raum*, den er verschließt, unzugänglich. Die Bienenkönigin selbst lässt den Helden die jüngste und liebste Prinzessin entdecken und schafft damit die letzte Voraussetzung, dass sich die Erlösung der erstarrten, steinernen Welt ereignen kann (in Kleinasien wurde die Göttin Kybele als Biene verehrt). Die Tiere als Teil des lebendigen Kosmos sind bereit, ihre besondere *Weisheit*, die in ihrem Instinkt und in ihrem Körperbau wirkt, in den Dienst des Menschen zu stellen, wenn er seinerseits reinen Herzens ist und uneigennützig einer höheren Sache dient. Der jüngste Königssohn handelt selbstlos, und sein *Mut* zeigt sich im rechten Verhältnis zur *Demut* vor der Existenz der anderen, die in diesem Geschehen Tiere sind. Er steht mit ihnen im *Grundwort Ich-Du* (Buber), umgangssprachlich: *auf du und du*. *Selbstlos* verwendet er sich für sie und erhält ihnen das Leben.

Hingabe heißt auch, bereit zu sein, Aufgaben zu übernehmen, von denen man nicht sicher weiß, ob man sie erfüllen kann. Die Aufgabe, Menschen aus ihrer Versteinerung zu erlösen – sei es auch selbstverschuldet – ist eine ethische Aufgabe von höchstem Wert. Diese *Intentionalität* ist nur durch *Selbsttranszendenz* möglich, ohne Eigennutz auch das Risiko des eigenen Todes auf sich zu nehmen. Gerade im Augenblick größter Verzweiflung *(... er setzte sich auf einen Stein und weinte ...)*, öffnet sich *eine Tür*, wird einem Hilfe zuteil, die geradezu *vom Himmel fällt*. Hoffnung und der feste *Glaube* an das Gelingen, *Hartes* in Lebendiges, d. h. *Weiches* und Herzvolles, zu verwandeln, begleiten die ganze Märchenhandlung. Hochgradige Intelligenz und Denkvermögen sind nicht die Voraussetzungen zur *Erlösung*, sondern *Verantwortungsbewusstsein* und *Liebe* zum Leben von Mensch und Kreatur.

11 Abschließende Betrachtung

Gemessen an den zahllosen Einflussfaktoren, die auf das Kind im Schulanfang wirken, ist der Beitrag des Zaubermärchens in seinem Sinnfindungsprozess unscheinbar zu nennen; aber Bilder als Modelle sinnvollen Seins in sich zu tragen ist ein Reservoir von Hoffnung, Lebensbejahung und der Gewissheit, dass es wichtig ist, zu leben, und dass die Welt *jeden* einzelnen Menschen in seiner Einmaligkeit und Einzigartigkeit braucht.

Die Brüder Grimm übergeben mit dem 200. und letzten Märchen ihrer Volksmärchensammlung den *Goldenen Schlüssel*. Mit ihm ist das Tor zur Welt der Märchen als ein Kaleidoskop zahlloser Bilder sinnerfüllten menschlichen Seins zu öffnen.

Anmerkungen

[1] Jonas, Hans: Prinzip Verantwortung. Frankfurt a. M. 1984, S. 9.
[2] Vgl. Rendtorff, Trutz: Ethik, Bd. 1, 2. Aufl. Stuttgart 1990 S. 63 f.
[3] Vgl. Brod, Viktor: Die Ich-Du-Beziehung als Erfahrungsgrundlage der Ethik. Basel 1967, S. 90.
[4] Vgl. Jonas, H.: A. a. O., S. 6/7.
[5] Kierkegaard, Sören: zitiert in Buber, M.: Das dialogische Prinzip. Heidelberg 1984, S. 223.
[6] Vgl. Buber, Martin: A. a. O., S. 223 f.
[7] Levinas, Emmanuel: Antlitz und erste Gewalt. Zürich, Jg. 1987, H. 2, S. 31.
[8] Vgl. ders.: Humanismus des anderen Menschen. Hamburg 1989, S. 73 f.
[9] Vgl. ders.: Eigennamen, Meditationen über Sprache und Literatur. München 1988, S. 57.
[10] Vgl. Kurz, Wolfram: Ethische Erziehung als religionspädagogische Aufgabe. Habil. Schrift. Universität Tübingen 1983, S. 497 f.
[11] Brod, V.: A. a. O., S. 90.
[12] Frankl, Viktor E.: Der Mensch auf der Frage nach dem Sinn. 8. Aufl. München 1990, S. 217
[13] Buber, Martin: A. a. O., S. 241
[14] Heidegger, Martin: Sein und Zeit. 16. Aufl. Tübingen 1986, S. 127.
[15] Vgl. Buber, Martin: A. a. O., S. 28–32.

[16] Vgl. Frankl, Viktor E.: Der leidende Mensch. 2. Aufl. München u. Zürich 1990
[17] Vgl. Piaget, Jean / Inhelder, Bärbel: Die Psychologie des Kindes. 2. Aufl. Olten 1973, S. 124f.
[18] Vgl. ders., dies.: A. a. O., S. 127.
[19] Vgl. Bühler, Karl: Sprachtheorie. Stuttgart 1982.
[20] Vgl. Kurz, Wolfram: Suche nach dem Sinn. Würzburg 1991, S. 91.
[21] Jonas, H.: A. a. O., S. 392
[22] Vgl. Jungk, Robert: Erziehung zur Kreativität als Überlebenshilfe. In: Wurst, F. u. a. (Hrsg.): Braucht eine neue Generation eine neue Pädagogik? Salzburg 1993, S. 120f.
[23] Vgl. Malacek, T.: Symbolisierungsfähigkeiten von Kindern der Staats- und Waldorfschulen, TUB, Berlin 1992, S. 91f., ges. S. 96.
[24] Grimm, Jacob u. Wilhelm: Kinder und Hausmärchen. Ausgabe letzter Hand von 1857, herausgegeben von H. Rölleke. Stuttgart 1989.
[25] Vgl. Bolte, Johannes / Polivka, Georg: Anmerkungen zu den Kinder- und Hausmärchen der Brüder Grimm, 2. Aufl. Hildesheim 1963.
[26] Vgl. Wöller, Hildegunde: Die hilfreichen Tiere. In: Esterl, A. /Solms, W. (Hrsg.): Tiere und Tiergestaltige im Märchen. Regensburg 1991, S. 152f.
[27] Vgl. Scherf, Walter: Lexikon des Zaubermärchens. Stuttgart 1982, S. 18f.

BRIGITTA SCHIEDER

Märchenarbeit aus dem Blickwinkel von Logotherapie und Existenzanalyse oder Unter welchen Bedingungen Leben glücken kann

Während meiner langjährigen begeisterten Beschäftigung mit den Märchen der Völker wurde mir das uralte Wissen über Lebenszusammenhänge, über Quellen der Lebenskraft und -freude, die sie nach meiner Überzeugung vermitteln, immer klarer und kostbarer.

Dies war wohl auch in jener Fortbildung spürbar, nach deren Beendigung mir eine Lehrerin eine Frage stellte, mit der sich für mich eine Tür zu neuen Räumen öffnete: „Frau Schieder, kommen Sie aus der Frankl-Richtung?" Zwar kannte ich zu diesem Zeitpunkt bereits Viktor E. Frankls Bericht seiner KZ-Erfahrungen, dem er den Titel ... *trotzdem Ja zum Leben sagen* gegeben hatte, war beeindruckt, las und hörte in der Folgezeit immer wieder einmal von ihm ... ahnte aber noch nicht, wie sehr sich mein Leben und insbesondere meine Märchenarbeit durch diese Gedanken vertiefen und erweitern würde.

Auf meine überraschte Verneinung hin erzählte mir die Teilnehmerin damals von ihrer logotherapeutisch/existenzanalytischen Ausbildung – und wohl auch ihren Ausbildern von den Inhalten meines Seminars, denn ich wurde kurz darauf zu einem ersten Gespräch eingeladen, dem der Beginn meiner eigenen Ausbildung rasch folgte. So sehe ich meine Beschäftigung mit den Inhalten der Anthropologie Viktor Frankls auch nicht als zufällige – obwohl sie mir im wahrsten Sinn des Wortes zu-gefallen ist.

Was ich damals erst ahnte, ist mir inzwischen Gewissheit geworden: die Erkenntnisse der Logotherapie und Existenzanalyse decken sich vollkommen mit dem, was nach meiner Überzeugung an *Wissen über die Zusammenhänge, die geglücktes Leben braucht,* von den Volksmärchen transportiert wird.

Bevor ich auf diese Verknüpfungen eingehe, möchte ich sowohl Viktor E. Frankl als auch die Inhalte seiner Anthropologie so weit kurz vorstellen, wie es mir für das Verständnis wichtig erscheint.

Daran anschließend unternehme ich den Versuch, am praktischen Beispiel eines erzählten Märchens die *Verwandtschaften* aufzuzeigen, die für mich die Zaubermärchen mit den Erkenntnissen der Existenzanalyse verbinden. Dabei bin ich mir dessen bewusst, dass dies in einem Beitrag wie diesem nur in sehr verkürzter Form geschehen kann. Ich möchte meinen Artikel lediglich als Anstoß in eine bestimmte Richtung sehen, hoffe, dass er Interesse weckt, und weise auf die angeführte Literatur hin. Einzelne Abschnitte zum konkreten Märchen habe ich meinem neuen Buch *Märchen machen Mut* entnommen, in dem ich diese Zusammenhänge hinsichtlich ihrer Bedeutung für eine Werte-Erziehung wesentlich detaillierter ausführe.

Viktor E. Frankl

Viktor Emil Frankl wurde 1905 als mittleres von drei Kindern jüdischer Eltern in Wien geboren. Schon sehr früh beschäftigte er sich mit schweren Themen wie Leid, Schuld und Tod, mit Freiheit und Verantwortung, mit der Frage nach dem Sinn des Lebens, also mit philosophisch-psychologischen Fragen.

Unter dem Eindruck von Sigmund Freud und Alfred Adler studierte er Psychologie und Neurologie und wurde Arzt. Als Frankl seine Vorstellungen von der Psyche des Menschen immer klarer zu formulieren begann, zeigten sich deutliche Unterschiede zur Tiefen- und auch Individualpsychologie: Ihn interessierten nicht nur der Kranke, sondern der gesamte Mensch und der Kern seines Wesens, den er nicht nur bedingt durch Triebe, Erbe und Umwelt sehen konnte.

1942 wurde Frankl von den Nationalsozialisten festgenommen und mit seiner Frau und seinen Eltern ins KZ Theresienstadt deportiert. Insgesamt verbrachte er drei leidvolle Jahre in vier verschiedenen Konzentrationslagern und verlor in dieser Zeit auch seine Familie. In dieser Zeit bestätigte sich seine Überzeugung, dass sich der menschliche Geist distanzieren und über die Umstände erheben kann.

Mit der Veröffentlichung seiner KZ-Erfahrungen in *...trotzdem Ja zum Leben sagen* und seines großen Werkes *Ärztliche Seelsorge*, in dem er die Grundlagen der Logotherapie und Existenzanalyse darstellt, wurde Viktor Frankl in kurzer Zeit weit über die Grenzen Österreichs hinaus und insbesondere in den USA bekannt.

Was ist Existenzanalyse?

Der Ausdruck Existenzanalyse wurde von Viktor Frankl als bewusster Gegensatz zur Psychoanalyse gewählt. Existenzanalyse (EA) bedeutet nicht: Analyse der Existenz, sondern Analyse auf Existenz hin, auf eigenverantwortetes, selbstgestaltetes und menschenwürdiges Leben hin.

Dies ist ein Prozess, in dem der Mensch sich seiner Geistigkeit und insbesondere seiner Verantwortung bewusst werden soll. Frankl wehrte sich immer vehement dagegen, den Menschen schwerpunktmäßig als Produkt von Erbe und Umwelt zu sehen. **Freiheit, Verantwortung** und **Geistigkeit** gehören daher nach Frankl zu den drei Existentialien des Menschseins. Mit seiner Fähigkeit zur **Selbstdistanzierung** und **Selbsttranszendenz** hat der Mensch die Möglichkeit, sich in allen Situationen zumindest für oder gegen ein bestimmtes Verhalten zu entscheiden, Stellung zu beziehen und sich auf die Welt hin zu öffnen und mit ihr zu kommunizieren.

Freiheit und Verantwortung stehen aus dieser Sicht in engem Zusammenhang. Nicht als *Freiheit von...* will sie verstanden werden, sondern als *Freiheit gegenüber etwas*.

Viktor Frankl selbst hat seine Existenzanalyse als durchaus offen für weitere Entwicklungen gesehen, die inzwischen von einem seiner Wiener Schüler, Dr. Dr. Alfried Längle, maßgeblich eingeleitet wurden.

Während die *Existenzanalyse* sich mit diesen allgemeinen Bedingungen auseinandersetzt, wird in der **Personalen Existenzanalyse** als psychotherapeutischem Verfahren auf die konkrete Lebenssituation des individuellen Menschen eingegangen. Sie wird auf *persönliche* Sinnmöglichkeiten hin durchforscht, wo diese durch seelische Krankheiten oder Störungen verschüttet sind. Existenzanalyse hat die Entfaltung der Hingabefähigkeit im Erleben, in den Beziehungen und im Handeln und Entscheiden zum Ziel.

Praktisch geschieht dies mit Hilfe der *phänomenologischen Vorgangsweise* als psychotherapeutischem Verfahren. Das bedeutet, sehr verkürzt und vereinfacht ausgedrückt: eine *umfassende,* möglichst *vorurteilsfreie* und *voraussetzungslose* Sichtweise des individuellen Menschen in all seinen Äußerungen im Rahmen seiner Lebenssituation.

Was ist *Logotherapie?*

Der Begriff *Logotherapie* leitet sich vom griechischen *Logos* ab, die Bezeichnung für *Geist.* Frankl hat den Begriff des *Geistigen,* der auch mit *Sinn* bzw. *Sinn und Werte* übersetzt werden könnte, später häufig durch das *Noetische* ersetzt.

Frankl bezeichnet die Noetische Dimension, die Dimension des Geistes, als die eigentliche Dimension des Menschen. Der Mensch setzt sich nicht aus mehreren Dimensionen *zusammen,* sondern die Geistige Dimension setzt sich mit der Psychischen und Somatischen *auseinander.*

Als Person oder Geist kann also der *existientielle Kern des Menschen* bezeichnet werden. Es ist das, was den Menschen in seiner Einmaligkeit und Einzigartigkeit ausmacht. Es ist das, was sich vom Leiblich-Seelischen distanzieren bzw. dazu Stellung nehmen kann (nach Frankl: *Die Trotzmacht des Geistes*).

Diese Sicht ist ganz entscheidend für das Person-Verständnis. Person stellt nun den aktiven und sichtbaren Ausdruck des Geistes dar, in der das Wesen des Menschen sichtbar wird und sich über Körper, Psyche und Verstand ausdrückt. Mit dem Personbegriff steht und fällt die Menschenwürde.

In der Logotherapie geht es also nicht darum, dem Menschen *mit der Logik zu kommen* (Frankl), sondern ihm eine Beratung anzubieten, bei der er in seinem tiefsten inneren Streben, nämlich seinem **Willen zum Sinn** angesprochen wird. Der Mensch wird aus dieser Sicht als **Antwortender** gesehen: als einer, der die *Fragen,* die ihm das Leben stellt, mit seiner Entscheidung für einen jeweiligen **Wert** beantwortet – und für diese im **Gewissen** geprüfte Entscheidung die Verantwortung trägt.

Während die Existenzanalyse auf einen Bewusstwerdungsprozess abzielt, begleitet die Logotherapie den Menschen in der *Entscheidung,* in der Selbstbestimmung, angesichts des je erkannten Sinns und der Werte, um seine ihm gemäße, optimale Existenz zu leben.

Die praktische Anwendungsform der Logotherapie liegt primär in der Hilfestellung für Menschen, die (noch) nicht erkrankt sind, sich aber in Krisen, Konfliktsituationen und Orientierungsnöten befinden, wie auch in gezielten Hilfestellungen für den Umgang mit schweren Leidsituationen.

Für meinen eingangs angeführten Themen-Zusammenhang erscheint mir insbesondere auch in der Erwachsenenbildung oder in der Arbeit mit Kindern der Bereich der Prophylaxe und Psychohygiene als besonders wesentlich.

Vier Grundmotivationen für menschliches Handeln und ihre Entsprechung im Märchen

Nach den angeführten Erkenntnissen kann ein Mensch erst dann existentiell – d. h. stimmig, authentisch – leben, wenn er

1. Grund, Halt, Schutz und Raum für sein Dasein hat,
2. sein Leben als Wert erlebt,
3. so sein darf, wie er ist, und Achtung, Wertschätzung und Respekt erfährt und
4. durch Begegnung mit dem, was ihn angeht, berührt wird und Freude, Erfüllung und letztlich Sinn in seinem Handeln erlebt.

Alfried Längle hat diese Systematisierung entwickelt und damit wesentliche Möglichkeiten eröffnet, die Frankl'sche Anthropologie in Beratung und Therapie praktisch anzuwenden.

Die ersten drei Punkte: Das Sein-Können, das Leben-Mögen und das Selbstsein-Dürfen sind Vorläufer des vierten, der Sinnstrebigkeit des Menschen.

Märchen spiegeln genau diese Realität wider und zeigen dieselben Grundstrukturen in unterschiedlichsten Bildern. Lediglich die Gewichtung der vier Bereiche ist natürlich je nach Thema unterschiedlich verteilt.

Besonders im Hinblick auf Kinder sind es Botschaften, die intuitiv aufgenommen werden und die Entwicklung von Selbstwert, von Mut und Vertrauen, von Beziehungs- und Konfliktfähigkeit unterstützen.

Doch sollten wir uns davor hüten, diese positiven Signale allzu rasch nur den Kindern zuzugestehen. Wer immer sein Herz öffnet, kann sie empfangen!

Richten wir also vor diesem Hintergrund unseren Blick auf die tradierten Zaubermärchen und das vierfache *Ja zum Leben*, das sie uns entgegenrufen.

Ich habe für diesen Artikel ein kurzes, relativ unbekanntes Märchen aus der Sammlung von Vilma Mönckeberg ausgewählt und lade Sie ein, mit mir zu hören und diesem Ruf zu folgen:

Vom Mannl Spanneland

Einmal war ein armes Mädel, dem sind Vater und Mutter gestorben gewesen. Und wie es halt keinen Menschen nirgends mehr hatte, da wollte es von daheim fortgehen, anderswohin in Dienst. Da mußte es durch einen großen Wald gehen, und wie es drinnen war, hat es den Weg verloren und hat sich nicht mehr zurechtgefunden. Jetzt hat sich halt das Mädel recht gefürchtet, und dazu ist es finstere Nacht gewor-

den. Zum größten Glücke hat's Mädel noch ein kleines Häusel gefunden, da ist es hineingegangen und hat gedacht, daß es dort würde vielleicht über Nacht bleiben können. In dem Häusel war kein Mensch daheim, und alles hat so liederlich drin herumgelegen. Da hat halt's Mädel angefangen, ein bissel Ordnung zu machen. Danach hat es sich in einen Winkel gesetzt und hat gewartet, wer da kommen würde. Auf einmal tut die Türe aufgehn und kommt ein ganz kleines Mannl herein mit einem langmächtigen Bart, den es hinten nachgezogen hat. Tut sich überall umgucken und sagt: „Hm, hm." Wie's aber's Mädel in dem Winkel sieht, fängt das Mannl mit einer starken Stimme an:

„Ich bin das Mannl Spanneland,
hab einen Bart drei Ellen lang,
Mädel, was willste?"

Da hat das Mädel gebeten, das Mannl sollt sie doch in der Nacht dabehalten. Da hat's Mannl wieder angefangen:

„Ich bin das Mannl Spanneland,
hab einen Bart drei Ellen lang,
Mädel, mach mir's Bett."

Jetzt ist halt das Mädel gegangen und hat dem Mannl das Bett gemacht. Danach sagt's Mannl wieder:

„Ich bin das Mannl Spanneland,
hab einen Bart drei Ellen lang,
Mädel, richt mir ein Bad."

Da hat's Mädel Feuer gemacht und hat einen Topf voll Wasser aufgesetzt und eine Wanne geholt, und wie's Wasser warm war, hat's es 'neingegossen und hat's Mannl hineingesetzt und hat's halt gebadet. Und nachher hat's es ins Bett gelegt. Und dann sagt das Mädel: „Mit deinem alten langen Bart, da fällst du ja drüber, Mannl Spanneland" und tut eine Schere nehmen und tut dem Mannl den Bart schnell wegschneiden. Da ist das Mannl auf einmal immer größer und schöner geworden und hat gesagt: „Mädel, du hast mich erlöst und sollst auch schön dafür bedankt sein. Nimm dir meinen Bart mit zum Andenken und spinn ihn daheim." Da war's Mannl verschwunden. Den andern Tag ist's Mädel wieder heimgegangen und hat den Bart mitgenommen, und daheim hat es ihn auf den Rocken gesteckt und hat angefangen zu spinnen. Und da hat der Bart selber immer weiter gesponnen, und das schönste Garn ist es geworden, wie helles Gold, und ist gar nicht weniger geworden. Da haben alle Leute solches Garn haben wollen, und's Mädel hat gar nicht genug verkaufen können. Da ist es sehr reich geworden und hat geheiratet, und wenn es nicht gestorben ist, so lebt es heute noch.

1. Ja zum Da-sein in der Welt

Jeder Mensch wird ungefragt in eine Welt hineingeboren, die von Stund an seine Welt ist, mit der er schicksalhaft verbunden bleibt. Sein Leben ist ihm geschenkt mit allen Sonnen- und Schattenseiten. Ob ein Mensch in seinem späteren Leben auf sicherem Boden steht, immer wieder Grund und Halt findet, aus einem Ur-Vertrauen heraus sich entfalten kann, hängt wesentlich von den Bedingungen ab, die er in dieser Phase vorfindet.

Zur Grundvoraussetzung für eine gesunde Entwicklung gehört sicherlich auch, die Realität der konkreten Lebenssituation zu akzeptieren, anzuerkennen. Das beinhaltet zunächst noch keine Wertung, sondern bedeutet die Wahrnehmung dessen, was ist: Ja, so ist es. Es ist erstaunlich, welche Kräfte Kinder entwickeln und wie tapfer sie sein können, wenn sie in schwierigen Situationen das Vertrauen und ehrliche Bemühen der Erwachsenen spüren und gemeinsam die Realität angeschaut und nach Lösungen gesucht wird. Damit wird für spätere Wahrheitsliebe der Grund gelegt.

Eine vorgetäuschte Scheinwelt entzieht dem Kind gleichsam den Boden unter den Füßen, nimmt ihm den notwendigen Schutz und Halt. So wird es schwierig, Vertrauen in sich selbst oder ins Leben zu entwickeln. Angst, die sich sowohl in aggressivem Verhalten (latent oder offen) wie auch in fehlender Eigenständigkeit zeigen kann, hat hier eine Wurzel.

Märchen sind keine Heile-Welt-Geschichten! Märchen zeigen die Welt nicht unter einer Glasglocke, gaukeln nichts vor. „Ja, so kann es gehen im Leben!" Dieses Hinschauen (beim Kind intuitiv, nicht kognitiv!) gibt Grund und Halt.

Auch unser Märchen zeigt die harte Realität, wie sie nun einmal ist: Vater und Mutter sind dem Mädchen gestorben, es bleibt einsam und verlassen zurück.

Wenn wir uns diese Situation im Umgriff anschauen, dann wird viel mehr ausgesagt, als es auf den ersten Blick scheint:

Wir wissen ja bereits, wie tatkräftig das Mädchen nach diesem Schicksalsschlag sein Leben in die Hand nimmt. Da war also wohl die Erfahrung eines Elternhauses, das Schutz und Geborgenheit schenkte, das Möglichkeiten zur Entwicklung eines gesunden Selbstvertrauens bot. Aber, so wird uns erzählt, so ein heiles und behütetes Leben kann und muss nicht ewig dauern. Es ist wirklich schlimm, was dir da geschehen ist. Doch dies ist nun einmal jetzt deine Realität. Also nimm sie an, jammere nicht selbstmitleidig herum, bleib nicht passiv, sondern überlege, welche Möglichkeiten und Kräfte du selbst noch entwickeln kannst!

2. Ja zum Leben

Ob ein Mensch gerne lebt oder nicht, ob er Lebensfreude empfindet oder unter Lebensangst, Lebensüberdruss leidet, all dies hängt erstaunlich wenig von äußeren Bedingungen ab. Weder Reichtum und Überfluss, letztlich nicht einmal Gesundheit und Begabung können einem Menschen das Gespür geben: „Es ist **gut**, daß ich lebe!"

Um diese Befindlichkeit zu spüren und zu entwickeln, braucht es nicht nur am Lebensanfang, sondern durchgehend und immer wieder die wohlwollende Annahme anderer Menschen. Damit wird der Grund gelegt für das Bewusstsein vom eigenen Wertsein, dafür, dieses kostbare Leben auch so zu gestalten, dass es als etwas Wertvolles, Sinnvolles *empfunden* werden kann. Und dies wiederum ist die Voraussetzung, um glücklich und in Frieden mit sich und der Welt leben zu können.

Im **Märchen** bleibt kein verlassener oder verängstigter Mensch letztlich allein. Immer taucht jemand auf, der ihm genau dies vermittelt: „Auf dich kommt es an!" Aus diesen Begegnungen schöpft nicht nur der Märchenheld Kraft, und sein Leben entwickelt sich in eine Richtung, die er selbst als gut empfindet. Daraus erwachsen Bindungen, aber auch Wert und Wohlwollen für sich selbst.

Das Mädchen in unserem Märchen bleibt weder untätig und schicksalsergeben zu Hause sitzen, noch rennt es blindlings vor seinen Problemen davon, was wir ebenfalls gut verstehen könnten. Es hat zwar noch kein festes Ziel, macht sich aber auf – und zwar *auf andere Menschen zu*. Es weiß wohl intuitiv, dass Beziehungen lebensnotwendig sind. Einen Dienst will es annehmen, eine Tätigkeit suchen, die seinen Möglichkeiten entspricht. Damit zeigt es schon zum ersten Mal, dass immer und in jeder Situation auch ein Stückchen Freiheit steckt. Nicht die Freiheit, sich sein Schicksal auswählen zu können, aber die Freiheit, so oder so damit umzugehen. Diese Haltung zieht sich durch das ganze Märchen. Mit dieser Haltung gelingt es ihm letztlich, sein Schicksal zu wenden. Es übernimmt Verantwortung für sich selbst, wartet nicht auf ein Wunder von außen, sondern macht sich auf den Weg.

Dass so ein Weg nicht einfach zu gehen ist, kann jedes Kind nachvollziehen. Im großen Wald, durch den es gehen muss, verirrt es sich, die Nacht überfällt es und es bekommt Angst. Auch dies sind wunderbare Bilder für eine innere Verfasstheit – wir können sie verstehen, ohne in abstrakte theoretische Erklärungen ausweichen zu müssen.

3. Ja zu mir als Person

Jeder Mensch ist seinem Wesen nach ganz einmalig, einzigartig und damit unverwechselbar *anders* als alle anderen Menschen. Und jeder Mensch will auch so sein, wie er ist, will seine Stärken und Schwächen nicht verstecken müssen, will letztlich die Bestätigung, *so sein zu dürfen*, wie er ist, will Wertschätzung und Respekt für sich bekommen. In diesem Bereich geht es um die Würde des Menschen, um sein Recht, authentisch sein zu können und zu dürfen. Es geht um die Spannung zwischen dem Recht, das Eigene zu leben, und der Verantwortung den Mitmenschen, der Welt gegenüber.

Das Gewissen (nicht zu verwechseln mit einem *Über-Ich*, dem es um die strikte Anpassung an Normen, Ver- und Gebote unter Androhung von Strafe geht) ist hier angesiedelt, das Frankl als das *Sinnorgan* des Menschen bezeichnet: unser tiefes Ur-Wissen vom Wertvollen, Richtigen und Stimmigen. In dieser Spannung *fühlen* wir, was existentiell not-wendig ist, was wir zu tun haben. Indem wir die erkannten Werte leben, erfahren wir den Sinn unseres Lebens.

Im **Märchen** erfahren auch und gerade die Schwachen, die Armen, die Dummen und Ausgegrenzten, dass sie einmalig und einzigartig sind. Die Botschaft lautet: *Lass dich durch nichts entmutigen! Setz dich ein, wofür du begabt bist, und folge der Stimme deines Herzens, dann weißt du, was wichtig und richtig ist.* Auch hier zeigt sich wieder, dass *Hinschauen* schon ein wesentlicher Teil der Annahme ist. Da wird keine Schwäche vertuscht oder verleugnet, und der Lohn ist am Ende nicht *trotzdem*, sondern genau deswegen Anerkennung, Achtung und Liebe.

Das Märchen erzählt, dass kein Menschenkind, das sich so tapfer auf den Weg macht, auf Dauer in der Dunkelheit verloren ist, sondern dass es neue Zuflucht finden wird.

Und wie verhält sich unser Mädchen nun? Es nimmt nichts für sich, legt sich auch nicht schlafen, sondern hat trotz seiner eigenen Sorgen einen Blick für das, was der Augenblick fordert: Wo soviel Unordnung ist, beginnt es zu ordnen und aufzuräumen. Eben *seinen Dienst* zu tun (im Sinne V. Frankls: *Das Leben stellt die Fragen, der Mensch hat zu antworten).* Dabei hat es offensichtlich auch all seine Angst verloren und seine Selbstsicherheit wiedergefunden. Denn als nun das kleine Mannl hereinkommt, dem das Haus gehört, verhält sich das Mädchen authentisch und souverän. Weder seine starke Stimme noch sein langmächtiger Bart und die seltsamen Aufträge können es jetzt noch erschrecken. Es weiß, was zu tun ist und tut es! Es richtet nicht nur das Bad, sondern setzt das kleine Mannl sogar noch hinein *und badet es halt!* Was soll's, das Notwendige muss eben getan werden. Bei dieser sehr nahen Zuwendung an das Unheimliche, Fremde, das er ja für es darstellen wird, geht ihm wohl viel von seiner Wirklichkeit auf, und er verliert allen Schrecken. Nun kann es ihm aus innerer Stärke heraus gegenübertreten, führt nicht mehr Befehle aus, sondern übernimmt selbst die Verantwortung – und schneidet ihm kurzerhand den Bart ab!

Wer Schlimmes erwartet, wird glücklich enttäuscht, denn gerade das wars, was er zu seiner Erlösung brauchte. Aus diesem abgeschnittenen alten Bart aber kann nun Neues werden, weil es schöpferisch damit umzugehen und es zu nutzen weiß.

Unsere Protagonistin handelt selbstbewusst und mutig. Mut ist eine innere Kraft und hat seine Wurzel im Vertrauen, hat mit Sich-trauen zu tun, das sich in der Auseinandersetzung mit Widerständen entwickelt. Mut entwickelt sich dort, wo ein Mensch sich aus seiner freien Entscheidung heraus mit der Welt auseinandersetzt und die Möglichkeit zugestanden bekommt, zu seinen Empfindungen und zu dem, was ihm wichtig ist, zu stehen.

4. Ja zu einem sinnvollen Leben

Jeder Mensch, ganz gleich wie alt er ist, welcher Religion oder Kultur er angehört, will sinnvoll leben. Die einzige Voraussetzung dafür ist, dass er Entscheidungen treffen kann (die *seine*, seine inneren *Einstellungen*, vielleicht nur für ihn selbst wahrnehmbar, sein müssen.). Einer der Begründer des Talmud hat vor 2000 Jahren die Sinnfrage einmal so zusammengefasst:

Wenn ich es nicht tue – wer sonst wird es tun?

Wenn ich es aber nur für mich tue – was bin ich dann?

Und wenn ich es nicht jetzt tue – wann denn soll ich es tun?

Niemand kann für sich beanspruchen, ein für allemal den Sinn des Lebens gefunden zu haben. Er muss immer wieder und ganz persönlich von jedem Menschen für sich entdeckt werden. Er ändert sich, wie sich unser Leben ändert. Er ändert sich gleichsam mit den Fragen, vor die uns unser Leben stellt und die wir mit unserem Handeln oder Nichthandeln beantworten. Der Maßstab für solches Handeln liegt ganz in uns: Wir *spüren,* zufrieden, stolz, freudig ... dass unser Einsatz sich gelohnt hat, unser Tun sinnvoll war.

Im **Märchen** ist mir kein einziger Fall bekannt, in dem ein Mensch sein Lebensglück fand, obwohl oder weil er nur für sich alleine gelebt hat, nur auf sich und sein Wohlergehen geschaut hat. Auf recht unterschiedliche Weise bringen Märchen uns nahe, dass wir aufeinander angewiesen sind, dass letztlich nur die Liebe uns erlösen kann. Die Liebe, die wir schenken, und die, die wir erfahren, empfangen dürfen. Eine große Verheißung steckt darin, die auch schon bei Kindern als Ahnung grundgelegt werden kann (und wohl auch soll): Nicht für mich allein lebe ich, und nicht um mich selbst darf ich kreisen.

Auch unser Märchen ist geradezu ein Aufruf, sich zu-wendend, mit-fühlend, mutig einzubringen: Das Abenteuer des Lebens wartet gerade auf dich, auf deine Kräfte, deine Phantasie, deine Liebe – dann kann es gelingen und gut werden. Und es ist ein Appell an unsere Demut: Allein wirst du diesen Weg nicht immer gehen können. Auch du wirst auf Hilfe und Zuwendung angewiesen sein auf deinem Weg zur Reife.

Gerne würde ich noch den *abgeschnittenen Bart* in Gedanken weiterspinnen. Doch das kann jeder von uns auch für sich alleine tun.

Zwei anderen Bildern möchte ich mich in unserem Zusammenhang aber kurz zuwenden, und auch hier sind wir angehalten, symbolisch zu denken.

Wenn das arme Mädchen den Bart in goldene Fäden verspinnt, so wird da etwas von den alten Vorstellungen sichtbar, nach denen die Schicksalsgöttinnen den Lebensfaden spinnen. Ordnend greift es ein, verbindet männliche Energie mit weiblicher Schöpfungskraft, und was daraus entsteht, ist sein eigener, wunderbarer und neuer Schicksalsfaden. Ein Faden, der nicht nur *von dieser Welt* ist, sondern durch sein Gold deutlich auf seine Verbindung mit dem geistigen, göttlichen Bereich hinweist.

Es heiratet, wird reich und glücklich. Was könnte das anderes heißen, als dass es Anteil hat an der Fülle und damit am Sinn des Lebens.

Schlussfolgerung

Märchen sind weder vordergründige Regieanweisungen für das *Theater Leben,* bei dem wir alle mitspielen, noch Rezepte, mit denen sich Lebensprobleme einfach lösen ließen. Wer sich ihnen mit dem intellektuellen Seziermesser nähert, dem entziehen sie sich ebenso wie dem, der sie auf historische Ereignisse festzurren möchte.

Was uns aus den tradierten Volksmärchen entgegenkommt, sind verdichtete Erfahrungen, die unsere Menschenbrüder und -schwestern zu allen Zeiten und überall gemacht haben. Sie machen begreifbar, was nicht unmittelbar verstehbar ist. Im bunten Kleid sinn-voller Symbole zeigen sie sich. Sie wollen nicht gewusst, sie können nur erfahren werden.

Aufgrund dieser Eigenheit – und im Hinblick auf die Erkenntnisse der Personalen Existenzanalyse – sollten Märchen nach meiner Überzeugung weitaus häufiger schon im Vorfeld von Problemen und Störungen prophylaktisch eingesetzt werden, als dies bisher geschieht. Ihre unterstützende, emotional anregende Potenz könnte eine wertvolle Verankerung von wünschenswerten Haltungen in einer Tiefendimension bewirken, die sonst nur schwer erreichbar ist.

Darüber hinaus wird den Beteiligten nicht zusätzliche Anstrengung abverlangt, sondern vielfältige Freude geschenkt.

Literatur

Frankl, Viktor E.: *... trotzdem Ja zum Leben sagen.* Ein Psychologe erlebt das Konzentrationslager. München: dtv – Kösel 1982.

Frankl, Viktor E.: Ärztliche Seelsorge. 10. Aufl. Wien: Franz Deutike 1982.

Längle, Alfried: *Wege zum Sinn.* Logotherapie als Orientierungshilfe. München/Zürich: Piper 1985.

Längle, Alfried: *Viktor Frankl.* Ein Porträt. München/Zürich: Piper 1998.

Längle, Alfried: *Existenzanalyse.* Fachzeitschrift mit aktuellen Beiträgen. Hrsg.: Gesellschaft für Logotherapie und Existenzanalyse, Eduard-Sueß-Gasse 10 (GLE) A – 1150 Wien.

Schieder, Brigitta: *Märchen machen Mut.* Ein Werkbuch zur Werteerziehung und Persönlichkeitsentfaltung von Kindern. München: Don-Bosco-Verlag 2000.

Schieder, Brigitta: *Märchen – Nahrung für die Kinderseele.* Einführung in den ganzheitlichen Umgang mit Märchen. Gütersloher Verlagshaus 1996.

Schieder, Brigitta: *Erzähl mir doch ein Märchen.* Methodische Märchensammlung für Kinder. München: Don-Bosco Verlag 1998.

Bergmann, Ingrid: *Erziehung zur Verantwortlichkeit durch Zaubermärchen der Brüder Grimm unter besonderer Berücksichtigung der Sinnkategorie V. E. Frankls.* Frankfurt a.M.: P. Lang 1994.

Bergmann, Ingrid: *Das Sinnbild der Verantwortlichkeit im Märchen ... Dargestellt am Beispiel Die Bienenkönigin* KHM 62. In: *Märchenspiegel* 4/96 (auch in diesem Band).

LINDE KNOCH

Märchen und Medien

In der Wochenzeitung *Die Zeit* vom 29.12.1999 setzte sich Roger de Weck kritisch mit der Rolle der Medien in unserer Zeit auseinander. Er betitelt seinen Artikel *Die Gier der Medien* und denkt nicht nur an die eigene Zunft der Journalisten. Er stellt fest, die Medien bildeten nicht die Wirklichkeit ab, wenn sie die Nachricht in leichte Unterhaltung verwandelten. Die Medien schaffen künstlich(en) Stoff, also Kunststoff. Die Verpackung sei dem Medium wichtiger geworden als der Inhalt. Das ist eine strenge Selbstkritik, die durch einen Lichtblick aufgehellt wird: Wettbewerb sorge für Schund und für Qualität gleichermaßen.

Wenn wir im Zusammenhang mit Märchen von Medien sprechen, denken wir an Buch, Puppen- und Schattenspiel, Theaterbühne, Kassetten, CD und Fernsehen. Alle diese Mittler = Medien nehmen sich des Märchens an, beschlagnahmen oder vergewaltigen es. Was kommt dabei heraus? Hier können nur vereinfachende, beispielhafte Antworten gegeben werden. Dabei zeigt sich vielleicht, welches Medium dem Märchen am ehesten gerecht wird.

Das Buch

Vor bald 200 Jahren retteten die Brüder Grimm die Märchen unseres Kulturraumes vor dem Verschwinden, indem sie sie zwischen zwei Buchdeckel *drückten* und gleichsam *einsargten*. Sie müssten wiedererweckt werden wie Schneewittchen aus dem Glassarg, das war ihr Wunsch. Was einmal lebendige Sprache war, wurde als tote Schreibe bewahrt. Wir sind dankbar für diese Sammeltätigkeit. Es ist bekannt, dass die *Kinder- und Hausmärchen* der Brüder Grimm einen Siegeszug um die Welt antraten und in ungezählten Varianten und Übersetzungen vorhanden sind, mehr oder weniger gelungen, mit mehr oder weniger künstlerischen Abbildungen versehen. Ob und ab welchem Alter Abbildungen für Kinder überhaupt sinnvoll sind – das ist schon die erste Frage an das Medium Buch, nein, die zweite, denn die erste lautet: Wie werden Märchen wieder lebendig? Durch leises einsames Lesen des einzelnen Menschen? Durch Vorlesen in einer Gemeinschaft? Durch Nacherzählen mit eigenen Worten *so wie mir der Schnabel gewachsen ist*? Durch das geübte Erzählen einer ausgebildeten Erzählerin, eines Erzählers? Das alles bedenken, hieße viele Seiten füllen. Jeder Mensch, der einmal eine Sternstunde mit einem Märchen erlebt hat, das ihn im Innersten angerührt hat, wird sich selbst die Antwort auf diese Fragen geben.

Ja, und die Abbildungen: Eigentlich sind sie unnötig, das heißt, sie gehören dem Wesen Märchen nicht *zu eigen*. Für die Jüngsten sind sie unbrauchbar bis schädlich. Aber es gibt so wunderbar schöne und künstlerisch hochwertige Zeichnungen und Bilder, dass wir sie nicht missen mögen. Wenn sie gelungen sind, sparsam in der Andeutung, so dass dem Beschauer Freiraum für seine Vorstellungskraft gelassen wird, können Bilder das Märchen auf ihre Art neu erzählen und ein Genuss sein. Ähnlich ist es mit dem nächsten Medium, das sich dem Märchen nicht nur mit der unsichtbaren Sprache, sondern mit konkreten, wenn auch flüchtigen Mitteln nähert.

Das Schatten- und das Puppenspiel

Schattenspiele, die ja nur die Umrisse der Figuren zeigen, lassen den Zuschauern einen Raum zur inneren Ausgestaltung des Angedeuteten. Dies oder ein gut geführtes Spiel mit anspruchsvollen Puppen kann Kinder und Erwachsene in hohem Maß zu sich selbst und zur Anregung ihrer Phantasie führen. Heinrich von Kleists Stück vom *Marionettentheater* erzählt von der Faszination, die von der Grazie der Puppen ausgeht, weil ihnen die Eitelkeit fehle, die den menschlichen Darsteller so leicht zu Unnatürlichkeit oder gar zu Überheblichkeit verleitet. Das noch seiner selbst unbewusste Kind kennt keine Eitelkeit und bewegt sich mit Grazie, für die wir heute wohl eher das Wort Unschuld gebrauchen. Beim Anblick von Hand- und Stabpuppen oder Marionetten werden schöpferische Prozesse möglich, wie wir sie als Einübung zur Gestaltung unserer Welt so nötig brauchen. Albert Einstein, dieser scharfe Denker des gerade zu Ende gegangenen Jahrhunderts, hat einmal gesagt, dass Phantasie das Wertvollste sei, das der Mensch besitze. Sie lässt den Erwachsenen Entdeckungen machen, die die Welt gestalten und verändern, aber schon das Kind muss Angebote bekommen, die die Phantasie beflügeln. Das *Mitmachtheater* ist lustig und erfrischend, aber letztlich n u r ein Mitmachen von vorgegebenen Ideen, ein in bestimmte Bahnen gelenkter Mitvollzug. Beim einfachen Erzählen oder der Vorführung eines Schatten- oder Puppenspiels sehen die Kinder für die Eltern auf den ersten Blick unbeteiligt aus. Das führt zu Fragen wie dieser, einerseits mit Irritation, andererseits mit Staunen und Bewunderung gestellt: „Was machen Sie eigentlich mit unseren Kindern? Die sitzen wie angeleimt und hören zu wie trockene Schwämme. Und nach dem Märchenhören wollen sie kein Fernsehen mehr." Das muss uns nicht beunruhigen, denn es ist keine Verführung im Spiel, nur eine Führung hin zur eigenen Person, und das tut Kindern und Erwachsenen von heute in gleichem Maße gut.

Die Theaterbühne

Wann eroberte wohl die Bühne das Märchen? Ich weiß es nicht. Wann wurde es üblich, das sogenannte Weihnachtsmärchen aufzuführen? Ich habe als kleines Kind Anfang der vierziger Jahre *Schneeweißchen und Rosenrot* auf der Bühne erlebt und mich – so erzählt es meine Mutter – entsetzlich vor dem Bären gefürchtet. „Hätte ich das geahnt! Nie wäre ich mit dir da hingegangen!" Kinder werden immer noch oder zunehmend viel zu früh zu einer Aufführung mitgenommen oder geschickt, das höre ich häufig. Hinterher ist man klüger, diese Erfahrungen scheinen auch zu unserem Leben zu gehören. Dass sensible Kinder aber gesundheitlich Schaden nehmen können durch grell überzeichnete Figurendarstellung, das ist leider erwiesen. Um die Fragwürdigkeit vieler Aufführungen aufzuzeigen, beschreibe ich das folgende harmlose Beispiel.

Angekündigt war *Der Froschkönig* als Stück eines Ein-Mann-Kindertheaters. Vor der leicht erhöhten Bühne saßen, lagen, kullerten, liefen auf Matten etwa dreißig Kinder herum, dahinter saßen auf Stühlen etwa dreißig Erwachsene. Als Requisiten gab es im Stück eine Krone für den König, ein Krönchen für das Prinzesschen, einen grünen Hut für den Frosch, einen blauen mit Feder für den Prinzen, der Brunnen war durch ein Tuch angedeutet, ebenso die Tafel des Königs. Schauspielerisch war die Darstellung einfallsreich, amüsant, flott, die Sprache deutlich, aber die Beherrschung der Form reicht nicht, wenn der Inhalt seinem Wesen nach nicht verstanden wird. Mit ruhiger Harmonikamusik ging es los, die Zuhörer wurden aufmerksam und still, der Schauspieler begann zu erzählen im überlieferten Wortlaut des Märchens, das gelang gut. Dann unterbrach sich der Schauspieler, um sich aus der Kinderschar einen *Schokoladenminister* zu wählen. Unruhe kam auf. Da verwandelt sich der Schauspieler in ein albernes Prinzesschen, das die Zunge rausstreckt, sich abends im Dunkeln fürchtet und quengelig fordert, dass Papa ihr hilft. An das Publikum geht die Aufforderung, Vorschläge zu machen. Währenddessen hat ein Junge immer mal wieder dazwischengefragt: „Wann kommt der Froschkönig?" Der Schauspieler ermahnt ihn: „Sei still!" Im Mitmachchaos mit den anderen Kindern wird der Junge endlich angebrüllt: „Sei still, mir reichts!" Der Schauspieler fordert Realitätsbezug ein, macht den Vorschlag, man solle der quengeligen Prinzessin einen Fußball schenken, aber sie will ihn nicht. Der König bietet ihr *seine* goldene Kugel an – eine Verdrehung und Missachtung des Symbols *goldene Kugel*. Mit der goldenen Kugel aber ist das erste und einzige Mal während der Aufführung eine dichte Atmosphäre geschaffen, die leider sofort wieder zerstört wird von dem Gealbere der Prinzessin. Es geht weiter mit klamaukhaftem Wasserpusten, immer wieder wird an die Kinder die Aufforderung gerichtet, etwas zur Lösung beizutragen, und es gibt Ermahnungen ins Publikum: „Ruhe!". An der Tafel wird gebetet (die Aufführung fand in einem Gemeindesaal statt), an Stelle von „amen" heißt es „quak". Die zickige Prinzessin fragt die Kinder: „Was soll ich mit ihm (dem Frosch) machen?" Viele Kinder schreien: „Mach ihn tot, mach ihn kaputt, trampel ihn tot!" Der grüne Hut wird mehrmals gegen die Hand und dann auf die Erde geschlagen, und gleich bereut es das Prinzesschen: „Es tut mir ja so leid!", heult es. Die Verwandlung zum Prinzen gerät nicht recht. Der König fragt das Paar: „Willst du ihn (sie) zum Mann (zur Frau)?" Die Kinder johlen „ja, nein". In den Aufbruchtumult kommt von der Bühne ein hilfloses „Und wenn sie nicht gestorben sind ...", das unvollständig verplätschert. Bis zum Schluss fragen Kinder immer wieder die Eltern: „Wann kommt der Froschkönig? Wo ist die Königstochter? Ist das der Frosch?" Beim Rausgehen höre ich ein Kind sagen: „Das war aber so anders", ein anderes fragt: „Ist das zu Ende?" Die Erwachsenen reagieren zum Teil amüsiert, zum Teil enttäuscht: „Das hab ich mir anders vorgestellt." Ein Kind sagt: „Das war aber nicht das Märchen." Die Mutter antwortet: „Ich hab mich geirrt, ich dachte, da kommt ein Film. Zu Haus kannst du dir dein Video ansehen." – Diese Dialoge sprechen für sich.

Eindrucksvoll war die Begegnung mit einem alten Herrn im Kreis von alten Damen in einem Seniorenheim. Ich erzählte bekannte Märchen der Brüder Grimm, u. a. *Rumpelstilzchen*. Beim anschließenden Gespräch bekannte er sich als ehemaliger Schauspieler. Als junger Mann hatte er viele Rollen in Weihnachtsmärchen übernommen, darunter auch die Figur des Rumpelstilzchens. „Heute weiß ich, dass wir damals viel mehr an uns dachten als an das Märchen und die Kinder", sagte er, und er fügte hinzu, dass er sich freue, dem Märchen wieder begegnet zu sein in seiner ihm gemäßen Form.

Und wie steht es mit Kassette und CD, mit Film, Fernsehen und Video?

Kassette und CD

Als Vorgängerin dieser beiden Tonträger ist die Schallplatte zu nennen, an die heute kaum noch ein Mensch denkt. Bei diesen Medien ist Geschriebenes wieder in Sprache verwandelt. Das äußere Bild wird durch das innere Bild abgelöst. *Sprich, damit ich dich sehe*, so nannte Aristoteles diesen innerseelischen Vorgang.

Es ist auffällig: Gerade Kinder, die zu Hause Märchenkassetten besitzen und hören, kommen in die Erzählstunden. Was suchen sie da? Worauf hoffen sie? Sie könnten sicher keine Antwort geben, wenn wir sie direkt danach fragen würden. Es ist ihnen selbst nicht bewusst, und wir Erwachsenen können nur ahnen, was in ihnen vorgeht. Zuerst reagieren die meisten Kinder enttäuscht, wenn bekannte Märchen angekündigt werden. Sie suchen also offenbar etwas Neues? Wenn dann aber das Märchen im Originaltext erzählt ist, finden sie es *richtig* erzählt. Das heißt, das Alte ist das Neue, das sie gesucht haben. Wie kommt das?

Tatsache ist, dass die meisten im Handel befindlichen Kassetten schnell entstandene, billige Ware sind. Da hat jemand entdeckt, dass es eine Marktlücke gibt, sucht sich eine Sprecherin oder einen Sprecher und einen Musikanten für stimmungsvolle Untermalung nach seiner eigenen Vorstellung, die wohl, so müssen wir annehmen, unberührt von Sachkenntnis ist. Das ist heute legitim, und das Ergebnis muss uns nicht wundern: Die Texte werden gekürzt, *gereinigt* von Grausamkeiten, eventuell ironisch aufbereitet (Kinder bis zu einem gewissen Alter können nichts mit Ironie anfangen, sie ist sogar schädlich für ihr Gemüt). Die Stimmen werden für die einzelnen Personen drastisch verstellt, verzerrt, was nichts zum Verständnis der Figuren beiträgt (Es gibt andere Mittel dazu). Die Musik ist oft nur ein sentimentales Geklingel, manchmal unterbricht sie auch den gerade aufgebauten Erzählfluss.

Neben vielen solchen Billig-Produktionen im öffentlichen Handel gibt es bei der Europäischen Märchengesellschaft Kassetten zu kaufen, die für Kinder und Erwachsene von ausgebildeten Erzählern besprochen wurden. Hier muss einschränkend gesagt werden, dass technische Aufnahmen nie das leisten können, was die lebendige Stimme und Anwesenheit einer Erzählerin oder eines Erzählers zu schaffen vermögen. Dazu ein anrührendes Beispiel mit einem blinden Mädchen. Es saß unter anderen Kindern in der Erzählstunde und kam hinterher zu mir und fragte: „Darf ich dich mal anfassen?" Ich dachte, es wollte mich auf seine Art *sehen* und sagte ja. Aber es wollte meinen Körper gar nicht abtasten, sondern stellte nur fest: „Ich hab gehört, daß du keine Kassette bist." Das rührt an und zeigt uns, dass in der lebendigen Stimme etwas Beziehungherstellendes mitschwingt, was ein technisches Hilfsmittel nicht leisten kann. Ein Kassettenrecorder spürt nicht wie die Mutter, die Erzieherin, der Erzähler, ob das zuhörende Kind Angst hat. Der Recorder kann das Kind nicht in den Arm nehmen und die Stimme gerade so sachlich werden lassen, dass das Kind die Angst aushalten kann. Ein Knopfdruck auf *aus* beim Recorder kann das Erzählen unterbrechen, aber die Angst ist nicht überwunden. Es ist wichtig, dass ein Märchen zu Ende erzählt wird, das Schwierige, Angstmachende darf nicht abgebrochen werden, am Ende ist dann ja alles wieder gut, und das ist wichtig, damit das Kind Zuversicht schöpft.

Film, Fernsehen und Video

Ich habe noch keine Verfilmung eines Märchens gesehen, die mir restlos gelungen erschien, weder mit menschlichen Darstellern noch als Zeichentrickfilm. Warum gelingt es selten oder gar nicht? Ich versuche es mir so zu erklären: Märchen sind Poesie, Dichtung, die sich im Inneren des Menschen ereignet, während der Zeit des Erzählens oder Lesens, und zwar in jedem Menschen auf die ihm eigene und gemäße Art. Wir kennen es alle: Wenn wir ein Buch lesen und dann eine Verfilmung zu diesem Stoff sehen, sind wir meist enttäuscht. Unsere Vorstellung von dieser oder jener Figur war eine ganz andere. Es schadet ja nichts, sich mit *dem Anderen* auseinanderzusetzen, aber es sollte bei Kindern nicht zu früh damit begonnen werden. Solange ihre innere und äußere Gestalt noch weich und formbar ist, sollten wir ihnen *offene* Angebote machen, aus denen sie das ihnen Gemäße wählen, das sie ausformt, ausbildet. Von äußeren Ausdrücken erfährt der Mensch innere Einbildungen, und diese gestalten ihn. Werden die inneren Bilder konkret und vollständig umgesetzt in äußere, so geht anscheinend das Wertvollste verloren, das uns die Märchen anbieten, nämlich die Möglichkeit und die Kraft, selbst schöpferisch tätig zu werden. Während des Erzählens ist die Erzählerin oder der Erzähler Schöpferin oder Nachschöpfer einer Welt, ebenso wie die Zuhörerin und der Zuhörer. Die Festlegung durch äußere Bilder blockiert die Einbildung durch innere Bilder, und das bedeutet: Die Möglichkeit zur Identifikation wird dem Zuschauer genommen oder erschwert. Das Wort erzeugt unbegrenzten Freiraum, das Bild zieht feste Grenzen. Mit den Worten des Naturforschers Lorenz Oken ausgedrückt: *Das Auge führt den Menschen in die Welt, das Ohr führt die Welt in den Menschen ein.* Es ist keine Frage, dass äußere Bilder das Leben des Menschen bereichern oder auch erklären können, wo es auf Genauigkeit, Messbares, Eindeutiges, auf Wissenschaftliches ankommt. Sehr viel schwerer und in manchen Fällen vielleicht gar unmöglich (?) ist es, Mehr- und Vieldeutiges abzubilden, bei dem es um seelische Muster geht. Nur Andeutungen und Symbole können auf die mögliche Bedeutung hinweisen, sie aber nie ganz ausdeuten. Wenn es einer Künstlerin oder einem Künstler gelingt, Märchenfiguren in einem so hohen Maß *offen* vor uns hinzustellen, dass ein Erkennen und Einswerden stattfinden kann, dann wären wohl das innere und das äußere Bild miteinander verschmolzen.

Es ist auf den ersten Blick verwunderlich, dass das Wort *Bild* für eine äußere, sichtbare, eindeutige, festgelegte Form steht und zugleich für eine innere, unsichtbare, mehrdeutige, nicht zu definierende Erscheinung, die doch auch ganz real ist. Ein Bild eines äußeren Dinges kann von vielen weitgehend objektiv betrachtet werden. Ein inneres Bild bleibt einmalig und subjektiv. Ein äußeres Bild zeigt eine Gestaltung, eine Nach- oder Abbildung. Ein inneres Bild umschreibt symbolhaft in vielleicht bestürzender Einfachheit oder verwirrender Fülle etwas, das sich unserer Seele eingeprägt hat und anschaulich geworden ist. Das etymologische Wörterbuch nennt die ursprüngliche Bedeutung von *Bild*, mittelhochdeutsch bilwiz, *Wundersames wissend*, das vom germanischen Stamm bil- *Wunderkraft, Wunderzeichen* ausgeht. In dieser Bedeutung gehören äußeres und inneres Bild zusammen. Durch menschliche Darsteller werden die Märchenfiguren leider allzu leicht zu psychologisch vielschichtigen Wesen. Dabei gerät außer Acht, dass die Heldin oder der Held und ihre Helfer oder Widersacher Aspekte einer Person sind. Aus dem einfach strukturierten Volksmärchen wird ein verfilmter Roman gemacht.

Schlimmer noch ergeht es den Märchen, wenn die Figuren als gezeichnete Comicgestalten auftreten. Gerade modisch vorherrschende Schönheitsideale oder Monsterwesen engen die Vorstellungskraft der Zuschauer ein und zurren die Figuren zu Klischees fest. Meist bleibt vom erzählenden Text eines überlieferten Märchens kaum noch etwas übrig. Die *schöne* Verpackung des Stoffes ist dem Zeichentrickfilmer offenbar wichtiger als sein Inhalt. Es wird gekürzt und verändert. Aus ehemals kostbarem Stoff wird Kunststoff, aus herzhafter Nahrung wird fades Fastfood. Der Wert der Märchen – die Möglichkeit zur Identifikation mit den Helden und so das Durchspielen von Lösungsmöglichkeiten von Aufgaben und Prüfungen – dieser Wert wird den meist kleinen Zuschauern, den Kindern vorenthalten. Besonders zerstörend wirken kommentierende oder weisende Figuren, die in die Handlung der Märchen eingefügt werden. Hier wird dem Helden und dem sich mit ihm identifizierenden Zuschauer die Entscheidung zum Handeln genommen. Eigene Erfahrungen und Fehler dürfen nicht gemacht werden, also wird Hilfe auch nicht erwartet, erbeten oder erfahren. Das ist Entmündigung durch das Medium schlechthin, indem es suggeriert, man müsse sich nur den schlauen (Fernseh-)Füchsen und allwissenden Doc(tores) anvertrauen, um dem Gegner ein Schnippchen zu schlagen. So machen es uns leider gerade die Zeichentrickfilme der Fernsehsendung *SimsalaGrimm* vor. Vorspann, Sprache, Musik und Bilder verändern und verballhornen bekannte und beliebte Grimm-Klassiker zu lautem Klamauk, der die Kinder zum Nachäffen von Schablonen verführt, aber nicht zur Auseinandersetzung mit der sie umgebenden Wirklichkeit. Das aber können Märchen leisten.

Es könnte der Eindruck entstanden sein, dass ich die neuen Medien für die Rezeption von Märchen rundweg ablehne. So ist es nicht. Ich habe den Eindruck, dass vor allem Film und Fernsehen noch nicht die Form gefunden haben, die den Märchen entspricht. Bislang scheint mir das Erzählen das Kleid des Märchens zu sein, das ihm am besten steht. Die Form soll dem Stoff entsprechen, damit sein Wert sichtbar wird. Die Märchen werden die Misshandlungen durch schlechte Bearbeitung der Medien überleben. Zeigt uns doch jedes Zaubermärchen (und auch das Leben), dass Gefahren und Proben bestanden werden müssen, bevor das Lebenselixier aus der Anderswelt gewonnen werden kann. Das Märchen ist bescheiden, es braucht so wenig: Gestaltungsfreude, Atem, Stimme – wie eine Flöte, der ein lebendes Wesen seinen Atem einbläst, so dass hinterher jemand sagt: „Der Flötist hat heute ausgezeichnet gespielt!", und meint eigentlich (das kommt ja vor!): Die Flötenstimme hat mich heute besonders angerührt."

Märchen sollten auch in der Wiedergabe durch Medien nicht abstumpfen, sondern anrühren. Hier, zum Probieren *Das kurze Märchen (Die Märchentruhe*, hrsg. von Vilma Mönckeberg-Kolmar, München: Ellermann 1982).

Das Hühnchen
fand ein Schlüsselchen im Mist,
und das Hähnchen
fand ein Kästchen.
Das schlossen sie mit dem Schlüsselchen
auf,
und was lag darin?
Ein kleines,
kurzes,
rotseidenes
Pelzchen.
Wär' das Pelzchen länger gewesen,
so wär auch mein Verzählchen
länger geworden.

Weiterführende Literatur

Wagner, Roland: *Märchen und Kommerz.* Märchen-Stiftung Walter Kahn. Umgang mit Märchen, Heft 5: Rund ums Erzählen, 1998. Zu erwerben bei: Märchen-Stiftung Walter Kahn, Walter-Kahn-Weg 1, D-82435 Bad Bayersoien, Telefax 08845-7194.

Jörg, Holger: Der Unterhaltungsfilm im Spiegel des Märchens. In: Märchen in Erziehung und Unterricht heute. Bd. I. Beiträge zu Bildung und Lehre. Rheine: Europäische Märchengesellschaft. Rheine 1997, S. 246-258.

CHRISTOPH SCHMITT

Mündliches und mediales Erzählen
Klischees zum Phänomen filmischer Märchenbearbeitung

In der Diskussion um den Märchenfilm kehren die meisten Argumente in solch stereotyper Weise wieder, dass ich im Ankündigungstitel vielleicht etwas provokativ von Klischees gesprochen habe. Der Diskurs um das filmische Märchen hat inzwischen seine eigene Tradition, die in die Frühzeit des Filmes zurückreicht, denn bereits unter den ersten Laufbildern finden sich Märchenstoffe. Der entstehende Film sieht einen seiner medienspezifischen Vorteile in der Umsetzung wunderbarer oder phantastischer Sujets. Diese sind im Vergleich mit dem aufwendigen Maschinenwerk des Illusionstheaters problemlos, z. B. per einfachem Stopptrick, realisierbar. Kleinere Aufsätze über den Märchenfilm wurden schon in den 30er Jahren von Grundschullehrern und Märchenfilmproduzenten verfasst. Von Scharfsinn zeugen dabei jene Gedanken, die sich Adolf Reichwein um den Märchenfilm machte. Der Pädagoge sah die Möglichkeit, dem tönenden Wort durch das Filmbild „etwas Bedeutsames" zur Seite zu stellen.[1] Wird bei der Literaturverfilmung üblicherweise der Gang vom Buch zum Film beschrieben, so geht es im Folgenden um den Prozess der medialen Transformation von Volkserzählungsstoffen, also um die Umsetzung populärer Erzählstoffe, die in früherer Zeit vorwiegend mündlich überliefert wurden. Hierdurch ergeben sich Besonderheiten, die jedoch am Grundsatz, dass es sich auch beim Märchenfilm um verfilmte Literatur handelt, nichts ändern; immerhin gibt es Stimmen, die es verbieten, den Märchenfilm als Seitenzweig der Literaturverfilmung zu betrachten.[2] Freilich können Modelle, die zur Erklärung der Literaturverfilmung entworfen wurden, ebenso für die Verfilmung mündlich tradierter Märchen befragt werden. Die folgenden Überlegungen kreisen um formalästhetische Fragen, während der gleichfalls lohnenswerte Problemkreis inhaltlicher Veränderungen (Moralisierungen, geschlechtsspezifische Darstellungen, Ideologisierungen etc.) den Rahmen sprengen würde.

Forschungsstand

Bislang war der Märchenfilm eher ein Anliegen des Kinderfilms und der Medienpädagogik, während die volkskundliche Erzählforschung und die Märchenpflege filmische Adaptionen schwer vernachlässigt haben. Einen fundierteren Einstieg in das Thema habe ich als Volkskundler erst aus einer vom Kinder- und Jugendfilmzentrum (Remscheid) veranstalteten Märchenfilmtagung gewonnen.[3] Auch im Standardwerk der internationalen Erzählforschung, der auf zwölf Bände geplanten *Enzyklopädie des Märchens*, werden mediale Adaptionen stiefmütterlich behandelt. Ausführlich wird dort hingegen das Wechselverhältnis zwischen mündlicher und schriftlicher Überlieferung berücksichtigt. Ein Grundsatzartikel über unser Thema findet sich unter dem Lemma Film;[4] der Autor nimmt eine Sekundärquellenanalyse von 250, zwischen 1895 bis 1975 produzierten Märchenfilmen vor. Damit bleibt die jüngere Filmgeschichte, in der das Märchenfilmgenre in Bewegung geriet, unberücksichtigt. In ein paar Jahren darf man auf das Stichwort 'Film' der *Enzyklopädie des Märchens* gespannt sein.

Fasst man die jahrzehntelange, in Phasen verlaufende Diskussion um den Märchenfilm zusammen, in der es stets an der Verbindung von Märchen- und Medienkompetenz fehlt, so ergibt sich folgendes Bild:

- Eine Flut von Essays, in denen zumeist dieselben Teilaspekte, wie das Problem der Vorlagenkürze oder das der Visualisierung von Grausamkeit, diskutiert werden. Die Überlegungen sind zumeist unsystematisch und kaum je gründlich durchdacht.

- In den Historiographien und Handbüchern der Kindermedien wird der Märchenfilm indirekt über konkrete Einzelfilme[5] oder im Rahmen besonderer Präsentationsformen, wie dem Puppenspiel,[6] gestreift. Dabei wird die Frühzeit der Kindermedien, in der mangels geeigneter Stoffe vermehrt auf Märchenstoffe zurückgegriffen worden sei, umfassender behandelt. Nur gelegentlich wird das Genre gesondert dargestellt.[7] Analysen von Einzelfilmen, bevorzugt von Kultfilmen wie Jean Cocteaus *La Belle et la Bête*, besagen mehr über singuläre filmische Sonderwege als über das Genre.

- Wenig fruchtbringend sind Ansätze, die das Thema medienübergreifend angehen, also Versuche wie *Märchen in den Medien*,[8] da die medialen Unterschiede zu beträchtlich sind. Ergiebiger ist es, ein einziges Märchen auf seine multimedialen Präsentationen hin zu befragen, wobei das Erkenntnisinteresse jedoch mehr auf Tradition und Transformation eines singulären Sujets, auf eine sog. Erzähltypenmonographie, abzielt.

- Mitunter finden sich Mehrfachverfilmungsanalysen, wobei verschiedene Verfilmungen einer gemeinsamen Vorlage vergleichend betrachtet werden. Das funktioniert jedoch nur bei superpopulären Märchen.[9]

- Schließlich findet man Wirkungsstudien mit Märchenfilmen, sogar im Vergleich mit dem erzählten Märchen.[10] Der Märchenfilm dient hierbei eher als unverfängliche Testmaterie.

- Einen soliden Führer durch die ostdeutsche / osteuropäische Märchenfilmproduktion haben Eberhard Berger und Joachim Giera verfasst.[11] Die 77, nach Qualitätskriterien ausgewählten Märchenrealfilme sind länderspezifisch und filmhistorisch geordnet und werden aus der Insider-Perspektive der Kinderfilmschaffenden vorgestellt. Jeder Film wird fotografisch illustriert. Die Texte dokumentieren ausführlich den Inhalt, der daher verlässlich für weitergehende bzw. vernetzende Märchenfilmanalysen genutzt werden kann. Auch werden Aspekte filmischer Ausdeutung der adaptierten Stoffe behandelt.

Kinder beziehen ihr Märchenwissen heute ganz wesentlich aus dem Fernsehen und damit aus einem Programmalltag, der nicht nur aus Qualitätsprodukten, sondern auch aus trivialen Sendungen besteht. Aus der Perspektive des Fernsehzuschauers stellt sich das Märchenfilmangebot nicht in produktionslogischer (historischer, präsentationsspezifischer) Ordnung, sondern als bunter Querschnitt dar. Um diesen zu erfassen, habe ich das Kinderprogramm westdeutscher Sendeanstalten der 80er Jahre auf Märchenbearbeitungen durchforstet.[12] Dabei wurde der seitens der Filmwissenschaft festgefügte Genrebegriff 'Verfilmungen klassischer Märchen' benutzt, unter den z.B. auch die von Hauff und Andersen subsumiert werden. Dabei spannt sich der Bogen vom vorlagengetreuen Märchenfilm bis zum ausfabulierten Filmmärchen, das sich noch erkennbar auf den verwendeten Erzähltyp[13] bezieht. Da das Fernsehen sowohl als Übertragungsmedium als auch als genuin filmisches Medium fungiert, liegt das methodische Problem in der formalen Vielfalt fernsehmedialer Produktionen. Das Sample der Untersuchung enthält Bildergeschichten, Puppenspiele, Animations- und Realfilme (Filme mit menschlichen Darstellern). Kurzfilme treten neben Langfilme, Einzelfilme neben Reihen und Serien, deutschsprachige Produktionsländer neben europäische und außereuropäische, jüngere Herstellungsjahre neben ältere etc. Es handelt sich also um ein diversifiziertes, dafür jedoch der Rezeptionswirklichkeit entsprechendes Sample.

Zusammengekommen sind im zehnjährigen Ausstrahlungszeitraum der 80er Jahre 175 aufgezeichnete Märchenadaptionen.[14] Bei den öffentlich-rechtlichen Sendern beträgt das Kontingent der Verfilmungen klassischer Märchen in den 80er Jahren incl. der Wiederholungsrate einen Anteil von etwa 4% aller Ausstrahlungen des Familienfernsehens. Bei den privaten Sendern liegt dieser Anteil, bedingt durch den Einkauf von DEFA-Produktionen, wesentlich höher. Bedenkt man den inzwischen gewaltigen Fundus an Kinder- und Familiensendungen, so stellen Märchenfilme absolut gesehen eine nicht unerhebliche filmische Größe dar, die zudem über viele Jahre hinweg resistent ist. Mit anderen Worten: Märchenfilme sind im Kinderprogramm nicht wegzukriegen.

Im Folgenden möchte ich die im Diskurs um den Märchenfilm am meisten benutzten Argumentationsmuster näher betrachten.

Top 1: Vorwurf der Phantasieeinengung durch den Film

Am häufigsten begegnet der Vorwurf der Phantasieeinengung durch den Märchenfilm. Das wortsprachlich erzählte Märchen rege die Phantasie an, das filmsprachlich erzählte enge die Phantasie ein. Derart vorgetragen, werden beide medialen Vermittlungsweisen schwarz-weiß malend gegenübergestellt: Hier die Freiheit und Weite des mental erzeugten Bildes der Wortsprache, dort die gefängnisartige Enge des äußerlich sichtbaren Bildes. Die Diskussion krankt daran, dass das wortsprachlich und das filmisch erzählte Märchen konkurrierend in der Art eines Gut-Böse-Schemas nebeneinander gestellt werden, sind doch die Qualitäten des mündlich erzählten Märchens unbestreitbar. Genau betrachtet, gehört der Einwand zur Wirkungsseite des Filmes, er berührt Aspekte der Rezeption. Das wortsprachlich vermittelte Bild muss mental erzeugt werden, es ist also auf ein Vorstellungsvermögen angewiesen. Das Vorstellungsvermögen des Hörers / Lesers ist erforderlich, damit das Bild innerlich sichtbar, damit es ikonisch wird. Hingegen wird das äußerlich sichtbare Bild geliefert, es ist per se ikonisch. In beiden Fällen liegt ein verschiedener Vorstellungsmechanismus zugrunde. Daraus jedoch vorschnell im einen Fall auf Phantasietätigkeit und im anderen Fall auf eine Untätigkeit, ja Verhinderung des Phantasierens schließen zu wollen, wäre kurzschlüssig. Äußere Bilder können auch als Bausteine des Phantasierens fungieren. Schließlich kann man sich nicht etwas vorstellen, das einem gänzlich unbekannt ist. Wo soll das Kind die Phantasie hernehmen, wenn es nicht über die Bilder, die dazu gehören, verfügt? Beobachtet man nämlich das Phantasieren von Kindern, so findet man häufig Spuren konkreter Umwelterfahrungen, also Spuren äußerer Bilder.

Vorstellungen sind nach Jean Piaget „verinnerlichte Nachahmungen", die eine „Analogie zur Wahrnehmung" besitzen.[15] Es gibt sogar Wirkungsstudien, die behaupten, dass die filmische Adaption die Phantasietätigkeit mehr erregt habe als das wortsprachlich erzählte Märchen, das in Vergleichsgruppen dargeboten wurde. Der Umfang des Phantasierens wurde durch Nacherzählen und Zeichnen des Märchengeschehens im Anschluss an die Filmvorführung oder den mündlichen Märchenvortrag ermittelt. Mag man auch solche Versuche kritisieren, wie sie im großen Stil 1967 von Margarethe Keilhacker mit verschiedenen Darbietungsformen des Märchenfilms durchgeführt wurden,[16] so ist das Problem der Phantasietätigkeit jedenfalls weitaus differenzierter zu betrachten.

Top 2: Sind Märchensymbole filmisch darstellbar?

Der nächste Vorwurf lautet, dass der Film ungeeignet sei, die Bildsprache des mündlich erzählten Märchens umzusetzen. Hierbei geht es um das Grundsatzproblem der Transformierbarkeit von Wort- in Bildersprache. Zunächst ist zwischen Bildsprache und Bildersprache zu differenzieren. Mit 'Bildsprache' sind 'innere Bilder' gemeint, die per Wortsprache evoziert werden. Hingegen bezieht sich der Terminus 'Bildersprache' auf das Textsystem äußerlich sichtbarer Bilder. 'Innere Bilder' sind ein symbolisches Hilfsmittel der Sprache, das sich dem Denken in Begriffen zur Seite stellt. Sie fungieren als eigenes, d. h. symbolhaftes Zeichensystem. Warum sollte das äußere, ikonische Bild nicht ebenfalls als symbolisches Zeichensystem dienen, wo es doch umgekehrt niemals jene begriffliche Klarheit und Präzision der Wortsprache erreichen kann, wie es das Denken in Begriffen mit sich bringt? Freilich können auch äußere Bilder symbolisch kodiert sein!

Die bildende Kunst führt uns die Verdichtung von Wirklichkeit täglich vor Augen. So werden durch das Prinzip der Stilisierung Zwischentöne der Alltagswelt eliminiert, wobei die Entscheidung gegen das Detail ein Bekenntnis für das Wesentliche mit sich bringt. Weil das Filmbild bewegt und überdies im Tonfilm mit Wortsprache und Geräuschen unterlegt ist, mag man einwenden, dass es zum Abbildungsrealismus tendiert; schließlich ist ein sichtbarer Bewegungsablauf weitaus konkreter als ein stehbildhafter Ausschnitt daraus, wie er z. B. in einer Buchillustration konkretisiert werden kann. Andererseits deuten auch Kameraeinstellung[17] und Schnitt (Montage) den Bewegungsablauf nur an. Hinzu kommt, dass das Laufbild nur als Schlüsselcode fungiert. Erst wenn man die drei weiteren Ausdrucksebenen des Films, Wortsprache, Geräusche und Musik, hinzunimmt, ist der Film beschrieben. Alle vier Ausdrucksebenen können miteinander oder gegeneinander kommunizieren, stehen also in einem komplizierten Wechselverhältnis. Bezieht man erst die Ereignisse vor der Kamera, die 'im Set' arrangierten Personen, Kostüme, Requisiten und Hintergründe mit ein, werden allen künstlerischen, 'vorfilmischen' Traditionen Tür und Tor geöffnet. Im Ergebnis verfügt der Film als Gesamtkunstwerk über ein sehr reichhaltiges und vielschichtiges Sprachsystem. Nur fallen die Möglichkeiten filmischer Kunst im Medienalltag unter den Tisch. Über die Auffassung der Märchensymbole herrscht einige Unklarheit. Man sollte sich darüber einig sein, dass uns das Märchen auf symbolischem Wege Hintersinniges vermittelt, das auf das wirkliche Leben gemünzt ist. Dazu meint der bekannte Erzählforscher Lutz Röhrich: „Im allgemeinen ist ja auch nur das ein oder andere Märchenmotiv, nicht aber das Märchenthema als solches wunderbar-übernatürlicher Art."[18]

Die Themen des Märchens sind realistisch, seine Konflikte dem Leben entnommen. Die Reise des Märchenhelden lässt sich als symbolische Widerspiegelung des menschlichen Lebenslaufs mit seinen zu überwindenden Krisen auffassen. Nur die Konfliktlösung erfolgt im Märchen auf wunderbare Weise. Dabei möchte der Adressat der Erzählung zwar gerne das Wunder glauben, kann es aber nicht, denn das Märchen ist als fabula incredibilis, als nicht geglaubte Geschichte, konzipiert. Darin liegt die Ehrlichkeit des Märchens: Es macht uns kein X für ein U, wie der „blaue Tagtraum", zu dem „... alle Wachträume aus Magazingeschichten mit unmöglichen Glücksfällen armer Teufel (und) verlogenem Happy-End (gehören)".[19]

Auf dem Gebiet der Märchendeutung wurde jedoch vieles überinterpretiert; nicht nur einzelne Motive, sondern gleich der gesamte Motiv- und Requisitenbestand eines Märchens wurde mit symbolischem Gehalt überfrachtet. Für den Volkskundler, der das Märchen im kulturhistorischen Kontext betrachtet, ist da manches nicht nachvollziehbar. Kurzum: Märchen sind zwar symbolisch aufzufassen, aber nicht alles, was uns das Märchen mitteilt, ist symbolisch gemeint.

Top 3: Zur Bandbreite filmischer Präsentationsformen

Je größer die Stilisierungstendenz einer filmischen Präsentationsform ist, um so eher ist man geneigt, die Bearbeitung anzuerkennen. Die meisten Bedenken werden daher dem maximal konkretisierenden Realfilm entgegengebracht. Am anderen Ende der Skala wird unumschränkt der Silhouettenfilm akzeptiert, der als schwarz-weiße Umrisskunst eine maximale Stilisierung der Form betreibt. Entsprechend wird das Schattentheater im Formenkanon der Märchenbühne eingestuft. Weil der Silhouettenfilm die Kunst reiner Formwelten ausübe, hat Béla Balázs in ihm den „wirklich absoluten Film" gesehen;[20] darunter versteht er Realisierungen, die quasi unabhängig von jeder literarischen Fabel existieren, weil durch die Verselbständigung des Formhaften das Inhaltliche zum Nebensächlichen werde. Das Märchen stellt jedoch mehr als ein Spiel mit ästhetischen Formen dar.

Ähnliche Überlegungen werden auf den Puppentrickfilm bzw. auf das Puppenspiel übertragen. Auch der Puppe ist das Prinzip der Stilisierung und Typisierung immanent. Dabei wird gerne auf das Marionettenspiel verwiesen, das durch Heinrich von Kleist in seiner Schrift *Über das Marionettentheater* (1810) in romantischer Überhöhung dem Menschentheater sogar als überlegen dargestellt wurde.[21] Die Verbindung von Puppenspiel bzw. Puppentrickfilm und Märchen wurde im ersten Jahrzehnt des Fernsehens als Inbegriff kindlichen Bildungsgutes betrachtet.

Begreift sich der Erzähler der traditionellen Erzählgemeinschaft eher als kompetent denn als kreativ, so verhält es sich beim Buch- und Filmautor umgekehrt, der diese Rolle auch als Bearbeiter beibehält. Literarische und filmische Adaption offerieren daher stets die individuelle Sicht auf ein Märchen. Jeder Märchenfilm stellt insofern eine 'Interpretation' der Vorlage dar. Überdeutlich wird im abendfüllenden Realfilm dem Zuschauer die Sichtweise des Autors und Regisseurs (incl. seiner filmschaffenden Kollegen) unterbreitet, die z. B. in Form ausfabulierter Nebenhandlungen einfließt.

Top 4: Weshalb man die Merkmale des Märchens nicht unmittelbar an der filmischen Bearbeitung abfragen sollte

Besonders Märchenerzähler möchten in der filmischen Bearbeitung das 'wortsprachlich' erzählte Märchen möglichst weitgehend wiedererkennen. Was fehlt, wird als Verlust beklagt. Als Messlatte des Films gelten die gattungspoetologischen Kriterien des Volksmärchens, wie sie am umfassendsten der Schweizer Literaturwissenschaftler Max Lüthi präzisiert hat.[22] Lüthi spricht vom abstrakten Stil des Märchens, einem etwas unglücklichen, dem Kunsthistoriker Wilhelm Worringer entlehnten Begriff;[23] unglücklich deshalb, weil die Bilder des Märchens sehr anschaulich sind. Abstrakter Stil meint bei Lüthi eine bestimmte Erzähltechnik, nämlich die Erzähltechnik der knappen Benennung.

Gattungskriterien, die am wortsprachlichen Textsystem gewonnen wurden, können nicht vorschnell dem filmischen Textsystem aufoktroyiert werden. Denn dieses verfügt über vollkommen andersartige Ausdrucksmaterien. Die Ausdrucksmaterie der Wortsprache ist die Lautung. Die Schrift fungiert nur als sekundäres (konservierendes) Zeichensystem. Das filmische Zeichensystem besteht hingegen aus den vier Ausdrucksmaterien: Bild, Wortsprache, Geräusch und Musik, wobei das Bild den

Film als Film definiert. Betrachtet man die wortsprachliche Ebene des Filmes, so wird hier die Lautung wieder tönend gemacht, das abstrakte Zeichensystem der Schrift wird entbehrlich. Wortsprache wird also im Film wieder vermündlicht.

Die Stilisierungen des Silhouetten- und Puppentrickfilmmärchens stellen genau betrachtet nur Analogien zur Erzähltechnik der knappen Benennung dar. Der Film erzählt hier ähnlich knapp wie der mündliche Erzähler. Die weitergehenden Möglichkeiten des Films bleiben jedoch unausgeschöpft. Die Kehrseite des Silhouettenfilms liegt nämlich in der Begrenztheit seiner Darstellungsmittel. Ähnliches gilt für das Medium der Puppe und die von ihr abgeleiteten Animationsformen. Extreme Stilisierung stößt bei Kindern auf Grenzen. Hierfür sind eher Erwachsene empfänglich, wie für die Puppentrickfilme eines Jírí Trnka, die überdies ohne Wortsprache ihrer Handlungsträger auskommen.

Top 5: Ein sprachwissenschaftliches Übersetzungsmodell als Denkhilfe

Um den Verfilmungsprozess des Märchens näher zu beschreiben, müssen zwei wesentliche Fragen geklärt werden: a) Welche Merkmale des Märchens sind so wesentlich, dass sie quasi medienübergreifend angenommen werden können? b) Welche Merkmale des Märchens sind (auch) medienbedingt, entspringen also den Zwängen des Mediums, in welchem es konkretisiert wird?

Man mag dabei durchaus zu dem Ergebnis gelangen, dass das wortsprachliche Textsystem derart eng mit dem Märchen verwoben ist, dass sich die Transformation in andere Ausdrucksmaterien versagt. Ich sehe das nicht so, allein schon deshalb, weil die Gattung eine elementare Geisteshaltung, das sog. Märchendenken, repräsentiert. Genres fungieren als 'Einladung zur Form', mit denen Themen einem spezifischen Gebrauch unterworfen werden. Dabei sind die Gattungen nicht autonom, sondern verhalten sich arbeitsteilig zueinander.[24] Das Märchen übernimmt dabei eine spezifische Grundfunktion, die Sage eine andere, der Schwank wieder eine andere. Märchen, Sage und Schwank richten daher ein und dasselbe Thema verschieden aus: das Märchen optimistisch, die Sage pessimistisch, der Schwank humorvoll. Ebenso arbeitsteilig verhalten sich Filmgenres zueinander, und auch hier hat das 'Märchendenken' längst seinen festen, arbeitsteiligen Platz eingenommen.

Wesensmerkmale des Märchens, die medienunabhängig existieren, können wir uns auf einer Tiefenstruktur vorstellen, in der stoffliche und strukturelle Merkmale, Bedeutung und Sinngebung der Geschichte verankert sind. Die Ausdrucksmaterie des Mediums, in dem erzählt wird, ist in diesem Modell an der Oberfläche angesiedelt, wo auch unsere Wahrnehmung ansetzt. Wird von einem Medium in ein anderes transformiert, sollte sich die Bedeutung der Botschaft möglichst vollständig in die Tiefenstruktur einschreiben, zu der dann die eigene Interpretation hinzukommt. Hingegen ist die Oberflächenstruktur von Ausgangs- und Zielmedium verschieden.

Das Modell von Oberflächen- und Tiefenstruktur, deren Verhältnis zueinander durch Transformationsregeln bestimmt wird, stammt aus der Sprachwissenschaft und hat eine lange Tradition; erweitert wurde es in den 70er Jahren durch Noam Chomskys generative Transformationsgrammatik, die wiederum mehrfach revidiert wurde. Die Linguistin Irmela Schneider hat diese Modellansätze auf die Belange der Literaturverfilmung zugeschnitten.[25] Ich habe Schneiders Ansatz auf den Märchenfilm vereinfachend angewandt. Beide Textsysteme, das wortsprachliche und das filmische, wollen eine gemeinsame Geschichte erzählen. Welche seiner Merkmale müssen sich im Transformationsprozess in die Tiefenstruktur einschreiben, und welche sind medienbedingt, variieren also im Sinne eines Oberflächenphänomens?

Top 6: Stofflicher Mangel?

Die stoffliche Ebene gehört in die Tiefenstruktur; Handlungs- und Personengerüst werden übernommen. Bei stofflichen Erweiterungen ist zu fragen, ob sie dramaturgisch oder interpretatorisch bedingt sind. Didaktisierungen, Moralisierungen, Ideologisierungen haben zumeist nichts mit dem Prozess filmischer Transformation zu tun, sie finden sich ebenso in der literarischen Bearbeitung. Trivialisierungen ereignen sich daher häufig im Vorfeld filmischer Umsetzung.

Entschuldigt werden solche Eingriffe vielfach mit dem stofflichen Mangel des Märchens. Es sei zu kurz und müsse daher im Film ausfabuliert werden. Genau betrachtet verfügt das mündliche Märchen zwar über eine kurze Erzählzeit; sein Handlungsrahmen ist aber groß, da es als mehrepisodische Reiseerzählung angelegt ist. Dies gilt vielleicht weniger für das verkürzte, einteilige Kindermärchen, aber zumindest für die zweiteilige Vollform. Die knappe Erzähltechnik des Märchens lässt Attribute und Motivierungen unerwähnt, doch ist der Verdichtungsgrad entsprechend hoch: Es war einmal ein junger Prinz; wie er aussah, wie er sich bewegte, welche Kleidung er trug, in welchen Bindungen er lebte usw., bleibt unerwähnt.

Dramaturgen und Regisseure haben daher beim Märchenfilm alle Hände voll zu tun. Doch auch Schriftsteller, wie Wilhelm Hauff und Hans Christian Andersen, die einen Teil ihrer Märchen der mündlichen Erzähltradition entnommen haben, müssen die Dinge beim Namen nennen. So lesen sich Hauffs Ausdifferenzierungen mitunter wie filmische Regieanweisungen. Schilderungssüchtig ist auch das orientalische Märchen, wie die arabische Sammlung *Tausendundeinenacht*.

Ist das Handlungspersonal des Märchens attributiv kaum gekennzeichnet, so macht besonders der geringe Handlungsumfang des Helden, dem Helfer zur Seite stehen, zu schaffen. Hingegen ist die Rolle des Gegenspielers weitaus aktiver gestaltet. Nicht selten wird der Filmheld daher in zusätzliche Prüfungssituationen hineingestellt. Die Protagonisten des Märchens sind jedoch keine Tugendhelden. Häufig gelangen die tugendhaften älteren Brüder nicht zum Ziel, während der Ofenhocker sein Glück macht; der Jüngste im Märchen steht für das noch Unentwickelte, das Kindlich-Unschuldige, das noch nichts Böses im Schilde führt. Der Literaturwissenschaftler André Jolles umschreibt die hinter dem Märchen stehende Geisteshaltung mit „naiver Moral".[26] Naiv ist ihm die Märchenmoral, weil sie einfach Tragik in Glück verwandelt. Übrigens wird das glückliche Märchenende im Film häufig sentimentalisiert, indem es mit zu starker emotionaler Nähe dargestellt wird; fehlende erzählerische Distanz ist ein typisches Kennzeichen des Trivialen.

Ich bin der Auffassung, dass die „naive Moral" ein Basismerkmal darstellt, das sich in die Bearbeitung einschreiben muss. Dem steht m. E. nicht entgegen, dass die isolierten Märchenfiguren zu Typen oder im Realfilm (noch weiter gehend) zu Charakteren ausdifferenziert werden; jedenfalls entfernen sich Moralisierungen und Didaktisierungen von der Sinnstruktur des Märchens. Für die Bearbeitung zum Buch- oder Filmmärchen ist weiterhin die Einfügung von Nebenfiguren typisch, die in der mündlichen Tradition einen Fremdkörper bilden.[27] Die Funktion der Nebenfiguren ist vielfältig, vor allem dramaturgisch bedingt. Nebenfiguren fungieren z. B. als Dialogpartner des auf Suchwanderung einsamen Helden. Die Diskussion um den Märchenfilm übersieht zumeist, dass eine grundlegende, dramaturgische Möglichkeit darin besteht, ganze Sequenzen per Dialog aufzulösen. Dabei erspart das wortsprachliche Erzählen im Film die Inszenierung heikler bzw. ökonomisch oder technisch schwer realisierbarer Handlungsteile. Nebenfiguren können z. B. den Helden trösten, in den Ruhephasen des Filmes erzeugen sie Komik usw. Bei Walt Disney hat sich die Einfügung von Tieren als Nebenfiguren weitgehend verselbständigt.

Top 7: Zur medialen Bedingtheit des Erzählstils

Der knappe Erzählstil des Märchens ist zumindest auch Folge mündlicher Überlieferung. Die 1928 von Milman Parry vorgestellte und später von Albert Bates Lord weiterentwickelte „Formeltheorie" geht davon aus, dass die Kompetenz des mündlichen Erzählers auf vorgefertigten Bauelementen, sog. Formeln, beruhe.[28] In der schriftlichen Bearbeitung werden sie daher überflüssig. Ein Beispiel: Die Dreizahl im Märchen vermag man zwar symbolisch aufzufassen, sie fungiert jedoch auch als Wiederholungstechnik. Formelhafte Wiederholungen haben in der mündlichen Tradierung Speicherfunktion. In der Performanz dienen sie der Behaltensleistung und ermöglichen dem Zuhörer, besseren Anschluss an die Geschichte zu finden. Das mentale Bild kann dabei jedesmal anders vorgestellt werden. Im Buch und erst recht im Film wäre der Leser hingegen gelangweilt, würde ihm dreimal hintereinander dasselbe erzählt. Darüber hinaus fungieren Wiederholungen als eine naive Form künstlerischer Darstellung: um etwas hervorzuheben, wird es per Wiederholung quantifiziert, anstatt es qualitativ zu variieren. Die sprachliche Kompetenz des Buchautors und Filmemachers ist also andersartig als die des mündlichen Erzählers strukturiert. Ältere Märchenfilme sind häufiger schematisch-vorlagengetreu bearbeitet, so dass z. B. die einsträngig-mehrgliedrige, episodische Erzählweise der Vorlage beibehalten wird. Später wird filmischer erzählt, indem die Episoden zusammengezogen oder variiert werden. Schon die Silhouettenfilmkünstlerin Lotte Reiniger hat in *Cinderella* (England 1954) den Ballbesuch auf eine einzige Episode reduziert. Im tschechisch-ostdeutschen Realfilmklassiker *Drei Nüsse für Aschenbrödel* (1973) wünscht sich die Heldin mit der ersten Haselnuss ein Jagdkleid, in dem sie ausreitet und dem Prinzen zum ersten Mal begegnet. Mit der zweiten Zaubernuss wird das Ballkleid und mit der dritten das Hochzeitskleid herbeigezaubert.

Im Gegenzug wird das Märchengeschehen nicht mehr einsträngig, sondern mehrsträngig erzählt. Neben- oder Parallelhandlungen entwickeln sich dabei aus den Leerstellen der Vorlage, den sog. stumpfen Motiven.[29] Prototypisch taucht der Prinz in den Märchen mit passiven Heldinnen, wie Dornröschen oder Schneewittchen, schon in der Exposition auf. Er wird zum Träger einer durchgehenden Parallelhandlung, mit der die Liebesfabel thematisiert wird. Mehrsträngiges Erzählen, auch Vor- und Rückblenden sind in der mündlichen Folklore unüblich.

Neben der Dreizahl bilden Eingangs- und Schlussformeln ein markantes stilistisches Merkmal des Märchens. Die Funktion der Eingangsformel liegt in der Alltagsentrückung des Hörers, mit der Schlussformel wird er zurückgeholt. Zugleich wird die Erzählung als nicht geglaubte Geschichte ausgewiesen, was besonders deutlich mit Hilfe sog. Nonsens-Formeln geschieht. Solche Nonsens-Formeln findet man noch in älteren Märchenfilmen. So verabschiedet sich der (sichtbare) Erzähler in dem Realfilm *Tischlein deck' dich* (Schonger-Filmproduktion, BRD 1956) leicht veralbernd: „Wer ein Tischlein deck' dich, einen Goldesel und einen Knüppel aus dem Sack haben möchte, der soll zu mir in mein Waldhaus kommen. Es ist einfach zu finden: Es liegt dreizehn Meilen nach Weihnachten und siebzehn Meilen vor Ostern. Und der Weg dahin führt erst links, dann rechts, dann müßt Ihr dreimal im Kreise gehen, dann umgekehrt. Auf Wiedersehen."

Eingangs- und Schlussformeln können freilich nicht per Bild umgesetzt werden. Zunächst verfügt das Medium über eigene Formen der Kontaktbildung; hierzu gehören: Programmankündigung, Moderation, Vorspann und ggf. eine besondere Rahmenhandlungstechnik. Nicht selten wird die Formel „Es war einmal ..." schon in der Anmoderation gebraucht. Im Animationsfilm ist der Eingang per Märchenbuch beliebt; schon Disney und Jiří Trnka haben diese Technik benutzt. In *SimsalaGrimm* dient das animierte Märchenbuch als fliegender Buchstabenteppich, der die Rahmenhandlungsfiguren in das Märchenland bringt. Bemerkenswert ist, dass damit an das Schriftmedium, also nicht unmittelbar an den mündlichen Erzähler, angeknüpft wird. Im Umgang mit dem visualisierten Erzähler zeigen sich hingegen elegante filmische Lösungsversuche, wie in dem bulgarisch-tschechischen Realfilm *Die Braut mit den schönsten Augen* (1975): Der Märchenheld nimmt eingangs einen alten Mann auf einem Fuhrwerk mit in das Dorf, der ihm von Orina, der schönsten Frau der Welt, erzählt. Plötzlich ist der Alte verschwunden. Später taucht er als Helfer und Vater der Braut wieder auf. Im tschechischen Realfilm *Das Märchen von der Johannisnacht* (1981) sind Erzähler und Märchenheld identisch usw.

In der TV-Serie *Jim Hensons beste Geschichten* (1987) erzählt ein alter Mann seinem Hund, einer ferngesteuerten, sehr echt wirkenden Puppe, das in der jeweiligen

Folge umgesetzte Märchen. Die Übergänge der beiden Rahmenhandlungsfiguren in die Binnenhandlung, wo sie als Nebenfiguren agieren, ereignen sich durch artistische Wechsel, z. B. mit Hilfe der Schattentechnik. Oder es werden Rahmenhandlungsort und Märchenschauplatz über Versatzstücke der Architektur und des Interieurs surrealistisch miteinander verwoben. Die sehr teure Fernsehproduktion zeigt zugleich, dass mit Märchen auch filmische Experimente angegangen wurden.

Top 8: Zum Aspekt historischer Konkretisierung

Weiterhin taucht in der Diskussion um das Genre regelmäßig das Merkmal der Raum- und Zeitlosigkeit des Märchens auf. Aufgrund seines fotografischen Abbildungscharakters ist besonders der Realfilm gezwungen, räumlich und zeitlich Farbe zu bekennen. Häufig ist das Milieu nur diffus mittelalterlich. Doch kann es auch historisch konkretisiert werden, wie dies in einigen DEFA-Filmen versucht wurde. In *Jorinde und Joringel* (1986) wird die Handlung in den 30-jährigen Krieg verlegt. Die Märchenfiguren haben den Krieg bislang auf einer Insel inmitten einer Moorlandschaft überlebt. Natur bietet sich zeitlos dar, weshalb viele Märchenrealfilme über weite Strecken Reisen durch die Natur darstellen; man führe sich viele tschechische Realfilme oder die europäische Koproduktionsreihe *(große Märchen-Filmreihe)* des ZDF vor Augen. In *Jorinde und Joringel* wird die Haupthandlung bis auf die Exposition und den Filmschluss vorlagengetreu umgesetzt, während die kriegerische Historie per Nebenfiguren konkretisiert wird, und zwar durch marodierende Soldaten, die sich durch das Moor bewegen und so zum Handlungsort des Märchens gelangen. Während Joringel abwesend ist, fesseln die Söldner die Eltern und wollen Jorinde vergewaltigen. Da wird Joringel von der Zauberin gewarnt, eilt nach Hause und tötet die Söldner. In diesem Moment läuten die Glocken das Ende des langen Krieges ein. Das Märchenglück besteht also zugleich in der Rückgewinnung des Friedens. Zu beachten ist, dass der Konkretisierungsgrad auch in derselben filmischen Grundform nicht unbeträchtlich schwankt. So gibt es Realfilme als Ausstattungsfilme ebenso wie als sparsam erzählte Produktionen. Der Ausstattungsaufwand verrät nicht zuletzt die Absicht der Filmproduzenten: Wer z. B. überwiegend vor prächtiger Schlosskulisse inszeniert, wird das Thema von Armut und Reichtum wohl eher nicht sozialkritisch anpacken.

Die Raum- und Zeitlosigkeit der Vorlage ist zwar ein elementares Merkmal des mündlich tradierten Volksmärchens, als medienübergreifendes Basismerkmal m. E. jedoch zweifelhaft. Historische Konkretisierungen mögen unser Märchenbild stören; erst recht dann, wenn die mit der Logik des Märchens erzählte Geschichte in der Gegenwart spielt. Kinderliteratur und Kinderfilm liefern unzählige Beispiele dafür, dass auch Alltagsstoffe per 'Märchendenken' erzählerisch aufbereitet werden können. Leider sind solche Beispiele noch immer ungenügend erforscht. Andererseits lässt sich das traditionelle Volksmärchen per Einzelmotiv schwerlich modernisieren. So stört es etwa, wenn die sieben Zwerge in Schneewittchen motorisiert sind.

Der Volkskundler umschreibt dieses Phänomen mit dem Begriff der „Requisiterstarrung", da sich hier die Requisiten im Tradierungsprozess „sperren", also nicht verschieben lassen.[30]

Top 9: Wortsprachlich und filmisch erzählte Grausamkeit

Kaum je durchdacht sind jene Argumente, die im Hinblick auf die Grausamkeit der Vorlage angeführt werden. Grausamkeit hat zunächst eine erzähltechnisch-epische Funktion;[31] ohne Dramatik kommt die Erzählung nicht in Gang. Je grausamer der Konflikt, desto größer ist die dramatische Valenz. So gehören jene Märchen, die auf dem Prinzip unschuldiger Verfolgung beruhen, zu den beliebtesten. Auf die strukturelle und psychologische Bedeutung der Grausamkeit, die daher nicht einfach zu tilgen ist, hat Walter Scherf hingewiesen.[32]

Überdies verfügt der Film über verschiedene Möglichkeiten der Darstellung. Zunächst kann Grausames erzählend per Dialog angedeutet werden. Grausames kann nur akustisch aus dem Off ertönen, was jedoch grausamer als die visualisierte Szene empfunden werden kann. Ereignet sich eine grausame Handlung vor der Kamera, kann sie im Hintergrund verunschärft oder im Vordergrund verdeckt werden. Der grausame Höhepunkt kann herausgeschnitten werden, die Szene verfremdet werden etc. So werden in Karin Brandauers *Aschenputtel* (BRD 1989) die Füße der Stiefschwestern zwar nach der Grimm-Fassung vorlagengetreu verstümmelt. In dem Realfilm wird jedoch nur das hochgehaltene Messer gezeigt, in der anschließenden Einstellung ist der im Schuh steckende Fuß zu sehen, auf dessen weißem Strumpf sich ein roter Fleck rund und stilisiert abhebt; eine Blutlache, wie sie dem TV-Standard entsprechen würde, fehlt. Der Zuschauer vermag einen solchen Fleck zeichenhaft aufzufassen, zumal ihm der Inhalt des Märchens bekannt ist.

Schließlich können Filmemacher ihre Märchenstoffe aus einem großen Fundus auswählen. Nicht jedes überlieferte Märchen eignet sich für das filmische Medium, die intendierte Präsentationsform, die anvisierte Zielgruppe etc. Von einem gewissen Auswahlprinzip haben selbst die Brüder Grimm bei ihren *Kinder- und Hausmärchen* Gebrauch gemacht.

Top 10: Märchenwunder und filmische Phantastik

Abschließend möchte ich das Wunderbare im Märchenfilm behandeln, das m. E. das wichtigste Basismerkmal darstellt. Das Märchenwunder ist nur ein 'Abdruck' des Ausgangskonfliktes, dessen Tragik es in Glück verwandelt. Daraus folgt seine besondere Mechanik: Das Wunderbare des Märchens schockt nicht wie das Phantastische, das die Wirklichkeit verunsichern will. Vielmehr ereignet sich das Märchenwunder „selbstverständlich",[33] weil es die Erwartungshaltung des Rezipienten auf einen glücklichen Ausgang garantiert.

Nimmt man das realistische Thema des Märchens und das 'nicht geglaubte' Wunderbare zusammen, so lässt sich das Zaubermärchen nur als ehrlich bezeichnen. In trivialen Erzählungen, wie sie Heft- und Fernsehserien bieten, bleiben zwar die Realgesetze intakt, doch werden die Schwierigkeiten nur scheinbar realistisch gelöst. Denn dass Ärzte wie Märchenhelfer agieren oder als Prinzen ihre Krankenschwestern heiraten, ist zwar glaubhaft erzählt, bleibt aber Illusion. Das Wunderbare im Märchenfilm muss daher ebenfalls 'selbstverständlich' behandelt werden. Gängige Praxis ist jedoch seine eigenwertige Ausfabulierung in mehrere Richtungen.

Beliebt ist im Animationsfilm die komisierende Tendenz: So veranstalten die drei Feen in Disneys *Sleeping Beauty* (1959) in ihrem Übereifer eine Art Zauberwettkampf, um dem Prinzen hilfreich zur Seite zu stehen. In dem tschechischen Realfilm *Die Prinzessin mit der langen Nase* (1983), einer Variante des Fortunatus-Erzähltyps, wird das Bestrafungsmotiv zur Groteske ausfabuliert: Die Nase der Prinzessin wächst über die Grenze eines verschlafenen tschechischen Königreichs hinaus über die schneebedeckte Tatra, überquert bei Wien die Donau, wird in Salzburg mit einem Salzfässchen empfangen und bekommt schließlich in Preußen einen Orden verliehen.

Durch die komisierende Behandlung wird das Wunder erst recht nicht mehr geglaubt; es ist, ähnlich dem Märchenschwank, profanisiert. Ganz anders verhält es sich mit der mythisierenden Tendenz: Im *Treuen Johannes* (1988), einer realfilmischen Adaption des Grimm'schen Märchens KHM 6, wird das Wunderbare so glaubhaft inszeniert, dass es zur Phantastik mutiert. In der tschechisch-bundesdeutschen Koproduktion wird der hinter der *Jungfrau vom goldenen Dache* stehende Herrscher des Goldes in ein geheimnisvoll-phantastisches, in sich jedoch logisches System eingebettet. Die Prophezeiungen entnimmt der tiersprachenkundige Diener nicht den sprechenden Raben, sondern seherischen Kräften, die er abrufen kann, indem er eine magische Krone aufsetzt. Hier ist die Leichtigkeit des Märchenwunders verschwunden und wird stattdessen in eine dunkle, mystisch anmutende Phantastik gehüllt. Obwohl der zugrunde liegende Erzähltyp im Film eindeutig wiedererkannt wird, haben doch wesentliche strukturelle Veränderungen stattgefunden.

In Disneys *Sleeping Beauty* wird die 13. Fee zum magischen Gegenspieler ausfabuliert. Sie verwandelt sich am Ende in einen Drachen, um sich dem Prinzen im Kampfe entgegenzustellen. Märchentypisch ist doch gerade, dass sich die Dornenhecke von selbst auftut; der Prinz hat eben das Glück, zur richtigen Zeit am richtigen Ort zu sein, während frühere Königssöhne in der Hecke umgekommen sind. Eines heldischen Kampfes, um die schlafende Schöne zu erwecken, bedarf es jedenfalls nicht.

Man kann an beiden Filmen diskutieren, ob die Grenze zum Fantasygenre bereits überschritten ist, zumal das Basismerkmal des 'selbstverständlichen' Wunders fehlt. Das Sujet des Drachentöters wird im Mythos, in der Sage bzw. Legende und im Märchen auf je spezifische Weise ausgerichtet. Der Drachentöter ist also ein (transitorischer) Erzähltyp, der die Gattungen durchwandert. In das Ergebnis Märchenfilm muss sich daher mehr als der bloße Motivbestand der Vorlage einschreiben.

Anmerkungen

[1] Reichwein, Adolf: Märchen und Film. Ein Beitrag zum Thema „Wort und Bild". In: Film und Bild in Wissenschaft, Erziehung und Volksbildung 2,4 (1936), S. 114–118, hier S. 117. Siehe hierzu Amlung, Ullrich: Adolf Reichweins Beitrag zu: Märchen in den Medien. In: Erzählen – Sammeln – Deuten. Den Grimms zum Zweihundertsten. Marburg 1985 (Hessische Blätter für Volks- und Kulturforschung; 18), S. 103–110.

[2] Z. B. Bruns, Brigitte: Märchen in den Medien. Bestandsaufnahme – Kritik – Alternativen. In: Zeitschrift für Pädagogik 26,3 (1980), S. 331–352, hier S. 331.

[3] Brandt, Gabi; Ried, Elke (Hg.): Vom Zauberwald zur Traumfabrik. Dokumentation der Fachtagung des „Kinder- und Jugendfilmzentrums in der Bundesrepublik Deutschland" zum Thema „Märchen und Film" vom 1.–5.12.1986 (= Sonderdruck der Kinder- und Jugendfilmkorrespondenz).

[4] Höfig, Willi: Film. In: Enzyklopädie des Märchens. Handwörterbuch zur historischen und vergleichenden Erzählforschung. Bd. 4. Hrsg. v. Rolf W. Brednich u. a. Berlin 1984, Sp. 1111–1132.

[5] Wolf, Steffen: Kinderfilm in Europa. München-Pullach / Berlin 1969; Häntzsche, Hellmuth: ... und ich grüße die Schwalben. Der Kinderfilm in europäischen sozialistischen Ländern. Berlin (Ost) 1985; etc.

[6] Siehe z. B. Rebehn, Lars/Schmitt, Christoph: Kasper, Kermit, Kalle Wirsch. Zur Entwicklung des Puppenspiels im Fernsehen. In: Erlinger, Hans Dieter u. a. (Hrsg.): Handbuch des Kinderfernsehens. Konstanz 1995, S. 297–314.

[7] Rau, Petra: Märchen. In: Kübler, Hans-Dieter u. a. (Hrsg.): Kinderfernsehsendungen in der Bundesrepublik und der DDR. Eine vergleichende Analyse. Tübingen 1981, S. 157–169; Schmitt, Christoph: ... so leben sie noch heute: Märchenadaptionen in Film und Fernsehen. In: Geschichte des Fernsehens in der Bundesrepublik Deutschland. Bd. 4: Unterhaltung, Werbung und Zielgruppenprogramme. Hrsg. v. Hans Dieter Erlinger u. Hans-Friedrich Foltin. München 1994, S. 405–437.

[8] Z. B. Jerrendorf, Marion: Grimms Märchen in Medien. Aspekte verschiedener Erscheinungsformen in Hörfunk, Fernsehen und Theater. Diss. Univ. Tübingen [masch.] 1985.

[9] Siehe z. B. Helmsorig, Eva: Märchenfilm im Fernsehen. Geschichte, Theorie, Programme und exemplarischer Vergleich. Magisterarbeit Univ. Münster [masch.] 1990.

[10] Keilhacker, Margarethe u. a.: Filmische Darstellungsformen im Erleben des Kindes. Untersuchungen über psycho-physische Begleiterscheinungen und Auswirkungen des Filmerlebens. München / Basel 1967.

[11] Berger, Eberhard/Giera, Joachim: 77 Märchenfilme. Ein Filmführer für jung und alt. Berlin 1990.

[12] Schmitt, Christoph: Adaptionen klassischer Märchen im Kinder- und Familienprogramm. Eine volkskundlich-filmwissenschaftliche Dokumentation und genrespezifische Analyse der in den achtziger Jahren von den westdeutschen Fernsehanstalten gesendeten Märchenadaptionen mit einer Statistik aller Ausstrahlungen seit 1954. Frankfurt a. M. 1993 (Studien zur Kinder- und Jugendmedienforschung; 12) [Diss. Univ. Marburg 1992].

[13] Mit Erzähltyp ist ein narratives Grundschema gemeint, dem sich das betreffende Märchen als eine Variante zuordnen lässt. Der Vorrat an Erzähltypen ist im Gegensatz zu den (die Schemata konkretisierenden) Varianten begrenzt.

[14] Aus Reihen und Serien wurde eine Auswahl getroffen.

[15] Piaget, Jean/Inhelder, Bärbel: Die Psychologie des Kindes. Olten / Freiburg (Breisgau) 1972, S. 76.

[16] Keilhacker (wie Anm. 11).

[17] Parameter: Einstellungsgröße (Detail – Groß – Nah – Halbnah – Halbtotal – Total – Weit), Einstellungsperspektive (Frosch- und Vogelperspektive etc.) und Achsenverhältnis der Kamera zum abgebildeten Objekt.

[18] Röhrich, Lutz: Märchen und Wirklichkeit. 4. Aufl. Wiesbaden 1979, S. 233.
[19] Bloch, Ernst: Tübinger Einleitung in die Philosophie. Bd. 1. Frankfurt a. M. 1963, S. 125.
[20] Balázs, Béla: Der Geist des Films. Halle 1930, S. 123.
[21] Z. B. Knoch, Hilde: Märchen und Medien. In: Märchenspiegel 1/2000, S. 8–10, hier S. 8 (in diesem Band S. 61).
[22] Lüthi, Max: Das europäische Volksmärchen. Form und Wesen (1947). 7. Aufl. München 1981.
[23] Lüthi, Max: Abstraktheit. In: Enzyklopädie des Märchens. Bd. 1. Hrsg. v. Kurt Ranke u. a. Berlin / New York 1977, Sp. 34–36, hier Sp. 34.
[24] Siehe hierzu Honko, Lauri: Gattungsprobleme. In: Enzyklopädie des Märchens. Bd. 5. Hrsg. v. Rolf W. Brednich u. a. Berlin / New York 1987, Sp. 744–769, hier Sp. 747.
[25] Schneider, Irmela: Der verwandelte Text. Wege zu einer Theorie der Literaturverfilmung. Tübingen 1981.
[26] Jolles, André: Einfache Formen. Legende, Sage, Mythe, Rätsel, Spruch, Kasus, Memorabile, Märchen, Witz (1930). 5. Aufl. Tübingen 1974, S. 240f.
[27] Siehe hierzu Schmitt, Christoph: Nebenfiguren. In: Enzyklopädie des Märchens. Bd. 9. Hrsg. v. Rolf W. Brednich u. a. Berlin / New York 1999, Sp. 1294–1299.
[28] Holbek, Bengt: Formelhaftigkeit, Formeltheorie. In: Enzyklopädie des Märchens (wie Anm. 4), Sp. 1416–1440.
[29] Lüthi (wie Anm. 23), S. 57.
[30] Bausinger, Hermann: „Historisierende" Tendenzen im deutschen Märchen seit der Romantik. Requisitverschiebung und Requisiterstarrung. In: Wirkendes Wort 10,5 (1960), S. 279–286.
[31] Röhrich, Lutz: Grausamkeit. In: Enzyklopädie des Märchens. Bd. 6. Hrsg. v. Rolf W. Brednich u. a. Berlin / New York 1988, Sp. 97–110, hier S. 101.
[32] Scherf, Walter: Die Herausforderung des Dämons. Form und Funktion grausiger Kindermärchen. München u. a. 1987.
[33] Vgl. Solms, Wilhelm / Oberfeld, Charlotte (Hrsg.): Das selbstverständliche Märchenwunder. Marburg 1986.

HORST HEIDTMANN

Medienadaptionen von Volksmärchen

Vorbemerkung

Der nachfolgende Beitrag soll einerseits Medienadaptionen von Märchen in einen größeren, übergreifenden Zusammenhang stellen. Dafür ist sowohl Material aus der historischen wie aus der aktuellen Kindermedienforschung zusammengetragen. Danach sollen aktuelle Entwicklungen untersucht und die Serie *SimsalaGrimm* innerhalb dieses Kontextes betrachtet werden.

Zunächst möchte ich mich mit historischen Aspekten befassen, um Dimensionen der Veränderung zu verdeutlichen. Das Zeitalter der neuen Medien, die Entwicklung und massenweise Nutzung von nichtliterarischen, von audiovisuellen Medien als Träger von Information und Narration beginnt etwa am Ende des 19. Jahrhunderts. Und da in allen neuen, für Kinder produzierten Medien der Stellenwert von Volksmärchen anfänglich – zumindest in der Relationierung – sehr hoch lag, möchte ich damit beginnen.

Überlegungen zum Stellenwert der Volksmärchen innerhalb der Kinder- und Jugendkultur an der Wende zum 20. Jahrhundert

Volksmärchen zählen zu den ältesten bekannten Formen von Literatur. In Deutschland verloren sie allerdings etwa zur Zeit der Aufklärung, bedingt durch die gewachsene naturwissenschaftliche und philosophische Bildung und nicht zuletzt durch die Konstituierung des bürgerlichen Romans als neuer Form der Erzählliteratur, ihre sinnstiftende, erklärende oder unterhaltende Funktion für die Erwachsenen. Märchen galten dem Bürgertum als 'Ammenmärchen', mit Wunderglauben und naiver Gut-Böse-Dichotomie den Verstandeskräften kleiner Kinder angemessen. Die Romantik brachte in Deutschland eine Neubewertung des Märchenhaften, Romantiker setzten das Wunderbare gegen den Rationalismus der Aufklärung. Sie interpretierten das Volksmärchen als ursprüngliche, naive Form des Erzählens, in der sich Vergangenheit und Weltsicht einer deutschen Nation ausdrückten.

Die erste umfassende Sammlung mündlich überlieferten Märchengutes legten 1812 die Göttinger Philologen Jacob und Wilhelm Grimm mit ihren *Kinder- und Hausmärchen* (KHM) vor (2. Bd. 1815/3. Bd. 1818). Beide Grimms hatten den Anspruch, als Autoren das von ihnen aus mündlicher Überlieferung zusammengetragene Material auch künstlerisch zu gestalten. Jacob Grimm distanzierte sich von einer „mathematischen Treue" zu den Vorlagen, sprach aber von der Treue zur Sache, also zur korrekten Wiedergabe des Inhaltes. Wilhelm Grimm ging sehr viel weiter in den

Bearbeitungen, er ergänzte Textfragmente oder verschmolz unterschiedliche Märchenvarianten zu einer neuen Form. Vor allem bemühte sich Wilhelm um den spezifischen Sprachstil, durch altertümliche Wendungen oder Worte, z. B. das wiederkehrende „Es war einmal".

Die klassischen Volksmärchensammlungen von den Grimms wie von Bechstein oder vorher schon Musäus sind – genau genommen – bereits Adaptionen, die individuelle dichterische Bearbeitung vorgefundener Stoffe durch zeitgenössische Autoren. Und da die Mehrheit der Zeitgenossen des 19. Jahrhunderts in den Volksmärchen vorrangig Texte sah, die für die geistige und moralische Entwicklung von Kindern besonders hilfreich wären, bearbeiteten die Brüder Grimm die KHM für die Folgeauflagen bis 1858 inhaltlich und ästhetisch immer weitergehender. Sie eliminierten sexuelle Anspielungen, sie milderten soziale Konflikte, propagierten bürgerliche Moralvorstellungen. Bechstein verzichtete in seinen Bearbeitungen sogar auf Märchen, in denen Stiefmütter auftraten.

Die *Kinder- und Hausmärchen* avancierten in Deutschland zum Prototyp der Kinderliteratur, an dem nicht nur andere Märchensammlungen, sondern die Literatur für Kinder überhaupt (u. a. 1906 in Hermann Kösters *Geschichte der deutschen Jugendliteratur*) gemessen wurden. Das Bild der Literatur für Kinder wurde so stark von Märchenbüchern dominiert, dass noch 1918 Charlotte Bühler für eine Phase der mittleren Kindheit den Begriff „Märchenalter" prägte.

Märchenstoffe im Film

Da um 1900 also Volksmärchen, mehr oder minder bearbeitet, als Prototyp kindgerechter Erzählliteratur galten, war es zwangsläufig, dass sich die neuen Medien aus diesem Stoffreservoir bedienten. Schon das deutsche Kindertheater versuchte seit seinen Anfängen Mitte des 19. Jahrhunderts „mit Märchenaufführungen die ganze bürgerliche Familie ins Theater zu holen. In visuell opulent und möglichst effektvoll in Szene gesetzten Ausstattungsstücken" nahm das Kindertheater „eine Befriedigung kindlicher Schaulust vorweg, wie sie wenige Jahrzehnte später der Märchenfilm mit seinen Mitteln verfeinert und massenwirksamer" anbieten konnte (vgl. Heidtmann 1992, S. 27f.).

In Deutschland begann der Film als Medium für Kinder ab 1910 mit der Inszenierung von traditionellen Märchen- und Sagenstoffen, u. a. *Dornröschen* (1917) oder *Der Rattenfänger von Hameln* (1918), beide von Paul Wegener. Neben Realfilmen entstanden erste Silhouetten- und Scherenschnittmärchenfilme von Lotte Reiniger, die 1926 sogar ein abendfüllendes Trickfilmmärchen fertig stellte: *Die Abenteuer des Prinzen Achmed*. Ende der 20er Jahre begannen u. a. die Gebrüder Diehl (noch heute bekannt durch ihre Igel-Puppe Mecki, die nach dem Krieg zum Redaktionsmaskottchen der Zeitschrift HÖR ZU wurde) sowie Hubert Schonger die Produktion von Scherenschnitt- und Puppentrickfilmen mit Märchenmotiven. Diese Märchenfilme wurden vorrangig als *Unterrichtsfilme* über staatliche Bildstellen vertrieben. Die Nationalsozialisten förderten das *Märchenfilmschaffen* wohlwollend, denn für ihre Pädagogen artikulierten sich im Volksmärchen Bodenständigkeit, Heimattreue und die deutsche Volksseele. Für die Animationsfilme der 30er und 40er Jahre wurden zumeist Märchen der Gebrüder Grimm pädagogisch überarbeitet: „Gute Könige sollen an die Macht kommen, gute Frauen sollen fleißig, ehrlich, opferbereit sein und auf den schönen, treuen Prinzen warten, bis sie gerettet werden" (Jack Zipes in: Schneider 1982).

Für die Nationalsozialisten war der Film zwar zentrales Medium zur Massenbeeinflussung, ihre Produktionen für Kinder blieben aber weitgehend auf Märchen beschränkt. Durch die vergleichsweise hohe Zahl der schulpädagogisch einsetzbaren kurzen Trickfilme konnte sich der deutsche Kinderfilm in diesen Jahren als eigenständige Gattung konstituieren. Kinderfilm wurde in Deutschland seitdem über Jahrzehnte gleichgesetzt mit Märchenfilm. Diese Tendenz wirkt nach Kriegsende im Westen wie im Osten fort. Der restaurativen Gesellschaftspolitik in der jungen Bundesrepublik entsprach eine konservativ-idyllische Filmproduktion. Mit dem Heimatfilmboom für die Erwachsenen ging eine ebenso boomende Märchenfilmproduktion für die Kinder einher. In diesem Sektor engagierten sich ab 1950 vorrangig die Produktions- und Verleihfirmen, die bereits im Dritten Reich marktführend waren. Hubert Schonger wie Fritz Genschow drehten jetzt mit Schauspielern Märchenfilme, in denen sie die Grimm'schen Vorlagen mit einem „Wust von eingeschobenem Füllwerk" (EVANGELISCHER FILMBEOBACHTER, 1956) schwer entstellten, in denen sie der Nachkriegsrealität mit ihren Zerstörungen verkitschte Natur- und Festtagsidyllen entgegenhielten und zugleich bürgerlich-konservative Leitbilder setzten.

Bis 1955 erreichte in Westdeutschland die Produktion von Märchenfilmen fast einen Anteil von 10 Prozent an der gesamten Spielfilmproduktion, trotz stofflicher Wiederholung. Allein *Rotkäppchen* wurde in acht Jahren vier Mal verfilmt. Für den Märchenfilm und damit für die gesamte Kinderfilmproduktion der BRD bedeutete es auf etliche Jahre das Ende, als 1957 das *Gesetz zum Schutze der Jugend* novelliert wurde und Kindern unter 6 Jahren den Besuch von Filmtheatern grundsätzlich untersagte.

In der DDR hatte die Kinderfilmproduktion einen insgesamt höheren Stellenwert als im Westen, zwischen 1949 und 1989 entstanden etwa 150 Kinderfilme in den Babelsberger Ateliers, was fast ein Viertel der gesamten DEFA-Spielfilmproduktion ausmachte. Sowohl für Realfilme wie für die seit 1955 in Dresden produzierten Trickfilme hatten Märchen eine zentrale Bedeutung. Sie wurden zeitweise allerdings eng im Sinne eines sozialistischen Realismus interpretiert, Märchenadaptionen sollten „nicht der Verbreitung des Mystizismus dienen, sondern das Kind im Geiste sozialer Gerechtigkeit und zur Liebe für das arbeitende Volk erziehen" (Alexander Abusch 1958; vgl. Heidtmann 1992). Die ersten DEFA-Märchenfilme waren aber nicht tagespolitisch fixiert und wirken noch heute künstlerisch überzeugend. *Das kalte Herz* (1950) und *Die Geschichte vom kleinen Muck* (1953), in denen Mitgefühl mit Außenseitern geweckt, Untertanengeist lächerlich gemacht wurden, adaptierten allerdings beide Hauff'sche Kunstmärchen. Spätere Märchenfilme neigten häufiger zu überzogen antifeudalen Interpretationen, wenn z. B. das tapfere Schneiderlein zusammen mit den Bauern König und Hofstaat verjagt.

Als nach 1965 mehrere Gegenwartsfilme für Erwachsene wegen zu kritischer Tendenzen gar nicht erst in die Kinos der DDR gelangten, erlebte der Märchenfilm einen anhaltenden Aufschwung, denn damit konnten sich die ostdeutschen Filmemacher den Gegenwartsstoffen entziehen. Auch im Dresdner Trickfilmstudio entstanden für Kinder Puppen-, Zeichentrick- sowie Silhouettenfilme, teils mit textnahen Standardmärchen, öfter Märchenhaftes mit aktuellen Bezügen. *Die fliegende Windmühle* (1981, nach Günther Feustel) begeisterte sogar westdeutsche Zuschauer und Kritiker.

Die Kinderfilmproduktion der BRD bezog seit den 60er Jahren vom jungen deutschen Film Impulse, war realistisch und sozialkritisch. Animiert durch den Bestsellererfolg der phantastisch-märchenhaften Kinderromane Michael Endes, realisierten kommerzielle Produzenten in den 80er Jahren mit großem Trick- und Technikaufwand Verfilmungen von der *Unendlichen Geschichte* sowie von *Momo*, die weder inhaltlich noch formal überzeugten. Ähnliches gilt auch für die nachfolgenden kommerziellen Verfilmungen märchenhafter Stoffe.

Märchenstoffe im Rundfunk

Auch der Hörfunk für Kinder griff nach seiner Etablierung als eigenständige Sparte in den Jahren nach 1924 vorrangig auf Märchenstoffe, *niedliche Schnurren und Geschichtchen* zu, die von einem Funkheinzelmann, einer Funkprinzessin und später von Märchenerzählerinnen wie Lisa Tetzner erzählt wurden. Nach Volksmärchenvorlagen und Kasperlestücken entstanden Hörspiele, von denen manche in den späten 20er Jahren auf den ersten Kinderschallplatten übernommen wurden. Als Teil von Kinderfunkmagazinen fanden Märchenvorträge auch in der Nazizeit ihr Publikum.

In der Nachkriegszeit war der Hörfunk im Westen wie im Osten Deutschlands über Jahre das meistgenutzte Massenmedium. Nach dem Niedergang des deutschen Märchenfilms in der zweiten Hälfte der 50er Jahre war der Rundfunk das einzige Nonprint-Medium, das Kindern unter sechs Jahren täglich ein für sie intendiertes Angebot machte. Beim NDR erzählte *Onkel Eduard* den Kindern Volksmärchen, beim Rias war es *Onkel Tobias*. Mit der inhaltlichen und formalen Auffächerung der Kinder- und Jugendliteratur reduzierte sich aber zunehmend der Stellenwert des Märchens im Hörfunk zugunsten aktuellerer Stoffe. Autoren wie Otfried Preußler oder James Krüss brachten neue Dimensionen des Märchenhaft-Phantastischen auch ins Kinderhörspiel ein.

Eine im Zusammenhang mit der antiautoritären und emanzipatorischen Kinderliteratur aufkommende Märchenkritik kritisiert nach 1968 das in Volksmärchen enthaltene feudal-patriarchalische Gesellschaftsbild, suchte nach alternativen, sozialkritischen, nach zeitgemäßeren Märchenstoffen, auch für den Kinderfunk. So gab es seit den 70er Jahren zeitgeistige Adaptionen und Parodien von Volksmärchenmotiven oder 'Antimärchen' mit pointiert-unkonventioneller Moral. Gleichzeitig verlor der Hörfunk im bundesdeutschen Kinderalltag zugunsten von anderen Medien an Bedeutung, wurde vorrangig als Anbieter von Musik und immer weniger als Lieferant von Geschichten oder gar Märchen genutzt.

In der DDR bot der Hörfunk in Sendereihen wie *Sandmann* oder *Butzemannhaus* neben Alltagsgeschichten auch Märchen. Lesungen oder Hörspieladaptionen von europäischen und insbesondere sowjetischen Märchen sollten der internationalen Verständigung dienen. Seit dem Ende der 50er Jahre wurde das Kinderhörspiel als eigenes, mit der Kinderliteratur verflochtenes, 'literarisches' Genre gefördert, das auch traditionellen Stoffen wie Märchen und Sagen Raum bieten sollte.

Märchen auf Kindertonträgern

1929 produzierte die *Grammophon* als erste deutsche Schallplattenfirma Aufnahmen für Kinder, nämlich für den Rundfunk bearbeitete Märchenspiele, frei nach den Grimms: *Rotkäppchen, Aschenbrödel, Bremer Stadtmusikanten.* Wenig später begannen auch die anderen großen Plattenfirmen mit Kinderschallplatten, auf denen u. a. die aus dem Funk bekannten Erzähler Volksmärchen vortrugen. Volksmärchenrezitationen oder traditionell inszenierte Märchenspiele dominierten auch im Dritten Reich sowie in der Nachkriegszeit das Kinderschallplattenangebot. Bis in die späten 60er Jahre war dieses Medium (wegen vergleichsweise hoher Hard- und Softwarepreise) anspruchsvoll und elitär, beschränkte sich neben dem traditionellen Märchen- und Volksliedgut auf Bearbeitungen von klassischen Kinderbüchern sowie von arrivierten zeitgenössischen Schriftstellern wie Otfried Preußler oder Astrid Lindgren. Später lieferten Märchenmotive vereinzelt Ausgangsmaterial für Agitationskunst, z. B. für das antikapitalistische *Rotkäppchen*-Musical im pläne-Verlag.

Mit der Einführung der Musikkassette als billig zu produzierendem und leicht zu handhabendem Medium ändert sich nach 1970 der Charakter des Mediums. Das Marktangebot wird seitdem von Serienkonfektion bestimmt.

Märchen im Fernsehen

Das Kinderfernsehen orientierte sich in seinen Anfängen 1953 am Vorbild des Hörfunks, bot Kindern bis in die 60er Jahre ein bewahrpädagogisch konzipiertes Programm mit Belehrendem, Magazinen und traditionellen Erzählstoffen. Mit Scherenschnitten, Handpuppen oder Marionetten wurden Volksmärchen, neuere Märchenstücke *(Fiete Appelschnut)* oder märchenhafte Erzählungen *(Die Mumins)* in

Szene gesetzt. Um mit möglichst wenig Geld ein regelmäßiges Kinderprogramm ausstrahlen zu können, kauften einzelne Sender schon Ende der 50er US-amerikanische Abenteuerserien *(Fury)*, die sofort in der Gunst junger Zuschauer vorn lagen. Seit den späten 60er Jahren erschienen zunehmend Zeichentrickserien auf dem Bildschirm, amerikanische mit anthropomorphen Hasen wie *Bugs Bunny*, dann japanische mit Fantasy- und Science-Fiction-Elementen. Spätestens mit Einführung des dualen Fernsehsystems dominierten phantastische, aktionsorientierte und/oder komische Zeichentrickserien praktisch alle Kinderfernsehprogramme.

Besondere Verdienste um die Produktion von Märchenstoffen hat sich für das bundesdeutsche Kinderfernsehen der WDR erworben, besonders durch Koproduktionen mit der Tschechoslowakei. Seit 1970 wurden mehrere Staffeln von poetischen Alltagsmärchen um *Pan Tau* mit seiner Zaubermelone produziert und wiederholt gesendet. Herausragend sind ferner die grotesk-komischen Verknüpfungen von Märchenmotiven und -stereotypen mit einer zeitgenössisch-banalen Alltagswelt in der Serie *Die Märchenbraut* (1980).

Auch das Kinderprogramm des Deutschen Fernsehfunks der DDR begann mit Märchenhaftem für die Jüngsten (*Matthias Löffelchen*, ein Osterhasenmärchen), gleich neben Agitierendem und Belehrendem. Zu frühen *Dauerbrennern* des Kinderfernsehens gehörte die Reihe *Zu Besuch im Märchenland* mit Meister Nadelöhr. Zu einer nationalen Institution wurde über die Jahrzehnte *Der Sandmann* mit seinen dreiminütigen Auftritten, die oft ein kurzes Märchen im Puppenspiel oder Trickfilm umrahmten. Märchenstoffe eroberten sich im Fernsehen der DDR seit den 60er Jahren einen festen Platz. „Die Regisseure […] führten […] Diskussionen um die spezifische Ästhetik von Fernsehmärchen und Filmmärchen. […] Es wurde experimentiert, ausprobiert und verworfen" (Reimann 1988). Neben den DEFA-Kinderfilmen brachte das Fernsehen selbst entwickelte und selbst realisierte Märchenstreifen, sogar noch in den späten 70er und 80er Jahren, z. B. *Die schwarze Mühle* (nach Jurij Brezan, 1976) oder die *Geschichte vom goldenen Taler* (nach Hans Fallada, 1985). Wenngleich sich in allen neuen Kindermedien die Bedeutung reiner Märchenstoffe mit zunehmender Ausweitung der Produktion verliert, so waren Märchenadaptionen für einen der wichtigsten Medienkonzerne der Welt von seinen Anfängen bis in die Gegenwart hinein ein zentrales, zeitweise sogar das wichtigste Segment.

Walt Disney's Märchenadaptionen

Bei der Vermarktung von klassischen Märchenstoffen in den neuen Medien, bei der seriellen Fertigung märchenhafter Kinderunterhaltung sowie ihrer Verwertung in medienübergreifenden Verbünden nahm Walt Disney schon in den Jahren vor dem Zweiten Weltkrieg eine Vorreiterrolle ein. Sein anhaltender Erfolg beruhte nicht nur auf professionellen Marketingstrategien, sondern auch auf den Tierfabeln, Volks- und Kunstmärchen, die Vorbilder für anthropomorphe Mäuse, Enten oder Hunde, für Endlosserien oder abendfüllende Animationsfilme lieferten. Disney hielt Volksmärchen wegen ihrer Reduktion auf allgemein vertraute Grundmuster menschlichen Handelns und Archetypen für besonders geeignet, in den USA wie in Europa „die Herzen der Menschen zutiefst" zu regen. Märchenstoffe waren für ihn außerdem attraktiv, weil er in den europäischen Volksmärchen eine Form historisch überlieferter Kultur sah, „ein kulturelles Erbe, über das die – relativ jungen – Vereinigten Staaten in dieser Weise nicht verfügten. Dieses Erbe wollte er aktualisieren, in die Popularkultur der USA integrieren und damit einem größeren Publikum zugänglich machen. Und er hat es zweifellos verstanden, mit Intuition und technischem Geschick daraus Geschichten zu formen, die den Bedürfnissen des Massenpublikums entsprachen" (Heidtmann 1998).

Disney nutzte allerdings die europäische Volksmärchenüberlieferung wie einen Steinbruch, aus dem er Stoffe, Motive und Figuren übernahm, die er so stark nach eigenen Vorstellungen umformte, ergänzte und dem Zeitgeschmack anpasste, dass man von einer Disneyanisierung der Stoffvorlagen sprechen kann: Es dominieren ländliche Idyllen, die Technik hat phantastisch-wunderbare oder nostalgische Züge; um traurige oder melancholische Stimmungen zu mildern, um Spannung zu lösen, um Sympathien und damit Zuschaueraufmerksamkeit zu binden, werden den Hauptfiguren stets komische Charaktere an die Seite gestellt. Die Disney Company hat über die Jahrzehnte ihre Adaptionsweisen verändert, ihre Märchenfilme erfolgreich einem sich wandelnden Zeitgeschmack sowie der veränderten Medienlandschaft angepasst.

Stellenwert des Volksmärchens innerhalb des aktuellen Kindermedienangebots

Innerhalb weniger Jahrzehnte haben sich weltweit Medienangebote, Mediennutzung und Medienpräferenzen verändert. Kinder finden sich heute in ein Medien- und Kommunikationsnetz hineingeboren, dessen Dichte noch vor einem halben Menschenleben unvorstellbar gewesen wäre. Sie wachsen heute in einer audiovisuell und multimedial geprägten Umwelt auf. In praktisch allen Haushalten sind Fernseh- wie Audiogeräte mehrfach vorhanden. Mehr als 90 % der bundesdeutschen Haushalte können über Kabelanschluss oder Satellit auf mehrere Dutzend TV-Programme zugreifen. Haushalte mit Kindern verfügen zudem im Regelfall über Videorecorder und Personalcomputer. Die Medienkonzerne bemühen sich weltweit immer intensiver um Kinder und Jugendliche. Diese sichern Einschaltquoten und damit Werbeeinnahmen. Sie werden als Zielgruppe ernst genommen.

Mit der Vervielfältigung der über Massenmedien vermittelten Unterhaltungsprogramme haben sich auch im Laufe der Jahrzehnte Inhalte und Dramaturgien verändert. War es für Kindermedienproduzenten in den ersten Jahrzehnten des 20. Jahrhunderts, zu Beginn des Medienzeitalters, ebenso notwendig wie erfolgversprechend, auf die tradierten und allgemein bekannten Märchenstoffe zurückzugreifen, so haben sich mittlerweile in allen neuen Medien eigene Erzähltraditionen und neue

Programmformen herausgebildet. Immer mehr Medienproduzenten in Europa, den USA und Asien produzieren immer neue Serien und konfektionierte Unterhaltung für Kinder und Jugendliche. Spezialisierte Kindermedienproduzenten wie EM-TV, die Ravensburger RTV oder die Dino Entertainment AG gehören im neuen Markt an den deutschen Börsen gegenwärtig zu den erfolgreichsten Unternehmen.

Das Fernsehen ist im Regelfall das erste Medium, dem Kleinkinder heute begegnen. Im Alter von zwei oder drei Jahren setzt 'gerichtetes und absichtsvolles Zuschauen' ein. Im Klein- und Vorschulalter ist das Fernsehen zudem heute der wichtigste, oft einzige Geschichtenerzähler. Kinder im Alter zwischen drei und 13 Jahren haben 1999 im statistischen Mittel täglich etwa 100 Minuten vor dem Fernsehapparat verbracht. Umgerechnet auf ein Jahr dürften sie jährlich etwa 100 bis 200 Spielfilme sehen, dazu kommt eine erheblich größere Zahl von Serienepisoden. Nur noch ein Bruchteil der von Kindern in Deutschland rezipierten Geschichten erreicht diese durch die Lektüre von Büchern oder gar durch mündlich erzählte Märchen. Das im Kleinkind- und Vorschulalter am zweitintensivsten genutzte Medium sind gegenwärtig Kindertonträger.

Im Zusammenhang mit dieser Mediatisierung der Kindheit haben auch die Volksmärchen an Bedeutung im Kinderalltag verloren. Bei einer Befragung von Kindern im Alter zwischen 4 und 13 Jahren, die wir im Sommer 1997 an Bibliotheken durchgeführt haben, bestätigte sich deutlich die Dominanz der AV-Medien und der durch sie vermittelten neuen Stoffe und Charaktere. Wir haben versucht herauszufinden, welche Medienfiguren bei Kindern heute besonders wichtig sind. Danach waren die beliebtesten Medienfiguren:

1. Benjamin Blümchen
2. Bibi Blocksberg
3. Pumuckl
4. Donald Duck
5. Jan (aus der TV-Serie *Verbotene Liebe*)
6. Micky Maus
7. Asterix
8. Pippi Langstrumpf
9. Rambo
10. ALF

Mehr als 90 % der beliebtesten Figuren kannten die Kinder ausschließlich oder vorrangig aus dem Fernsehen, aus TV-Serien, aus Filmen oder Magazinbeiträgen (vgl. Heidtmann 1995).

Märchen haben – nicht nur nach von mir durchgeführten Erhebungen – in den vorrangig von Kindern genutzten Medien einen nachrangigen Stellenwert. Allenfalls im Kindertheater zeigt sich ein anderes Bild; dieses erreicht jedoch in allen vergleichenden Untersuchungen zur Mediennutzung von Kindern nicht einmal mehr einen hinteren Rang. Für die deutschen Bühnen sind die klassischen Weihnachtsmärchen nach wie vor die „zuverlässigsten Dukatenesel" (DER SPIEGEL); die Liste der für Kinder meistgespielten Autoren wird gleichbleibend mit deutlichem Abstand von den Gebrüdern Grimm angeführt.

In den öffentlich-rechtlichen wie in den privaten Fernsehprogrammen hingegen sind Adaptionen von Volksmärchen selten geworden (wenn wir von *SimsalaGrimm* absehen), selbst in den Kindermagazinen der dritten Programme werden eher neuere Bilderbücher oder Phantasiegeschichten präsentiert. Private TV-Veranstalter bieten gelegentlich in ihren Vormittagsprogrammen westdeutsche Märchenverfilmungen der 50er Jahre, der Kinderkanal sendet eher DDR-Märchenadaptionen am Nachmittag. Bei den Befunden der Einschaltquotenforschung tauchen Volksmärchenadaptionen jedoch nicht auf. 1999 belegte bei den Drei- bis Fünfjährigen die Zeichentrickserie *Arielle, die Meerjungfrau* (bei Super RTL) unangefochten den Spitzenplatz, eine sehr freie Disney-Adaption eines Kunstmärchenmotivs von Andersen. Kinder im Vor- und frühen Grundschulalter bevorzugen neben Trickfilmserien Familienprogramme wie *Wetten, daß ...?* oder Hollywood-Komödien. Ältere Kinder wenden sich zunehmend den daily soaps zu. So erreicht die RTL-Serie *Gute Zeiten, schlechte Zeiten* täglich bis zu 600.000 Zehn- bis Dreizehnjährige (vgl. Breunig 1999).

In der gegenwärtigen Kinolandschaft haben intentionale Kinderfilme jeder Art einen insgesamt geringen Stellenwert. Statt dessen entstehen immer aufwendigere Filme für die ganze Familie, die mit teuren Effekten die Schaulust von Jung und Alt befriedigen sollen, die – wie in den neueren Disney-Filmen – eine märchenhafte Handlung auf einer Metaebene für Erwachsene mit satirischen Verweisen und parodistischen Zitaten aus der gesamten Populärkultur ergänzen. Nur im Einzelfall dreht eine Abschreibungsgesellschaft mit zugkräftigen Hollywood-Stars einen Märchenfilm als Ausstattungsrevue oder mit bekannten deutschen Schauspielern ein Pendant als deutsch-tschechische Koproduktion.

Auf dem Kindervideomarkt, der zwar auch vom Zeichentrick dominiert wird, findet sich hingegen gegenwärtig ein facettenreiches Angebot an Märchenvideos. Am besten verkaufen sich aktuelle, abendfüllende Disney-Kinofilme oder die aus dem Fernsehen bekannten Trickserien, aktuell die japanischen Mangas *Sailor Moon* und *Dragon Ball* oder der Cartoonklassiker *Biene Maja*. Die Grimm'schen Märchen werden in immer neuen, schlecht gezeichneten, wenig animierten Billigeditionen (aus Italien, Asien) auf den Markt geworfen. Daneben sind gegenwärtig aber auch Videoeditionen mit Märchenfilmen zugänglich, die nicht oder kaum über das Fernsehen vermarktet werden, wie z. B. wichtige Animationsfilme aus Osteuropa oder den DEFA-Trickfilmstudios, tschechische Märchenfilmklassiker wie *Drei Nüsse für Aschenbrödel*. Auch die DDR-Märchenfilme liegen preiswert in größerer Zahl auf Video vor (*Bärenhäuter, Eisenhans, Frau Holle*). Daneben bietet der Videomarkt Märchenfilme aus aller Welt, Trick- wie Realfilme, die aufgrund ihrer minderen inhaltlichen und formalen Qualitäten selbst in den privaten Fernsehprogrammen, TV-Programmen nicht mehr eingesetzt werden können.

In den auditiven Medien, im Kinderfunk wie auf Tonträgern, haben Märchenstoffe mittlerweile ebenfalls drastisch an Bedeutung eingebüßt. In den Gute-Nacht-Geschichten wie in den Nachmittagsprogrammen des Hörfunks sind Märchen fast vollständig durch neu geschriebene Phantasiegeschichten (z. B. *Ohrenbär*-Reihe) oder pointierte Kunstmärchen von Gegenwartsautoren (z. B. die SWR-Reihe *Der Hutzelmann erzählt*) ersetzt worden. Der Kindertonträgermarkt ist zwar kein reiner Serienmarkt mehr, aber Hörspielserien decken immer noch mehr als zwei Drittel des Gesamtumsatzes ab. Stoffe und Serien mit märchenhaft-phantastischen Inhalten – oder zumindest Anteilen – liegen in der Kindergunst vorn, dazu gehörten auch 1999 der sprechende Zooelefant *Benjamin Blümchen* und das Hexenmädchen *Bibi Blocksberg*. Volksmärchen sind stark abgefallen, von der einzigen noch produzierten Märchenserie, bei Karussell, wurden 1999 weniger als 100.000 Stück verkauft. Die Marktpositionierung von *SimsalaGrimm* auf EUROPA-Kassetten und -CDs steht noch aus.

Einen maßvollen Aufschwung haben Märchentonträger seit Beginn der 90er Jahre im Zusammenhang mit einer wachsenden Nachfrage nach esoterischer Literatur erfahren. Vermehrt erscheinen bei mehreren Hörverlagen Lesungen von Volksmärchen vor allem für ein erwachsenes Publikum. Bemerkenswert sind hier die Reihe *Märchen der Welt* bei Goya / JUMBO (nach Sammlungen aus dem Fischer Taschenbuch Verlag) sowie Einzelproduktionen mit herausragenden Sprechern, wie z. B. Hans Paetsch (der u. a. bei LITRATON wenig bekannte *Brüder Grimm*-Märchen liest).

Wie Tonträgerfirmen neigen Produzenten von digitalen und interaktiven Medien ebenfalls zu populären Medienverbundstoffen. Disney-Motive *(König der Löwen)* sind auch auf CD-ROM marktführend. Da sich CD-ROMs aufgrund des höheren Preises an ein eher bürgerliches Publikum wenden, hat hier das Volksmärchen für die Hersteller vermutlich deshalb noch einen etwas höheren Stellenwert. So versuchte der Tivola Verlag auf der CD *Schneewittchen und die sieben Hänsel* Volksmärchenmotive miteinander zu vernetzen: Kinder können sich hier in drei Volksmärchen bewegen, können Schneewittchen zum Lebkuchenhaus oder Rotkäppchen zu den sieben Zwergen schicken. Die den einzelnen Märchen entnommenen inhaltlichen Versatzstücke entfernen sich nicht zu weit vom Original, ihre hypermediale Vernetzung ist aber mäßig originell. Andere Firmen lassen Standard-Märchen auf einer CD-ROM vorlesen und von kaum bewegten Bildern begleiten (z. B. die Reihe *Lebendige Märchen*).

SimsalaGrimm im Kontext der aktuellen Kindermedienangebote

Mit der Produktion der Zeichentrickserie *SimsalaGrimm* sollen vorrangig ökonomische Ziele realisiert, Gewinne erwirtschaftet werden. Da auf diesem Prinzip unser Wirtschaftssystem basiert, lässt sich den Produzenten eigentlich kein Vorwurf daraus machen, dass sie pädagogische oder kulturstiftende Ambitionen eher vorgeben als realisieren.

Kinder verfügen heute über Kaufkraft in Milliardenhöhe, sie treten als Konsumenten und Käufer auf und beeinflussen Kaufentscheidungen in ihren Familien. Kindermedienproduktionen sollen von der Zielgruppe gekauft werden oder sie dienen als Werbeumfeld für kinderbezogene Produkte. „Worum sich die Konsumgüterindustrie durch Markenprodukte bemüht, nämlich wiederkehrende, regelmäßige Käufer zu gewinnen, deren Erwartungen dann vom Produkt wiederholt bestätigt werden, das versuchen auf einer vergleichbaren Ebene die Kindermedienanbieter durch Serienbildung zu bewirken" (vgl. Heidtmann 1992). Um höhere Einschaltquoten oder Umsätze zu erzielen, setzen heute fast alle Kindermedienanbieter auf ein vergrößertes Serienangebot. Schon die Allerjüngsten bindet das Fernsehen durch Serien. So sahen sich drei Viertel der deutschen Drei- bis Sechsjährigen 1999 regelmäßig die *Teletubbies* im Kinderkanal an.

Bei Kindern wie bei Erwachsenen ist die Serienform beliebt, weil sie den Rezeptionsaufwand reduziert. Um in den Serienkosmos einzusteigen, bedarf es nur geringer intellektueller Anstrengungen; man wird nicht irritiert, sondern bekommt Erwartungen bestätigt. Ein Gefühl der Geborgenheit im Kreise der vertrauten Serienfiguren kann entstehen.

Für erfolgreiche Kinderserien plündern die Hersteller heute die gesamte Popularkultur, sie übernehmen Versatzstücke aus unterschiedlichen Genres, aus verschiedenen Kulturkreisen und Zeitaltern. Sie verbinden die Struktur des Märchens mit Versatzstücken aus Abenteuergeschichten und Komödien. Kindermedienprodukte sind durch die Vielzahl eingearbeiteter Muster nicht mehr auf ein Genre zu beschränken. Kinder begegnen also in den neueren Erfolgsserien Bildsegmenten, Versatzstücken und Erzählweisen aus dem gesamten Korpus trivialer Kultur. Tradierte Erzählkonzepte und Muster werden unwichtiger. Es dominieren Kürzestepisoden, Einzelbilder, Situationen. Für Geschichten ist in den audiovisuellen oder digitalen Medien nicht mehr der lineare Ablauf von Belang, sondern das Punktuelle oder Sequentielle. Die einzelne Situation, das einzelne Bild, eine Stimmung, ein Star sind für die Rezeption wichtig, nicht der Zusammenhang.

Bei Eltern und Pädagogen kann die Akzeptanz der Grimm'schen Märchen vorausgesetzt werden. Um die Vermarktung dieser Stoffe, die als eigenwertige, autonome Geschichten eigentlich nebeneinander stehen müssten, im Verbund zu erleichtern, werden sie zum Serienstoff aufbereitet. Das Übergreifende, Vereinheitlichende ergibt sich aus den formalästhetisch gleichbleibenden Mitteln der Adaption, aus einem wiederkehrenden Serienvorspann und vor allem aus den beiden neu eingeführten Protagonisten Yoyo und Doc Croc, die nicht nur in einer Host-Funktion (als 'Gastgeber' bzw. Erzähler) die Episoden verbinden oder kommentieren, sondern die jeweils auch die Handlung aktiv mitgestalten.

Das Design von Yoyo und Croc orientiert sich so weit wie möglich an den Mediengewohnheiten und Vorerfahrungen der Kinder: Anthropomorphisierung und Kindchenschema sollen Aufmerksamkeit und Sympathie binden. Die beiden Serienhauptfiguren sind die am aufwendigsten und originellsten gestalteten Charaktere, sie sind so deutlich voneinander sowie von den anderen Figuren abgesetzt, dass sie auch für Kleinkinder leicht identifizierbar sind. Beide Figuren sind die cleveren (männlichen) Helden, die zur Identifikation laden. Ihre 'coolen' Dialoge und wiederkehrenden Redewendungen sorgen für Komik.

Neben den beiden neuen Kunstfiguren fallen die eigentlichen Zentralfiguren der Grimm'schen Märchen als bedeutungslos ab, sie sind mit weniger Aufwand und weniger individuell gestaltet, nicht archetypisch, sondern stereotyp. Bei der Adaption der einzelnen Märchenmotive ist zwar jeweils der rote Faden erkennbar, die Handlungen werden aber beliebig verkürzt oder erweitert, Konflikte werden überdimensioniert, übersteigert. Die Bewährung des Protagonisten in einer Ausnahmesituation, die Lösung einer Aufgabe oder eines Konfliktes sind in der Trickfilmadaption nachrangig. Der Schneider siegt eher durch Zufall als durch List oder Geschick. Die Situation steht im Vordergrund, insbesondere die Komik der Situation, da in der Visualisierung alle Figuren, gute wie böse, Helden wie Antipoden, zu mehr oder minder komischen Figuren geworden sind.

Die Zeichentrickadaption interessiert sich nicht für die Botschaft der Volksmärchen, sie nimmt weder den Stoff noch die Figuren ernst, sondern bietet flache, stereotyp komische Unterhaltung. Diente bei Disney das Komische dazu, bei jungen Zuschauern Spannung wieder zu lösen oder das Dramatische der Handlung für kleinere Kinder ertragbar zu machen, so ist es in den *SimsalaGrimm*-Folgen ausschließlich zum Selbstzweck geworden.

SimsalaGrimm bestätigt Kindern in hohem Maße vorhandene Erwartungen. Bereits der Vorspann zitiert Motive und Szenarien, die Kindern aus Disney-Trickfilmen und deren Plagiaten vertraut sind. Verunsicherung und Irritation werden vollständig vermieden, zumal die Grundmuster der meisten Märchen den aus den Kinderpopularmedien vertrauten Skripten angenähert worden sind. Die handwerklichen Standards, die Komplexität von Bewegungsabläufen und Animationen bleiben zwar hinter den von den Disney-Studios gesetzten Maßstäben zurück, sie übertreffen aber deutlich die asiatische oder spanische Massenzeichenware.

SimsalaGrimm bietet hochgradig konfektionierte, standardisierte Serienunterhaltung, doch eine Vielzahl der aktuellen und von Kindern mit Begeisterung genutzten TV-Serien wäre aus pädagogischer wie künstlerischer Sicht weitaus kritikwürdiger. So haben die derzeit im Nachmittagsprogramm von RTL II laufenden Serien *Sailor Moon* und *Pokémon* bei Kindern im Grundschulalter nicht nur höchste Einschaltquoten, sondern genießen darüber hinaus sogar Kultstatus. Beide Serien beziehen stark Märchentopoi mit ein.

Die von Karin Richter vorgestellten Erhebungen zur Mediennutzung von Grundschülern haben gezeigt, dass die seit 1999 täglich (bis Ende 2000) bei RTL II laufenden *Sailor Moon*-Folgen bei deutschen Mädchen zwischen sechs und zehn Jahren die meistgesehenen Cartoons sind. *Sailor Moon* basiert auf japanischen Mangas, Comics mit Fantasy- und Action-Motiven, die in Japan heute zu den mit Abstand populärsten Lesestoffen gehören. Die von Naoko Takeuchi gezeichnete Serie *Sailor*

Moon erreicht auch in Deutschland als Comic eine Millionenauflage. Die Titelfigur sowie ihre Freundinnen und Mitschülerinnen sind normale japanische Teenager, Schülerinnen, die sich durch den Spruch „Macht der Mondnebel, verwandle uns!" in Sailor-Kriegerinnen verwandeln können. Mit Hilfe übernatürlicher Kräfte, eines Zauberkristalls oder zaubermächtiger Helfer bekämpfen sie „mit der Macht der Liebe" das Böse. Zu Grundmustern und Wendungen des Märchens, zum wiederkehrenden Kampf Gut gegen Böse kommen bei *Sailor Moon* Versatzstücke der antiken wie der japanischen Mythologie (Pegasus, das Flügelpferd, oder detailfreudig ausgestaltete Dämonen). Aktualisierungen erfolgen durch Themen und Motive konventioneller Mädchenliteratur, wie Freundschaft, Eifersucht, erste Liebe, Rendezvous. Die Serie bietet zudem neben den fantastischen auch realitätsnahe Szenarien, wie Schulfest, Ballettsal, Bibliothek, Eisdiele. Die Gestaltung der Hauptfiguren, der japanischen Mädchen in Schuluniformen und kurzen Röckchen, orientiert sich an modischen Standards, die von Barbiepuppen und Modejournalen gesetzt werden. Mit Episoden, in denen es um Mädchenfreundschaft, Bewährung in Gefahr, erste Liebe oder Suche nach Selbstverwirklichung geht, gelingt es den Produzenten, bei jüngeren Mädchen die Bedürfnisse nach Identifikation und das Suchen nach Identität zu bedienen, Fanverhalten wird stimuliert und gefördert.

Im Vergleich dazu ist das Konzept der Zeichentrickserie *SimsalaGrimm* weitaus beschaulicher. Es zielt auf unverbindliche Unterhaltung, nicht auf die Konstitution einer Fankultur. Wenn im Ersteinsatz der Serie die erwarteten Gewinne eingespielt sind, werden neue Medienverbundstoffe Yoyo und Doc Croc schnell aus dem Medienalltag der Kinder verdrängt haben.

Kunst und Kommerz in den Kindermedien

SimsalaGrimm lässt sich mit als Beleg dafür heranziehen, dass sich Kinderkultur auch in Deutschland zunehmend aus Banalitäten und Trivialitäten konstituiert. Da Innovationen, inhaltliche oder formale Ambitionen irritieren, verunsichern könnten und damit zum Abschalten oder zum Kaufverzicht führten, neigen immer mehr Medienanbieter zur Nivellierung auf möglichst niedrigem Niveau. Das öffentlich-rechtliche Fernsehen der BRD versucht im Einschaltquotenwettbewerb mit den Privaten durch die Orientierung auf seichte Serienproduktionen, die Privaten mit deren eigenen Mitteln zu schlagen. Ob dies gelingt, scheint fraglich.

Kindermedien sind Teil einer kommerziell ausgerichteten Industrie, sie sollen Herstellern, Händlern, Sendern Marktanteile, Umsatz oder Werbeeinnahmen sichern. Die serielle Produktion reduziert Herstellungs-, Werbungs- und Vertriebskosten. Die Gewinne der Kindermedienproduzenten lassen sich durch die multimediale Verwertung von Figuren, Geschichten oder Requisiten noch steigern. Diese Medienverbundsysteme tragen zusätzlich zur Standardisierung der Kinderkultur bei, denn aus anderen Medien werden im Regelfall nur Stoffe und Figuren übernommen, die Erfolg, Verkäuflichkeit bereits unter Beweis gestellt haben. Kunst, die Kinder verunsichern könnte, hat wenig Chancen im Markt.

Mit immer opulenteren Effekten, aufwendiger Produktionstechnik steigen die Kosten. Um die Herstellungskosten zu amortisieren, müssen auch TV-Serien oder Kinofilme für Kinder für den Einsatz in möglichst vielen Auslandsmärkten konzipiert werden. Eine Tendenz zur Internationalisierung kann dem Verlust nationaler kultureller Identitäten und Traditionen Vorschub leisten, sie begünstigt eine weltweite Nivellierung der Kinder- und Jugendkultur.

Resümee: Zur Funktion von Märchenadaptionen in den Medien

Der Medienalltag von Kindern hat sich drastisch verändert, mündliches Erzählen und Vorlesen im Familienkreis finden kaum noch statt. Die audiovisuellen und die elektronischen Medien sind zu den wichtigsten Geschichtenerzählern geworden. Formen und Funktionen des Erzählens in allen Medien sind im Wandel begriffen. Mit der Globalisierung der Medienwirtschaft verlieren regionale und nationale kulturelle Identitäten an Bedeutung.

Der Stellenwert von Volksmärchen ist ebenso wie der von den Klassikern der Kinder- und Jugendliteratur im Medienalltag heutiger Kinder rückläufig. Die Adaption von Stoffen durch die audiovisuellen und elektronischen Massenmedien erweitert deren Bekanntheitsgrad und fördert deren Rezeption. Felix Saltens *Bambi* wäre ohne den gleichnamigen Disney-Film heute weitgehend vergessen, selbst *Pippi Langstrumpf*-Geschichten lesen Kinder heute zumeist erst, nachdem sie Zeichentrick- oder Realfilm-Episoden mit dieser Figur im Fernsehen gesehen haben. Für 80 % der gegenwärtig noch Belletristik lesenden Kinder- und Jugendlichen sind Film- und Fernsehbegleitbücher eine zentrale Form von Erzählliteratur, fast ein Viertel von ihnen liest ausschließlich Medienbegleitliteratur (vgl. Bischof, Heidtmann, Nagl 1999 u. 2000).

Medienadaptionen sichern also auch die Verbreitung von Märchenstoffen; durch *SimsalaGrimm* dürften aktuell die Märchen der Brüder Grimm im Kinderalltag an Bedeutung gewonnen haben, vielleicht werden sogar die Originale oder dem Original nahe Texte wieder vermehrt von Kindern gelesen werden.

Volksmärchen sind als mündlich tradierte Texte über die Jahrhunderte von ihren Erzählern immer wieder auch neu interpretiert, ausgeschmückt oder aktualisiert worden. In afrikanischen Ländern, in denen sich Traditionen oralen Erzählens bis in die Gegenwart lebendig erhalten haben, widerspiegeln sich in den aktuell überlieferten Volksmärchenmotiven heute auch die Errungenschaften der technischen Zivilisation, beinflussen Geister und Dämonen z. B. den Straßenverkehr. Im Zeitalter der elektronische Medien sind heute das Fernsehen und die Datennetze die wichtigsten Übermittler von Nachrichten und Berichten, also von 'Maeren' und Märchen.

Da Märchen also nur in der medialen Adaption überleben können, gilt es, die künstlerische Auseinandersetzung mit ihnen, neue Formen der ästhetischen Aneignung in den neuen Medien zu fördern. Kultur und Medien unterliegen wirtschaftlichen Einflüssen, kommerziellen Interessen. Das Problem unserer Kultur sind nicht einzelne konventionell produzierte Trickfilmserien – wie z. B. *SimsalaGrimm*, sondern ein durchgängiger Verlust ästhetischer, poetischer, emotionaler Qualitäten in allen Künsten, vorrangig in den Erwachsenenmedien.

Kinderkultur ist ohne anspruchsvolle, avantgardistische, künstlerisch experimentierende Beiträge ebenso wenig denkbar wie ohne die Bewahrung elementarer künstlerischer Traditonen, eines 'klassischen Erbes'. Der kommerzielle Mainstream, die kommerziellen Massenmedien sind auf die kulturelle Überlieferung ebenso angewiesen wie auf Impulse aus avantgardistischen oder subkulturellen Segmenten. Wenn unserer Gesellschaft an künstlerischer Qualität in den Medien gelegen ist, wenn wir Kunst, auch Kunst für Kinder, als gesellschaftliche Aufgabe begreifen, dann muss unsere Gesellschaft Kunst, insbesondere auch Qualität in der Kunst, fördern. Dazu gehört neben der materiellen Förderung als Voraussetzung auch eine produktive und innovative Auseinandersetzung mit eigenen kulturellen und künstlerischen Traditionen, dazu gehört nicht zuletzt auch die Förderung von ambitionierten Märchenadaptionen in den neuen Medien.

Literatur

Baacke, Dieter / Lauffer, Jürgen [u. a.]: Nicht nur schöner Schein – Kinder und Jugendzeitschriften in Deutschland. Bielefeld 1994 (GMK Medienpädagogische Handreichung; 4).

Baumgarten, Tanja: Vom Hausmärchen zur CD-ROM. Untersuchungen zur Adaption von „klassischen" Märchenstoffen in tradierten und neuen Kindermedien am Beispiel von Schneewittchen. Dipl.-Arbeit im Studiengang Öffentliche Bibliotheken an der Hochschule für Bibliothekswesen. Stuttgart 1997.

Berger, Eberhard / Giera, Joachim (Hrsg.): 77 Märchenfilme. Ein Filmführer für jung und alt. Berlin 1990.

Bischof, Ulrike / Heidtmann, Horst / Nagl, Manfred: Film und Fernsehbegleitbücher – Kinder- und Jugendliteratur im Medienverbund. Erste Ergebnisse eines IfaK-Forschungsprojektes. In: Heidtmann, Horst (Hrsg.): Kinder-Medien-Forschung. Aktivitäten und Projekte des Instituts für angewandte Kindermedienforschung (IfaK). Stuttgart 1999, S. 19–27.

Bischof, Ulrike / Heidtmann, Horst / Nagl, Manfred: Film- und Fernsehbegleitbücher – Kinder und Jugendliteratur im Medienverbund. Vorläufige Ergebnisse eines IfaK-Forschungsprojektes. Stuttgart 2000 (im Manuskript).

Brandt, Gabi / Ried, Elke (Hrsg.): Vom Zauberwald zur Traumfabrik. Dokumentation der Fachtagung Märchen und Film. München 1987 (Sonderdruck der Kinder- und Jugendfilmkorrespondenz).

Breuning, Christa: Programmqualität für Kinder. Diskussion Kinderfernsehen: Nutzungspräferenzen und Qualitätskriterien für die Programmplanung. In: Media Perspektiven H. 12, 1999, S. 641–650.

Deutsches Filmmuseum [u. a.] (Hrsg.): Mecki. Märchen und Schnurren. Die Puppenfilme der Gebrüder Diehl. Frankfurt/M. 1994.

Elfert, Brunhild: Die Entstehung und Entwicklung des Kinder- und Jugendfunks in Deutschland von 1924 bis 1933 am Beispiel der Berliner Funk-Stunde AG. Frankfurt/M. [u. a.] 1985.

Erber-Groiß, Margarete: Unterhaltung und Erziehung. Studien zur Soziologie und Geschichte des Kinder- und Jugendfilms. Frankfurt/M. [u. a.] 1989.

Erlinger, Hans Dieter [u. a.] (Hrsg.): Handbuch des Kinderfernsehens. Konstanz 1995.

Feibel, Thomas: Großer Kinder-Software-Ratgeber 2000. München 1999.

Gesellschaft für Konsumforschung (GfK): GfK-Tonträger Spezial-Panel 1999. Nürnberg 2000 (im Manuskript).

Hamisch, Siegfried: Es war einmal ... Märchen und Märchenverfilmungen im DEFA-Film und in Filmen des Fernsehens der DDR. In: Knietzsch, Horst (Hrsg.): Prisma. Kino- und Fernseh-Almanach 15. Berlin/DDR 1985, S. 79–93.

Heidtmann, Horst: Kindermedien. Stuttgart 1992 (Sammlung Metzler 270).

Heidtmann, Horst: Der Medienverbund: Das Buch zum Film. In: Börsenblatt für den Deutschen Buchhandel, H. 75, Sept. 1994, S. 64–70.

Heidtmann, Horst: Die Medienfreunde unserer Kinder. Ergebnisse einer Umfrage. In: Beiträge Jugendliteratur und Medien H. 4, 1995, S. 194–201.

Heidtmann, Horst (Hrsg.): Schneewittchen und die sieben Hänsel. Multimedia zum Anfassen. Eine CD-ROM-Empfehlungsliste von Studenten der HBI Stuttgart. Stuttgart 1997.

Heidtmann, Horst: Von Pinocchio bis Pocahontas. Die Märchenfilme der Walt-Disney-Company. In: Wardetzky, Kristin / Zitzlsperger, Helga (Hrsg.): Märchen in Erziehung und Unterricht heute. (Veröffentlichungen der Europäischen Märchengesellschaft Bd. 221), Rheine 1997, S. 259–268. Überarb. u. erweit.: Herrscher des Waldes und König der Löwen. Die Märchenfilme der Walt-Disney-Company. In: TausendundeinBuch H. 4, Wien 1998, S. 23–30.

Heidtmann, Horst: Bedarf an Blyton und Brezina? Kinderbuchserien in Öffentlichen Bibliotheken. In: Buch und Bibliothek H. 6, 1997, S. 402–405.

Heidtmann, Horst: Alles so schön bunt hier! Kindervideos. In: Bulletin Jugend + Literatur H. 9, 1999, S. 15–19.

Heidtmann, Horst: Veränderungen der Lesekultur am Ende des 20. Jahrhunderts. Das Bedürfnis Jugendlicher nach Trivialliteratur und die Perspektiven der Leseförderung. In: Grünbuch der Kinder- und Jugendmedien Band 3, Hamburg 1999, S. 7–23.

Heidtmann, Horst: Hörspielserien wieder im Trend. Aktuelle Entwicklungen auf dem Kindertonträgermarkt. In: Beiträge Jugendliteratur und Medien H. 1, 2000, S. 34–43.

Kommer, Helmut: Es war einmal ... und gibt sie noch! Brauchen Kinder Märchenfilme? In: Kinder- und Jugendfilmkorrespondenz H. 2, 1985, S. 41–45.

Märchen-Stiftung Walter Kahn (Hrsg.): Medien erzählen Märchen (Reihe Umgang mit Märchen H. 7). Leipzig 2000.

Reimann, Anne: Der deutschsprachige Märchenfilm. Theorie, Geschichte, Probleme anhand ausgewählter Beispiele. Diplom-Arbeit an der Fachhochschule für Bibliothekswesen. Stuttgart 1989.

Reimann, Anne: Märchenfilme in der DDR. In: Informationen Jugendliteratur und Medien H. 2, 1990, S. 50–60.

Schmitt, Christoph: Adaptionen klassischer Märchen im Kinder- und Familienfernsehen. Frankfurt/ M. 1993.

Schneider, Wolfgang (Hrsg.): Aufbruch zum neuen deutschen Kinderfilm. Hamburg 1982 (Bulletin Jugend + Literatur Beiheft 18).

Zeiner, Stephanie: Aschenbrödel und Prinzen. Untersuchungen zur Adaption klassischer Märchenmotive im neueren tschechischen Kinderfilm. Dipl.-Arbeit im Studiengang Öffentliche Bibliotheken an der Hochschule für Bibliotheks- und Informationswesen, Stuttgart 1997.

Internet

Das Institut für angewandte Kindermedienforschung (IfaK), eine zentrale Forschungseinrichtung der Hochschule für Bibliotheks- und Informationswesen, Stuttgart, stellt auf seiner Homepage Forschungsergebnisse und Materialien zur Mediennutzung von Kindern, Analysen und Evaluationen (zum Teil auch als downloads) zur Verfügung.

Als Medienkompetenzzentrum des Landes Baden-Württemberg hat das IfaK einen Schwerpunkt seiner Arbeit auf die Förderung von inhaltlicher, ästhetischer und pädagogischer Qualität in den Kindermedien gelegt. Die Homepage des IfaK bietet zu allen neuen Kindermedien annotierte (und kontinuierlich aktualisierte) Empfehlungslisten, die auch empfehlenswerte Adaptionen von Märchenstoffen berücksichtigen: http://ifak.hbi-stuttgart.de

LUTZ RÖHRICH

Grimmsalabim
Die neuen Märchen der Brüder Grimm auf dem Weg zum Klassiker?

Fernsehsendungen wie *SimsalaGrimm* entgehen für gewöhnlich meiner Aufmerksamkeit, da sich mein Fernsehkonsum im Wesentlichen auf abendliche Nachrichtensendungen beschränkt. Erst durch die erregte Debatte um die Erteilung des 'Gütesiegels' durch die Brüder-Grimm-Gesellschaft in Kassel fühlte ich mich veranlasst, mir wenigstens einige Folgen der Serie anzusehen und gewisse Schlüsse daraus zu ziehen. Vorgelegen haben mir: *Hänsel und Gretel; Der Teufel mit den drei goldenen Haaren; Rumpelstilzchen; König Drosselbart; Die sechs Diener; Von einem, der auszog, das Fürchten zu lernen; Der gestiefelte Kater; Brüderchen und Schwesterchen.* Von der genannten Auswahl habe ich freilich jede Folge nur einmal gesehen. Darum sind meine Beobachtungen zwangsläufig bruchstückhaft und möglicherweise oberflächlich. Aber es wäre unzumutbar gewesen, sich die Filme ein zweites Mal zu betrachten, um eventuell zu fundierteren Urteilen zu gelangen. Hier zunächst einige Detail-Beobachtungen zu den einzelnen Sendefolgen!

1 Märchenbeispiele

1.1 *Hänsel und Gretel*

Durch die beiden Comic-Figuren Yoyo und Doc Croc wird der Grimm-Text angereichert. Dadurch verschieben sich die Handlungsakzente nicht unerheblich: Die beiden übernehmen praktisch die Handlung. Sie spielen die Rolle eines Schutzengels. Sie sehen die Probleme der Kinder und greifen ein. Die Ideen zur Rettung kommen ausschließlich von ihnen. Die Kinder selbst kommen nicht auf die Idee, sowohl was die Findung des Heimwegs durch Kieselsteine und Brotkrumen betrifft, wie auch bei der Beseitigung der Hexe. Dadurch befreien die Comic-Figuren aber auch die Kinder von der Schuld, die Hexe verbrannt zu haben. Gleiches gilt für den Vater, der schuldlos bleibt, weil er gar nicht zur Stelle ist, als die Kinder ausgesetzt werden. Die Mutter ist eine Stiefmutter, die am Schluss der Geschichte den Vater verlassen hat. Am Ende gibt es genügend Geld, und damit scheinen alle Probleme gelöst.

Wer sich daran stört, dass zusätzliche Figuren eingeführt wurden, sollte sich daran erinnern, dass auch in Humperdinks *Hänsel-und-Gretel*-Oper zusätzliche Figuren eingeführt wurden, nämlich der kleine Sandmann und das Taumännchen sowie die 14 Schutzengel. Und gerade daran begeistern sich bis heute Eltern und Kinder, was aber natürlich auch musikalische Gründe hat. Wenn Pädagogen immer wieder betonen, wie wichtig es für Kinder sei, dass es im Märchen hilfreiche übernatürliche Personen gibt, die den Helden sicher durch alle Gefährdungen begleiten, dann wäre *Hänsel und Gretel* à la *SimsalaGrimm* ein geradezu ideales Märchen. Dass man darüber dennoch nicht glücklich sein kann, hat mehrere Gründe. Bedenklich ist, dass in *Hänsel und Gretel* ebenso wie in den anderen Sendefolgen die Märchenfiguren durch die permanenten Helfer Yoyo und Doc Croc geradezu entmündigt werden, denn sie sind die eigentlichen Helden geworden. Während die menschlichen Figuren eher kitschig erscheinen, ist die Hexe gut gezeichnet. Das altbekannte Kinderlied, an das sich alle Kinder erinnern, wird in Moll transponiert. Im Ganzen ist das Stück nicht weiter erwähnenswert. Es schadet den Kindern nicht, höchstens ihrer Geschmacksbildung. Und über Geschmack lässt sich bekanntlich nicht streiten.

1.2 *Rumpelstilzchen*

Wieder sind Yoyo und Doc Croc die eigentlichen Helden: Sie ermitteln den Namen Rumpelstilzchen; sie sagen dem Müller und später der Müllerstochter, was sie tun sollen. Für Verwirrung sorgt eine zusätzliche, aber völlig unnötige Szene: Die beiden Comic-Figuren Yoyo und Crocky werden in einem Irrgarten abgehalten und kommen – das soll Spannung erregen – fast zu spät, um die Königin aus ihrer misslichen Lage zu erretten. Bewusst von Grimm abweichend ist die Einführung einer zusätzlichen Figur, des Grafen Greif, der die Bösewicht-Rolle übernimmt, sowohl in der groben Behandlung des Müller-Vaters als auch gegenüber der Tochter, die er in die Strohkammer sperrt. Er ist der eigentlich Geldgierige, der sich dazu noch in die eigenen Taschen bereichert. Aber dadurch schwächt er die Goldgier des Königs ab. So bleibt dem König die Rolle des jugendlichen Liebhabers. Er ist auch wie die Helden gezeichnet. Nur mit ästhetischem Missfallen kann man das umstrittene Kind der Königstochter betrachten: Mit seinem Wasserkopf sieht es wirklich wie ein Wechselbalg aus und wäre bei Rumpelstilzchen besser aufgehoben.

1.3 *Der Teufel mit den drei goldenen Haaren*

Durch viele Details künstlich verlängerter Grimm! An der Fernsehbearbeitung ist interessant, wie man versucht hat, das Märchen zu humanisieren. Die Übel in der Welt haben Ursachen, über die nur der Teufel Bescheid weiß, zumal er sie selbst verursacht hat. Aber die Leute lassen die Maus leben, obwohl sie ihnen den Apfelbaum unfruchtbar gemacht hat. Rache und Brutalität werden vermieden: Weder die Maus noch die Kröte unter dem versiegten Brunnen werden totgeschlagen. Der Maus wird ein neues Zuhause gegeben. Die beiden Helfer Yoyo und Doc Croc halten die mögliche Angst der Kinder vor dem Teufel in Grenzen.

1.4 *Von einem, der auszog, das Fürchten zu lernen*

Mehr als bei anderen Sendefolgen wurde der Inhalt des Grimm'schen Märchens stark verändert, und man fragt sich nach den Gründen. Da ist die Länge: Die primäre Zweizahlgeschichte wird einfach halbiert. Im Grimm-Original ist von zwei Söhnen eines Vaters die Rede, von denen der ältere nicht über den Friedhof gehen mag, weil ihm gruselt. Der Held ist ein Dummling. Gewichtiger aber sind inhaltliche Veränderungen. So werden bei *SimsalaGrimm* keine Totenschädel auf der Drehbank rund gedrechselt. Der Held nimmt auch keine Verstorbenen zu sich ins Bett, um sie zu erwärmen. Der Galgen kommt nicht vor. Ebensowenig die Gehenkten, die der Held abschneidet und ans Feuer setzt, damit sie sich wärmen können. Es fehlt die eindrucksvolle Szene, wo der Held immer vor sich hin spricht: „Ach, wenn mir's doch gruselte!" Es fehlen die drei Dinge, Feuer, eine Drehbank und Schnitzbank, weil sie gar nicht benötigt werden. Es fehlt auch das fahrende Bett. Die wirklich gruseligen Dinge des Märchens sind nicht ins bewegte Bild umzusetzen. Aber so fehlt das eigentlich Gruselige. Gruseln und Angst sind indes nicht das Gleiche: Gruseln bezieht sich aufs Numinose. Dazu kommt noch die Dimension des Ekels. So erscheint die Fernseh-Bearbeitung reichlich 'entgrimmt'. Vor allem der Schluss der Erzählung wurde abgewandelt: Es fehlt der Eimer mit den zappelnden Fischen (Gründlingen), die dem Helden das Gruseln endlich beibringen. Stattdessen bekommt er Angst, weil er die Prinzessin küssen soll, denn er hat noch nie ein Mädchen geküsst. Im Klartext: Er hat noch nie mit einer Frau geschlafen, was ihm Yoyo und Doc Croc erst flüsternd erklären müssen. Richard Wagner, der dieses Fürchtenlernen-Motiv bekanntlich in seinen *Siegfried* (*Ring des Nibelungen*) übernommen hat, bekommt recht, wenn es nach Brünhilds Erweckung durch Siegfried heißt: „Das Fürchten lehrt ihn ein Weib!" Befriedigt kommentieren Yoyo und Doc Croc den Schluss: „Da haben wir wieder einmal eine Prinzessin unter die Haube gebracht." So dirigieren sie auch hier das Märchengeschehen zum Happy-End.

1.5 *Die sechs Diener*

Gegenüber Grimm wurde in diesem Fall auch der Titel verändert: Statt *Sechse kommen durch die ganze Welt*: *Die sechs Diener*. Nach einem viel zu langen und dümmlichen Vorspann erläutern die beiden Helfer Yoyo und Doc Croc das Geschehen und erklären u. a. auch ungebräuchliche Worte, wie z. B. den Begriff 'Gefolge'. Der Held hat in dieser Fernsehversion überhaupt kein eigenes Verdienst. Sein Handeln wird von den beiden Helfern bestimmt. So bleibt die Persönlichkeit des Helden auf der Strecke. Der Held muss sich auch nicht anstrengen, um die Helfer zu gewinnen. „Seid ihr bereit für ein neues Abenteuer?" Nach der formelhaften und nur rein rhetorischen Frage sind Yoyo und Crocky immer spontan bereit. Die Helfer suchen den Helden und nicht umgekehrt. Anderseits hat der Film durchaus drastisch-witzige Details: Zu sehen, wie ein Dicker ein ganzes Meer aussäuft oder wie ein Langer große Strecken zurücklegt, sind filmisch sehr wirksam und unterstreichen den übertreibend-witzigen Charakter der schwankhaften Grimm-Erzählung.

1.6 *König Drosselbart*

Interessant ist auch hier wieder die Funktion der beiden Kunstfiguren Yoyo und Doc Croc. Sie werden zu moralischen Instanzen. Sie kommentieren den Hochmut der

Prinzessin oder tadeln den König Drosselbart dafür, dass er als Husar die Töpfe der Prinzessin zerdeppert hat. Die beiden bieten sich der Königstochter als Schutzengel an. Sie nehmen ihr das Denken, das selbständige Handeln und auch die Arbeit ab, und sie fungieren schließlich als *dei ex machina*. Ihre Schlussworte sind: „Wie die Sache aussieht, haben wir dem Glück auf die Sprünge geholfen." Das trifft den Kern der Sache. So wird der Charakter des Märchens total verschoben. Im Grimm'schen Märchen gewinnt die Prinzessin den Spielmann wirklich lieb. Das hat eine ganz andere innere und tiefere Dimension.

1.7 *Der gestiefelte Kater*

Die Wirkung dieses effektvollen Märchens hat sich *SimsalaGrimm* nicht entgehen lassen, obwohl es sich um ein Stück aus der Erstausgabe handelt, das den Brüdern Grimm von Jeanette Hassenpflug übermittelt wurde, später aber wegen der offenbaren Abhängigkeit von Perraults *Chat botté* ausgesondert wurde. Die seitherigen Beobachtungen sind auch für diese Filmbearbeitung zutreffend. Yoyo und Doc Croc sind es, die dem gestiefelten Kater die zündenden Ideen liefern, wodurch dessen Rolle, aber auch die des menschlichen Helden, stark eingeschränkt wird. Der Held heißt Hans. Als Graf führt er den Namen 'Schnatterschnabel', obwohl er alles andere als beredt ist, denn das Reden erledigen Yoyo und Crocky für ihn. Doc Croc führt auch die Diskussion mit dem Zauberer beim Verwandlungswettbewerb. Konsequent fortgeführt wird auch die humanitäre Tendenz: Grausamkeiten und Tötungen werden ausgeblendet. Den vom König so begehrten Rebhühnern wird nicht der Hals umgedreht, sondern sie werden lebendig gefangen und in einem Sack abgeliefert, in dem sie sich noch munter bewegen. Schlachten und Ausnehmen wird nicht gezeigt. Der in eine Maus verwandelte Zauberer wird zwar gefressen, aber auch diesen Vorgang spart der Film aus. Man sieht nur, wie sich der Kater hinterher die Lippen leckt. Scheinbar unnötigerweise wird im Schloss des Zauberers noch eine sprechende Kröte eingeführt. Erst am Schluss bekommt diese Szene ihren Sinn. Es gibt als Happy-End eine Doppelhochzeit: Nicht nur Hans bekommt die Königstochter, sondern auch der Kater heiratet die in ein Kätzchen zurückverwandelte Kröte. Filmisch gelungen sind die Verwandlungen des Zauberers erst in einen Elefanten, dann in einen Löwen. Das sind drastische und richtig lustige Szenen. Wunderbar-übernatürliche Vorgänge sind im Trickfilm eben kein Problem.

1.8 *Brüderchen und Schwesterchen*

Die Protagonisten erhalten feste Namen. Sie sind Zwillinge und heißen Johann und Johanna. Aber die produktiven Ideen kommen wieder von Yoyo und Doc Croc. Sie beschließen, die beiden Stiefkinder von der Fronarbeit in der Mühle zu befreien. Yoyo und Doc Croc sind es auch, die später den König über die Vorgeschichte aufklären. Die verstorbene Mutter der beiden, die bei Grimm nicht auftritt, erscheint in der Filmfassung als eine Art guter Geist, der aus dem verzauberten See (nicht einem Brunnen) auftaucht und die Kinder warnt. Das in ein Reh (genauer hier: in einen

Rehbock) verwandelte Brüderchen sieht schon besonders blöd aus. Wahrscheinlich wollten die Zeichner nicht dem bekannten Bambi-Typ folgen, der süßlichen Verkitschung des Märchens durch Walt Disney. Vielleicht konnten sich die ostasiatischen Zeichner auch unter einem deutschen Reh nichts Genaues vorstellen. Die Vermischung von Märcheninhalten ist in dieser Produktion verwirrend. Die böse Stiefmutter in *Brüderchen und Schwesterchen* verfügt über einen Zauberspiegel wie Sneewittchens Stiefmutter. Als Zwillinge sind das Reh und das Mädchen sympathetisch miteinander verbunden. Geht es dem einen schlecht, leidet auch der andere in magischer Partizipation. Hier wird nun die Märchenerzählung aus dem Munde des angeblichen Dr. Croc mit den neuesten Erkenntnissen der Zwillingsforschung befrachtet. Das wirkt schon ziemlich verfremdet.

Dieses Märchen weicht stärker vom Grimm'schen Originaltext ab als die vorangehenden. Die wirkungsvollsten Momente der Grimm-Erzählung haben sich die Filmemacher leider entgehen lassen: Die Szene der zurückkehrenden toten Königin und ihre Verse: „Was macht mein Kind, was macht mein Reh? – Nun komm ich noch einmal und dann nimmermehr." Sie gehören zu den eindrücklichsten Szenen des ganzen Grimm-Buches und bleiben jedem zeitlebens in Erinnerung, der sie einmal – gerade in ihrer dreimaligen Wiederholung – gehört hat.

2 Zusammenfassung

2.1 Yoyo und Doc Croc als Märchenhelden?

Die Kriterien für eine abschließende Beurteilung der *SimsalaGrimm*-Serie sind bei der separaten Besprechung der einzelnen Folgen schon deutlich geworden. Die hauptsächliche Veränderung gegenüber den originalen Grimm'schen Märchen besteht in der Einführung der beiden, jedes Märchen begleitenden Kunstfiguren Yoyo und Doc Croc. Sie dienen als Verbindungsfiguren dem Ziel, aus der heterogenen Sammlung des Buches eine geschlossene Serie zu machen. Sie bestreiten bei jeder einzelnen Sendefolge jeweils den Rahmen: Anfang und Ende der Erzählung und des Geschehens. Ihre stereotyp sich wiederholende Selbstvorstellung ist zwar dümmlich, aber einprägsam. Die Selbstvorstellung des Doc Croc ist eine anti-akademisch-anti-intellektuelle Aggression, soll aber lustig sein. Die Wissenschaft, auch die Wissenschaft vom Märchen, wird lächerlich gemacht durch diesen arroganten *Privatgelehrten*. Beide Figuren sind in erster Linie zunächst einmal extrem hässlich. Sie sind ausgesprochene Kunstfiguren ohne Wirklichkeitsnähe. Yoyo und Doc Croc sind nicht einfach verkleinerte Menschen, sondern liegen als halbtierische Phantasiewesen ästhetisch auf einer ganz anderen Ebene. Die Frage, ob sie eher theriomorph oder zoomorph sein sollen, bleibt offen. Sie folgen damit dem Strickmuster Disney'scher Figuren, und der ist mit derartigen Kreationen berühmt geworden. Yoyo ist nach seiner Kleidung eher ein Harlekin, Doc Croc ein Bücherwurm. Wesentlich ist, dass diese beiden Kunstfiguren, die mit den Grimm'schen Märchen nicht das Geringste zu tun haben – auch die Namen sind alles andere als deutsch – die Motivationen des Märchengeschehens gründlich und grundsätzlich verändert haben. Sie drängen sich so sehr in den Vordergrund, dass die eigentlichen Märchenhelden nur noch ihre Marionetten sind oder zu bloßen Statisten degradiert werden. Was bleibt von einem tapferen Schneiderlein, wenn es die Serienfiguren sind, die die Riesen mit Steinen bewerfen, und Doc Croc es ist, der dem Titelhelden rät, den Käse einzustecken, der ihn hernach die Kraftprobe mit dem Riesen siegreich bestehen lässt. Doc Croc belehrt immer und penetrant experimentell-naturwissenschaftlich, z. B. hinsichtlich des Fallen-Mechanismus für Rebhühner (im *Gestiefelten Kater*). Mittlerweile sind jedoch Yoyo und Crocky – gerade weil sie in jeder Sendefolge vorkommen – bekannter geworden als manche Märchenfiguren, und sie werden in Spielzeuggeschäften und Warenhäusern in allen Größen zum Verkauf angeboten. Die beiden Figuren sind klein und damit in gewissem Sinn kindgemäß: Der Held kann sie in seinen Rucksack stecken. Eine Identifikation für die Kinder bietet sich damit an.

Der Trend, Märchen neu zu aktualisieren, ist schon alt. Und auch die Einführung zusätzlicher Figuren haben andere Märchenbearbeitungen vorgemacht. Jedes Weihnachtsmärchen auf dem Theater arbeitet mit zusätzlichen Figuren und Szenen, weil das Märchen sonst schnell zu Ende erzählt wäre. Da eine dreimalige Wiederholung wie in der Märchenerzählung als zu langatmig und wirklichkeitsfremd gilt, werden Zusatzfiguren benötigt. Sie sind zur Fülle einer Sendung wie schon zur Abrundung eines abendfüllenden Märchenstücks auf dem Theater unentbehrlich.

Die Tendenz zum Zeichentrickfilm scheint unausweichlich. Man kann auch *Heidi*, *Biene Maja* u. a. nicht mehr mit wirklichen Menschen spielen, sondern nur noch mit gezeichneten Trickfiguren. Das Herstellungsverfahren führt jedoch zu bestimmten Konsequenzen. Es gibt zeichnerische Topoi: Das Märchenschloss ist immer das gleiche vieltürmige, an Neuschwanstein erinnernde Gebäude. Vor- und Abspann der Serie sind jeweils gleich, auch die Art, wie sich die Protagonisten vorstellen – *Yoyo, der Held der 1000 Abenteuer* – wiederholt sich formelhaft. Generell sind beim Zeichentrickfilm die menschlichen Figuren Typen. Die Gesichter werden alle mit derselben Schablone gemalt, sind also keine Individuen: Ein Held sieht aus wie der andere, eine Prinzessin wie die andere (Kindchenschema – Barbiepuppe). Der dickbäuchige, vertrottelte König als Vaterfigur bleibt sich durchgängig gleich. Der Eindruck des Kitschigen hängt mit den glotzäugigen Gesichtern zusammen, insbesondere mit dem Augenaufschlag und Wimpernklimpern der Heldinnen, was – je nach Bedarf – Bescheidenheit, Verlegenheit, Verliebtheit usw. signalisiert. Aber ist das beim Figurentheater im Grunde nicht ebenso? Da kann man mit denselben Figuren auch alle Märchen spielen. Märchenfiguren sind ja tatsächlich Typen. Aber kein Illustrator Grimm'scher Märchen könnte es sich leisten, alle Illustrationen und Personenschilderungen über denselben Leisten, sprich dieselbe Schablone zu schlagen.

2.2 Textgestaltung

Die Textvorlage der KHM wird oft genug verstümmelt. Handlungen werden nach Belieben gekürzt oder auch erweitert. Besonders bedauerlich ist es, dass auf die Verse, die ja zum Einprägsamsten der Märchentexte gehören, oft genug und ohne ersichtlichen Grund verzichtet wird („Ich arme Jungfer zart, ach, hätt' ich genommen den König Drosselbart!").

Was der Märchenfreund am meisten beklagen wird, ist der Verlust der von den Brüdern Grimm vorgegebenen und uns allen seit Kindesbeinen vertrauten Sprache. *SimsalaGrimm* knüpft an die Umgangssprache der Kinder und an die saloppe Gegenwartssprache von Jugendlichen an: „Das ist vielleicht ne Zicke!" (*Drosselbart*). Der Koch ist der „Küchenbulle". Moderne Sprachfloskeln wie „Igitt, Igitt" oder „Hei" werden eingeflochten. Alles vollzieht sich in der Alltagssprache: „Seid ihr bereit?" – „Na klar sind wir das, und ob!" Ein solches Überwechseln in die Umgangssprache begrüßen wir sonst bei heutigen Märchenerzählern. Und mit Sicherheit ist der Grimm-Text nicht sakrosankt: „Als der Wolf seine Lust gebüßt hatte, trollte er sich von hinnen" – das kann man Kindern von heute nicht mehr zumuten. Die Sprechstimmen klingen manchmal ziemlich dümmlich, und besonders störend ist der abschließende Gesang mit seiner süßlich-kitschigen, pseudokindlichen Sprache: „Nimm mich bei der Hand, in das Märchenland." Das alles ist nicht gerade künstlerisch geschmacksbildend.

2.3 Gewaltverzicht

Ein weiterer erkennbarer Grundzug der Märchenverfilmung ist das durchgängige Prinzip der Gewaltvermeidung, die Entschärfung von Grausamkeit. Die Diskussion über die Frage der Umsetzbarkeit grausamer Märchenszenen ins bewegte filmische Bild ist nicht neu. Die Darstellung grausamer Szenen in bewegten farbigen Bildern hat einen ungleich stärkeren Wirklichkeitsanspruch als die bloße Erzählung. Deshalb haben alle Märchenverfilmungen – so auch schon die der Disney-Produktion (*Cinderella!*) – erhebliche Abstriche machen müssen. Brutalitäten, die man den Grimm'schen Märchen oft genug vorgeworfen hat, sind aus dem Fernsehfilm verbannt. Es gibt keine ekligen und grausamen Szenen, die den Kindern zugemutet werden. Es fließt kein Blut. Wenn der Bauch des bösen Wolfs aufgeschnitten wird, um Rotkäppchens Großmutter zu retten, dann nur im OP unter Vollnarkose. Mein fünfjähriger Enkel war im Krankenhaus. Hinterher durfte er sich etwas wünschen, weil er sich so 'tapfer' verhalten hatte, und seine Mutter versprach ihm, sie würde auch zu seinem Wunsch nicht nein sagen. Die beiden gingen in eine Buchhandlung, und der Enkel wünschte sich ein *SimsalaGrimm*-Buch. Warum? Bei *Hänsel und Gretel* z. B. hätte er Angst beim Vorlesen aus dem Grimm-Buch, nicht aber bei *SimsalaGrimm!* Es scheint, das kindliche Rezeptionsverhalten hat sich offensichtlich der Television angepasst. Das Fernsehen ist als Geschichtenerzähler akzeptiert. Märchen können jedenfalls nur noch in der medialen Bearbeitung überleben. Sie haben das Lesen, das Vorlesen und das lebendige Erzählen weitgehend verdrängt. Dies ist heute die Welt der Kinder in der Computer-Generation. Dazu gehört auch die lässige Sprache, bei der Kinder nicht dauernd nachfragen müssen. Mein Enkel sagt, er verstünde die Märchen so besser.

2.4 Komik und Realität

Mit Erschrecken hören wir, dass Kinder, wenn sie überhaupt lesen, fast ausschließlich Fernseh-Begleitbücher als Lesestoff konsumieren. *SimsalaGrimm* erweckt zumindest noch die Illusion eines Märchenbuches, wenn zu Beginn jeder Sendefolge die Rahmenhandlungsfiguren im aufgeschlagenen KHM-Buch durch die Lüfte segeln. Auf dem Buchdeckel ihrer Kinder- und Hausmärchen brechen die beiden Grimm-Brüder in schallendes Gelächter aus, und damit ist die Grundstimmung von *SimsalaGrimm* vorgegeben: Alles soll 'spannend und lustig' sein. Die Veränderungen in Richtung Komik sind so stark, dass – um mit Christoph Schmitt zu sprechen – im Ergebnis genau betrachtet gar keine Märchen mehr erzählt werden. Um diesem selbstgestellten Anspruch zu genügen, werden gleich zu Beginn der Folgen komische Szenen eingebaut, auch wenn sie vom Märchengeschehen gar nicht notwendig und vorgegeben sind, so z. B. im *Gestiefelten Kater*, wo Yoyo und Doc Croc nach ihrem Eröffnungsflug auf die Flügel einer Windmühle fallen und mit ihr Karussell fahren. Yoyo trägt ein Schellengewand, ist also eine Narrenfigur wie Till Eulenspiegel, und damit werden die Märchen weitgehend ins Komische gezogen. Es kommt weniger auf die Märchenhandlung an, als auf den Spaß, was umso mehr überrascht, als es in den Grimm'schen Märchen eigentlich wenig zu lachen gibt.

Das bedeutet ein verändertes Verhältnis zur Realität wie auch zur Welt des Übernatürlichen, als wir es sonst aus dem Märchen gewohnt sind. Der Tendenz zu größerer Wirklichkeitsnähe entspricht u. a. die Einführung von Personennamen für die Akteure. Die Drosselbartprinzessin heißt Konstanze, der Müllerssohn im *Gestiefelten Kater* einfach Hans, Brüderchen und Schwesterchen hören auf die Namen Johann und Johanna, die Mutter Geiß heißt Heidi, und der Name macht sie noch ein Stück menschenähnlicher.

Wunderbar-übernatürliche Ereignisse werden von dem Naturwissenschaftler und Privatgelehrten Doc Croc rationalistisch erklärt. Das alles hat mit zum Erfolg von *SimsalaGrimm* beigetragen.

2.5 Wert und Erfolg von *SimsalaGrimm*

Weltweit wurde die Sendefolge an 40 TV-Sender verkauft. Pro Sendung werden ca. 500–600.000 Kinder erreicht. Die beabsichtigte Verbreitung in den Kindergärten scheiterte freilich schon daran, dass diese – zum Glück – bis jetzt in der Regel keine Fernsehgeräte besitzen. Bleibt also (nur!) das häusliche Fernsehgerät, und dafür sind Grimms Märchen eine feine Eintrittskarte. Mit der Akzeptanz der Grimm'schen Märchen kann bei deutschen Eltern und Kindern stets gerechnet werden. So benutzt die Produktionsfirma den Welterfolg der Brüder Grimm und ihren Namen, um auf dieser Erfolgswelle des meistübersetzten Buches deutscher Sprache mitzuschwimmen. Die Berufung auf Grimm scheint immer für Qualität zu sprechen und verspricht eine gewinnträchtige Sache. Dazu kommt noch die äußerst günstige Sendezeit: Sonntag morgens um 11 Uhr. Da ist keine Schule, kein Kindergarten. Und die Eltern wollen ihre Ruhe haben. Da setzt man die Kinder am einfachsten vor den Fernseher, denn ein Märchen kann ja nicht schaden. Man sollte sich freilich weder vom Verkaufserfolg blenden lassen noch die Sendereihe von vornherein grundsätzlich verdammen und verteufeln, wie dies im Übereifer des Gefechts auch schon geschehen ist („Ein Verbrechen an den Seelen unserer Kinder" – Paul Runge). Doch enthalte ich mich bewusst pädagogisch-didaktischer Bemerkungen, denn Kindertauglichkeitsbescheinigungen sind nicht meines Amtes und entziehen sich meiner fachlichen Zuständigkeit. Trotzdem ist mein Fazit: *SimsalaGrimm* ist vielleicht nicht schlimmer als so manche Märchenbearbeitung der Walt-Disney-Company.

SimsalaGrimm ist ein erneuter Beweis dafür, dass man auch noch heutzutage mit Grimms Märchen jede Menge Geld verdienen kann. Und so stört mich natürlich der Vorschuss-Bonus der Brüder-Grimm-Gesellschaft. Es war weder nötig noch verdient, dass sie der Serie *SimsalaGrimm* ein 'Gütesiegel' erteilt hat. Der Vorspann-Text „Unterstützung durch die Brüder-Grimm-Gesellschaft" sollte ja wohl eher umgekehrt werden, dass den Brüdern Grimm ein Schmerzensgeld bezahlt werden müsste, eine Art Gema-Gebühr oder Gewinnabgabe an die *Verwertungsgesellschaft Wort*, wovon dann die Märchenforschung in Deutschland angemessen unterstützt werden könnte. Grundsätzlich denke ich, sollten wir uns keine übertriebenen Sorgen machen. Die *Kinder- und Hausmärchen* der Brüder Grimm sind so starkes Urgestein, dass sie auch *SimsalaGrimm* überdauern werden.

HELMUT FISCHER

Grimms Märchen: neu erzählt, modern, ent-grimmt und ver-simsalagrimmt

Stoßrichtungen des Umgangs mit Märchen

Indem die Brüder Grimm ihre Märchensammlung unter dem Titel *Kinder- und Hausmärchen* veröffentlichten, wiesen sie die in diesem Buch vereinigten Geschichten einer bestimmten Adressatengruppe und einem festen Sozialisationsfeld zu. Ihre Geschichten wandten sich an Kinder in der Obhut des Hauses oder der Familie. Damit legten sie die künftige Auffassung von dem fest, was ein *Märchen* ist, wem es zugehört und wo es erzählt wird. Sie schufen mustergültige Texte, die von den Erwachsenen als *Kindermärchen* in den pädagogischen Gebrauch übernommen wurden. Die sogenannte Kinderliteratur wurde um Märchen der „Gattung Grimm" erweitert.[1] Die Märchen „seit Grimm" waren Texte für „kleine Kinder" im Raum der Kinderstube.[2] Die pädagogischen und wissenschaftlichen Bemühungen richteten sich fortan darauf, die Kindgemäßheit der Grimm'schen Erzählungen, ihre Bedeutung für die geistige und seelische Entwicklung junger Menschen sowie ihr literarisches Gewicht deutlich zu machen.

Die Grimm'schen Texte, wissenschaftlich und literarisch legitimiert, wurden alsbald von Schule und Unterricht in Gebrauch genommen. Ihre Verfasser hatten die Märchen nach den Erfordernissen der Kindererziehung ihrer Zeit eingerichtet und die schulische Verwendung provoziert und gerechtfertigt. Die Lehrer und die Herausgeber von Lesebüchern beanspruchten das Recht, die Texte unter den Gesichtspunkten der Eignung für kindliche Rezipienten und für den Schulunterricht auszuwählen und zu bearbeiten[3]. Ausschlaggebend war der rezeptive Effekt.

Die Auseinandersetzung um den richtigen Umgang mit den *Kinder- und Hausmärchen* beherrschte die pädagogische und die öffentliche Diskussion.[4] Nach 1945 stritt man heftig über die ihnen innewohnende Grausamkeit und die Angstpotentiale, über die rückwärtsgewandt-bürgerlichen oder progressiv-revolutionären Inhalte und ähnliche Aspekte.[5] Der „Markt der didaktischen Konzepte" war bis in die 80er Jahre hinein voll besetzt.[6] Durch die Medien, durch Film, Fernsehen, Video, Schallplatte, Kassette und CD, durch Bilderbuch und Theater, Comic und Cartoon, Parodie, Satire und Werbung wurde dem Märchen eine weite Öffentlichkeit erschlossen.[7] Man versuchte, Inhalte und Gestaltung der Grimm'schen Geschichten für gegenwärtige Hörer, Leser und Zuschauer aufzubereiten.

Grimms Märchen für Kinder von heute?

Am radikalsten äußerten sich diejenigen, die das Märchen überhaupt ablehnten. Otto F. Gmelin verurteilte es als repressiv, weil es Vorurteile gegenüber randseitigen Figuren wie Hexen oder Stiefmüttern wecke, rollenstereotypes Verhalten demonstriere, durch seine Grausamkeitsrituale unnötige Ängste hervorrufe und nur irreale Konfliktlösungen anbiete. Sein apodiktisches Argument lautete: *Böses kommt aus Märchen*.[8] Melchior Schedler erkannte in den Grimm'schen Texten einen gegenaufklärerischen Irrationalismus, den bürgerliche Ideologen zur Verdummung und Einschüchterung der unteren Schichten erfanden, und forderte die *Reinigung* von solchen Zutaten.[9] Andere stellten die Frage: *Grimms Märchen für Kinder von heute?* und vermuteten eine Antwort im Neu-Erzählen oder Um-Erzählen. Für mustergültig hielt Hans-Joachim Gelberg die Fassungen in dem Buch *Janosch erzählt Grimm's Märchen*, die vielfach parodistische und persiflierende Züge zeigten und gelegentlich zum Anti-Märchen verändert wurden.[10] Überhaupt glaubte man, durch das Variieren, durch Problematisieren und Modernisieren den *Kinder- und Hausmärchen* ein zeitgenössisches Dasein zu sichern.[11] Indem *alte* und *neue* Märchen kontrastiert wurden, sollte ein ideologiekritisches Konzept installiert und ein emanzipatorischer Blick auf die aktuellen Lebensverhältnisse gerichtet werden.

Die „ent-grimmten" Märchen versagten ihren Dienst.[12] Selbst der sogenannte progressive Literaturunterricht konnte die kindlichen Rezipienten nicht für die *neuerzählten* Geschichten gewinnen. Die Kinder forderten immer wieder den Rückbezug auf die Grimm'schen Fassungen. Die Gattung Grimm ist ein historisches Literaturgut und ein fester Bestandteil der allgemeinen literarischen Kultur.

Die Märchen der Brüder Grimm neu entdecken?

Indessen hat sich die Münchener Greenlight Media AG an die *Runderneuerung* der *Kinder- und Hausmärchen* gemacht. *Die Märchen der Brüder Grimm* werden herausgegeben und *neu erzählt* von André Sikojev, Claus Clausen und Stefan Breiten. Im Vordergrund steht eine Trickfilmproduktion mit 26 Einheiten. Die erste Staffel von 13 Folgen wurde im Monat November 1999 im Kinderkanal ausgestrahlt. Für den Beginn des Jahres 2000 ist die Sendung der anderen Hälfte mit zahlreichen Wiederholungen vorgesehen. Dieses *derzeit größte europäische Zeichentrickfilm-Projekt* im Umfang von 20 Millionen DM bläht sich mit mehreren Superlativen auf. Die Senderechte wurden bereits an mehr als 40 Fernsehanstalten verkauft. Um die TV-Serie ist ein Medienpack angelagert mit CDs, Computerspielen, Internetseiten, Comics, Gesellschaftsspielen, Kartenspielen, Plüschfiguren, Büchern und anderem Zubehör. Man plant einen Kinofilm unter dem Titel *Niklas und der Zauberer*. Auf der Expo 2000 in Hannover ist ein Märchenzelt mit Grimm-Spielen, Grimm-Konzerten und Grimm-Theaterstücken vorgesehen. Ebenfalls ist an einen Grimm-Vergnügungspark gedacht. Die Marke Grimm, international bestens eingeführt, garantiert satte Gewinne. Man sichert den geschäftlichen Erfolg durch die neue Medienmarke *SimsalaGrimm*.

Der Video-Fassung ist eine Druckversion nach der Devise *Das Buch zur TV-Serie* zugeordnet. Die Bilder sind dem Film entnommen. Die Bücher erscheinen als Lizenzausgaben der Greenlight Books AG & Co KG im Egmont Franz Schneider Verlag GmbH in München, firmieren unter der Bezeichnung *Schneider Buch* und finden sich zum Kauf *überall, wo es Schneider Bücher gibt.*

Ein gewaltfreies und familienfreundliches Produkt

Die Bücher enthalten einen oder bis zu drei Texte. Der Markenname *SimsalaGrimm* wird ergänzt durch den Hinweis auf *Die Märchen der Brüder Grimm*. Der Bezug zu den traditionellen Grimm'schen Geschichten soll nicht unterbrochen, sondern apperzeptiv genutzt werden. Im ersten Bändchen unter dem Titel *Der Wolf und die sieben Geißlein* stellt der Verfasser der neuen Geschichte sein Konzept vor.[13] Die herkömmliche epische Struktur wird zugunsten eines gleichlaufenden Musters aufgegeben.

In einer zweiteiligen Einleitung werden zwei Leitfiguren eingeführt. Yoyo und Doc Croc präsentieren sich selbst mit Namen, Auftrag und Thema. Sie sprechen die Leser direkt an. Es geht um *die aufregende Märchenwelt der Brüder Grimm* und die sieben Geißlein. Im zweiten Schritt wird die Vorstellung der Handelnden präzisiert und erweitert. Yoyo ist der mutige, flinke Fuchs-Harlekin, der sich gegen jede Ungerechtigkeit wendet. Den gegensätzlichen Charakter verkörpert Doc Croc, der Bücherwurm und gelehrte Tollpatsch, der immer Rat weiß. Die Rollen werden verteilt: Der Kleine Wolf, der Sohn des Großen Wolfs, steht als Vegetarier auf der Seite der sieben Geißlein. Der Große Wolf hat es auf die Geißlein abgesehen und benutzt üble Tricks. Die Geißlein sind frech, lassen sich aber leicht täuschen. Darin liegt die Gefahr für sie. Die Vorstellung des Personals ist unvollständig. Mutter Ziege und Frau Wolf werden nicht erwähnt. Mit dieser Einleitung werden die Handlungspositionen und die Ausrichtung des Leserinteresses bestimmt.

Die folgende Geschichte ist in acht Kapitel gegliedert:

1. Das fliegende Märchenbuch: Wie der orientalische Teppich fliegt das Märchenbuch, angetrieben von dem Zauberspruch Abrakadabra, in das Land Simsala, in das Land der Märchen und Geschichten. Die Passagiere Yoyo und Doc Croc veranlassen die Landung beim Haus auf der Wiese.

2. Das Haus auf der Wiese: Die beiden Helden treffen auf die Geißlein, die sich über die Ankömmlinge amüsieren und von Mutter Ziege zur Ordnung gerufen werden. Sie stellen sich vor: Yoyo nennt sich den *Helden der tausend Abenteuer,* und Doc Croc bezeichnet sich als Forscher, Wissenschaftler und Lehrer. Mutter Ziege, in Sorge um die Bildung ihres Nachwuchses, gewinnt ihn als Lehrer.

3. Der hungrige Räuber: Die Gefahr naht auf dem Fuße. Das jüngste Geißlein spielt auf der Wiese, belauert vom bösen Großen Wolf. Yoyo hält das Untier vom Angriff ab und redet ihm ins Gewissen. Mutter Ziege genügt ihrer Sorgfaltspflicht und schlägt den Wolf in die Flucht. Im Geißenhaus setzt man sich zu Tisch. Am folgenden Morgen warnt Mutter Ziege ihre Kinder, bevor sie in die Stadt geht. Yoyo und Doc Croc übernehmen die Aufsicht.

4. Der Kleine und der Große Wolf: Der Große Wolf pflegt seine Wunden, die er sich beim Angriff auf das jüngste Geißlein geholt hat. Der Kleine Wolf, der Tierschützer und Vegetarier, der aus der Art geschlagen ist, diskutiert mit seinem Vater und versucht, ihn für die gesunde Ernährung mit Obst, Gemüse und frischen Körnern zu gewinnen. Schließlich gehen beide, der Kleine Wolf lustlos und unwillig, *auf die Jagd* am Geißenhaus.

5. Die Ziegenschule: Der Unterricht im Geißenhaus macht Spaß. Die Geißlein singen und tanzen und freuen sich auf die Rückkehr ihrer Mutter. Da klopft es. Doc Croc warnt. Sie erkennen den Großen Wolf an der Stimme. Dieser läuft in den Wald zurück. Der kleine Wolf freut sich über den Misserfolg seines Vaters.

6. Die Verwandlung: Der Große Wolf frisst die Malkreide seines Sohnes und hellt damit seine Stimme auf. Verkleidet begibt er sich zum Geißenhaus, wird jedoch von Yoyo und den Geißlein an der dunklen Pfote erkannt. Die Familie Wolf hat zufällig Mehl in der Höhle, mit dem die Pfote bestreut wird.

7. Das Versteck in der Uhr: Da die Geißlein große Angst haben, wollen Yoyo und Doc Croc den Jäger holen. Die Kleinen bleiben allein zu Haus. Der Kleine Wolf weigert sich, den Vater bei seinem Vorhaben zu begleiten. Die Täuschung der Geißlein gelingt. Der Große Wolf bricht in das Haus ein und verschlingt alle bis auf das kleinste Geißlein im Uhrenkasten. Der Räuber legt sich am Fluss zum Schlafen nieder. Yoyo und Doc Croc finden den Jäger nicht. Mutter Ziege macht ihnen Vorwürfe und entdeckt das jüngste Geißlein.

8. Die Rettung: Man überlegt: Wenn der Große Wolf die Geißlein ganz verschlungen hat, leben sie vielleicht noch. Ausgerüstet mit Schere, Nadel und Faden treffen Yoyo, Doc Croc, Mutter Ziege und das Geißlein auf den Kleinen Wolf, der ihnen die Schlafstätte seines Vaters verrät. Doc Croc nimmt die *Operation* vor und befreit ein Geißlein nach dem anderen. Der Bauch wird mit Steinen gefüllt. Mutter Ziege näht ihn zu. Der Große Wolf erwacht, verspürt Durst, beugt sich über den Fluss und stürzt hinein. Frau Wolf will ihn retten und fällt selbst ins Wasser. Der Kleine Wolf fischt seine Eltern heraus gegen das Versprechen, *nie wieder unschuldige Kinder zu essen*. Es wird Abend, und die Geißenfamilie begibt sich auf den Heimweg. Yoyo und Doc Croc verabschieden sich im Bewusstsein, ein richtiges Abenteuer erlebt zu haben. Auf den Zauberspruch „Simsala, Sim, Simsala, SimsalaGrimm" rauscht das gute alte Märchenbuch heran, nimmt sie auf, fliegt mit ihnen zu neuen Abenteuern, etwa zum tapferen Schneiderlein oder zu König Drosselbart.

Im Vergleich mit der Ausgabe von 1857

Der Maßstab für die Beurteilung dieser *Neu-Erzählung* ist die Fassung mit dem Titel *Der Wolf und die sieben jungen Geißlein* der großen Ausgabe oder Ausgabe letzter Hand der *Kinder- und Hausmärchen* der Brüder Grimm von 1857.[14] Sie ist der Normtext, an dem sich der Vergleich ausrichtet. Denn die Verfasser der *Simsala-*

Grimm-Mutationen berufen sich selbst auf *die Märchen der Brüder Grimm* als Vorlagen für ihre Produkte. Die Grimm'sche Version besteht aus den folgenden Handlungsbestandteilen:

1. Die Geiß lässt ihre sieben Kinder allein, um Futter zu holen. Sie warnt vor den Täuschungsversuchen des Wolfs und erklärt, dass er an der rauhen Stimme und den schwarzen Füßen zu erkennen ist.
2. Der Wolf verlangt Einlass und lockt mit Mitbringseln. Er wird jedoch an der rauhen Stimme erkannt. Darauf besorgt er Kreide beim Krämer, frisst sie und hat eine sanfte Stimme. Die Geißlein aber erkennen ihn nun an der schwarzen Pfote und weisen ihn ab. Beim Bäcker lässt sich der Wolf Teig auf die Pfote streichen. Dem Müller droht er, so dass dieser Mehl darauf streut. Dann kehrt er zum Haus zurück. Die Kinder lassen sich die Pfote zeigen, finden sie weiß, glauben, es sei die Mutter, und lassen den Wolf ein.
3. Voller Entsetzen wollen sich die Geißlein verstecken. Aber der Wolf findet sie alle und verschlingt eins nach dem anderen, nur das Jüngste im Uhrenkasten nicht. Dann legt er sich zum Schlafen unter einen Baum.
4. Die Geiß kommt nach Hause, findet das Durcheinander vor und sucht ihre Kinder. Nur das Jüngste antwortet auf ihr Rufen. Die Mutter zieht es aus dem Uhrenkasten, hört seinen Bericht und weint.
5. Mutter und Geißlein finden den Wolf und sehen, dass sich in seinem Bauch etwas bewegt. Das Jüngste holt Schere, Nadel und Zwirn. Die Geiß schneidet dem Wolf den Wanst auf, und die sechs Kinder kommen unversehrt hervor. Die Kinder füllen den Bauch mit Wackersteinen. Die Mutter näht zu. Als der Wolf erwacht, empfindet er großen Durst. Er will am Brunnen trinken. Die schweren Steine ziehen ihn hinein, und er ertrinkt. Die Mutter und die sieben Geißlein tanzen um den Brunnen herum.

Die Neu-Erzählung folgt verkürzt den inhaltlichen Vorgaben des Normtextes: Die Geißenmutter entfernt sich, der Wolf täuscht die Kinder und verschlingt sie, die Mutter und das Jüngste befreien die Geißlein, der Wolf wird bestraft. Allerdings werden ein eigener Kontext erstellt, die Personalliste verändert, motivierende Bestandteile beigebracht und Interpretationen angesetzt.

Der Kontext greift über die Einzelgeschichte hinaus. Es entsteht eine Serie, die durch eine Rahmenhandlung mit Ein- und Ableitung zusammengehalten und als eine Folge von Abenteuern deklariert wird. Die Träger dieser Bestandteile sind die Trickfilmfiguren Yoyo und Doc Croc. Sie erweitern darüber hinaus das Geschichtenpersonal und organisieren die Handlung. Die *Mutter Ziege,* nicht die alte Geiß, und die sieben Geißlein fügen sich ihren Steuerungsabsichten. Der Wolf ist kein Einzelgänger mehr, sondern der *böse Große Wolf,* der mit Frau Wolf und dem Sohn, dem Kleinen Wolf, in einer keineswegs konfliktfreien Familie lebt. Die Menschen, Krämer, Bäcker und Müller, die Helfershelfer des Wolfs, sind gestrichen.

Die Geschichte wird mit mehreren neuen Motiven ausgekleidet. In die Idylle des

Ziegenhauses brechen die beiden Pseudogestalten ein. Im Gegensatz zur Grimm'schen Geiß denkt Mutter Ziege sofort an die Bildungsnotwendigkeiten und ist froh über den Lehrer. Die tägliche Ernährung ist selbstverständlich, Erziehung und Unterricht bedürfen ernsthafter Bemühungen, wie im Alltag der heutigen bürgerlichen Familie.

Die Auseinandersetzung mit dem Wolf wird umständlich vorbereitet. Während der Grimm'sche Wolf sein Ziel, das Verschlingen der Geißlein, unmittelbar angeht, erleidet der Große Wolf vorab schon einen gescheiterten Versuch. Das Kleinste entgeht ihm allerdings nur, weil Yoyo und die Ziege eingreifen. Der Wolf zahlt Lehrgeld, ohne etwas zu lernen.

Aber auch die Mutter bleibt sorglos und geht nicht zum Futterholen in den Wald, sondern zum Einkaufen in die Stadt. Sie warnt die Kinder zwar vor dem bösen Großen Wolf, verzichtet jedoch auf die Nennung seiner Kennzeichen und verlässt sich auf die Aufsicht der beiden Abenteurer.

Neu ist die komische Episode in der Wolfshöhle. Getreu dem traditionellen Rollenbild versorgt Frau Wolf ihren lädierten Mann, wohingegen der moderne Sohn mit dem *Papa* die alternative Lebensweise bespricht. Schließlich fügt sich der Kleine Wolf dann doch dem väterlichen Befehl, an der Jagd teilzunehmen.

Aufgebläht wird, im Gegensatz zum Grimm-Text, die Situation im Ziegenhaus und der Täuschungsvorgang. Der Unterricht macht nichts als Spaß. Doc Croc mahnt die Geißlein zur Vorsicht. Gerade das Kleinste erkennt den Großen Wolf an der Stimme. Der Versuch des schwachen Räubers scheitert. Der Zufall lässt ihn die Kreide seines Sohnes kauen. Er verkleidet sich und versucht die Täuschung mit seiner nun hellen Stimme. Nun greift Yoyo ein und weist auf die dunkle Pfote hin. Frau Wolf kritisiert den Versager und weiß Rat. Sie taucht die Pfote in Mehl und treibt ihren Mann zum dritten Versuch an. Der Kleine Wolf macht sich lustig über das Verhalten seiner Eltern, folgt aber gehorsam seinem Vater.

Umständlich wird das Eindringen des Großen Wolfs in das Ziegenhaus vorbereitet. Die klugen, aber unsicheren Leitfiguren entziehen sich der Verantwortung und suchen den Jäger. Der Kleine Wolf widersetzt sich seinem Vater. Die Geißlein lassen sich täuschen, und der Große Wolf erwischt alle, bis auf das Kleinste. Yoyo und Doc Croc kehren zurück, ebenso Mutter Ziege. Das Geißlein im Uhrenkasten gibt allen die Hoffnung, dass die verschlungenen Kinder noch leben.

Mit Hilfe des Verstandes leitet man die Rettung ein. Der gelehrte Doc Croc hat die richtige Idee. Der Kleine Wolf, als Mördersohn beschuldigt, zeigt sich betroffen und weist den Weg zum schlafenden Vater. Die beiden Abenteurer nehmen die Sache in die Hand. Doc Croc schneidet als gekonnter Chirurg dem Großen Wolf den Bauch auf, Yoyo assistiert, Mutter Ziege steht dabei und darf nach dem Einfüllen der Steine zunähen. Die Operation vor aller Öffentlichkeit gelingt. Selbst der Kleine Wolf ist erleichtert.

Der letzte Akt ist an Komik nicht zu überbieten. Der Große Wolf plumpst in den Fluss, nicht in den Brunnen, aus dem es keine Rettung gibt. Frau Wolf eilt ihrem

Mann zu Hilfe und fällt ebenso ins Wasser. Der Kleine Wolf erzwingt den Sinneswandel der Eltern und rettet sie dann. Das Happyend wirkt hilflos-rührend: Das durchnässte Wolfspaar macht sich davon. Alle sind zufrieden. Der Tag geht zu Ende. Die Geißlein müssen ins Bett. Yoyo und Doc Croc haben ein lehrreiches Abenteuer erlebt, wie sie versichern.

Die alten Märchen bewahren, aber trotzdem etwas Neues schaffen?

Indem die Geschichte in ein kontextuelles Gefüge eingebaut wird, indem Figuren hinzugefügt und mit tragenden Funktionen ausgestattet, andere jedoch beseitigt werden und motivationale Elemente die stringente Handlung der Grimm'schen Fassung auflösen, verändert sich das interpretatorische Bild und die Verständnisrichtung.[15] Die Tiere, die eigentlich, wie in der Fabel, in menschlichen Verhältnissen handeln, verlieren durch die Einführung der grotesken Comicfiguren Yoyo und Doc Croc an Schärfe. Die Übertragbarkeit geht verloren. Während der Märcheneingang die Fürsorge der Mutter und die Geborgenheit der Geißlein betont, entwickelt die Neu-Erzählung eine blasse Spielsituation. Die ganze Handlung erhält spielerische Züge. Die Tragik, die darin liegt, dass die Kinder den Widerspruch zwischen der Aussage und der Erscheinung des Wolfs verkennen und seiner Verstellung schutzlos ausgeliefert sind, wird vom Versagen der beiden Helfer überdeckt. Der Schutzraum der Geißenfamilie muss zwar geöffnet werden, der Vorgang erhält indessen deshalb ein anderes Gewicht, weil die Serienhelden durch ihre bloße Anwesenheit ein gutes Ende suggerieren. Während der Märchenwolf mit List und Lüge konsequent sein Ziel erreicht und allen Kennzeichen des Verschlingungsdämons entspricht, ist der Große Wolf zwar von naturbedingter Gier erfüllt, vor allem aber verkörpert er das naive, kaum noch furchterregende Tier. Vom dämonischen Widersacher des Lebens bleibt ein bedauernswerter Familienvater, dessen Scheitern schließlich darin besteht, dass er, wie sein Sohn, auf Pflanzenkost umsteigt. Aus diesem Grunde entgeht er, nachdem er durch den Sturz ins Wasser zur Raison gebracht wurde, der Todesstrafe. Der versöhnliche, utopische Ansatz am Schluss des Grimm'schen Märchens verrutscht zu einer simplen Happyend-Lösung.

Die ursprüngliche Geißenfamilie hat keinen Vater. Man könnte sich der Deutung anschließen, dass der Wolf in die Vaterrolle einzudringen versucht. Er ist und bleibt allerdings das männliche Tier, das außerhalb der Gemeinschaft draußen in der Wildnis lebt. Den unzureichenden Vaterersatz in der Neu-Erzählung stellen dagegen die Comicfiguren dar. Der Große Wolf hinwiederum erfreut sich einer kompletten Familie mit Frau und missratenem Sohn. Er ist, obwohl er im Geißenhaus ein Durcheinander stiftet, in die Ordnung eingebunden. Eine dümmlichere bügerliche Familienidylle kann man sich nicht denken.

Der Grimm'sche Text verdeutlicht, wie im Märchen Kinder erzogen werden. Die Botschaft zielt auf unbedingten Gehorsam und die Befolgung der elterlichen Erziehungsmaßnahmen, sonst ist eine schlimme Strafe unausweichlich. Das Böse, der Wolf, wird getötet, das Gute, die Geißlein, erhält trotz eines Versagens eine Chance.

Auf die Moral verzichtet auch die Neu-Erzählung nicht. Ungebührliches Verhalten gegenüber Erwachsenen führt zum Entzug des Nachtischs. Kinder haben brav zu sein und Anweisungen der Erwachsenen zu gehorchen. Nur der Kleine Wolf wagt den ideologischen Konflikt mit seinem konservativen Vater, und utopischerweise mit Erfolg. Im Kern werden das überlieferte Erziehungsmodell und die herkömmlichen Werte beibehalten.

Das Warnmärchen der Brüder Grimm verkörpert in seiner Kürze und Geradlinigkeit einen literarischen Typus, der auf der Vorstellung vom mündlichen Erzählen beruht. Die neue Adaption richtet sich jedoch am Erzählen in bewegten Bildern aus, entwickelt Action-Szenen, viele platte Dialoge und hält die Figuren ständig in Bewegung. Die Gestalten purzeln mit Schwung, sausen mit einem Riesensalto, fliegen durch die Luft, sausen heran. Die eingestreuten Lyrikergüsse haben nichts mit qualitätvollen Gedichten für Kinder zu tun. Sie sind nichts anderes als unterschobene Füllsel. Die Erzählsprache kommt im Wesentlichen mit Hauptsätzen daher. Diese Sprache gilt als einfach und damit als kindertümlich und ignoriert das kindliche Sprachvermögen. Die Abbildungen sind aus dem Trickfilm herausgeschnitten. Die Vier-Finger-Figuren besitzen keinen künstlerischen Eigenwert und leisten keinen unmittelbaren Beitrag zur Deutung des Textes, sondern erscheinen als karikatureske und schematische Bebilderungen. Die Grimm'sche Fassung hinwiederum besitzt einen historischen Standard. Sie bietet den gegenwärtigen Rezipienten ganz gewiss Widerstände, wirkt gleichermaßen reflektiv durch ihren Kontrast mit der erlebten Wirklichkeit. Die Unterschiede liegen in der metaphorischen Bedeutung, in der Äquivalenz der Angstbewältigung und in der Beherrschbarkeit des Bösen. Die Neu-Erzählung dagegen ist ein durchdesigntes Produkt, ein unterhaltsames Abenteuer im Medienverbund der Marke *SimsalaGraus*. Es ist zu hoffen und zu wünschen, dass Yoyo und Doc Croc im neuen Millenium mit ihrem Märchenbuchflieger eine Bauchlandung machen und ohne Schaden verschwinden, vor allem aber, dass das *Gütesiegel* der Brüder Grimm-Gesellschaft von ihren Untaten abfällt.

Anmerkungen

[1] Walter Scherf: *Kindermärchen*. In: *Enzyklopädie des Märchens 7*. Berlin/New York 1993, Sp. 1329–1336.
[2] Hartmut Eggert/Christine Garbe: *Literarische Sozialisation* (Sammlung Metzler 287). Stuttgart/Weimar 1995, S. 104.
[3] Dietz-Rüdiger Moser: *Bearbeitung*. In: *Enzyklopädie des Märchens 2*. Berlin/New York 1979, Sp. 1–6.
[4] Ulrike Bastian: *Die Kinder- und Hausmärchen der Brüder Grimm in der pädagogischen Diskussion des 19. und 20. Jahrhunderts* (Studien zur Kinder- und Jugendmedien-Forschung 8). Frankfurt/Main 1981.
[5] Werner Psaar/Manfred Klein: *Wer hat Angst vor der bösen Geiß?* Zur Märchendidaktik und Märchenrezeption. Braunschweig 1976. – Helmut Fischer: *Nach den Brüdern Grimm. Märchen der Brüder Grimm im didaktischen Gebrauch*. In: Kristin Wardetzky/Helga Zitzlsperger (Hrsg.): *Märchen in Erziehung und Unterricht heute. Bd. I: Beiträge zur Bildung und Lehre* (Veröffentlichungen der Europäischen Märchengesellschaft 22). Rheine 1997, S. 109–137.

[6] Monika Born: *Der Markt der didaktischen Konzepte*. In: Ottilie Dinges/Monika Born/Jürgen Janning (Hrsg.): *Märchen in Erziehung und Unterricht* (Veröffentlichung der Europäischen Märchengesellschaft 9). Kassel 1986, S. 114–137.

[7] Rudolf Schenda: *Märchen erzählen – Märchen verbreiten. Wandel in den Mitteilungsformen einer europäischen Gattung*. In: Klaus Doderer (Hrsg.): *Über Märchen für Kinder von heute. Essays zu ihrem Wandel und ihrer Funktion*. Weinheim/Basel 1983, S. 25–43. – Hans-Jörg Uther (Hrsg.): *Märchen in unserer Zeit*. München 1990.

[8] Otto F. Gmelin: *Böses kommt aus Märchen*. In: *Grundschule 7*, 1975, S. 125–131.

[9] Melchior Schedler: *Schlachtet die blauen Elefanten!* Bemerkungen über das Kinderstück. Weinheim 1973.

[10] *Janosch erzählt Grimm's Märchen*. Nachwort von Hans-Joachim Gelberg. Weinheim/Basel 1972, S. 249–254.

[11] Jochen Jung: *Märchen, Sagen und Abenteuergeschichten auf alten Bilderbogen neu erzählt von Autoren unserer Zeit*. München/Gräfelfing 1974. – Hans-Joachim Gelberg: *Neues von Rumpelstilzchen und andere Haus-Märchen von 43 Autoren*. Weinheim/Basel 1976. – Wolfgang Mieder (Hrsg.): Grimms Märchen – modern. Prosa, Gedichte, Karikaturen. Stuttgart 1979.

[12] Erich Kaiser: *Entgrimmte Märchen?* Didaktische Überlegungen zu aktualisierten Märchentexten. In: Westermanns Pädagogische Beiträge 8 (1975), S. 448–459.

[13] *Der Wolf und die sieben Geißlein*. Text: André Sikojev. 1999 im Egmont Franz Schneider Verlag GmbH München, 43 S. ISBN 3505-11290-9.

[14] Brüder Grimm, Kinder- und Hausmärchen. Nach der großen Ausgabe von 1857, textkritisch revidiert, kommentiert und durch Register erschlossen. Hrsg. v. Hans-Jörg Uther, München 1996.

[15] Walter Scherf: *Das Märchenlexikon* 2. München 1995, S. 1412–1416. – Winfried Freund: *Deutsche Märchen. Eine Einführung*. München 1996 (UTB 1902), S. 25–31.

JOACHIM GIERA

„Es ist, was es ist ..."

SimsalaGrimm und kein Ende: viele Argumente sind schon ausgetauscht, Meinungen gesagt, Proteste angemeldet worden. Da will ich mich möglichst nicht wiederholen. Bisher sah ich vier Folgen und studierte das von Herrn Kahn zusammengestellte Material.[1] Auf beides beziehe ich mich.

Märchen – Volksmärchen aller Länder und Kunstmärchen verschiedener Dichter – durch Medien adaptiert, zumal durch die Spielfilme und den Animationsfilm, gibt es seit Jahrzehnten. Der Streit darüber, ob das überhaupt zulässig sei, ist kein Streit mehr und müßig geworden: Märchen, auch „die Märchen der Brüder Grimm, sind schon längst in den verschiedensten Medien ... angekommen".[2] Der Streit darüber, wie das jeweils zu bewerkstelligen sei, währt ebenso lange, und er dauert an. Hier Recht sprechen zu wollen, maße ich mir nicht an. Ich verweise aber darauf, dass da ein großes Feld brachliegt, das noch der wissenschaftlichen Untersuchung harrt, um all diejenigen mit guten, d. h. sachlich-überzeugenden Argumenten auszustatten, die die Märchen der Völker als Kulturgut der Menscheit bewahrt wissen wollen, ohne sich den neuen Wegen seiner Verbreitung, Vermittlung, Popularisierung – auch durch die Medien – zu verschließen. Nicht zuletzt deshalb, um dem Schindluder entgegenzutreten, der mit Märchen allenthalben und immer mal wieder – auch durch die Medien – getrieben wird.

Nun war und nun ist es wieder einmal soweit: *Greenlight* liefert den Anlass.

Ich erinnere mich einer lange zurückliegenden Diskussion, die sich mit *Märchen im Film* auseinandersetzte. Das war während des Kinderfilmfestivals in Gera 1981. Da trafen sich Autoren, Dramaturgen, Regisseure, Filmwissenschaftler, Medienpädagogen, die sich dem Märchenfilm verschrieben hatten, stritten miteinander, tauschten Meinungen aus, machten Positionen deutlich, einigten sich oder widersprachen, ignorierten oder verbündeten sich. Umkreist wurde die *Gretchenfrage:*[3] Wie soll, darf, kann, muss mit den Märchen auf der Leinwand oder dem Bildschirm umgegangen werden, was also dürfen wir mit dem Märchen machen? Ein Kollege, es war Regisseur Heiner Carow, brachte das Gespräch auf den Punkt: „Wir müssen sogar mit dem Märchen machen, was wir wollen, aber wir müssen wissen, was wir wollen."[4]

Ich erinnere mich dieser lebhaften Diskussion heute angesichts „der Lawine, die ... über die Angelegenheit *SimsalaGrimm* losgetreten wurde".[5] Denn damals stritt man, bei aller Unterschiedlichkeit der Auffassungen, von einer gemeinsamen, als selbstverständlich gesetzten Plattform aus, nämlich Verantwortung nicht nur zu erkennen, sondern im (film-)künstlerischen Tun auch wahrzunehmen. Auf diese Verantwortung wies Carow hin, forderte sie ein: Verantwortung gegenüber dem *Gegenstand* (Märchen), Verantwortung gegenüber dem *Adressaten* (Kinderzuschauer). Verantwortung wahrzunehmen setzt nicht nur handwerkliches Können voraus, sondern schließt, nach meiner Meinung, unbedingt die Liebe (in ihrem großen, weiten und schönen Sinne) als Haltung zum Gegenstand und zum Adressaten ein, in diesem Falle die Liebe zum Märchen und *die Liebe zum Kind* (Janusz Korczak).

Handwerkliches Können mag ich der Trickfilmproduktion *SimsalaGrimm* nicht absprechen. Aber die Liebe wurde dort fingerfertig ausgetrickst. Zuneigung kann ich in den von mir besichtigten Folgen nicht entdecken: Die Liebe zum Märchen und die Liebe zum Kind blieben *außen vor*. (Sachlich richtige und emotional nachvollziehbare Argumente werden dafür im Kahn-Material die Menge geliefert.) Ich nenne diese *coole* Haltung der Produzenten und Macher der Serie, zumindest was die Liebe zum Kind angeht, einen erheblichen Vertrauensbruch gegenüber dem kindlichen Zuschauer (mit fatalen Folgen für ihn, auf die ebenfalls schon hingewiesen wurde).

Es wird sich zeigen, ob sich Produzenten und Macher dem stellen wollen. Man sollte sie zum Gespräch einladen, z. B. zum geplanten Symposion im Mai dieses Jahres. Die Einschaltquote bzw. der Verkaufserfolg werden sich von selbst als Gegenargument disqualifizieren. Frei nach Peter Hacks – haben Kinder immer noch das zu essen, was wir ihnen vorsetzen, was wir Erwachsenen ihnen auftischen. Wir bestimmen die Speisenfolge! Frühzeitig an mediales *fast-food* gewöhnt, werden Heranwachsende später genau das für ein Grundnahrungsmittel halten (müssen).

Greenlight & Geldgeber haben übrigens genau gewusst, was sie mit dem Märchen machen wollen – Geld. Und „bei Geld hört bekanntlich die Freundschaft auf".[6] Freundschaft als Teil der Zuneigung ...

Um Verantwortung geht es auch bei der *SimsalaGrimm*-Serie. Ihre Hersteller sind ihr in dem Sinne gerecht geworden, indem sie sie auf den Kopf stellten. Statt der Liebe zum Märchen und zum Kinde das Streben nach der „schnellen Mark".[7] Geschäftsleute setzten sich zusammen und kramten nach einer Idee; die liebe Legende berichtet von einer Anregung ihrer lieben Kindlein im Skiurlaub. Als sie die hatten, wurde überlegt: wenn da Geld reingesteckt (investiert) wird, muss mehr Geld dabei herausspringen! Logisch. Die Logik des Geldes. Und ehernes Gesetz derjenigen, die auf dem Markt, auf dem man mittlerweile buchstäblich alles verscherbeln kann, nicht pleite gehen wollen. Wer will das schon. Aber diese Wahrheit lässt sich nicht pur in die Menge streuen, die ja zuerst sehen und dann kaufen soll! Das wäre verantwortungslos gegen das Geschäft gehandelt.

Also wird munter, aber verbrämt, drauflos argumentiert und erst einmal der Künstler selbst ins Rennen geschickt: „Ich hielt es für überflüssig, die Märchen nochmal neu zu erzählen", tut der Regisseur kund.[8] Ach, hätte er es doch getan! Dann wäre das Ergebnis nicht das geworden, was es jetzt ist – überflüssig.

Dann müssen Autoritäten an den Start, deren über die Jahre gewachsener tätiger Sachverstand nicht in Zweifel gezogen und denen – daraus resultierend – Vertrauen entgegengebracht wird, um aufkommende Kritik am Ergebnis zu dämpfen oder zurückzuweisen. Die Kasseler Brüder Grimm-Gesellschaft besteht also darauf zu „erwarten, daß man ihr mit der gleichen Toleranz entgegentritt und ihr nicht das Recht abspricht, nach ihrer Auffassung richtige Aktivitäten zu akzeptieren und zu unterstützen und mit Partnern, denen sie vertraut, zusammenzuarbeiten".[9] Wo sie Recht hat, hat sie Recht, die Gesellschaft! Aber erst, nachdem sie sich den durch die Hersteller von *SimsalaGrimm* auf den Kopf gestellten Aspekt der Verantwortung selbst zu eigen gemacht hat und die Liebe zum Märchen und zum Kind der Logik des Geldes unterordnete. So haben sich neue Partnerschaften und vertraute Beziehungen gebildet, um *richtige Aktivitäten* in Gang zu setzen. Märchen und Kind sitzen nunmehr am Katzentisch – Verhandlungsmasse.

Aber eben deshalb kann sie nicht erwarten, die Gesellschaft, dass man ihr auf diesem Wege widerspruchslos Gefolgschaft leistet. Das wäre ja nicht Toleranz, sondern Unterwürfigkeit. Und fragen lassen muss sie sich deshalb auch, z. B. nach „dem etwaigen finanziellen Vorteil ... aus der Erteilung des Gütesiegels".[10] Und antworten sollte sie natürlich auch darauf. Sonst bleibt alle Rechtfertigung, das, was es jetzt ist – „Heuchelei".[11]

Es wird sich zeigen, ob die Brüder Grimm-Gesellschaft in Kassel sich diesem Einspruch stellen oder nur i. A. abwimmeln möchte. „Gerade, wenn es uns um die Pflege des Märchens ernst ist",[12] muss wieder Verantwortung zur Sprache kommen, um der Liebe zum Märchen und der Liebe zum Kind zu ihren Rechten zu verhelfen. Es geht ja nicht um den „Anspruch auf verbindliche Wahrheit vorgetragene Vorwürfe".[13] Es geht um die „Wahrheit, wie sie in den alten Märchen steckt",[14] die Jacob und Wilhelm Grimm fixierten. Es geht darum, wie wir uns diese Wahrheit heute – auch mit den medialen Mitteln und Möglichkeiten – aneignen. Und da geht es nicht ohne Verantwortung. Und ohne Liebe geht es schon gar nicht. Denn – mit Erich Kästner: *Es geht um die Kinder!*

Anmerkungen

[1] Walter Kahn: *SimsalaGrimm*, Meinungen zur Fernsehserie, kopiertes Material, S. 1–10, 1999.
[2] Helge Weinrebe: ebenda, S. 7.
[3] Harald Müller: ebenda, S. 7.
[4] Heiner Carow: Zitiert in *Film für Kinder.* Berlin 1981, S. 22.
[5] Walter Kahn: ebenda, S. 4.
[6] So meint jedenfalls der Volksmund, aber der ist auch nicht gegen dumme Behauptungen gefeit.
[7] Harald Müller: ebenda, S. 7.
[8] Gerhard Hahn: Zitiert in *TV SPIELFILM 22/99,* ebenda, S. 1.
[9] Wolfgang Windfuhr: ebenda, S. 5.
[10] Walter Kahn: ebenda, S. 5.
[11] Harald Müller: ebenda, S. 7.
[12] Wolfgang Windfuhr: ebenda.
[13] ebenda.
[14] Wera und Claus Küchenmeister: *Wahrheit, wie sie in den alten Märchen steckt.* Berlin 1989.

CHRISTOPH SCHMITT
unter Mitarbeit von Dörthe Kriedemann und Conny Schmidt

Goldesel mit Gütesiegel
Die weltmarkterobernde Zeichentrickserie *SimsalaGrimm*
auf dem Prüfstand

Dieser Beitrag möchte einige Folgen der ersten Staffel von *SimsalaGrimm* filmanalytisch bzw. im Problemfeld verfilmter wortsprachlicher Texte näher betrachten. Umstände der Produktion und Rezeption werden kaum berücksichtigt, d. h. als Quellen stehen die aufgezeichneten Sendungen zur Verfügung. Im Rahmen meines Seminars über *Kinderbücher als Bestseller*[1] nahmen zwei Studentinnen der Sonderpädagogik, Conny Schmidt und Dörthe Kriedemann, an der filmanalytischen Beschreibung der Serie teil. Einbezogen wurden die Folgen: *König Drosselbart, Der Wolf und die sieben Geißlein, Rumpelstilzchen, Rapunzel, Das tapfere Schneiderlein, Die sechs Diener* (Adaption von KHM 134) und *Der gestiefelte Kater*.[2]

Werbepresse statt Fernsehkritik

Noch bevor die erste Folge der Zeichentrickserie *SimsalaGrimm* im Kinderkanal zu sehen war, ereignete sich ihre Weltpremiere über die Ticker der Nachrichtenagenturen, die ein Heer von Journalisten auch entlegenster Blätter wachrief. Diese stimmten sich ein in einen Chor positiver Kritiken, die des überschäumenden Lobes voll waren, während Dissonantes nur vereinzelt anklang.[3] „Als Trickfilmfiguren agieren die vertrauten Helden der Brüder Grimm genauso verständlich wie im guten alten Märchenbuch", war in der Hamburger Morgenpost zu lesen,[4] während z. B. die Ostseezeitung die „konzeptionelle Sorgfalt und handwerkliche Qualität" der „auch optisch originell und ansprechend" gestalteten Animationsreihe pries.[5] Übertrumpft wurden solche Meldungen durch einen Vorab-Bericht der Deutschen Bundesbahn, die auf ihrer Kinderseite mit *SimsalaGrimm* gar die Rückkehr der (schon verschwundenen?) Grimm'schen Märchen anpries. Mediales Erzählen, so die Überschrift, mache „neue Lust auf Märchen"; hat sich die Bahn doch frühzeitig die Lizenzrechte der Zeichentrickserie gesichert, die nun per Video in ihren ICE-Bordprogrammen zu sehen ist. Die alte Märchentante, so der Bahntext weiter, habe dann allerdings ausgedient. Verblüffend einfach klingt auch die Ursache und Wirkung vertauschende Feststellung, dass eine deutsche, fast 20 Millionen Mark teure und vor ihrem Einsatz schon in 40 Länder verkaufte Märchenfilmproduktion beweise, dass Märchen Menschen in aller Welt faszinieren.[6] So entstammt die Idee zur Zeichentrickserie keinem Erzähl- oder Illustrationstalent der Kinderbuch- oder Kinderfilmszene, wie einem Janosch (der erst später vermarktet wurde), sondern einem jungen

Produzententrio, dem die Idee vom schnellen Euro per Märchencartoon angeblich im Skiurlaub dämmerte. Mit dem Zusammenschluss zur *Greenlight Media* gab sich das Trio auch sehr bald grünes Licht.

Kurzum: Die eigentliche Premiere der Zeichentrickserie bestand in einem gigantischen, für deutsche Verhältnisse eher ungewöhnlichen Werbefeldzug vor und bei Sendebeginn, der das gesamte Medienensemble wie die Spiel- und Alltagswelt der Kinder zu erobern trachtete: Im peinlich genauen Zeitplan bieten die Kaufhäuser nun parallel zur Fernsehausstrahlung *SimsalaGrimm*-Lese- und Malbücher, Hörspiele auf Kassette und CD, Kinderbettwäsche, Puzzles und Brettspiele, Plüschtiere und demnächst auch interaktive Computerspiele an. Geplant ist auch ein *SimsalaGrimm*-Kinofilm mit dem Titel *Niklas und der Zauberer*. Unter dem Begriff des 'Merchandising' ist dieses Prinzip verschacherter Kinderkultur, mit dem eine Marke möglichst gleichzeitig alle Sinnbezirke, Erlebnisbereiche und Gegenstandswelten ansprechen soll, inzwischen ausführlich erörtert worden. Merchandising für die Zielgruppe der Kinder ist kein märchenspezifisches Problem, wenngleich das traditionelle Märchen hiervon am frühesten betroffen war.

Das 'Markenzeichen' der neuen Serie kursierte denn auch im oben beschriebenen Blätterwald: Es sind die anthropomorphisierten Tierfiguren Yoyo und Doc Croc, zwei sympathisch lächelnde Cartoonhelden, die auf einem aufgeschlagenen Märchenbuch in der Nähe einer neoromantischen Schlosskulisse durch die Lüfte segeln. Sie fungieren als Rahmenhandlungsfiguren, die nicht nur erzählend und kommentierend auftreten, sondern aktiv in das Märchengeschehen eingreifen. Da sie diese Funktion aber in jedem der adaptierten Märchen ausüben, ist ihre zweite Eigenschaft als *Serien*figuren und damit die *Wiederholbarkeit* des Markenzeichens gesichert. Als Serienfiguren verlieren sie die Bindung an märchenspezifische Inhalte oder Themen. Abgelöst von jeglicher Geschehensbedeutung, nur fixiert im Formalen, können sie beliebigen Zwecken unterworfen und an die verschiedensten Warengattungen gekoppelt werden.

Worin liegt nun das Neue der vorab so hochgepriesenen Zeichentrickserie? Um das Ergebnis gleich vorwegzunehmen: Im Kontext des Märchenfilms, dessen Geschichte bis in die Anfänge des Filmes bzw. der TV-Geschichte zurückreicht, eines Genres, das sich wie kaum ein anderes durch die formale Vielfalt von Präsentationsformen und durch eine immense Bandbreite zwischen künstlerischem Anspruch und Trivialisierung auszeichnet, ist die Serie dem letzten Pol, also der eher lieblosen Anleihe, zuzurechnen. Sie bietet vornehmlich eine Mixtur abgekupferter Versatzstücke, die allenfalls im Bereich der Rahmenhandlungsstrategie neu anmutet und ein paar originelle 'Gags' bietet. Bündig verrät sich diese 'zurechtgezauberte' Mischung bereits in der Titelgebung der Serie (*SimsalaGrimm*), die dem am Buch zur Serie interessierten Leser gar in umgekehrter Reihenfolge (*Grimmsalabim*[7]) offeriert wird.

In der die Sehgewohnheiten der Kinder normierenden Monokultur der Zeichentrickserien, die sich seit Einführung des privaten Rundfunksystems hemmungslos ausgewalzt hat, hat es *SimsalaGrimm* eher schwer, überhaupt wahrgenommen zu werden. Denn die Sendung stellt im Ästhetischen, wie unten gezeigt wird, mehr einen Kompromiss zur fernsehhalltäglichen Erzählform dar, indem sie an die eingefahrenen Sehgewohnheiten und die Umgangssprache der Kinder anzuknüpfen sucht. Und da sich hierdurch die gepriesene Modernität der Serie bereits erschöpft, kann nur noch die Popularität des Grimm-Korpus retten, die mit einem gigantischen Werbefeldzug aufgefrischt wird. Nimmt man diese bekannten Muster zusammen, lohnt es sich eigentlich kaum, der Serie mit einer Analyse noch mehr unverdiente Beachtung zu schenken, wären da nicht die Dimension des Verkaufs und der Anspruch, das Nonplusultra zeitgemäßen Märchenerzählens darzustellen.

Innovativ ist allerdings ein Eintrag im Abspann der Serie, dass die Sendung von der Brüder Grimm-Gesellschaft e. V. literarisch beraten und – in einem Atemzug mit einer Gruppe der Dresdner Bank genannt[8] – unterstützt wird. Der Abspann endet sogar, im auffallend roten Siegellack, mit dem Gütezeichen der Gesellschaft: „Approved by Brüder Grimm-Gesellschaft e. V."

Sind Märchen seit neuestem nicht mehr urheberrechtsfrei? Warum wird ausgerechnet diese Serie beglaubigt, wo es doch unzählige andere Adaptionsversuche verschiedenster Präsentationsformen gibt? Welche Kriterien mögen vorgelegen haben, erstmalig ein solches Gütesiegel zu verteilen, hat doch eine Diskussion um den Märchenfilm in Kreisen der Märchen*pflege* noch gar nicht stattgefunden?[9] Eine solche kommt nämlich erst allmählich, jüngst befördert durch die neu gegründeten *Märchenfilmtage in Rheine*,[10] in Gang. Ein Diskussionsforum um die Möglichkeiten des Märchenfilms, vornehmlich auf Basis von DEFA-Produktionen, wurde jetzt durch eine Fachtagung[11] in Kloster Bentlage eröffnet. Das Volkacher Symposion (8. und 9. Mai 2000) stellte *SimsalaGrimm* dann in den Mittelpunkt.

Animiertes Märchenbuch

Zum Vor- und Abspann der Serie: Mit ihrem Trailer sucht die Zeichentrickserie der Funktion der Einleitungsformel des Märchens, die den Hörer / Leser vom Alltag entrückt, zu entsprechen. Der Zuschauer wird visuell ins Märchenland entführt, und zwar auf eine sehr direkte Weise, indem von der Technik des verlebendigten Buchmärchens Gebrauch gemacht wird. Im Animationsfilm ist es filmtechnisch irrelevant, ob Menschen, Tiere, Pflanzen oder Dinge verlebendigt werden, da jede Form der Bewegung per Trick (durch montierte Einzelbildphasen) simuliert wird. So bereitet dem Zeichentrickfilm das Wunderbare kein grundsätzliches Darstellungsproblem, im Gegensatz zum Realfilm (der heute aufgrund der digitalen Bildbearbeitung allerdings erweiterte Möglichkeiten besitzt). Der Zeichentrickfilm neigt daher häufig – auf Kosten des Märchengeschehens – zu einer spielerischen Ausfabulierung des Wunderbaren.

Die erste Einstellung (Take) in der Größe einer Totalen zeigt einen düsteren Dachboden. Das Bild blendet auf. Von einem Fenster aus schwenkt die Kamera (in *Leserichtung*) nach rechts. Eine glitzernde Sternenwolke formiert sich zum Schriftzug

SimsalaGrimm, während eine Stimme im Off meint: „Vor langer, langer Zeit, als Wunder noch Wirklichkeit waren, gab es eine Zauberformel, die die Tore in das Märchenland von Simsala eröffnete ..." Die Kamera schwenkt weiter über das rohe Dachgebälk und endet bei einem gefüllten Bücherregal (wir übergehen hier den Nebensinn abgestellter Bücher). Im nächsten Take wird ein Ausschnitt des Regals sichtbar. „... jenem magischen Ort, in dem alle die berühmten Helden leben und alle Märchen ihr Zuhause haben ...", meint der Erzähler weiter, während auf einem der oberen Böden eine Pinocchio-Puppe (neben einem blauen Ball), die beiden Serienhelden Doc Croc und Yoyo, ein Plüschhase und eine kleine Ente (neben einer Geschenkschachtel) sichtbar werden. Alle Figuren sind unbelebt. Rechts davon liegt ein schweres, rötlich-braunes, mit einem Edelstein besetztes Buch, das sich nun als Erzähler preisgibt. Auf seine Worte „Abracadabra. SimsalaGrimm" schlägt es sich auf, wirbelt eine goldene Sternchenwolke auf und fliegt los. Auf dem Märchenbuch, das im Flug eine (per Computer leicht machbare) Rotation ausführt, werden auf beiden Seiten des historisierten Einbands schwache Gesichtszüge sichtbar. Mit dem Lesezeichen als Steuer segelt das Märchenbuch in Richtung der Serienfiguren, die mit dem Sternchenregen berieselt und aufgeweckt werden.

Die Helden jauchzen und springen. Das Märchenbuch spricht: „Seid ihr bereit für ein neues Abenteuer?" – „Na klar sind wir das, und ob!", erwidern die aufgeregten Tierfreunde. Doc Croc verliert dabei das Gleichgewicht und stürzt das Regal hinab. Sein Freund Yoyo springt hinterher, von einem Bücherboden zum anderen, schwingt sich noch um eine überstehende Pergamentrolle, um im freien Fall doch noch die Hand des Freundes zu erreichen, bis das Märchenbuch im letzten Moment seine geöffneten Seiten als Sprungtuch ausbreitet. Mit dem fliegenden Buchstabenteppich drehen Yoyo und Doc Croc noch ein paar Runden auf dem Dachboden, bis sich das Fenster öffnet, beide in die Ferne segeln und am Horizont als Punkt verschmelzen, der sich plötzlich in einem Feuerwerk entlädt. Der Übergang zum Märchenland ist erreicht, die Schallmauer durchbrochen (der Hyperantrieb für Lichtgeschwindigkeit eingeschaltet?). Noch ein wirbelförmiger Luftraum – und das in ein frisches Grün getauchte ländlich-idyllische Märchenreich winkt mit dem Topos des vieltürmigen Aussichtsschlosses.

Im nächsten Take ist der Handlungsschauplatz des jeweiligen Märchens zu sehen. Jetzt schüttelt das Buchgefährt die Helden wieder aus, die dabei regelmäßig in komische Szenen geraten: Im *Gestiefelten Kater* fallen sie auf die Windmühle, erwischen einen Flügel und drehen ein paar Runden Karussell; im *Tapferen Schneiderlein* landen sie im Mustopf, in *Rapunzel* in der Dornenhecke, in *König Drosselbart* auf der Fontäne des Schlossbrunnens, in *Der Wolf und die sieben Geißlein* im Gras, woraufhin sie von den jungen Geißlein auf die Hörner genommen werden.

Die Strategie dieser Technik liegt auf der Hand: Die Serie sucht im Vorspann durch Bewegungsreize wie Flug, Fall, Rotation, Sternchenregen, unterlegt mit Geräuschen, beschwingter Musik und Wortfetzen, zunächst die Aufmerksamkeit der Kinder an sich zu binden. Bevor die Kinder mit der Fernbedienung zum nächsten Programm 'zappen', müssen sie involviert sein. Im Märchenland wird die Erzählweise aber wohltuend langsamer.

Die Einleitung per visualisiertem Märchenbuch ist ein alter Hut. In der Entwicklungsgeschichte des Märchenfilms stellt sie eher eine noch unbeholfene, medienunadäquate Einstiegstechnik dar. Im Gegensatz zur zweifachen Medienverknüpfung (Märchenbuch im Märchenfilm) sind jene Filmanfänge eleganter, in denen, wie schon in literarischen Märchenerzählwerken, zur Simulation einer mündlichen Erzählrunde zurückgekehrt wird. Eine ausgereifte Rahmenhandlungstechnik bietet etwa die TV-Reihe: *The Storyteller* (1987) von Jim Henson, in der ein alter Mann seinem Hund Märchen erzählt.[12] Schon Disney machte in *Snow White and the Seven Dwarfs*, dem ersten abendfüllenden Zeichentrickfilm (1937), vom Eingang per Buch Gebrauch. Jiři Trnka lässt in *Der Kaiser und die Nachtigall* (ČSSR 1947) das auf dem Nachttisch befindliche Märchenbuch des Jungen, der das Märchen vom chinesischen Kaiser träumt, herabfallen, das sich aufschlägt und den Namen Andersens freigibt, von dem auch ein Bild im Zimmer des kranken Jungen hängt.[13]

Grimms Märchen,[14] eine fernöstliche Zeichentrickserie im Stil japanischer Kleinkindserien (vergleichbar *Biene Maja; Heidi; Sindbad, der Seefahrer; Pinocchio; Nils Holgerson; Marco* etc.), realisiert den Übergang zum Märchenland ebenfalls per Flug, allerdings ohne Fluggerät. Hier wird aus einer rankenförmigen Silhouette ein kleines Mädchen mit einem Füllhorn verlebendigt und fliegt wie Biene Maja an Szenen bekannter Märchenfiguren vorbei, um schließlich Kurs auf das vieltürmige Märchenschloss zu nehmen. Aus dem Sternenstaub, den das Mädchen aus dem Füllhorn schüttet, bildet sich der Schriftzug des Folgentitels. Es handelt sich jedoch um eine reine Trailerfigur, die in der Binnenhandlung nicht agiert. Tricktechnisch wurde *SimsalaGrimm* übrigens nicht in Europa, sondern auf dem Billigmarkt fernöstlicher Studios realisiert: Im Abspann zeichnen Animationsstudios aus Taipeh, Shanghai, Manila und Saigon verantwortlich.

Beschlossen wird jede Folge mit der Zauberformel „Simsa – Simsala – Simsala-Grimm", mit der die Rahmenhandlungsfiguren das Fluggerät herbeizitieren, das mit seinen Buchseiten die Tiere umgreift und mit der bekannten Schlussformel „Und wenn sie nicht gestorben sind, dann leben sie noch heute" zurückbringt. Bevor sich das Buch wieder auf dem Dachbodenregal ablegt, wird der (eingestanzte) Abspann auf einer Seite abgefahren und mit einem musicalartigen Song unterlegt („Take You by the hand / Show You the promised land ...").

Serienheld versus Märchenheld

Nach ihrer komischen Landung in *Rapunzel* („Nicht dahin, da ist alles voller Dornen!") stellen sich die Serienfiguren dem Prinzen Edmund vor. Die etwas größere, schlanke Fuchsgestalt beginnt: „Ich bin Yoyo, der Held der tausend Abenteuer, seit – na ja, eigentlich schon immer ..." Über dem grauen, mausartigen Fell trägt sie einen roten Mützenschal mit zwei Bommeln, die sich bei genauerem Hinsehen als Narrenglocken identifizieren lassen. Denn Yoyo, so die Macher, sei ein Harlekin. Optisch lässt er sich gut von seinem kleineren, rot-weißgestreiften Freund mit eidechsenartigem Kopf und langem Schwanz unterscheiden: „... und wenn ich mich dann vorstellen darf: Ich bin Croc, Dr. Croc, Privatgelehrter, Philosoph und Naturwissenschaftler ...". Diese, an einen Mini-Dinosaurier erinnernde Figur ist bebrillt, trägt einen übergroßen Safarihut und über der Schulter eine gelbe Exkursionstasche. Diese Vorstellung erfolgt in jeder Sendung. Prinz Edmund lauscht nun der an die Brüstung des Turmes tretenden Jungfrau, die ihre Not besingt: „Ich möchte bei dir sein / Ich fühl' mich so allein / Ich wünschte, ich wär' bei dir / Ich möchte bei dir sein / Kannst du mich nicht befrei'n ...". Im Stile Disneys erliegen die Tiere des Waldes, darunter ein Rehkitz, dem Bann der hölzernen Verse.

Die Vorverlagerung z. B. erlösender Gestalten, wie der Prinzen in *Aschenputtel*, *Dornröschen* oder *Schneewittchen*, die in der Vorlage erst gegen Ende der Erzählung auftauchen, stellt ein allumfassendes Prinzip der Märchenverfilmung dar. In der filmischen Transformation wird die schwache Rolle solcher Figuren aufgewertet, und so begegnen sich Königssohn und Prinzessin bereits in der Exposition. Durch die Ausfabulierung solcher Figuren wird die mehrgliedrige einsträngige Handlung des Märchens[15] zum parallel geführten Filmgeschehen umgemünzt. Die Aufwertung solcher Prinzengestalten führt zur Ausdehnung der Liebesfabel.

Umgekehrt werden in der Adaption die Gründe der Übergabe des Mädchens in die Hände der Zauberin, also die unstillbaren Gelüste der Heldinnenmutter nach den Rapunzeln im verbotenen Garten der Zauberin, übergangen; wenn man so will, eine die Motivierung des Märcheneingangs ausklammernde (filmische) Variante, zugleich aber ein Indiz dafür, dass die filmischen Ausfabulierungen nicht notwendig aus der Vorlagenkürze resultieren. Ein immer wieder vorgetragenes Merkmal der Märchenverfilmung lautet nämlich, dass der Film aufgrund seiner längeren Erzählzeit die Märchenhandlung strecken müsse. Dies ist insofern irreführend, als das Märchen nur von der Erzähltechnik der knappen Benennung Gebrauch macht, die auch als Folge mündlicher Erzählweise anzusehen ist. Im europäischen Volksmärchen zeigt sich eine starke Tendenz fehlender Attribute und Motivierungen. Entsprechend ist der Gehalt des Märchens sehr dicht, und vieles vermag man symbolisch aufzufassen.

Die zweite Sequenz von *Rapunzel* zeigt den unter einem Baum schlafenden Prinzen, der unweit des Turmes übernachtet hat. Yoyo und Doc Croc (Crocky) tollen auf seiner Brust herum und wecken ihn auf. Die Zeichentrickfiguren sind im Vergleich zum Menschen sehr klein, liegen noch unter der Größe einer Katze. Ihre handlungsbestimmende Kraft bleibt davon allerdings unbeeinflusst, denn sie stellen den Motor der Erzählung dar. Sie bringen die Handlung in Gang, bestimmen über ihr Anschwellen oder ihre Retardierung durch allerlei komisierende Effekte. Sie helfen den Märchenfiguren 'auf die Sprünge', so auch dem schüchternen Prinzen, der davor scheut, Rapunzel anzusprechen.

Vergleichbar einem allwissenden Erzähler, rät Crocky dem Schneiderlein, doch den Käse einzustecken. In *König Drosselbart* kommentiert er den Hochmut der Prinzessin („Das ist vielleicht 'ne Zicke, der Prinz tut mir leid! Wahre Schönheit kommt von innen!"). In der Adaption von *Rumpelstilzchen* erkunden die Figuren den Namen des Unholds (der sie dabei erwischt, weshalb er ihnen mit einem Labyrinth die Rückkehr erschwert). Nachdem die alte Geiß in der Adaption von KHM 5 das Haus verlassen hat, passen die Serienhelden auf die Geißlein auf, und Doc Croc erteilt ihnen Nachhilfeunterricht. Oder er spielt den Medicus, um die Geißlein aus dem Wolfsbauch heraus- und die Wackersteine hineinzuoperieren. In Notlagen betätigt sich der kleine Privatgelehrte häufig als Erfinder, wie im *Gestiefelten Kater*.

Als Rebhühner für den König zu beschaffen sind, befragt Dr. Croc sein Buch („Rebhühner halten sich vornehmlich im Unterholz auf ...") und entwickelt einen komplizierten Mechanismus für eine Falle, dessen Funktion er aus dem Buch beschreibt, während die Hühner in die Falle tappen: „... und dann wird das vom Rebhuhn bevorzugte Getreide [Bild: Rebhühner laufen auf ausgestreute Körner zu] sorgsam und gut sichtbar unter der Falle plaziert [Bild: Schwenk auf den Fangkorb]. Klug und vorausschauend erkennt der Feind die Gefahr und vermeidet jeglichen Kontakt mit dem Fallgerät [Bild: Naheinstellung der pickenden Hühner, ein Huhn zerpickt den Fallenauslöser, um ihn zu zerstören. Die Hühner flattern davon, bevor der Fallkorb landet]. Was der Feind aber nicht weiß [Bild: Schwenk nach oben zu einer weiteren Falle], es gibt eine zweite Falle, die durch die Zerstörung der ersten aktiviert wird und somit zum Herunterfallen gedacht ist [Bild: zweiter Korb fällt herunter und fängt die Rebhühner]." Um Rapunzel das Abseilen vom Turm zu ermöglichen, kommt Dr. Croc auf die Idee, Haarbänder aneinanderzuflechten. Er testet daher ein Haarband Rapunzels mit der Lupe: „Belastungsgrad: 7,2; Dichte: 27,5" und errechnet mit seinem Taschencomputer, dass genau 287 Haarbänder dieses Typs für die Flucht vonnöten seien. Diese müssen im Schloss beschafft werden; Stoff genug für erneute Klamaukszenen.

In der Terminologie Propps sind die beiden Cartoonfiguren keine 'Helfer' oder Zaubergaben verleihenden 'Schenker' im Sinne des invariablen Rollenbestands des Märchens, also des Sieben-Personen-Schemas,[16] auch wenn sie dem Helden des Öfteren unter die Arme greifen. Die beiden Cartoonhelden erfüllen vielmehr Aufgaben, wie sie für eingefügte Nebenfiguren in dramaturgischen Bearbeitungen typisch sind: Sie fungieren als Dialogpartner des in der Vorlage isolierten Märchenhelden; in der Serie können sie zudem als Paar untereinander kommunizieren. Dabei braucht ein Teil des Geschehens nicht inszeniert zu werden, da sein Verlauf über das Gespräch (wie auf der Bühne) mitgeteilt werden kann. Weiterhin trösten Nebenfiguren den Helden in seinem Leid, schaffen in Ruhephasen (häufig durch Komik) Distanz zum bewegten Geschehen, eröffnen Ansatzpunkte für lehrhafte oder interpretierende Zwecke etc.[17] Dabei dienen sie zugleich dazu, die Stumpfheit von Märchenmotiven[18] zu beseitigen, also die Handlung umfassender zu begründen. In der vorliegenden Serie geschieht dies häufig durch verulkende Rationalisierungen.

Komisierender Grundton und entschärfte Grausamkeit

Die Grundtendenz der Serie ist das Komische, wobei vor allem das Figurenpaar der Rahmenhandlung die Märchenreise ins Schwankhafte mutiert. So ist Yoyo als 'lustige Figur' (Harlekin) angelegt, die z. B. in der Bearbeitung von KHM 5 den Geißlein lieber das Jonglieren als Bücherweisheiten beibringt. Der kleinere Freund konkretisiert das Klischee des zwar klugen, doch etwas umständlichen und zerstreuten Gelehrten, der mit leicht krächzender Stimme spricht. Vertrottelt oder cholerisch agieren die Prinzessinnenväter, wie in der Adaption von KHM 52. Dort findet sich auch eine Reihe verballhornter Namen der Brautwerber (Freiherr von Fritzewitz; Edler von Edelstein; Graf von Grafenhausen; Konrad, König von Konradshausen), ganz in der Tradition des Weihnachtsmärchens, das in Deutschland im Anschluss an die Gewerbefreiheit von Carl August Görner entwickelt wurde.[19] Aus dem Grafen von Carabas wird Graf Schnatterschnabel etc. Im *Tapferen Schneiderlein* bewerfen die Serienhelden selber die schlafenden Riesen mit Steinen, wodurch sich ein slapstickartiger Kampf zwischen den Cartoon-Giganten entzündet. Der Riese im *Tapferen Schneiderlein*, der den Gestank des Käses wittert, wird auf seine Füße hingewiesen, riecht an ihnen und fällt dabei betäubt zu Boden. Im *Gestiefelten Kater* verfolgt der Kater zunächst ein paar Hausmäuse im Stil von *Tom und Jerry*, der Müllerssohn fliegt in hohem Bogen aus der Mühle, wie ein betrunkener Cowboy aus einem Saloon, direkt auf die Kamera zu, die Katze hinterher. Die Katze muss in den Stiefeln erst laufen lernen etc. Die übernatürlichen Eigenschaften der sechs Diener, die bereits in der Vorlage (KHM 134) groteske Züge besitzen (Dicker und Langer können dreitausendmal so dick bzw. lang werden; der mit den hellen Augen kann den Hals ausfahren etc.) kommen dem Cartoonstil als Komik erzeugendes Spielmaterial sehr entgegen.

Mit der schwankhaften Grundtendenz korreliert die Entschärfung von Grausamkeit, wie ausführlicher an der Adaption von KHM 5 gezeigt werden soll: Als der Wolf (zur Vorausdeutung der späteren Handlung) ein entlaufenes Geißlein fressen will, das einen Schmetterling verfolgt, tritt Yoyo dem Raubtier mutig entgegen, springt in seinen Rachen und stemmt ihm das Maul auf. Als ihm sein Atem entgegenströmt, meint er: „Puh, hast du Mundgeruch! Putzt du dir nicht deine Zähne?" Nachdem Yoyo wieder entflieht und der Wolf zuschnappen will, fasst er noch einmal Mut und haut den Wolf auf die Schnauze, woraufhin ihn die alte Geiß noch auf die Hörner nimmt. Zu Hause angekommen, lässt sich der Wolf von seiner Frau das Gesäß verarzten. Nachdem ihm ein paar Windeln verpasst worden sind („Oh, was hast du mit mir gemacht, seit wann trägt ein Wolf Windeln?"), reißt er sie wieder ab und will erneut fort: „So, jetzt freß ich sie!" – (Wolfsjunge:) „Das darfst du nicht, Papi!" – (Wolfsvater:) „So, und warum nicht?" – (Wolfsjunge:) „Als Mitglied unseres hiesigen Tierschutzvereins muß ich dich darüber informieren, daß durch Raubtiere wie dich die gemeine Hausziege auf der Liste der bedrohten Tierarten steht." – (Wolfsvater, der sich vor Lachen kaum halten kann:) „Ha, haah, haah, er ist beim Tierschutzverein, ha, haah". (Wolfsmutter:) „Ein Raubtier? Schön wär's!" (Wolfsvater, wieder ernst:) „Es ist gar nicht so einfach, etwas Anständiges auf den Tisch zu bringen." – (Wolfsjunge:) „Dann denk' doch mal daran, daß vegetarische Kost um einiges leichter zu beschaffen und viel gesünder ist. – Und man bekommt davon keinen Mundgeruch." (Wolfsmutter:) „So, jetzt geh' und hilf deinem Vater, wie es sich für einen bösen Wolf gehört!" (Wolf und Sohn verlassen ihr Haus und gehen zu den Geißlein).

Vorlagengetreu werden später die Geißlein verschluckt, wieder aus dem Bauch geholt und durch Wackersteine ersetzt. Der Wolf ertrinkt nicht im Brunnen, sondern wird von einem reißenden Fluss fortgetragen; seine Frau will ihm helfen, springt nach und droht ebenfalls zu ertrinken. Das Wolfskind, im sinnträchtigen Grün gekleidet, läuft am Ufer entlang, will aber nur gegen das Versprechen helfen, dass die Eltern Vegetarier werden.

Wie Walter Scherf gezeigt hat,[20] stellt Grausamkeit eine strukturelle Notwendigkeit des Märchens dar. Sie korreliert mit der Schwere des Ausgangskonfliktes. Lutz Röhrich weist auf die erzähltechnisch-epische Funktion grausamer Motive hin.[21] Noch immer entzünden sich Vorbehalte gegen das Märchen in der öffentlichen Meinung am ehesten an grausamen Einzelzügen bekannter Märchen, wie dem Verstümmeln der Füße in *Aschenputtel*. Für den Film ergibt sich zudem das Problem der Zeigbarkeit grausamer, mithin symbolisch aufzufassender Handlungsteile, obwohl die kinematographischen und vorfilmischen Darstellungsmittel so verschieden sind, dass eine konkretisierende Visualisierung grausamer Züge nicht pauschal unterstellt werden darf (grausame Handlungen werden nicht inszeniert, sondern erzählt; sie werden inszeniert, aber nur per Tontrakt, aus dem Off; die gezeigte grausame Handlung bricht vor dem Höhepunkt ab; das grausame Handlungsgeschehen wird im Bildhintergrund verunschärft oder von Schauspielern oder Requisiten verdeckt etc.).[22]

Die Grausamkeit wird in der Serie nicht nur auf der Ebene des Geschehens (also im Vorfeld der Inszenierung) gemildert oder eliminiert, sondern durch juxige Dialoge ins Komische gewendet. Dämonische Wesen, wie der Wolf, werden entmythologisiert. Damit wird das Märchen zur Nonsensgeschichte mutiert. Das Ergebnis erinnert mit Göte Klingberg an die 'surreal-komische' Geschichte,[23] den lustigen Ableger der phantastischen Geschichte. Ein klassisches, literarisch jedoch ausgereiftes Beispiel ist etwa Otfried Preußlers *Die kleine Hexe* (1957), in der sich das Hexenkind vergeblich bemüht, die Schadenszauberei zu erlernen. Sie zaubert nur Gutes zum Wohl ihrer Spielkameraden. Ähnlich handelt z. B. Rapunzel in *SimsalaGrimm*, als ihr die Hexe das Zaubern beibringen will. Als historischen Vorläufer der surreal-komischen Geschichte führt Klingberg das Mundus-Inversus-Motiv (Motiv der Verkehrten Welt) an, das auch in der Fastnacht anzutreffen ist. Die Konzeption der Rahmenhandlungsfiguren (Yoyo als Harlekin, Crocky als gelehrter Dinosaurier) tendiert in diese Richtung. Hier zeigt sich einmal mehr, dass eine Adaption nicht einfach Märchen genannt werden darf, weil sie den Motivbestand der Vorlage übernimmt. Einschränkend gilt, dass die komisierenden Ausfabulierungen z. B. in *Der Wolf und die sieben Geißlein* ausufern, während sie in anderen Folgen, z. B. in *König Drosselbart*, schwächer sind.

Fernsehmediale Serienästhetik

Die Serie im 26-Minuten-Format verfügt über ein standardisiertes Strickmuster, auch wenn die einzelnen Folgen von unterschiedlicher 'Qualität' sind. In der Schnittgeschwindigkeit entspricht sie in etwa jenen japanischen Zeichentrick-Großserien, die ab Mitte der 70er Jahre im ZDF gezeigt wurden. Nach dem schnellen und lauten, mit einem Feuerwerk gekrönten Vorspann werden die Binnenhandlungen wohltuend langsam erzählt. Von daher ist die Verstehbarkeit der einzelnen Folgen, was den Handlungsfaden anbetrifft, gewährleistet. Auch eher unbekannte Märchen wie *Die sechs Diener* werden übersichtlich dargeboten.

Dass auch unbekannte Märchen umgesetzt werden, entspricht wohl der stofflichen Not seriellen Erzählens. Abseits des Vorspanns werden Reizkumulationen auf der Ebene des kinematographischen Codes vermieden. So werden die Übergänge zwischen einzelnen Sequenzen durch langsame Auf- und Abblenden (bis zum leeren schwarzen Bild) erzeugt. Innerhalb der Sequenzen erfolgen häufig weiche Übergänge durch Überblendungen. Extremer Wechsel der Einstellungsgrößen (z. B. von der Totalen zur engen Großaufnahme) ist die Ausnahme. Ebenso werden plötzliche Änderungen der Einstellungsperspektive (z. B. aus der Frosch- in die Vogelperspektive) oder extreme Wechsel der Kameraachse eher vermieden. Das Bild 'springt' also nicht, wie in der jungen Generation US-amerikanischer Zeichentrickserien, sondern bleibt im ruhigen Rhythmus. Langsam ist auch die Schnittgebung: Bei inszenierten Handlungsteilen beträgt die Einstellungsdauer 4–8 Sekunden, in den Dialogen ca. 2 Sekunden. Nimmt die Spannung zu, wird das Schnittempo zaghaft gesteigert. Die filmische Auflösung (auf der formalen Ebene des kinematographischen Codes) stellt also im Hinblick auf das Wahrnehmungsvermögen der Kinder ein Plus dar.

Die zeichnerischen Umsetzungen stellen, von wenigen Ausnahmen abgesehen, ein Sammelsurium bekannter Versatzstücke des Cartoonstils dar. Nimmt man diesen Schmelztiegel laufbildhafter Fetzen aus den verschiedensten Erzählzusammenhängen, die fehlende Geschlossenheit der Adaption und die (kommerzielle) Zweckhaftigkeit der Serie, sind die Kriterien des Trivialen [24] ausreichend benannt. Im Gegensatz zu den aufwendigen Disney-Filmen bestehen die Hintergründe nur aus einer statischen Folie. Die per Strich konturierten und in ungebrochenen Farben kolorierten Figuren agieren vor verunschärfter Kulisse. Berggipfel, Wälder, Felder, Kirchen, Häuser, Hütten etc. sind weich übermalt. Da die Konturen ineinander übergehen, kann der Zeichner das Hintergrundobjekt flüchtig behandeln. Möglicherweise wurden auch teilweise Fotos realer Naturkulissen verunschärfend übermalt.[25]

Es gibt kaum eine Figur, ein Requisit, ein Interieur oder eine Naturkulisse, die auf irgendeine Art originell wären; einfallsreich sind allenfalls einige witzige Dialogpassagen. Topos des Märchenmilieus ist das vieltürmige, auf einem Aussichtshügel thronende Märchenschloss (an dem sich zumeist ein schlangenförmiger Weg emporwindet). Wird es Nacht, schiebt sich die große Mondscheibe hinter den Vielturmbau. Diese Reminiszenz an Neuschwanstein findet sich in hunderten illustrierter Märchenausgaben vom Kaufhaus zum Kiosk und wurde weltweit kolportiert, sie bildet einen der Grundtopoi (westlicher) Märchenvorstellung. Die Zeichnungen entsprechen regelmäßig der Klischeevorstellung des abgebildeten Objekts. So ist der König stets dickbeleibt und vertrottelt. Die Prinzessin hat stets eine Supertaille, hohe Brüste, geschwungene Lippen, große Mandelaugen und sieht den Königstöchtern anderer Folgen auffallend ähnlich. Ebenso folgenlos sind die großgewachsenen und breitschultrigen Prinzen untereinander austauschbar. Zauberer tragen den hohen und spitzen, sternchenbesetzten Zauberhut (der am oberen Ende stets eingeknickt ist). Als Helfer der Hexe agieren Rabe oder Fledermaus, die Zauberküche wird mit einem Blick durch die brodelnde, rauchende Phiole oder die seherische Glaskugel identifiziert. Die Höhlendecke muss mit Stalaktiten, der Boden mit Stalagmiten, passend zum spitzen Kinn der Hexe, besät sein. Der gestiefelte Helferkater besitzt alle Merkmale einer Cartoonkatze. Schließlich sind die Serienfiguren unter ungezählten ähnlichen Trickhelden nur durch die besondere Zusammenstellung ihrer Attribute (z. B. Farbe und Streifung der Tierhaut, ähnlich der Tiger-Ente von Janosch) oder durch verliehene Requisiten identifizierbar.

Im Gleichschritt dazu läuft die normierte Ästhetik des Tontrakts. Geht es zum Schloss, ertönen die Fanfaren; wird das Innere betreten, spielt das Spinett. Ähnlich stereotyp ist die Geräuschkulisse verfasst. Selbst Äußerungen wie das Lachen, Räuspern oder Gähnen scheinen sich auf identische Weise zu wiederholen. Die umgangssprachlichen Dialoge konkretisieren möglichst die populärste Variante einer Redensart etc. Mit anderen Worten: Ertönt auf einer der codischen Ebenen (Bild, Sprache, Geräusch, Musik) ein Zeichen, können die anderen Ebenen schon im Voraus, mit einem kurzen zeitlichen Vorsprung, erraten werden. Ertönt z. B. am Ende einer Sequenz die (zum unterlegten Bild vorgezogene) Fanfare, weiß der kindliche Zuschauer, dass das vieltürmige Aussichtsschloss folgen wird. Er darf sich überlegen fühlen, ist er doch (erst recht als Vielseher) im Zitatenschatz jener auswechselbaren Klischees 'medienkompetent'. Kaum anders verhält sich jedoch der erwachsene Zuschauer, dem die TV-Serie das tägliche Fernsehbrot ist.

SimsalaGrimm im Kontext des Märchenfilms und des Kinderfernsehens

Dem europäischen Märchen ist das Prinzip des Reihen- oder Serienhelden fremd. Zwar gibt es Figuren, die zum immergleichen Formenbestand gehören, wie Prinzessin, Helfergestalt, Drache etc. Primär ist jedoch stets die erzählte Geschichte, die symbolhafte Handlung, die sich daher keinem normierten Geschehensträger unterordnen lässt. Hierfür ist die dramatische Valenz des Ausgangskonfliktes im Märchen zu groß und sein Gebilde zu kunstvoll, im Gegensatz zu Schwank, Witz und Anekdote, die mit Eulenspiegel, Hodscha Nasreddin oder dem Alten Fritz Kristallisationsfiguren, also Reihenhelden, präsentieren. Dies gilt auch dann noch, wenn im Prozess literarischer oder filmischer Märchenbearbeitung die Handlungsträger umfassender ausgestaltet werden, also an Gewicht zunehmen. Dem Märchenerzähler geht es nicht darum, dass ein bei den Hörern beliebter Held möglichst viele Abenteuer erlebt; vielmehr soll ein bestimmter (symbolhafter) Geschehensablauf, dem ein realistisches, also lebensnahes Thema zugrunde liegt, auf 'wunderbare' Weise zum glücklichen Ende geführt werden. Die 'Hitliste' des Märchenhörers enthält daher keine Lieblingshelden, sondern Lieblings*märchen*. Mit anderen Worten identifiziert sich der Rezipient des Märchens nicht mit Helden, sondern liebt Erzählungen über jene biographischen Problemlagen, die in der symbolischen Sprache des Märchens treffend geschildert und in der Art seines *Denkens* glücklich gelöst werden.

Alle Versuche, Märchen in Reihen- oder gar Serienform zu erzählen, tun sich daher schwer. Literarisierte Märchensammlungen oder dem Volksmärchen noch verpflichtete Märchendichter, wie Wilhelm Hauff, machen allenfalls von der verbindenden Rahmenhandlungstechnik Gebrauch, ohne in der Binnenhandlung zu intervenieren. Simuliert werden in der Regel mündliche Erzählsituationen. Damit wird die im Schriftmedium verlorengegangene Erzählsituation kompensiert.

In *SimsalaGrimm* dominieren dagegen die der Rahmenhandlungsidee entstammenden Serienfiguren das gesamte Märchengeschehen. Deren komisierende Eingriffe in die Binnenhandlung, verbunden mit der spaßhaften Ausfabulierung von Märchenmotiven, ist so dominant, dass im Ergebnis genau betrachtet gar keine Märchen erzählt werden. Filmisch aktualisiert wird vielmehr der komisierende Umgang mit der Märchenfolie. Zwar werden die Vorlagen aufgrund des übernommenen Motivbestands wiedererkannt, denn die Serie möchte andererseits dem Anspruch auf Vorlagentreue nicht entgegenstehen. Märchenfilm oder Filmmärchen stellen jedoch weit mehr als die Übernahme des Motivbestands dar. Entscheidend ist vielmehr, ob die Sinnstruktur der Vorlage noch erkennbar ist.

Die Sichtweise der Filmemacher, dass die Literaturverfilmung nur dem rein Stofflichen verpflichtet, darüber hinaus aber uneingeschränkt sei, stellt eine ebenso einseitige Perspektivbildung dar wie die Gegenposition der Märchenkenner, die sämtliche Gattungskriterien im filmischen Ergebnis wiederzufinden sucht. Da die Gattungskriterien des Märchens am wortsprachlichen Textsystem entwickelt wurden, können sie sich gar nicht vollständig in die filmische Transformation einschreiben. Denn das filmische Textsystem verfügt über andere Ausdrucksmaterien, über Bild, Sprache, Geräusch und Musik, die erst in der Totalität ihres Zusammenspiels wirksam werden. Dabei stellt das Bild zwar den Schlüsselcode dar, doch ist zu bedenken, dass im filmischen Tontrakt die Ausdrucksmaterie der Lautung ohne das abstrakte Zeichensystem der Schrift auskommt, dass also das mündliche 'Erzählen' (zumeist in dialogischer Form) wiederkehrt.

Fraglich ist, welche Merkmale des Märchens quasi unabhängig von medialen Transformationen auf einer (vorgestellten) Tiefenstruktur existieren und welche Merkmale, wie symbolhafte Ausdrucksweisen, so mit der Wortsprache verbunden sind, dass andere Ausdrucksmaterien den ursprünglichen Sinn nicht ohne weiteres transportieren können. Doch stellen sich Fragen dieser Art für eine Serie wie *Simsala-*

Grimm erst gar nicht, da die Macher dieses Problem kaum in Angriff nehmen. In der alltäglichen Praxis des Märchenfilms stört nämlich weniger das Problem bildlicher Transformierbarkeit als vielmehr die kommerzielle Grundhaltung vieler Produzenten, welche die überlieferten, urheberrechtsfreien Märchenstoffe hemmungslos abgrasen. Die Brüder Grimm-Gesellschaft hat der trivialen Gangart des Märchenfilms den Zugang zum Weltmarkt miteröffnet.

Der Diskurs um die Serie sollte jedoch nicht nur die Perspektive der Märchenforschung und -pflege erfassen, sondern die gewaltigen Veränderungen mitreflektieren, die das Kinderprogramm seit Einführung des dualen Rundfunksystems vollzogen hat. Die Serie wurde übrigens mit dem Norddeutschen Rundfunk koproduziert. Die Qualität des öffentlich-rechtlichen Kinderfernsehens sinkt zunehmend. Dabei hat der Verweis auf den vom Grundsatz her löblichen Kinderkanal, dessen Wiederholungsrate sehr hoch ist, vielfach Alibifunktion. Selbst ausführlichen Programmzeitschriften können die Sendeinhalte des Kinderkanals nur spärlich entnommen werden. Hingegen arbeitet die Presse den mit ihr verflochtenen privaten Sendern zu, so dass temporeiche und teils gewaltverherrlichende Zeichentrickserien wie *He-Man and the Masters of the Univers*, *X-Men*, *Batman*, *Gostbusters*, *Turtles*, *Transformers*, *Captain Planet*, *Lazer Patrol*, *She-Ra – Princess of Power*, *Visionaries*, *Inhumanoids*, *Brave Star*, *Saber Rider* etc. schon per Ankündigung übervorteilt werden.[26] Gleichzeitig werden Kinder auf den privaten Programmen schamlos als Konsumenten umworben. In Relation zu diesem, allerdings morbiden Programmkontext ist eine kommerzielle Serie wie *SimsalaGrimm* ein zwar triviales, doch letztlich beschauliches Unterfangen, mit dem das Genre des Märchenfilms einmal mehr in Verruf gebracht wird.

Anmerkungen

[1] Kinderbücher als Bestseller. Tradition und Transformation populärer Stoffe für junge Leser. Proseminar an der Philosophischen Fakultät der Universität Rostock, WS 1999/2000.

[2] Der *Gestiefelte Kater* wurde in der zweiten Auflage der KHM von 1819 wegen seiner Nähe zum französischen Vorbild (Charles Perrault) wieder gelöscht.

[3] Siehe z. B. Titus Arnu: Unter Vollnarkose im OP. Ein Münchner Trickfilmer verwandelt Grimms Märchen in moderne TV-Cartoons und sozialisiert sogar den bösen Wolf. In: Süddeutsche Zeitung vom 3. November 1999, S. 23.

[4] Hamburger Morgenpost vom 1. November 1999.

[5] Grimms Märchen zeitgemäß erzählt. In: Ostseezeitung vom 6./7. November 1999.

[6] Hamburger Morgenpost (wie Anm. 4).

[7] Grimmsalabim. Von Elfie Riegler, mit Bildern von Jacky Gleich.

[8] Unterstützt von der Brüder Grimm-Gesellschaft e. V. in Zusammenarbeit mit Film-Fernsehen-Fond Bayern, Media, Bankhaus Reuschel & Co (Gruppe Dresdner Bank AG).

[9] Die Dissertation des Verfassers *Adaptionen klassischer Märchen im Kinder- und Familienfernsehen* (Frankfurt/M. 1993) wurde durch einen Förderpreis der Märchen-Stiftung Walter Kahn unterstützt, hat aber im Bereich pflegerischer Bemühungen bislang zu keinem Diskurs geführt.

[10] *1. Märchenfilmtage Rheine* 2000 vom 25.-29.10.2000. Konzeption: Dr. Joachim Giera; verfasste mit Eberhard Berger 77 Märchenfilme. Ein Filmführer für jung und alt. Berlin 1990.

[11] *Medien erzählen Märchen* 3.-5. März 2000.

[12] Siehe hierzu Christoph Schmitt: Jim Hensons *The Storyteller.* Zu einem innovativen Ansatz für die Verfilmung klassischer Märchen. In: Fundevogel Nr. 72/73 (März / April) 1990, S. 24-28.

[13] Siehe Schmitt (wie Anm. 9), S. 301.

[14] Deutsche Bearbeitung: Planet Wave Studio Hamburg. Wurde im Weihnachtsprogramm 1999 auf *tm3* wiederholt (Erstausstrahlung 1987).

[15] Max Lüthi: Das europäische Volksmärchen. Form und Wesen. 7. Aufl. Bern 1981, S. 34.

[16] Vladimir Propp: Morphologie des Märchens. München 1972, S. 79.

[17] Siehe hierzu *Nebenfiguren*. In: Enzyklopädie des Märchens. Bd. 9. Berlin / New York 1999, Sp. 1294-1299, hier 1297ff.

[18] Lüthi (wie Anm. 15), S. 56-60.

[19] Siehe hierzu Manfred Jahnke: Von der Komödie für Kinder zum Weihnachtsmärchen. Meisenheim 1977.

[20] Walter Scherf: Die Herausforderung des Dämons. Form und Funktion grausiger Kindermärchen. München u. a. 1987.

[21] Lutz Röhrich: Grausamkeit. In: Enzyklopädie des Märchens. Bd. 6. Berlin / New York 1990, Sp. 97-110, hier 101f.

[22] Siehe hierzu Schmitt (wie Anm. 9), S. 382-385.

[23] Göte Klingberg: Die phantastische Kinder- und Jugendzählung. In: Gerhard Haas (Hrsg.): Kinder- und Jugendliteratur. Zur Typologie und Funktion einer literarischen Gattung. Stuttgart 1974, S. 220-241, hier 222ff.

[24] Vgl. hierzu Peter Nusser: Trivialliteratur. Stuttgart 1991, S. 4ff.

[25] Zum visuellen Bausteinprinzip japanischer Zeichentrickserien der 70er Jahre siehe Jens Thiele: Trickfilmserien im Fernsehen. Eine Untersuchung zur Didaktik der ästhetischen Erziehung. Oldenburg 1981.

[26] Kerstin Eßer: Von Null auf Hundert. Das Zeichentrickangebot im deutschen Fernsehen. In: Handbuch des Kinderfernsehens. Hrsg. v. Hans Dieter Erlinger u. a. Konstanz 1995, S. 315-335, hier 322.

KARIN RICHTER

Veränderte Kindheit und Märchenrezeption unter gewandelten gesellschaftlichen und medialen Bedingungen

Angesichts des gravierenden Wandels innerhalb der Medienlandschaft und der kindlichen Medienwahrnehmung stellt sich die Frage – nicht nur in Verbindung mit der uns heute auf dieser Tagung bewegenden Thematik *Märchen und neue Medien* – die Frage: Unter welchen Bedingungen bleiben wichtige Kulturgüter lebendig? Welche Möglichkeiten eröffnen sich für die Schule, zur Erhaltung von Kulturgütern und Werten in dem Sinne beizutragen, dass sie für Kinder heute Bedeutung gewinnen und zu einem unverzichtbaren Gut werden?

Voraussetzung für eine grundlegende Beantwortung der Frage ist die Kenntnis heutiger Kindheit im gesellschaftlichen Kontext, d. h. im Hinblick auf die globalen Wandlungsprozesse und die damit einhergehende Mediatisierung von Kindheit. Unter diesen beiden Blickwinkeln, d. h. einerseits die gesellschaftlichen Veränderungen in ihren Auswirkungen auf Kindsein und andererseits die Möglichkeiten und Notwendigkeiten des Einflusses der Pädagogik, habe ich mich in den letzten zwei Jahren in Verbindung mit einem größeren Projekt mit dem Interessenspektrum von Schülern der 1. bis 5. Klasse in einer repräsentativen Studie beschäftigt, um vor allem das Lese- und Fernsehinteresse zu erfassen und Folgerungen für die pädagogische Praxis abzuleiten. In diesem Rahmen interessierte uns auch die Märchenrezeption, die zudem über das Projekt hinaus mit verschiedenen Probandengruppen in unterschiedlichen Schulen und Klassenstufen untersucht wurde.

Ich möchte Sie mit einigen dieser Ergebnisse bekannt machen, die zugleich verdeutlichen, unter welchen Voraussetzungen Kinder heute Märchen begegnen. Erst die Kenntnis dieses Hintergrundes ermöglicht ein folgenreiches Nachdenken über kindliche Wege zum Märchen und deren mögliche Begleitung durch Erwachsene. Das bedeutet meines Erachtens auch, in der Betrachtung des Themas Kind-Märchen nicht nur das Genre 'Märchen' an sich zu sehen, sondern den historischen und aktuellen Kontext des Wirkungszusammenhanges zu begreifen. Ich kann mich mit jenen im Vorfeld der Tagung geäußerten Standpunkten, die das Märchen nur in seiner originalen Form – so wie es die Brüder Grimm aufgeschrieben haben – gelten lassen wollen, nicht in Übereinstimmung bringen. Das Original liegt vor (übrigens stellt es selbst schon einen tiefen Eingriff in die 'mündlichen Vorgaben' dar), und es kann im historischen Wandlungs- und Aneignungsprozess auch variantenreich angeeignet werden – mit Umsetzungen in andere Kunstformen und Genres: den Film, die Theateraufführung, die Malerei und Illustrationskunst, die Märchenparodie, den Märchencomic beispielsweise. Es ist dabei allerdings von Belang, in welcher Qualität das geschieht. Und in diesem Kontext ist der Ansatzpunkt für eine Kritik an der Märchenverfilmung *SimsalaGrimm* zu suchen.

Ähnliche Vorgänge im Umgang mit dem Mythos – auch wenn sie nicht direkt vergleichbar sind – verweisen diesbezüglich auf ein unausschöpfliches Potential und einen Variantenreichtum, der dieses Kultur- und Bildungsgut lebendig hält. Denken wir beispielsweise an neue Zugänge zur griechischen Mythologie durch Christa Wolf, Franz Fühmann oder Botho Strauss – um nur einige der zeitgenössischen Adaptionen zu nennen. Allerdings beziehe ich bei dieser Wertung weniger die amerikanischen Filmversionen zu Herakles und Odysseus ein, obwohl gerade sie dazu beitragen, dass junge Menschen überhaupt etwas über jene mythologischen Geschichten im Umfeld des Trojanischen Krieges wissen. Damit bin ich wieder zu meinen eingangs geäußerten Gedanken über die Rahmenbedingungen heutiger Kindheit zurückgekehrt.

Verfolgt man die Publikationen der letzten Jahre, dann fällt auf, dass sowohl in den eher populären Veröffentlichungen als auch in wissenschaftlichen Studien die Frage nach den dominanten Inhalten der Bildung junger Menschen, nach Sinngebung und Wertevermittlung, nach Wissenserwerb und Vermittlung von Schlüsselkompetenzen sehr häufig isoliert neben der Debatte um Medienpädagogik und Medienkompetenz steht. Dabei gehören beide Aspekte in einen direkten Kontext. Denn schließlich geht es um das Verständnis gegenwärtiger gesellschaftlicher Wandlungsprozesse in deren Auswirkungen auf kindliches Leben sowie um die Erfordernisse und dominanten Inhalte schulischer Bildung angesichts der Mediatisierung von Kindheit. Die Dramatisierung der Gefahren, die mit dem kindlichen Medienkonsum verbunden sein können, steht im diametralen Gegensatz zu der gleichzeitig erfolgenden Negierung erwachsener Einflussmöglichkeiten und -notwendigkeiten auf Medienentwicklung und Mediennutzung von Kindern.

So sieht der ehemalige Direktor des Max-Planck-Institutes, Franz E. Weinert (1999), in der Auffassung, dass Schule weniger Wissen als vielmehr Lernstrategien und Medienkompetenz entwickeln solle und dass die Schüler weniger des Lehrers bedürften, einen der großen Irrtümer der Schulreformer der letzten Jahrzehnte. Von anderen wird dagegen nach wie vor die Ansicht vertreten, Schüler wüssten selbst am besten, was sie lernen sollten. Zu welch merkwürdigen 'Blüten' derartige Positionen führen können, offenbarte sich nicht zuletzt in der Debatte um den Umgang des Kindes mit dem Medium Fernsehen. Angesichts der von besorgten Eltern und Pädagogen geäußerten Kritik an der Serie *Power Rangers* wegen deren Gewaltpotentials wurden Gutachten und Untersuchungen in Auftrag gegeben, die dem Zusammenhang zwischen fiktiven Gewaltdarstellungen im Fernsehen und der realen Wirkung im kindlichen Alltag nachgehen sollten. Neben Positionen, die der Auffassung verpflichtet sind, dass eine moderne Gesellschaft die Verantwortung für ihre Kinder zu tragen habe und fiktives Gewaltpotential in den verschiedenen Medien ernst nehmen müsse, wird in nicht wenigen Beiträgen des Bandes *Kinder brauchen Helden* (Czaja 1997) den *Power Rangers* – trotz der mit ihnen verbundenen Legitimierung der Gewalt als Mittel zur Konfliktlösung – bescheinigt, dass sie wichtige kindliche Bedürfnisse bedienten. In diese Gedankenführung ist auch ein direkter

Bezug zum Märchen eingeschlossen, indem die Heldenzeichnung in *Power Rangers* und einzelne verknappte sprachliche Formeln als (volks-)märchenhaft charakterisiert werden. Noch weiter geht die Autorin Barbara Sichtermann im selben Band, wenn sie die Frage stellt, inwieweit eine Einflussnahme der Erwachsenen auf das Fernsehverhalten der Kinder überhaupt sinnvoll sei. In einer oberflächlichen, sich salopp gebenden Pseudoargumentation meint sie, dass die Medienpädagogik „gar nicht so viel Hirnschmalz auf die Programmkritik verwenden müsse, denn für Kinder gilt in besonderer Weise, daß jede Sendung in jedem Hirn anders ankommt" (Sichtermann 1997, S. 14). Dieser Beitrag ist getragen von einem Plädoyer für die Selbstentscheidung des Kindes bei der Mediennutzung, ohne einschränkende Eingriffe, indem darauf verwiesen wird, dass Kinder besser als Erwachsene wüssten, auf welcher Altersstufe sie angekommen seien und welches Programm demzufolge für sie wichtig sei. Als „theoretische" Grundlage dient der Autorin dabei der Verweis auf das sogenannte „Dornröschenprinzip", d. h., so wie im Märchen im richtigen Moment die Hecke nachgebe und der Prinz ungehindert zu Dornröschen gelangen könne, so wüssten die Kinder um den richtigen Moment bei der Wahl ihrer Programme im Fernsehen. Man solle Kinder deshalb sehen lassen, was sie sehen wollten, was ihnen selbst gefällt, auch Schund. Wichtig sei, dass sie sich überhaupt ergötzten. Es ist zu bezweifeln, dass eine derartige Position etwas mit tatsächlicher kindlicher Selbstbestimmung zu tun hat. Eher steht sie im Kontext mit einer Haltung, dass sich der Erwachsene seiner Verantwortung für kindliches Leben entzieht.

In Anlehnung an den Soziologen Ulrich Beck, dessen *Risikogesellschaft* inzwischen als gesellschaftsanalytisches Standardwerk gilt, sieht der Erziehungswissenschaftler Ulf Preuss-Lausitz heutige Kindheit als krisenhafte Situation, die Gefahren und Chancen zugleich aufweist. Das heißt, die „Freisetzung von sozialen Einbettungen und milieuhaften Selbstverständlichkeiten" bedingt den Zwang und die Chance zur Entscheidung (Preuss-Lausitz 1995, S. 10). Alte, traditionelle soziale Bindungen sind aufgebrochen, wie etwa der Wandel in den Familienstrukturen, im Geflecht Schule – Freizeitbereich, in den sozialen Beziehungen in Arbeitssphären und Gemeinden sowie im Verhältnis von Berufsqualifikation und Berufsausübung dokumentiert. Kinder erfahren in ihren spezifischen Lebensbereichen diese Modernisierungstendenzen und den damit verbundenen größeren Aufwand für die Suche nach neuen Kommunikationsmöglichkeiten in anderen Gruppen und Institutionen. Hinzu tritt die sogenannte Mediatisierung kindlicher Lebensräume durch den zunehmenden Einfluss der neuen Medien auf den Alltag von Kindern und Jugendlichen, nicht zuletzt auf ihre Denk- und Verhaltensmuster. In dieser Situation können weder ein antiquiertes Festhalten an einem starren Bildungskanon noch ein kritikloses Zelebrieren der neuen medialen Formen ein geeigneter Weg sein. Den 'rechten Weg' zu finden kann nur gelingen, wenn vorurteilsfrei über die Chancen neuer Medien für die individuelle und soziale Entwicklung nachgedacht wird, um genauer die Möglichkeiten des einzelnen Mediums zu erkennen. Das heißt aber auch, die Frage nach den Werten einer Gesellschaft nicht ins Irrationale zu verbannen und jede virtuelle

Neuerung in den Medien als gelungene neue Ästhetik zu feiern (vgl. Richter 1999).

Ich meine, ein derartiges Herangehen kann auch der neuen Märchenverfilmung *SimsalaGrimm* dienen. Andererseits ist zu bedenken, dass Kinder in einer Multimediakultur leben und es deshalb für die Bildungsprozesse unerlässlich ist, dass Lehrerinnen und Lehrer – und nicht nur sie – die kindlichen Vorlieben und Bedürfnisse genauer kennen und diese Kenntnis als eine wichtige Grundlage für eine fundierte pädagogische Arbeit begreifen. Es ist nicht in Abrede zu stellen, dass Kinder viel fernsehen und dass sich der Umgang mit den Printmedien gewandelt hat. Und es ist verständlich, dass viele Lehrerinnen und Lehrer, die dem Lesen von anspruchsvoller Literatur einen nicht zu unterschätzenden Einfluss auf die Persönlichkeitsentwicklung beimessen, diesen Wandel bedauern. Aber ein sinnvolles Herangehen an pädagogisches Wirken bedeutet, dass das gegenwärtige kindliche Alltagsverhalten mit seinen verschiedenen medialen Einflüssen exakt analysiert wird – als wesentliche Voraussetzung für eine kreative Suche nach neuen Wegen zum Lesen. Grundschulkinder, zu deren Alltag die Wahrnehmung einer ursprünglich für Jugendliche konzipierten Serie wie *Gute Zeiten, schlechte Zeiten* oder aber die umstrittenen *Power Rangers* gehören, bedürfen unzweifelhaft anderer Impulse zur Lesemotivation als ihre Altersgenossen früherer Zeiten.

Kann die Verfilmung von *SimsalaGrimm* ein derartiger Impuls sein? Kann auf diese Weise ein neuer Zugang zu alten Märchen erreicht werden, oder verbindet sich mit dieser Verfilmung ein Irr- bzw. Abweg? Das sind Fragen, die keineswegs vorschnell und unreflektiert beantwortet werden sollten. Überlegungen über die neue Stellung von Literatur müssen sicher weniger von Abwehr als vielmehr von der Suche nach Neuansätzen geprägt sein.

Das betrifft bereits die frühe Begegnung mit künstlerischen Welten im Kleinkindalter. Immer wieder wird die Ansicht geäußert, dass Kleinkinder mit dem Vorlesen und Erzählen von Märchen ihre Erstbegegnung mit Kunstwelten haben und dass sie mit dem literarischen Märchen zugleich die narrativen Strukturen erfahren, die später für Erzählen und Lesen von Bedeutung sein können. Stimmt diese Auffassung tatsächlich noch? Ist es nicht so, dass immer mehr Kinder zunächst visuellen künstlerischen Welten begegnen und erst dann dem Buch? Treffen nicht Kindergartenkinder zuerst die Teletubbies und erst dann die Märchenfiguren Dornröschen, Schneewittchen und Hänsel und Gretel? Und erleben sie gegenwärtig diese Märchenfiguren tatsächlich zuerst im literarischen Gewand oder bereits zuvor in der Zeichtrickfolge *SimsalaGrimm*? Wird damit die Spannung auf fiktive literarische Welten gemindert oder muss nicht nur die Begegnung mit Literatur angesichts der kindlichen Vorerfahrungen anders gestaltet werden, damit der besondere Reiz von Literatur zum Tragen kommt? Um einigen dieser Fragen grundlegend nachzugehen, exakte Kenntnisse über kindliche Interessen, kindliche Fernsehvorlieben und Lieblingslektüre zu erhalten – als notwendigen Ausgangspunkt für Leseförderung und die Entwicklung von Medienkompetenz –, erhoben wir im Rahmen einer repräsentativen Untersuchung Daten zum Interessenspektrum Thüringer Schüler der Klassenstufen

1 bis 5. In die Fragebogenerhebung, die im Januar und April 1999 in städtischen und ländlichen Räumen im schulischen Rahmen erfolgte, waren (einschließlich der Voruntersuchung) nahezu 1.000 Kinder einbezogen. Überraschend war für uns die subjektive Bedeutung, die die Kinder dem Lesen und dem Fernsehen beimessen. Ein bemerkenswertes Ergebnis erbrachten die Angaben zum Stellenwert von Büchern. Die Probanden wurden zunächst nach 11 verschiedenen Interessen – einschließlich ihres Interesses an Büchern und Fernsehen – befragt (vgl. Abb. 1).

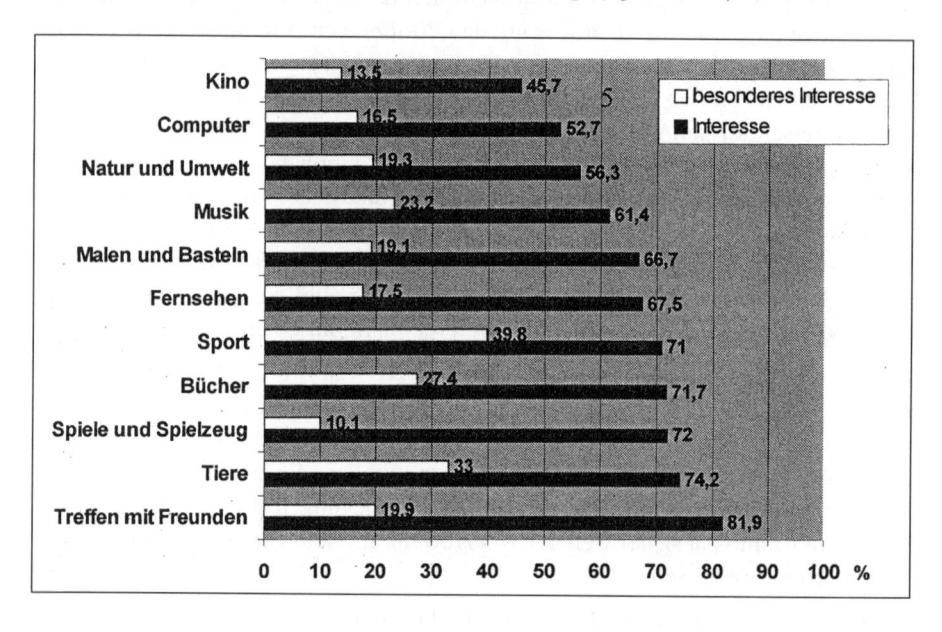

Interesse	besonderes Interesse	Interesse
Kino	13,5	45,7
Computer	16,5	52,7
Natur und Umwelt	19,3	56,3
Musik	23,2	61,4
Malen und Basteln	19,1	66,7
Fernsehen	17,5	67,5
Sport	39,8	71
Bücher	27,4	71,7
Spiele und Spielzeug	10,1	72
Tiere	33	74,2
Treffen mit Freunden	19,9	81,9

Abb. 1 Interessen von Schülern der Klassen 1 bis 5

Betrachtet man die Gesamtpopulation (Abb. 1), dann erhält das Interesse an Büchern nach dem Treffen mit Freunden, nach dem Interesse an Tieren und an Spielen / Spielzeug den 4. Platz und liegt damit noch vor dem Sport (5. Platz) und dem Fernsehen (6. Platz). Immerhin 71,7 % aller befragten Kinder gaben an, sich für Bücher zu interessieren. Diese Ergebnisse korrelieren mit dem Wert, der ein besonderes Interesse an Büchern aufzeigt. Bevorzugte Interessengebiete der Kinder wurden in diesem Kontext auf eine Weise ermittelt, dass die Probanden nach der Angabe ihrer vorhandenen Interessen aufgefordert wurden, innerhalb derer eine persönliche Wichtung vorzunehmen und maximal drei der für sie besonders bedeutsamen Interessen zu kennzeichnen. Der Anteil der Kinder, der ein besonderes Interesse an Büchern hat, liegt mit 27,4 % bemerkenswert hoch. Nur bei Sport (39,8 %) und Tieren (33 %) ist eine höhere Notierung zu verzeichnen. Dagegen wird ein besonderes Interesse am Fernsehen lediglich von 17,5 % der befragten Kinder angegeben. Diese unerwarteten Werte erfordern einerseits eine differenzierte Analyse und Interpretation – schon um nicht zu falschen Schlüssen über tatsächliches Lese- und Fernsehverhalten zu gelangen –, andererseits evozieren sie direkt die Frage danach, unter welchen Voraussetzungen sich diese positive Disposition in tatsächliches Verhalten 'verwandelt'. Auffällig sind die Wandlungen innerhalb der Platzierung von Lesen und Fernsehen im kindlichen Interessenspektrum der einzelnen Klassenstufen:

	Bücher	Fernsehen
Klasse 1	7.	5.
Klasse 2	7.	5.
Klasse 3	2.	7.
Klasse 4	3.	7.
Klasse 5	2.	6.

Die Übersicht lässt erkennen, dass ab der 3. Klassenstufe das Interesse an Büchern deutlich über dem für das Fernsehen liegt. Das bedeutet möglicherweise zugleich, dass mit zunehmender Lesefähigkeit bzw. Lesekompetenz auch das Interesse am Lesen zunimmt.

Wie begleiten wir diesen Prozess? Wieviel wissen wir über kindliche Wahrnehmung und über die Motivation zum Lesen und Fernsehen sowie über die Fernseh- und Lesevorlieben überhaupt? Auf diese Momente möchte ich im Folgenden anhand der Ergebnisse unserer empirischen Erhebung aufmerksam machen und dabei das Märchen besonders akzentuieren.

Auf die offene Frage nach den häufig gesehenen Sendungen (Welche Sendungen schaust du ziemlich häufig?) erfolgten durch 742 Probanden (nur bei 12 Kindern fehlten hierzu relevante Angaben) mehr als 2.800 Nennungen. Das heißt, dass im Durchschnitt jedes Kind zwischen drei und vier seiner häufig gesehenen Sendungen mitteilte. Die Mädchen gaben dabei durchschnittlich mehr Sendungen an als die Jungen. Dass mit steigender Klassenstufe die Nennungen häufig gesehener Sendungen beständig zunehmen, erstaunt vor allem deshalb, weil damit jene Probandengruppen, die ein deutlich geringeres Fernsehinteresse bekennen, durchschnittlich mehr Sendungen nennen. Innerhalb der Gesamtliste zu den Sendungsnennungen konnten etwa 530 (!) verschiedene Sendungen registriert werden. Fast alle Gattungen und Genres sind vertreten, wobei aber Serien bzw. Sendereihen absolute Dominanz besitzen. Schon unter rein quantitativem Aspekt betrachtet, macht die relativ hohe Anzahl der konkreten Sendungen deutlich, dass es von den täglich ausgestrahlten Fernsendungen kaum eine gibt, die nicht auch von Kindern rezipiert wird.

Rang-Platz	Sendungen	Sender	Kl.1	Kl.2	Kl.3	Kl.4	Kl.5	Ges	dav. Mä.	dav. Ju.
1	Gute Zeiten, schlechte Zeiten	RTL	5	23	32	43	67	170	133	37
2	Darkwing Duck	S-RTL	26	33	22	20	17	118	31	87
3	Sailor Moon	RTL2	15	21	20	21	11	88	74	14
4	Käpt'n Balu u. seine tollkühne Crew	S-RTL	12	25	20	18	11	86	28	58
5	Die Simpsons	PRO 7	6	5	7	24	27	69	22	47
6	Tex Avery Show	S-RTL	10	10	11	19	12	62	11	51
7	Arielle – Die Meerjungfrau	S-RTL	17	17	15	7	3	59	39	20
8	Unter uns	RTL	1	6	8	12	25	52	46	6
9	101 Dalmatiner	S-RTL	22	15	8	2	3	50	23	27
10	Meister Eder und sein Pumuckl	KiKa	10	13	5	11	4	43	27	16
11	Mummies Alive	RTL	4	9	17	8	5	43	7	36
12	Bob Morane	S-RTL	5	11	11	8	7	42	5	37
13	Tabaluga tivi	ZDF	9	11	9	7	6	42	26	16
14	Alle unter einem Dach	PRO 7		4	10	11	16	41	23	18
15	Schloß Einstein	KiKa	2	3	2	8	19	34	30	4
16	Eine schrecklich nette Familie	PRO 7	1	2	10	9	11	33	14	19
17	Trickfilme/-serien	PRO 7	6	8	8	1	8	31	13	18
18	Bill Cosby Show	PRO 7		2	7	9	12	30	19	11
19	Heidi	KiKa	8	9	3	6	2	28	22	6
20	Kommissar Rex	SAT 1	3	4	2	5	14	28	15	13

Abb. 2 Rangfolge der am häufigsten gesehenen Sendungen

Eindeutiger Spitzenreiter in unserer Untersuchung ist die Daily Soap *Gute Zeiten, schlechte Zeiten*. 22,94 % der befragten Kinder weisen sie als eine ihrer am häufigsten gesehenen Sendungen aus. Erwartungsgemäß prägt sie besonders auffällig das Fernsehverhalten der Mädchen.

In der Vielfalt der genannten Sendungen dominieren eindeutig die Unterhaltungssendungen. Die Zeichentrickserien sind zahlenmäßig am stärksten vertreten. Die

Produzenten von *SimsalaGrimm* dürften auf diese Fernsehvorlieben 'gesetzt' haben. Die Wahl von Zeichentrick – noch dazu in einer seriellen Form – garantiert den Erfolg.

Im Unterschied zu den Mädchen bevorzugen Jungen vornehmlich Zeichentrick. Diese Trickserien unterscheiden sich allerdings bezüglich ihrer Inhalte, der Verwendung filmsprachlicher Mittel, der Handlungsdramaturgie sowie in der Ästhetik beträchtlich. Am häufigsten wurde die Serie *Darkwing Duck* genannt – 22,59 % der Jungen geben sie in der Befragung an. Aber auch bei den Mädchen (insbesondere bei den jüngeren) weist gerade diese Zeichentrickserie einen beachtlichen Anteil auf und nimmt in der Rangfolge Platz 5 ein. Diese und ähnliche Serien (z. B. *Käpt'n Balu, 101 Dalmatiner*) tragen offensichtlich durch die Gestaltung witziger, humoristischer und turbulenter Situationen dazu bei, dass Kinder aller 5 Klassenstufen sie attraktiv finden. Bei Jungen fallen außerdem noch jene Zeichentrickserien auf, die mit einem größeren Anteil von Slapstick-Elementen inszeniert wurden *(Die Simpsons, Tex Avery Show)* und in denen Abenteuerliches und Kämpferisches in actiongeladenen Situationen dargestellt wird *(Bob Morane, Mummies Alive, Power Rangers)*. Hier liegt ein Erklärungsansatz dafür, warum gerade Jungen – die ansonsten Märchenverfilmungen weniger favorisieren – die Zeichentrickserie *SimsalaGrimm* bevorzugen.

Unsere empirische Erhebung insistierte vornehmlich darauf, den Einfluss neuer Medien auf den kindlichen Alltag und auf die kindliche Lektürepraxis zu erfassen. Im Sinne einer didaktischen Anwendungsforschung sollten auf dieser Grundlage begründete Folgerungen für die Leseförderung und Lesemotivation in der Schule entwickelt werden. Um ein möglichst umfassendes Bild gegenwärtigen Leseverhaltens zu gewinnen, enthielt der Fragebogen mehrere Items, die in diese Richtung zielten: die Stellung des Lesens im Interessenspektrum insgesamt; das Gefallen und Nichtgefallen des Lesens (Was gefällt dir am Lesen besonders? – Was gefällt dir am Lesen gar nicht?); eine einfach auswertbare Skalierung von 'sehr gern lesen' bis 'nicht gern lesen' sowie die Frage nach konkreten Titeln und Genres (Was liest du in deiner Freizeit?). Die Verbindung dieser Komplexe ergibt – wie die Antworten zeigen – ein differenziertes Bild gegenwärtigen Leseverhaltens jüngerer Schulkinder.

Obwohl immer wieder betont wird, dass bereits bei Grundschulkindern eine wachsende Distanz gegenüber dem Märchen unverkennbar sei, offenbaren unsere Daten, dass die Vorliebe für das Genre Märchen bzw. für märchenhafte Stoffe bis Klasse 5 erhalten bleibt. Allerdings haben sich Verschiebungen vollzogen: Einerseits werden zwar nach wie vor die Grimm'schen Märchen explizit genannt; andererseits zeigt sich deutlich der Einfluss der neuen märchenhaften Filmwelten *(Aladdin, Arielle, Cinderella, Die Schöne und das Biest, König der Löwen)* und die Rezeption des 'Buches zum Film'. Auf den ersten Blick weisen die Angaben – sieht man von der Quantität ab – keine geschlechtsspezifischen Unterschiede auf. Innerhalb des allgemeinen Nachlassens des Interesses am Märchen ab Klasse 4 ist die Abnahme der Märchentitel bei den Jungen weitaus deutlicher. Das betrifft sowohl die

Grimm'schen Märchen als auch die märchenhaften 'Filmverbuchungen'. (Die Serie *SimsalaGrimm* wurde zum Zeitpunkt unserer Untersuchung noch nicht gesendet).

Daneben zeigen unsere Daten eine Vorliebe für Tiergeschichten, Kinderliteraturklassiker und die sogenannte Fernsehbegleitliteratur. Fernsehen scheint insofern einen 'Leseschub' zu bewirken, als die Bücher und Zeitschriften zu *Gute Zeiten, schlechte Zeiten, Sailor Moon, Pumuckl* sowie zu den märchenhaften Verfilmungen *Arielle* und *Aladdin* die Fernsehwahrnehmung begleiten und 'vertiefen'.

Die positive Resonanz auf Märchen dürfte durchaus im Kontext mit vielfältigen Märchenverfilmungen stehen, die zur Lektüre anregen. Dazu könnte in der Folgezeit auch die Trickfilmreihe *SimsalaGrimm* zählen, die sich zwar einerseits von der Literaturvorlage entfernt, aber im Unterricht genutzt werden kann, um zur originären Grimm'schen Märchenversion zurückzukehren. Die Fülle von durch Märchen initiierter gegenwärtiger Literatur – wie Märchenparodien von Christine Nöstlinger (in der Anthologie *Ein und Alles*), die Erinnerung an die eigene Begegnung mit Märchen von Christa Wolf (*Dornröschen und der Küchenjunge*) oder die neuen Märchenillustrationen von Klaus Ensikat (u. a. zu den *Bremer Stadtmusikanten*) – eröffnet zugleich vielfältige Zugänge zum Märchen im Unterricht.

Wenn ich für diese Wege plädiere und sie auch in Verbindung mit studentischen Fachpraktika selbst beschreibe, dann meine ich nicht, dass damit eine Kritik an Fernseh- und Filmerzeugnissen fragwürdiger Art überflüssig geworden sei. Aber wir erleben alle die Folgenlosigkeit jeglicher Fernsehschelte – und ehe man sich in ihr verliert, sollte man vielleicht versuchen, im eigenen Umfeld – und dazu rechne ich gerade die pädagogische Praxis – neue Wege zu suchen.

Kinder lassen sich auch heute für Literatur begeistern, selbst wenn es zuweilen gründlicherer Vorüberlegungen bedarf als in früheren Zeiten. Vielfältige Wege sind im Rahmen der Leseförderung und Lesemotivation erforderlich. Sie müssen sich gründen auf einer exakten Kenntnis des heutigen kindlichen Alltags. Das bedeutet nicht, dass in der Schule die Behandlung von Daily Soaps und Zeichentrickfilmen ins Zentrum treten sollte. Deren Berücksichtigung im Unterricht dürfte nicht ausgeschlossen sein, aber eine Reduzierung des schulischen Kanons auf die Fernsehbegleitliteratur ist ebenso abwegig wie ein Beharren auf einem unverrückbaren literarischen Kanon. In diesem Spannungsfeld sehe ich auch die Märchenverfilmung *SimsalaGrimm*. Steht sie in der unterrichtlichen Behandlung allein oder anstelle des literarischen Originals, käme das einer Verarmung der Märchenrezeption gleich. Steht sie im Kontext mit den originalen Grimm'schen Märchen könnte sie neue Sichten und Einsichten in das Märchen und die sich wandelnde Märchenrezeption ermöglichen (Richter 2000).

Gestatten Sie mir, dass ich zum Schluss zwei Märchen vorlese, die beide in Verbindung mit unseren Untersuchungen zur kindlichen Märchenrezeption und entsprechenden Unterrichtsversuchen im vergangenen Jahr entstanden sind. Das erste kindliche Märchen folgte einer Aufforderung zum Erzählen einer Geschichte nach einem vorgegebenen Märchenanfang. Das zweite Märchen – das sicher sehr nachdenklich stimmen muss – stand in Verbindung mit einer Aufgabe, sich vorzustellen, was nach der Hochzeit Dornröschens geschehen könnte. Die kindlichen Texte sollten auf diese Weise den Übergang dazu bieten, dass das französische *Dornröschen* tatsächlich eine Fortsetzung mit einer erneuten Bedrohung der Märchenheldin kennt.

1. Beispiel

Es waren einmal zwei Brüder, die verabschiedeten sich voneinander. Der eine wollte unbedingt den rechten Weg gehen, der andere den linken. Einer der beiden kam in eine große Stadt. Viele Häuser standen auf engstem Platz. In der Stadt roch es nach frisch gebackenem Kuchen und nach Äpfeln und vielem mehr. Erst jetzt bemerkte er, daß er Hunger hatte. Von dem bißchen Geld, das er noch zu Hause in die Tasche gesteckt hatte, kaufte der Bursche 5 rosige Äpfel und aß sie gleich auf. Der andere Bruder kam in einen finstern Wald und baute sich dort eine Hütte zum Übernachten. Jeden Morgen weckte ihn das muntere Gezwitscher der Vögel. ... Eines Tages – er war gerade beim Beerenpflücken – hörte er ein leises Stimmchen: „Oh, mein Herr, was kann ich für dich tun?" Der Bursche erschrak ... „Ich bin nicht sein Herr", fügte der Junge im schroffen Ton hinzu. Da verschwand das dünne Stimmchen. Der Jüngling ging immer tiefer in den Wald hinein und schließlich kam er zu einem Häuschen, das auf einem dürren Hühnerbein stand. „Ei", sprach er, „hier wohnt die Babajaga, der werde ich was flöten". Er ging auf das Häuschen zu und öffnete. Drinnen saß ein altes Weiblein und sprach zu ihm: „Komm nur her, mein Söhnchen. Du wirst ein guter Braten werden, mein Söhnchen. Da gab es einen Krach und das Haus brach zusammen. Ein seltsames Männchen stand neben dem Burschen und lachte sich ins Fäustchen: „Aus und vorbei mit dieser Hexe." Jetzt bedankte sich der Junge bei dem Männchen und ging wieder zu der Stelle, wo er sich von dem Bruder getrennt hatte. Dort wartete er auch. Sie umarmten sich heftig und zogen zusammen nach Hause. (Mädchen, 4. Klasse)

2. Beispiel

Der Prinz und die Prinzessin erfanden einen Panzer und holten Hitler aus Erfurt. Er war gerade dabei, Wolfgang Amadeus Mozart auszupeitschen. Im Jahre 5000 hat der Gerechte alle getötet. (Junge, 4. Klasse)

Ganz gleich, welche medialen Erlebnisse und Erfahrungen hinter diesen 'Erzählungen' eines Mädchens und eines Jungen aus Erfurt stehen mögen. Die Texte verweisen darauf, wie unterschiedlich kindliche Wahrnehmung und kindliches Denken sind, wie viele unverarbeitete Einflüsse sich angesichts der Multimediawelt im kindlichen Denken und Empfinden widerspiegeln und wie groß unsere Verantwortung für kindliches Leben ist.

Literatur

Bachmair, Ben / Löhr, Paul: Fazit: Nur die Kleinen sehen, was für sie bestimmt ist – Kinder und ihre Rezeptionsmuster. In Zentralstelle Medien der Deutschen Bischofskonferenz / Gemeinschaftswerk der Evangelischen Publizistik (Hrsg.): Debatte Kinderfernsehen. Analyse und Bewertung von TV-Programmen für Kinder. Garz bei Berlin: Vistas 1998, S. 103–107.

Basic, Natasa / Schell, Fred / Schorb, Bernd / Graf, Gerhard: Kinder sehen fern. Programmangebot und Präferenzen. München: KoPäd 1987.

Czaja, Dieter (Hrsg.): Kinder brauchen Helden. Power Rangers & Co. unter der Lupe. München: KoPäd Verlag 1997.

Greenfield, Patricia M.: Kinder und neue Medien. Die Wirkungen von Fernsehen, Videospielen und Computern. Weinheim: Psychologie Verlags Union 1987.

Preuss-Lausitz, Ulf: Kindheit 2000. Entwicklungstendenzen zwischen Risiko und Chancen. In: Daubert, Hannelore / Ewers, Hans-Heino (Hrsg.): Veränderte Kindheit in der aktuellen Kinderliteratur. Braunschweig: Westermann 1995, S. 7–22.

Richter, Karin: Kindliche Fernsehvorlieben und Leseinteressen und deren Bedeutung für den Unterricht. In: Franz, Kurt / Lange, Günter (Hrsg.): Bilderwelten. Vom Bildzeichen zur CD-Rom. Baltmannsweiler: Schneider 1999, S. 109–130.

Richter, Karin: SimsalaGimm – Mögliche und unmögliche Zugänge zu den Grimmschen Märchen. In: Grundschule H. 7-8, 2000.

Richter, Karin / Riemann, Sabine: Märchen, Zeichentrick und Daily Soaps – Interessen und Vorlieben von Fünftklässlern. In: Deutschunterricht 1999, Sonderheft, S. 19–29.

Sichtermann, Barbara: Kinderfernsehen und die Sorgen der Erwachsenen. In: Czaja, Dieter (Hrsg.): Kinder brauchen Helden. Power Rangers & Co. unter der Lupe. München: KoPäd Verlag 1997, S. 11–19.

Weinert, Franz E.: Die fünf Irrtümer der Schulreformer. In: Psychologie heute 1999, S. 28–34.

SUSE WEISSE

Simsala versus Grimm?
Eine empirische Untersuchung über die Rezeption von Märchen und Märchentrickfilm in Berliner Grundschulen

Einleitung

Im Dezember 1999 erhielt ich von Walter Kahn den Auftrag, für die MÄRCHENSTIFTUNG WALTER KAHN eine Untersuchung durchzuführen. Vergleichend untersucht werden sollte, wie Kinder ein Video aus der Serie *SimsalaGrimm* einerseits und die mündliche Erzählung desselben Märchens andererseits rezipieren. In Zusammenarbeit mit Prof. Kristin Wardetzky von der Hochschule der Künste Berlin, die auf dem Symposium der Stiftung im Mai 2000 in Volkach über die Ergebnisse dieser Untersuchung referiert hat (vgl. den folgenden Beitrag), entwickelten wir die Vorgehensweise. Unter den 26 Titeln der *SimsalaGrimm*-Reihe entschieden wir uns für das Märchen *Der Teufel mit den drei goldenen Haaren*.

Neun Schulklassen des zweiten Schuljahres an vier Berliner Schulen haben an der Untersuchung teilgenommen, die jeweils an drei aufeinander folgenden Schultagen durchgeführt wurde. Wir wählten bewusst Schulen im Ostteil und im Westteil der Stadt, da wir vermuteten, dass das Rezeptionsverhalten bei Märchenstoffen in Ost und West signifikant unterschiedlich sein würde.

Jeweils eine Klasse im Ostteil der Stadt und eine im Westteil haben am ersten Tag der Untersuchung die gleiche Rezeptionsvorlage erhalten. So entstanden vier Untersuchungsgruppen (im folgenden UG) zu je 2 Klassen:

UG 1: Den Kindern wurde das Märchen in der Grimm-Fassung der 'Ausgabe letzter Hand' von mir erzählt.

UG 2: Den Kindern wurde das Video aus der Serie *SimsalaGrimm* vorgeführt.

UG 3: Den Kindern wurde erst das Märchen erzählt, danach sahen sie das Video.

UG 4: Die Kinder sahen zuerst das Video, danach wurde ihnen das Märchen erzählt.

Am darauffolgenden Tag stellte ich im Verlauf einer Doppelstunde allen Kindern die gleichen Fragen und Aufgaben. Ich begann mit einer Entspannungs- und Konzentrationsübung. Dann wurden die Kinder aufgefordert,

1. zu dem, was sie gehört und gesehen hatten, ein Bild mit Wasserfarbe zu malen;
2. einen vorgefertigten Fragebogen zu beantworten;
3. einen projektiven Testbogen zu bemalen;
4. eventuell zusätzlich einen weiteren projektiven Testbogen zu bearbeiten.

Am dritten Tag dann habe ich mit einzelnen Kindern (insgesamt 46) narrative Interviews geführt und mir von ihnen die Geschichte erzählen lassen.

Das Material dieser Untersuchung sowie die vollständige Auswertung sind inzwischen bei der Märchen-Stiftung Walter Kahn (Näheres vgl. S. 4 in diesem Band). Hier beschränke ich mich auf eine Präsentation der Ergebnisse mit ausgewählten Beispielen zur Veranschaulichung.

Population

Wir wählten Schulklassen aus den Bezirken Treptow und Prenzlauer Berg (beide in Ostberlin) sowie Neukölln und Schöneberg (beide Westberlin) aus, nachdem Schulleitung und Klassenlehrerinnen sich zur Teilnahme bereit erklärt hatten. Der folgenden Tabelle sind die Anzahl der Kinder in den einzelnen Untersuchungsgruppen sowie ihre Verteilung nach Stadtbezirk und Geschlecht zu entnehmen. Dabei bedeuten: Tr: Treptow – Nk: Neukölln – Pb: Prenzlauer Berg – Sb: Schöneberg – M: Mädchen – J: Jungen.

gesamt

UG 1	Tr M 19 + 1	Tr J 7 + 9	Nk M 12	Nk J 10	58
UG 2	Tr M 13	Tr J 15	Nk M 12	Nk J 11	51
UG 3	Pb M 12	Pb J 10	Sb M 7	Sb J 11	40
UG 4	Pb M 14	Pb J 10	Sb M 9	Sb J 12	45

In Treptow wurden zusätzlich 10 Kinder einer Förderklasse für sog. verhaltensauffällige Kinder in die Untersuchung einbezogen, diese sind durch + gekennzeichnet. Beispiel:
UG 1 Tr M 19 + 1 = 19 Mädchen der Untersuchungsgruppe 1
+ 1 Mädchen aus der Förderklasse aus Treptow
Insgesamt: 99 Mädchen, davon 59 aus Ost-, 40 aus Westberlin
97 Jungen, davon 51 aus Ost- und 46 aus Westberlin
insgesamt 196 Kinder.

Die Population verteilt sich annähernd gleich auf Jungen und Mädchen. Es sind mehr Kinder aus dem Ostteil befragt worden, zum einen, weil die Förderklasse als Untersuchungsgruppe hinzukam, und zum anderen, weil die Klassenstärke an den Westberliner Schulen niedriger ist. Der Grund für die geringere Klassenstärke ist der hohe Anteil ausländischer Kinder an den Westberliner Schulen. Letzteres hat auch zur Folge, dass die Lese- und Schreibfähigkeiten der Kinder sehr unterschiedlich weit ausgebildet sind, was sich vor allem auf die Beantwortung des Fragebogens ausgewirkt hat. Ein weiterer Faktor, der nicht in die Analyse der Ergebnisse einbezogen wurde, hier aber dennoch erwähnt werden soll, ist die Arbeits- und Lebensatmosphäre in den jeweiligen Klassen: Der Bogen spannt sich von freundlich-tumulthaft über eifrig-emsig bis hin zu Grabesstille und militärischen Tönen: alle stillsitzen, alles richtig schreiben, den Mund zu beim Tuschen!! Grundschullehrer und -lehrerinnen bestimmen in hohem Maße das Miteinander in der Klasse, von der Ausstattung und Einrichtung des Klassenzimmers bis zur Arbeitsweise – frontal, kollektiv, selbständig etc. Ich bin wunderbaren und erschreckenden Schulalltagen begegnet: In diesem Rahmen fand die Untersuchung statt.

Übereinstimmend für alle Klassen und Untersuchungsgruppen gilt: Die Kinder, denen ich das Märchen erzählte, hingen an meinen Lippen, sie zappelten und wackelten nicht oder nur ganz selten – und von der oft beschriebenen Konzentrationsschwäche der Kinder war wenig zu merken: Über 25 Minuten lauschten sie aufmerksam und ließen mich nicht aus Augen und Ohren. Das galt erstaunlicherweise auch für die Kinder, die sprachlich große Mühe hatten, den Text zu verstehen.

Hingegen war die Aufmerksamkeit bei der Vorführung des Videos von *SimsalaGrimm* sehr viel geteilter. Die Kinder kippelten auf den Stühlen, ärgerten einander dann und wann, quengelten, gähnten etc. Das hat nicht ausschließlich etwas mit der Qualität der Rezeptionsvorlage zu tun. Vermutlich ist das audiovisuelle Medium Film mit seiner Flut von Bildern und Sprache an sich schwerer ruhig auszuhalten (im wörtlichen Sinne) als das erzählte und nur sparsam mimisch und gestisch interpretierte Märchen, welches die Entstehung eigener Bilder möglich macht. Alle Kinder haben sich erfreut und aufgeschlossen auf die Untersuchung eingelassen – eine willkommene Abwechslung ihres Schulalltags.

Die erste Aufgabe: Bilder

Fast alle Kinder haben mit Hingabe und entsprechend ihren eigenen Vorstellungen gemalt, mit Wasserfarben, Filzern oder Bleistiften. Die Kinder heben besondere Themenbereiche heraus. Das Thema der Kindesaussetzung in einer Schachtel, welches allerdings nur im Märchen vorkommt, wird von vielen Kindern dargestellt. Ebenso das Herumirren im Wald und natürlich die furchterregende Hölle.

Viele der Kinder, die *SimsalaGrimm* gesehen haben, sind von dem Fährmann sehr beeindruckt. Diese Kinder malen außerdem oft den Baum, karg oder mit Äpfeln, und den Brunnen. Das Buch und die Rahmengeschichte von *SimsalaGrimm* sind ebenfalls Thema. Sie malen aber auch auffallend häufig Bilder ohne Figuren (in der UG 2, Neukölln, sind 10 von 23 Bildern ohne Figur!) oder mit unkenntlichen Figuren.

In der UG 3 haben die Schöneberger Kinder (Westberlin) die Themen des Zeichentrickfilms leicht bevorzugt in ihrer Motivwahl. Die Kinder aus Prenzlauer Berg (Ostberlin) haben fast ausschließlich Bilder entlang der Märchenerzählung gemalt – diese 'märchengewohnten' Kinder haben also das visuelle Angebot des Films größtenteils ignoriert und sind ihren eigenen Bildern gefolgt.

Auch in der UG 4 haben auffällig viele Kinder unvollständige Bilder gemalt, v. a. gesichtslose Figuren: Von insgesamt 45 Bildern (n = 45) sind 22 Bilder mit gesichtslosen Figuren, weitere 5 mit schwer zu definierenden Figuren, 4 Bilder sind außerdem unvollständig. Ich vermute, die Kinder waren verwirrt, dass der zunächst gesehene Film so wenig mit der erzählten Fassung, die sie anschließend hörten, übereinstimmte, und dadurch unentschlossen in ihrem zeichnerischen Ausdruck.

Als Beispiel: UG 4 *SimsalaGrimm* / Märchenerzählung, Prenzlauer Berg, Jungen, n = 10

Figuren Szenograph. Elemente	Requisiten	
5 Teufel	3 Dreizack	3 In der Hölle
	2 Abendbrot	3 Weg zur Hölle
	1 goldene Haare	1 Räuberhaus
3 unklare Figuren		1 Unterwegs
2 Glückskind	1 Brief	6 Feuer (Teufel, Hölle)
2 Ellermutter		
1 Räuber		
2 Fährmann	2 Ruder	
1 Doc Croc	1 Brief	
1 Yoyo und Doc Croc		

9 von 17 Figuren haben kein Gesicht!

Die zweite Aufgabe: Der Fragebogen

Die Kinder haben den Fragebogen weitestgehend eigenständig beantwortet, die Lehrerinnen und ich gaben manchmal Hilfestellung beim Schreiben, die Fragen sind wir vorher gemeinsam durchgegangen. Nicht alle Kinder waren schon vollständig alphabetisiert, weshalb einige ausführlicher antworten konnten als andere.

Die Fragen 2, 3, 4, 5 und 8 zielen indirekt nach der emotionalen Beteiligung der Kinder: Was war spannend, hat Angst gemacht, wer ist dein Freund, Feind, die Identifikationsfigur? Vor allem in der UG 3 in Prenzlauer Berg haben die Kinder die Beantwortung dieser Fragen geradezu 'verweigert' – sie schrieben auffällig oft „nichts", „keiner" , strichen das Fragefeld durch usw.

Ich hatte die Atmosphäre in der Klasse während des Erzählens und auch während der Untersuchung als sehr angeregt und aufmerksam-aufgeschlossen empfunden.

Die Kinder hatten aber sichtlich enttäuscht auf die Vorführung von *SimsalaGrimm* reagiert: „Erzählst du uns jetzt noch was?" Möglicherweise haben sie sich entweder der emotionalen Rezeption überhaupt verweigert – sich also dem Film und dem Märchen gegenüber emotional verschlossen – zumindest aber der Befragung. Die Bilder, die diese Kinder gemalt haben, sowie die Bearbeitung der beiden projektiven Testbögen legen aber nahe, dass das Letztere zutrifft. Die Kinder haben in der Verweigerung der Beantwortung eben dieser Fragen ihren Unmut darüber zum Ausdruck gebracht, verwirrt und enttäuscht worden zu sein.

Die Fragen 1, 6 und 7 sind von allen Kindern beantwortet worden.

1. FRAGE: Kanntest du das Märchen schon vorher? Woher?

Gesamteindruck:
Der Bekanntheitsgrad des Märchens ist in Ost und West deutlich unterschiedlich, das Märchen ist bei den Kindern aus dem Ostteil Berlins weit häufiger bekannt: 60 % antworten mit Ja, im Westen nur 41 %. Wenn das Buch als Quelle genannt wird, dann überwiegend häufig von Mädchen, die Jungen kennen das Märchen eher aus dem Fernsehen.

	101 Mädchen	%	95 Jungen	%	196 gesamt	%
Ja	59	48,4	48	50,5	107	54,6
Nein	41	40,5	45	47,4	86	43,9
Buch	26		14		40	
Fernsehen	25		31		56	
Kassette	8		10		18	

2. FRAGE: Was war besonders spannend?

Übersicht über die Vielfalt der Nennungen der spannenden Elemente:

UG 1 Märchenerzählung	UG 2 *SimsalaGrimm*	UG 3 Märchenerzählung *SimsalaGrimm*	UG 4 *SimsalaGrimm* Märchenerzählung
15	16	6	12

Die Kinder, die sowohl das Märchen als auch *SimsalaGrimm* gehört und gesehen haben (Untersuchungsgruppen 3 und 4), sind deutlich weniger davon interessiert worden: Sie haben die Vorgänge viel weniger differenziert beschrieben, die Motivvielfalt ist deutlich geringer als bei den Kindern, die nur die eine oder die andere Form vorgeführt bekamen. Trotz der Unterschiedlichkeit des Stoffes scheint hier eine Doppelung vorzuliegen, welche die Freude am 'sich selbst ein Bild machen' und 'innerlich miterleben' herabsetzt.

Es fällt auf, dass dennoch in allen Gruppen, die nur oder auch das Märchen gehört haben, vorrangig Motive genannt werden, die ausschließlich in dieser Version vorkommen. *SimsalaGrimm*-spezifische Spannungsträger sind selten. Yoyo und Doc Croc werden gar nicht erwähnt (obwohl sie in kleine Abenteuer verwickelt werden).

Die Episode im Märchen, in welcher das Glückskind in der Kiste ins Wasser geworfen wird, nicht untergeht und schließlich gerettet wird, wird immerhin 4-mal als besonders spannend hervorgehoben – *SimsalaGrimm* bietet eine ähnliche Situation zu Beginn an: Yoyo und Doc Croc stürzen auf das Mühlrad, und Kaspar rettet sie. Diese Situation wird aber hier von keinem Kind genannt.

3. FRAGE: Wer könnte dein Freund sein in dem Märchen?
4. FRAGE: Wer könnte überhaupt nicht dein Freund sein?

Mit meinen Fragen nach Freund und Feind wollte ich herausfinden, einerseits, von welcher Figur die Kinder sich während des Abenteuers der Geschichte am ehesten Hilfe erwartet hatten, und andererseits, wen sie als Kontrahenten eindeutig von ihrem Vertrauen ausschließen würden.

30,3 % der Kinder, die das Märchen gehört hatten, wählten das Glückskind zum Freund. Erwartungsgemäß wählten viele Mädchen die Prinzessin aus – allerdings am häufigsten in der Untersuchungsgruppe 1 (43 %). Die anderen haben nur oder auch die Prinzessin aus *SimsalaGrimm* kennengelernt – und sie nicht ausgewählt (nur 25 %)!

Nur 10, 14 % der Kinder, die *SimalaGrimm* gesehen haben, wählten Kaspar, aber 50 % wählten Yoyo oder Doc Croc zum Freund – die beiden hinzu erdachten Zeichentrickfiguren, die an der Geschichte eigentlich keinen eigenen Handlungsanteil haben. Hat das Schicksal des Kaspar die Kinder nicht wirklich zu berühren vermocht? Diese Wahl ist in der Gruppe in Ost und West gleich, aber da, wo beide Medien angeschaut und gehört wurden, finden Yoyo und Doc Croc nur bei den Westkindern Erwähnung: Fernsehgewohnheiten?

Die übrigen *SimsalaGrimm*-spezifischen Figuren werden sehr vernachlässigt und werden ausschließlich von den Westkindern genannt (Kaspar).

Die Frage nach dem Feind, dem Antihelden, ist übereinstimmend in allen UGs beantwortet worden: Den König bzw. den Teufel wollte man überhaupt nicht zum Freund haben.

Allerdings sind die Kinder der UG 2 sehr viel unentschiedener in ihrer Wahl: Insgesamt gibt es 7 unterschiedliche Nennungen. Anders als das Märchen scheint *SimsalaGrimm* den Kindern keine so deutliche Orientierung zu ermöglichen, wer Freund und wer Feind ist in der Geschichte.

Als Beispiel: UG 2 *SimsalaGrimm*

	Tr M 13	Tr J 15	Nk M 12	Nk J 11	ges. 51	%
Teufel	8	6	6	9	29	57
König	3	8	4	4	19	37
Yoyo	2				2	
Prinzessin		1	1	1	2	
Doc Croc			1		1	
Großmutter			1		1	
Kaspar				1	1	
				gesamt	56	

5. FRAGE: Vor wem hast du Angst gehabt?

Mein Eindruck war, dass diese Frage nicht gerne beantwortet wurde. Ich wollte aber gerne erfahren, ob das Märchen durch Emotionen geführt hat, ob es schaurige Momente gegeben hat für die Kinder und welche das waren.

Am meisten 'Angst' hatten die Kinder, die nur das Märchen gehört haben, die Unterschiede sind aber gering. Fast alle Kinder haben sich gleich oft vor dem Teufel oder gar nicht gefürchtet.

Als Beispiel: UG 1 Märchenerzählung   ⁰ = Elemente, die nur im Märchen vorkommen

	Tr M 19+1 7+9	Tr J	Nk M 12	Nk J 10	ges. 58	%
Teufel	15+1	2+3	5	4	30	58
keinem	4	5+5	7	4	25	43
Räuber °)		+1		2	3	
				gesamt	58	

Am wenigsten haben sich die Kinder in Prenzlauer Berg gefürchtet, die zunächst das Märchen gehört und dann den Zeichentrickfilm gesehen haben. In dieser Gruppe war das Märchen auch schon sehr bekannt.

Als Beispiel: UG 3 Märchenerzählung   * = Elemente, die mir nur bei *SimsalaGrimm* vorkommen

	Pb M 12	Pb J 10	Sb M 7	Sb J 11	ges. 40	%
keinem	10	9	2	5	26	65
Teufel	2	1	5	4	12	30
Höllentor *				2	2	
				gesamt	40	

6. FRAGE: Welche Männer kamen in dem Märchen vor? und
7. FRAGE: Welche Frauen kamen in dem Märchen vor?

Insgesamt werden die Figuren, die eindeutig dem Märchen zuzuordnen sind, häufiger genannt (z. B. Glücksjunge statt Kaspar), obwohl im Märchen neun, bei *SimsalaGrimm* zehn männliche Figuren vorkommen.

Doc Croc und Yoyo spielen allerdings eine sehr kleine Rolle, sie werden möglicherweise nicht als Männer identifiziert, nur von Untersuchungsgruppe 2 und in einer Schöneberger Klasse (Untersuchungsgruppe 4) werden sie genannt.

Interessant ist außerdem, dass es in der UG 3 bei diesen beiden 'Fleißaufgaben' keine 'Verweigerungen' gab, ein weiterer Hinweis darauf, dass die Kinder nicht etwa ihre Mitarbeit verweigert haben – sie haben ja auch die anderen Zeichen- und Malarbeiten gemacht –, sondern sich innerlich nicht mehr einlassen wollten nach der Doppelung von Märchen und Video.

Als Beispiel: UG 3 Märchenerzählung
SimsalaGrimm

	Pb M 12	Pb J 10	Sb M 7	Sb J 11	ges. 40
König	10	10	6	11	37
Glückskind °)	10	9	3	7	29
Fährmann	10	6	5	7	28
Teufel	10	5	4	8	27
Wächter °)	3	2	3	4	12
Müller	4	2	3	2	11
Wachen *	5	4			9
Räuber °)	3	4	1		8
Berater*	3	2	1	2	8
Kaspar *			3	2	5
Vater des Glückskindes °)	1	1	1	1	4
				gesamt	178

– 4,5 Wörter pro Kind, Westkinder 4, Ostkinder 5 Wörter durchschnittlich
– Niemand erwähnt Yoyo und Doc Croc! Niemand hat 'verweigert'!
– Unterscheidung zwischen Wächter und Wachen: Wächter sind die bei Baum und Brunnen im Märchen, Wachen gibt es nur in *SimsalaGrimm*.
– 53 Märchen-spezifische Nennungen, das sind 30 %.
– *SimsalaGrimm*-spezifische Nennungen, das sind 12 %.

8. FRAGE: Wenn ein Zauberer in die Klasse käme, in welche Figur würdest du dich gerne verwandeln lassen?

Den Kindern in der Untersuchungsgruppe 1 bietet das Märchen viele Identifikationsangebote, die nicht notwendig Geschlechterrollen-spezifisch sind! Hier gibt es 12 unterschiedliche Nennungen:

UG 1 Märchenerzählung

	Tr M 19+1	Tr J 7+9	Nk M 12	Nk J 10	ges. 58	%
Prinzessin	12+1		3		16	28
Glücksjunge	1	3+1	4	7	16	28
Königin	4		2		6	10
Teufel		2	1	1	4	
Ameise°)		1+2			3	
keinen		1+3	1	2	7	
Müllersfrau °)	1				1	
Ellermutter		+1			1	
Wächter		+1			1	
Fährmann		+1			1	
Frosch			1		1	
Esel	1				1	
				gesamt	54	

Für die Kinder, die nur das Video gesehen haben (UG 2), ist Yoyo der eigentliche Held der Geschichte, fast die Hälfte dieser Kinder bezieht sich auf Yoyo bzw. Doc Croc. Die Kinder im Westen aus der UG 3 und 4 beziehen sich ebenfalls sehr viel mehr auf die Figuren aus dem Video, dabei auf Yoyo und Doc Croc.

Die dritte Aufgabe

AFFEKTE: Traurig – Fröhlich – Zornig
Verteilung der AFFEKTE: Traurig – Fröhlich – Zornig:

	ges.	traurig	fröhlich	zornig
Märchen spezifische Aspekte	67	20	23	24
Simsala Grimm spezifische Aspekte	57	12	37	8

Auch hier habe ich versucht, die Zeichnungen auszuwerten im Hinblick auf die deutlich voneinander zu unterscheidenden Aspekte, welche die Kinder emotional berührt haben: Es gibt Elemente, die nur im Märchen auftauchen, sowie Elemente, die nur bei *SimsalaGrimm* vorkommen.

Insgesamt zeichneten die Kinder 67 Aspekte, die nur dem Märchen zuzuordnen sind, und 57 Aspekte, die nur *SimsalaGrimm* zuzuordnen sind.

Interessant ist die Verteilung auf die drei emotionalen Felder: traurig, fröhlich, zornig. Die Märchen-spezifischen Aspekte sind etwa gleich verteilt. Bei *SimsalaGrimm* entfallen gut zwei Drittel der Aspekte auf den Bereich 'fröhlich', ein Fünftel auf den Bereich 'traurig' und nur 8 Aspekte auf den Bereich 'zornig'.

Schauen wir uns den Bereich 'fröhlich' genauer an, so fällt auf, dass Yoyo und Doc Croc als Personen, also nicht eingebunden in einen Vorgang oder ein Detail der Geschichte, 23-mal in der Kategorie 'fröhlich' auftauchen.

Diese beiden Zeichentrickfiguren erfüllen also die Funktion, die Kinder zu erfreuen und zu belustigen. Durch Höhen und Tiefen unserer Gefühlswelt, Angst und Mut, Hoffnung und Verzweiflung, Liebe und Hass aber vermögen sie nicht zu führen.
Danach bliebe *SimsalaGrimm* den Zuschauern schuldig, was das Märchen seit Jahrhunderten leistet: Das tiefe Einlassen zu ermöglichen in gefährliches und schreckendes Erleben in der Sicherheit, dass es gut ausgehen wird in ebenso großen und tiefen Gefühlen von Erleichterung, Erlösung, Bewunderung, Anerkennung.

Die vierte Aufgabe

Zusatzaufgabe:

Die Bearbeitung dieser Aufgabe war den Kindern freigestellt und wurde also nicht in allen Klassen und nicht von allen Kindern erledigt.

Am eifrigsten haben die Jungen der Förderklasse Treptow diese 'Zusatzaufgabe' bewältigt: 9 Jungen haben 27 Bilder gemalt! Auch die Treptower Regelklasse der UG 1 hat viele verschiedene Bilder gemalt, um das Märchen noch einmal in drei Bildern darzustellen.

Die Kinder der UG 1 haben viele Bilder gemalt (103 Bilder insgesamt, bei n= 58 heißt das 1,7 Bilder pro Kind) in großer Variationsbreite – insgesamt kommen alle Stationen des Märchens vor. Die Kinder der UG 2 haben weniger (57 Bilder; bei n = 51 sind das 1,1 Bilder pro Kind) und kaum auf die Handlung bezogene Bilder gemalt.

Über 50% der Bilder der UG 3 in Prenzlauer Berg sind eindeutig Märchen-spezifisch. In Schöneberg ist die Motivwahl ausgewogen *SimsalaGrimm*-spezifisch und Märchen-spezifisch.

Die Kinder der UG 4 in Prenzlauer Berg haben insgesamt 62 Bilder gemalt, (bei n = 22 sind das 2,8 Bilder pro Kind). Hier überwiegen bei den Jungen leicht die *SimsalaGrimm*-spezifischen Bildelemente.

Insgesamt haben mehr Kinder sich bei der Bearbeitung dieser Aufgabe für die Darstellung Märchen-spezifischer Elemente entschieden. Das ist um so erstaunlicher, da doch der Zeichentrickfilm *SimsalaGrimm* sich des gleichen Mediums – des Zeichnens – bedient. Vielleicht darf man daraus schließen, dass das erzählte Märchen die Kinder eher inspiriert oder motiviert, sich kreativ zeichnerisch zu äußern.

Narrative Interviews

Das war wohl der schönste Teil der Untersuchung: Insgesamt 46 Kinder haben mir das Märchen bzw. den Film wiedererzählt. Ganz erstaunliche Erzähltalente sind dabei zum Vorschein gekommen. Glaubten sich viele der Kinder anfangs überfordert mit der Aufgabe, so entwickelten sie doch im Laufe des Interviews eine intensive Freude des Erzählens, die über die einfache Mitteilung – da ist das und das passiert

– hinausgeht und selbst gestalterisch tätig wird. Das gilt vor allem für die Erzählung des Märchens (UG 1).

Den Film nachzuerzählen war offensichtlich die schwierigere Aufgabe. Die Kinder der UG 2 suchten oft nach Worten, mussten beschreiben anstatt benennen, unterbrachen und korrigierten sich, fühlten sich offensichtlich überfordert, die Flut der Bilder und Töne in Worten wiederzugeben.

Die meisten Kinder der UG 3 und 4 haben das Märchen nacherzählt und nicht den Film – einige Kinder haben ihre Erzählung komponiert aus Elementen des Märchens und des Films. Auch hier sind meines Erachtens deutliche Unterschiede im Erzählfluss zu spüren: Das Märchen erzählt und gestaltet sich leichter!

[Das umfangreiche Material der Erzählungen, die sich gliedern lassen in die Märchen-orientierten Erzählungen, die *SimsalaGrimm*-orientierten Nacherzählungen und in die Vermischte Erzählung: Märchen und *SimsalaGrimm*, kann an dieser Stelle nicht eingebracht werden.]

Schlussbemerkung

Die Kinder haben sich durch das erzählte Märchen mehr faszinieren und anregen lassen, sich auf kreative Weise dazu zu äußern, sei es malend, phantasierend, zeichnend oder erzählend, als durch *SimsalaGrimm*. Das gilt vor allem für die Kinder, die mit der Gattung des Märchens bereits sehr vertraut sind. Das sind hauptsächlich die Kinder aus Ostberlin. Die Westberliner Kinder haben sich eher auf *SimsalaGrimm* eingelassen (z. B. Yoyo und Doc Croc zum Freund gewählt), aber da, wo sie die Wahl hatten (UG 3 und UG 4), haben auch die Westberliner Kinder eher Bezug auf die Märcheninhalte genommen.

Ein kurzer Blick auf die Figuren, wie sie in *SimsalaGrimm* gezeichnet und gezeigt werden, sowie ein Vergleich zur Darstellung der wohl wichtigsten Szene – bei der Ellermutter in der Hölle – sollen hier noch folgen, weil an ihnen die, wie ich meine, wesentlichen Unterschiede der beiden Rezeptionsvorlagen deutlich werden.

SimsalaGrimm bereitet den Kindern Schwierigkeiten, die Figuren genau zuzuordnen, ihnen eine Charakterisierung und nicht nur einen Namen zu geben. So ist der Glücksjunge im Video eben „Kaspar", er hat keine magische Glückshaut, sondern ein Muttermal am Hals, das eine Krone darstellt – womit er deutlich einer anderen Klasse zugeordnet wird – Aristokrat von Geburt an. Dieser Kaspar heiratet auch nicht schicksalhaft die Königstochter, sondern auf dem Weg zum Schloss fällt diese ihm geradezu zu Füßen (in eine tiefe Ohnmacht), weil ihr Pferd durchgeht. Sie erwacht, sie verlieben sich.

Dem Glücksjungen im Märchen ist aber etwas „geweissagt", und seine Haut führt ihn nicht in erster Linie als Schwiegersohn auf einen Thron, sondern lässt „alles was so einer anfängt" zu seinem Besten ausschlagen und schützt ihn auf seinem gefährlichen Weg der Entwicklung vom Kind zum Mann – deshalb kann er die Mordanschläge des Königs überleben und sich bis in die Hölle vorwagen. So einen haben die Götter gern – bestes Beispiel: die Ellermutter.

Kaspar dagegen ist kein Junge, der eine Entwicklung zum Mann macht, sondern ein freundlicher, dümmlicher großer junger Mann von Anfang bis Ende: „ähm, ich weiß nicht, wie er ein Halbmann ist oder sowas, oder 18 oder 17" (UG 2 Neukölln, Junge). Der König ist ein Bösewicht, im Märchen hat er ein „böses Herz" – im Zeichentrickfilm hat er schlechte Zähne, was ihn hässlich und gemein aussehen lässt, eigentlich aber ein Anzeichen für Armut ist!

Auch die übrigen *SimsalaGrimm*-Figuren sind wenig anziehend, sie sind äußerlich hart und ungeschlacht gestaltet, die Prinzessin das klassische (überzogene, aber nicht ironisierte) Beispiel für ein passives weibliches Rollenmuster: Sie will sich umbringen, um Kaspar zu retten!

Einzig Yoyo und Doc Croc bieten sich an zur Identifikation: Yoyo spricht mit einer Kinderstimme, Doc Croc ähnlich wie Ernie aus der *Sesamstraße*. Diese Figuren führen in das Märchen ein und wieder hinaus, mit ihnen ist man also auf der sicheren Seite, erlebt dadurch aber auch die Abenteuer weniger intensiv.

Insofern ist es nicht verwunderlich, dass die Kinder der UG 2 sich entschieden hatten, ihre Sympathien nahezu ausschließlich Yoyo und Doc Croc zuzuschreiben, und wesentlich 'unentschiedener' waren in der Verteilung ihrer Antipathien als die anderen Gruppen. Das könnte ein weiterer Hinweis sein darauf, dass *SimsalaGrimm* die klaren Abgrenzungen, die das Märchen zieht, zwischen gut und böse, schwarz und weiß, Furcht und Erlösung, Hass und Zuneigung verwässert und verpsychologisiert, indem die Vorgänge mit modernen Handlungsbegründungen versehen werden und dadurch aller Wunder und Märchenhaftigkeit beraubt werden.

Am aufschlussreichsten ist wohl die Szene in der Hölle – auf die jeder, der das Märchen schon kennt, hinfiebert –, um dann bei *SimsalaGrimm* so sehr in allen Erwartungen enttäuscht zu werden: In der Hölle wird zunächst ein furchterregender Teufel gezeigt, aber gleich darauf staucht ihn die Großmutter zusammen, er solle den Müll rausbringen. Die „Ellermutter" erinnert an die Kukident-Omi aus dem Fernsehen, ihre Hörner sind artig ondulierter Haarputz, nicht Attribute einer wahrhaft Respekt einflößenden Gestalt des Jenseits.

Konsequenterweise braucht diese „Oma" eine psychologische Handlungsbegründung: Sie wird als gelangweilte Machtfigur gezeigt, die sich die Zeit mit Rätseln und Kochen totschlagen muss – und wie ein dummes Schaf lässt sich hier die Herrscherin der Hölle überlisten und von ihren Plänen abbringen: Sie zaubert die drei Gefährten in Bann, will sie kochen, lässt sich aber durch die drei Rätsel abhalten. Sie verliert die Wette, weil sie die Fragen nicht lösen kann, und wirkt dabei wie ein echtes Dummerchen. Weder sind die drei Abenteurer in der Zeit Ameisen geworden noch dürfen sie in ihrer Rockfalte verschwinden, sie sind in der Schürzentasche und schauen vorne über den Rand, so als gelte es weniger, sich vor dem Teufel zu verstecken, als der Welt zu beweisen, dass man den Kopf noch züchtig oben und nicht unzüchtig irgendwo unten in Großmutters Schoß hat.

Der Teufel schnarcht derweil schon seelenruhig weit entfernt in einem Schrankbett, er hat aber doch von ihrer Dummheit gehört und beschimpft sie und verrät ihr dann die Antworten. Maulig dreht er sich zur Wand, dann zieht sie ihm die drei goldenen Haare mit nur einem Ruck aus. Er sagt, sie solle das lassen – und aus.

Die Ellermutter im Märchen dagegen („sah aber gar nicht so böse aus") ist auch keine alles verschlingende Menschenfresserin, sie behält aber von Anfang bis Ende unangetastete Autorität – vor dem Glückskind wie vor dem Teufel. Damit wird sie zur wahren Helferfigur. So einer kann man sein Leben anvertrauen, von ihr lässt man sich in größter Bedrängnis und Gefahr noch einmal klitzeklein verwandeln und in ihrem Schoß verstecken – welch eine Versuchung!

Fast alle Kinder, die beide Fassungen kennengelernt hatten, haben, auch wenn sie ansonsten der *SimslaGrimm*-Fassung folgten, in ihrer Nacherzählung die Szene in der Hölle analog zum Märchen erzählt und sich die „Ellermutter" zurückerobert.

Eine detaillierte Gegenüberstellung der beiden Textfassungen – die Grimm'sche Version und das 'Script' für *SimsalaGrimm* – würde noch etliche Punkte aufzeigen, an denen deutlich wird, wie sehr die *SimsalaGrimm*-Bearbeitung das Märchen um alles Mystische, Gewaltige und Erschütternde – und damit um seine Märchenhaftigkeit – beraubt hat.

Die Untersuchung zeigt, *SimsalaGrimm* ist eine Produktion, die Kinder zwar unterhalten, aber nicht nachhaltig zu beeindrucken vermag.

KRISTIN WARDETZKY

Märchen als Erzählung und Trickfilm
Eine rezeptionspsychologische Vergleichsuntersuchung

Ein Glückskind, ein alles verschlingendes Wasser, ein lichtverschlingender Wald, ein glückverschlingender König, eine lebenverschlingende Hölle – und mittendrin in all den verschlingenden Mächten unversehrt das Glückskind, das im schwärzesten Dunkel das Symbol des Lichtesten der All-Macht erlangt: die drei goldenen Haare des Teufels.

Der Teufel mit den drei goldenen Haaren ist eines der 26 Märchen aus der Fernsehserie *SimsalaGrimm*. Wir haben es für eine Studie ausgesucht, in der die Reaktion von Kindern auf das erzählt vorgetragene und das im Video präsentierte Märchen vergleichend untersucht werden sollte. Die Untersuchung hat Suse Weiße durchgeführt (vgl. auch ihren Beitrag in diesem Band). Über zahlreiche Gespräche mit ihr ist auch das folgende Referat entstanden.

Einbezogen wurden insgesamt 196 Zweitklässler aus Ost- und Westberlin. 58 Kindern wurde das Märchen von Frau Weiße erzählt; 51 sahen den Zeichentrickfilm, 40 Kinder hörten zuerst das Märchen von Frau Weiße, dann sahen sie den Zeichentrickfilm, 45 Kinder sahen zuerst den Zeichentrickfilm, dann schloss sich die Rezeption des gehörten Märchens an. Alle diese Kinder wurden gebeten, im Anschluss die gleichen Aufgaben zu erfüllen (s. Beitrag v. S. Weiße):

- Bilder nach verschiedenen Vorgaben malen bzw. zeichnen,
- einen Fragebogen ausfüllen,
- mit 46 Kindern führte Frau Weiße am jeweils folgenden Tag narrative Interviews, die sie anschließend transkribierte.

Die Kombination der insgesamt 5 verschiedenen Verfahren hatte den Zweck, zum einen verbale und nonverbale Verfahren einzusetzen, um auch sprachgehemmten oder sprachverdrossenen Kindern die Möglichkeit der Äußerung zu geben (auch in Anbetracht des hohen Anteils an ausländischen Kindern in Berliner Schulen). Zum anderen sollte damit der Visualisierung des Märchens durch den Zeichentrickfilm Rechnung getragen werden. Was visuell wahrgenommen wurde, sollte auch visuell beantwortet werden können.

Zum Dritten empfiehlt sich bei empirischen Studien dieser Art stets die Kombination unterschiedlicher Verfahren, um die Mängel des einen durch die Stärken des anderen ausgleichen zu können. Außerdem kann, wenn sich beim Einsatz unterschiedlicher Methoden gleiche Ergebnisse zeigen, auf eine höhere Gültigkeit bzw. Verlässlichkeit der Ergebnisse geschlossen werden.

Eine weitere Vorbemerkung: Die Anzahl der in die Untersuchung einbezogenen Kinder ist zu gering, um tatsächlich von objektiv gültigen und forschungsmethodisch

Märchen als Erzählung und Trickfilm 159

abgesicherten Ergebnissen sprechen zu können. Was durch die Untersuchung zu leisten war, ist das Erfassen von Tendenzen, die Sicherung von Hypothesen also, deren Überprüfung eines weit umfänglicher abgesteckten Untersuchungsterrains bedarf.

Aus der Fülle der Einzelergebnisse wähle ich im folgenden drei Aspekte aus:

– die Bedeutung von auditiver und visueller Märchenrezeption für Entwicklung von Erzählkompetenz bei Kindern;
– die Bedeutung von kulturell geprägten Schemata für die Rezeption und
– das Problem der Doppelung des Rezeptionsangebotes.

1 Märchenrezeption und Erzählkompetenz

Beispiel 1: Susanne, 2. Klasse

Auszüge aus der Wiedergabe des gehörten Märchens:

Okay, ich – also es war einmal eine Frau, die gebohr ein Kind. Und – weil das Kind eine Glückshaut hatte, ham – war im ganzen Land rumgesprochen, daß es am 15. Lebensjahr die Tochter vom König zur Frau haben sollte. Da kam der König und hat ganz – nett gefragt, ob er den – also die Frau, er hat die Frau gefragt, ob er sich um's Kind kümmern soll, weil sie doch so arm sind, und dann hat er – die Eltern wollten's erst nicht machen, aber dann haben sie's doch gemacht, weil sie gesagt hat, unser Sohn ist ein Glückskind, und also soll er's auch gut haben. Und dann hat er's in'n Fluß geworfen und dann war'n Müllerbursche in so 'ner Mühle, und hat die Holztruhe gesehen und hat die aus'm Wasser gezogen, und er dachte, darin einen ganz großen Schatz zu finden. Und aber da war nur'n Baby, als er es öffnete. Da hat er das den – den Frauen gegeben, ja, den Müllersleuten, die wollte nämlich so gerne ein Baby haben, und die haben dann gesagt, Gott hat unser Gebet erhört.

Und dann, dann haben sie den Jungen großgezogen, und dann kam der König wieder und hat gefragt: „Ist das euer Sohn, der da steht?" oder so. Und dann ham sie gesagt: „Nein, er ist ein Findling. Er ist an die Mühle in einem hölzernen Karton hier angekommen, und wir haben ihn aufgenommen." Da hat der König gesagt: „Ihr seid gute Leute, doch gestattet, daß ihr den Jungen einen Brief zur Frau Königin bringen könnt, könnte. Und dann haben sie gesagt: „Wie könnte wir dem König etwas abschlagen?" Dann hat er das gemacht. Und dann hat er sich im Wald verlaufen und dann – kam er in ein Licht, wo'n Haus stand, und dann war da die Frau mit – und da war eine alte Frau, die hat gesagt: „Was suchst du hier? Wo kommst du her und wo willst du hin?" Und da hat er gesagt: „Ich, ich komm von der Mühle, ich will zur Frau Königin." Und dann hat er – und dann hat die Frau gesagt: „Ich, ich will dir helfen. Aber du bist in ein, in ein Räuberhaus geraten." Und da hat er gesagt: „Das macht mir nichts aus, ich hab' vor ihnen keine Angst." Und dann hat er sich einfach auf 'ne Bank gelegt und hat geschlafen. Und als die Räuber nach Hause kamen, dann hat er, dann haben die Räuber gefragt: „Wer liegt dort?" und dann hat die Frau gesagt:

„Ach, das ist ein Junge, er soll zur Frau Königin, soll einen Bericht zur Frau Königin bringen." Und dann haben die Räuber ihm den Brief weggenommen und haben ihn durchgelesen, und auch die hartherzigen Räuber hatten Mitleid mit ihm. Und dann haben sie, hat der Chef von den Räubern den Brief zerrissen und hat einen neuen geschrieben. Darauf stand: Wenn der Jüngling ankäme, sollte er sofort mit der Prinzessin vermählt werden. Und dann haben sie ihm den Brief wieder gegeben, als er aufgewacht ist und haben ihm ein kräftiges Frühstück gegeben, und dann ist er – dann haben sie ihm den Weg gesagt, und dann ist es zur Frau Königin gegangen.

Und dann hat die Königin das auch so gemacht, wie der König wollte, und viele Tage später und Wochen kam der König wieder zurück und hat gesagt: „Was, du hast –" äh nee. „Du hast meine Weissagung nicht erfüllt?" Und sie hat gesagt: „Lies dir selber den Brief durch." Dann hat sie ihm den Brief gegeben, und dann merkte der König, daß er mit einem anderen vertauscht war, und dann hat er gefragt. „Wie ist das zugegangen?" – „Der muß mir in der Nacht vertauscht sein", hat er gesagt, und – daß –

„So leicht soll's dir nicht gehen. Du mußt mir die drei goldenen Haare holen vom Teufel." Und dann ist er zum Teufel gegangen. Nee, dann ist er, dann hat er sich auf den Weg gemacht. Dann kam er bei einer Stadt an, und der Wächter von ihnen hat gefragt: „Was weißt du?" und dann hat er gesagt: „Alles." (Lacht) Dann hat er gesagt: „Dann kannst du uns ja einen Gefallen tun. Kannst du sagen, warum ein Brunnen, der sonst immer Wein rausgequollt ist, jetzt nicht einmal Wasser gibt?" – „Das sollt ihr erfahren, wenn ich wieder komme." Ging er weiter, ist an einer anderen Stadt gekommen, fragte ihn der Wächter wieder: „Was ka-, was weißt du?" Hat er gesagt: „Alles."

Und dann – ...

Susannes Erzählung ist kein exklusives Beispiel einer besonderen Erzählbegabung. Susanne repräsentiert vielmehr jenen Teil der Untersuchungsgruppe, der mit dem Volksmärchen groß geworden ist, der also eine Vielzahl von Märchen kennt und damit in einer bestimmten literarischen Tradition beheimatet ist. Solche Kinder kommen primär aus dem Ostteil Berlins. Im Osten konnte sich – trotz aller politischen und sozialen Umbrüche und Erschütterungen – ein Stück kultureller oder literarischer Sozialisation erhalten, das sich in den Erzählungen der Kinder als narrative Kompetenz äußert und das in deutlichem Gegensatz zu den Erzählfähigkeiten jener Kinder steht, die andere kulturelle Prägungen erfahren haben und primär im Westteil der Hauptstadt groß geworden sind.

An Susannes Geschichte lässt sich ablesen, was es für Kinder bedeutet, im Volksmärchen 'beheimatet' zu sein. Deutlich spürbar ist das Bemühen, der Originalgestalt des Märchens durch die Nacherzählung so nahe wie möglich zu kommen, die Bilder fließen zu lassen und sie doch in einen sinnvollen Ordnungs- und Bedeutungszusammenhang zu fügen, der sich scheinbar wie von selbst ergibt, die allmähliche und achtsame Verfertigung der Gedanken beim Reden, einem Reden, das sich in Lexik und Duktus über die Alltagssprache erhebt und den Geschmack, den Genuss am Wohllaut des Poetischen spürbar werden lässt. Diese Kinder erzählen in der Regel betont langsam, als wollten sie einen kostbaren Schatz so ans Licht befördern, dass sein Glanz nicht durch 'unreine' Sprachpartikel beschädigt wird. Ihr Bemühen um Geschlossenheit und Stimmigkeit der Darstellung paart sich mit affektivem Engagement. Lachen, Stirnrunzeln, sparsame Gesten begleiten den Erzählvorgang wie ein emotionaler Kommentar. Was sie da erzählen, ist ihnen nicht gleichgültig; es fordert vielmehr ihre uneingeschränkte, höchst parteiische Solidarität.

Hier haben wir das Ergebnis eines weder didaktisch zubereiteten noch pädagogisch kanalisierten Lernprozesses von durchschlagender Wirksamkeit vor uns. Aus der wiederholten Rezeption des Märchens (und, so ist zu vermuten, einem entsprechend anregenden kulturellen Klima in Elternhaus und Schule) hat sich ein Niveau der Erzählkompetenz entwickelt, das man bei 7- bis 8-Jährigen kaum erwartet. Man muss sich vergegenwärtigen, dass diese Kinder das Märchen ein einziges Mal von Frau Weiße gehört haben und es einen Tag später lückenlos 'aus dem Stand' in schönster Klarheit, Dichte und Folgerichtigkeit rekapitulieren. Man könnte in diesem Phänomen eine Parallele zu Winnicots These vom Erwerb des Urvertrauens in der symbiotischen Mutter-Kind-Beziehung sehen. Das Märchen schenkt den Kindern das Vertrauen, erzählend fiktive und utopische Welten zu entwerfen, die in sich geschlossen, strukturiert und sinnvoll gegliedert sind. Es gibt ihnen das Vertrauen, das eigene Ich zu transzendieren und sich im gesicherten Rahmen dieser Weltentwürfe in Fährnisse heikelster Art zu begeben, dabei das affektive Chaos zu ordnen und heil aus allen Verschlingungs- und Verführungsabenteuern herauszugelangen. Die Bezugnahme auf Welt geschieht hier nicht logisch-diskursiv, sondern bildhaft-narrativ, d. h. dem intellektuellen Entwicklungsstand der Kinder angemessen. Die Ordnungsmächtigkeit der Narration hat sich dem kindlichen Selbstvertrauen verschwistert.

Bei aller bestaunenswerten Kompetenz weisen die Erzählungen dieser Kinder eine charakteristische Grenze der narrativen Fähigkeiten auf. So erzählt z. B. Susanne: „Da kam der König und hat ganz nett gefragt, ob er den – also, die Frau, er hat die Frau gefragt, ob er sich ums Kind kümmern soll ..." Man sieht gleichsam, wie die Erzählerin denkt: Sie hat den König vor Augen, der eine Frage adressiert. Dann wechselt der Blick auf den Adressaten der Frage, die Frau – beides geschieht sukzessiv, noch nicht simultan. Diese Erzählstrategie ist noch nicht multi- oder mehrperspektivisch. Die Kinder erzählen noch aus der Perspektive einer bestimmten Figur; sie haften gleichsam an dieser Figur und brauchen eine Zäsur, um in eine andere Figur hinüberzuwechseln. Was uns hier als eine Art Selbstkorrektur entgegenkommt, hat Piaget als 'Perspektivwechsel' beschrieben, der s. E. unverzichtbar ist für die Überwindung des kindlichen Egozentrismus. Perspektivwechsel bezeugt die Fähigkeit, von sich selbst abzusehen, die Perspektive des Gegenübers einzunehmen, dessen Sicht auf Welt zu erfassen, empathische Beziehungsfähigkeit also. Diese für eine gesunde psychosoziale Entwicklung der Persönlichkeit konstitutive Funktion bildet sich nicht im Selbstlauf heraus, sondern braucht starke 'Entwicklungsagenten'. Ein solcher ist das Märchen- und Geschichtenerzählen, unaufdringlich, unmerklich am Werke, wenn man ihm genügend Raum zur Entfaltung in der kindlichen Psyche gibt.

Beispiel 2: Cindy, 2. Klasse

Auszüge aus der Wiedergabe des Zeichentrickfilms:

Das ist'n bißchen schwierig, das zu erzählen, aber – ich kann das nicht so richtig gut erzählen, irgendwie.

Also diese einen da, also dieser Dr. Croc und dieser Yoyo, die waren erstmal auf so'm Regal, da sind sie runtergefallen und dann hat das Buch sie aufgehalten. Und dann sind die da auf so'n – also sind sie vom Buch heruntergefallen und – ich weiß nicht, wie das heißt, also zu dem Müller sozusagen – und dann ist der also ist der Kaspar dann gekommen und hat die da runter geholt und dann hat der – also – – also hat er die da runter geholt und dann haben die sich vorgestellt. Und dann haben die gesehen, daß da jemand auf den Pferden ist, da war das der König und dann hat der Diener vom König gesagt, daß die das schönste Zimmer, also das beste Zimmer für ihn geben sollen und daß die halt so das beste Essen, daß die so haben, für den König geben sollen und dann hat, hat der das gesagt, hat zu Kaspar gesagt, daß der die Pferde also in den Stall bringen soll und dann hat er – mhm – Also hat er, er wollte die nehmen, dann hat der König die Krone da also auf'm Hals entdeckt, und die dreizackerige Krone, und dann hat der gesagt: „Komm mal hier, komm mal hier her," und dann – also ist er hingekommen, und dann hat er den Müller gerufen, und dann ist er losgegangen und dann standen diese zwei da auf dem Weg und haben gesagt, sie wollten ihm helfen, und dann hat er gesagt „na gut", hat er sie in den Rucksack gepackt, und dann haben die den Brief genommen und haben ihn aufgemacht, also mit dem Siegel, und dann haben sie das vorgelesen und dann, ähm, und dann haben die gesagt, daß die was unternehmen müssen, weil da was Böses stand, daß die den töten. Und dann, haben die da geschrieben, daß die den nicht töten, sondern dann haben die geschrieben, daß der sie heiraten soll. Und dann ist er dahingegangen, haben die das wieder mit der Kerze versiegelt, weil der hatte 'ne Kerze im Rucksack. Und dann, dann – oh, ist der dahingegangen, und dann ist sie an so'n Ast gestoßen und dann ist sie vom Pferd gefallen, und dann ist er zu ihr hingerannt, und dann haben die beiden gesagt: „Oh wie schön, sie haben sich verliebt." Und dann sind sie da wieder weitergegangen, weil die Prinzessin hat gesagt: „Die Wachen – die Wachen, ich muß weg!" und dann sind sie, ist sie schnell wieder weggeritten, und dann ist er dahin, und dann war da die Königin, die den Brief vorgelesen, und hat gesagt, daß er die Prinzessin nicht heiraten möchte, weil der, weil sein Herz schon einer anderen gehört, und dann hat sie gesagt, „Warum möchtest du sie denn nicht, also die Wachen sollen sie rufen." Und dann ist sie gekommen, dann hat er gesagt, „das ist sie ja", und hat er „ja" gesagt, und dann saßen die auf der Bank und dann ist der König gekommen und hat gesagt, also hat dem was ins Ohr geflüstert, dem Diener, und dann hat der gesagt, daß der die drei goldenen Haare vom Teufel holen soll – und dann hat die Prinzessin gesagt, daß der das nicht tun soll, aber der hat's gemacht, ne.

Und dann sind die dahin gerudert, also noch nicht, aber, also die sind da lang, also da lang, dahin, und dann haben die erstmal, da also so'n Mann, also so 'ne Wache am, am Brunnen ge-, am Brunnen getroffen und dann hat der, hat die Wache gefragt, wer, wohin er will und dann hat er gesagt zu Teufel und dann hat der gesagt, ob er nicht fragen kann, warum, warum der Brunnen nicht mehr sprudelt, weil früher war daraus sogar noch'n Wein. Und dann hat er gesagt: „Ja, ich frag ihn." Und dann ist er weitergegangen ...

Cindys Wiedergabe des Zeichentrickfilmes kann insofern als repräsentativ gelten, als sie einen Erzählstil deutlich werden lässt, der typisch ist für den 2. Teil der Untersuchungsgruppe, für jene Kinder nämlich, deren Prägung von anderen Sozialisationsinstanzen – primär audio-visuellen – bestimmt wurde. Der überwiegende Teil dieser Kinder kommt aus West-Berlin.

Die Erzählung Cindys weckt die Erinnerung an informelle Erzählakte von Kindern, in denen sie sich über ihre Fernseherlebnisse austauschen: Sie begnügen sich mit Andeutungen, Gedächtnissplittern, halben Sätzen, onomatopoetischen Hilfskonstruktionen. Diese flüchtigen, bruchstückhaften Äußerungen sind offensichtlich kommunizierbar – das ist an der Reaktion der Gesprächspartner ablesbar, kommunizierbar aber nur für 'Eingeweihte', d. h. für diejenigen, die den Film, das Video ebenfalls gesehen haben. Ähnlich ist es bei Cindys Erzählung. Warum ergibt sich vor unseren Augen nicht eine in sich geschlossene Geschichte wie bei Susanne? Wodurch entsteht hier – wie in allen ähnlichen Wiedergaben des Zeichentrickfilms – der Eindruck des Fragmentarischen, des Stolperns, ja der Konfusion und des Gehemmtseins?

Schauen wir uns die Erzählung Cindys genauer an, dann tritt uns hier als durchgängiges Erzählprinzip vor Augen, was in Susannes Erzählung nur hin und wieder den Erzählvorgang unterbrach: die Selbstkorrektur. Allerdings meint Selbstkorrektur hier etwas anderes als den beschriebenen Perspektivwechsel. Im Film übernimmt die Kamera, was das Kind beim Hören selbst leisten muss. Selbstkorrektur meint hier vielmehr eine Form der Nachbesserung, das Bemühen also um nachträgliche Präzisierung des Gesagten. In auffälligem Gegensatz zu den Nacherzählungen des gehörten Märchens benennen die Kinder in der Wiedergabe des Zeichentrickfilms beinahe durchgängig alle Figuren, Orte, Requisiten zunächst mit dem unbestimmten Artikel in Verbindung mit dem Partikel 'so': auf so'm Boot, auf so'n See, auf so'm Regal, so'n Mann, so'ne Wache ... (bei Cindy kommt diese Sprachform seltener zur Geltung als bei den meisten anderen Kindern). Hier nun setzt die Selbstkorrektur ein mit dem Bemühen, das Unbestimmte, flüchtig in Erscheinung Getretene zu präzisieren, das allgemein Benannte zu konkretisieren oder zu individualisieren, um dem Zuhörer die Teilhabe an dem eigenen Vorstellungsbild zu ermöglichen. Durch diese Art Nachbesserungen aber kommt der Erzählfluss gar nicht erst in Gang. Das Stocken, Anhalten, Nachliefern ist bestimmendes Erzählprinzip.

Das Bemühen um nachträgliche Präzisierung aber scheint in Kollision zu geraten mit einer anderen, entgegengesetzt wirkenden Motivation: Kinder neigen offensichtlich dazu, ihr eigenes Erzähltempo dem der Vorgabe anzugleichen. So, wie sie das erzählte Märchen in bedächtigem Zeitmaß rekonstruieren, so eilen, springen sie bei der Wiedergabe des Zeichentrickfilms hastend vorwärts, ohne sich Zeit zum Nachdenken, Überlegen, Nachsinnen zu gönnen. Der Rhythmus des Zeichentrickfilms wird auch bestimmend für dessen narrative Rekonstruktion, die mit dem Bemühen um eine präzisierende sprachliche Transformation (des Gesehenen) in Konflikt gerät. So bemühen sich die Kinder also einerseits um das Ausgleichen von Informationsdefiziten, indem sie den Film quasi anhalten, um Nachbesserungen vornehmen zu können, andererseits aber scheinen sie getrieben von dem Bedürfnis, ebenso rasch Episode an Episode zu fügen, wie es der Film tut. So muss die Erzählung im Fragmentarischen steckenbleiben – nur das Fragment ist noch annähernd sprachlich einholbar und kommunizierbar; für die Rekonstruktion eines geschlossenen Ganzen fehlt die Zeit und das narrativ ordnende Instrumentarium. Damit aber wird die Entwicklung von Erzählkompetenz nicht nur nicht gefördert, sondern behindert. Die Kinder erleben ihr ständiges korrigierendes Zurückspringen als unbefriedigend, als Mühsal, die sich nicht produktiv bewältigen lässt. Das Erlebnis des Scheiterns, des Misserfolgs ist kein positiv wirkender 'Entwicklungsagent'. Der Motivationsschub durch das Erleben des Gelingens, des durch Sprache geordneten Bewältigens eines Erlebnisses bleibt aus. Mehr noch: Erzählkompetenz ist ja nicht nur die Fähigkeit, mit Sprache flüssig umzugehen. Erzählkompetenz heißt auch, aus der Unmittelbarkeit des aktuellen Erlebens herauszutreten und ihm Ordnungs- und Sinnzusammenhänge abzugewinnen, Ereignisabfolgen so zu strukturieren, dass sich Verwirrendes und Verworrenes klärt und in seiner Bedeutung fassbar wird, d. h. letztlich, sich nicht nur reaktiv, sondern aktiv auf Welt zu beziehen, um sie begreifen zu lernen. So betrachtet ist Erzählkompetenz nicht nur ein sprachliches oder ästhetisches Phänomen, sondern ein geistiges Instrumentarium der Weltaneignung. Aus dieser Perspektive betrachtet kann man die Bedeutung des Märchens in seiner überlieferten Form für die Entwicklung eben dieser 'Schlüsselkompetenz' gar nicht hoch genug veranschlagen.

Nun könnte man einwenden, das der Eindruck des Flüchtigen, Fragmentarischen, Unbestimmten primär dadurch entsteht, dass die Kinder durch die sprachliche Wiedergabe des audio-visuell Erlebten überfordert sind, dass sich womöglich in dessen bildhafter Wiedergabe anderes zeigen könnte. Entgegen dieser Vermutung aber bestätigen die von den Kindern gemalten Bilder, was in ihren Nacherzählungen zur Geltung kam. Auch die nach dem Zeichentrickfilm entstandenen Bilder und Zeichnungen erwecken den Eindruck des Konfusen, des Flüchtigen und Fragmentarischen. So häufen sich hier z. B. Gestalten ohne Gesichter – im Gegensatz zu den nach dem erzählten Märchen gemalten Köpfen, die alle ihre eigene Physiognomie haben, und es häufen sich Bilder, auf denen überhaupt keine Figuren erscheinen. Von den 23 Kindern aus Neukölln z. B., die nur den Zeichentrickfilm sahen, bringen 10, also fast die Hälfte, keine Figur ins Bild. Das ist auffällig besonders deshalb, weil der Zeichentrickfilm von seinen Figuren lebt und nicht von der Szenografie. Diese ist in ihrem Erzählwert stets nur sekundär; der Primat des Zeichentrickfilms liegt auf der Handlungsebene, die durch die Figuren realisiert wird.

Märchen als Erzählung und Trickfilm 165

Wenn nach dem Trickfilm-Erlebnis Bilder entstehen, auf denen Figuren vorkommen, so erwecken diese vielfach den Eindruck des Schemenhaften, des Entindividualisierten, ja, zugespitzt formuliert, des Seelenlosen. Sie sind 'Aktanten', ausschließlich funktional bestimmt und so auch ins Bild gesetzt. Ebenso schnell, wie sie ins Blickfeld des Betrachters geraten, scheinen sie auch wieder seinem Gedächtnis zu entschwinden. Da erscheint nichts, was sich als Besonderes, Einmaliges, Rätselhaftes in der Erinnerung festhakt und so auch malend oder zeichnend wiedergegeben werden will. Kein drängender Impuls, dem Flüchtigen Dauer zu verleihen, es in der Erinnerung als unverwechselbar zu profilieren.

Auf eine einzige Ausnahme muss allerdings nachdrücklich hingewiesen werden: Das im Zeichentrickfilm geschaffene Bild vom Fährmann und seinem vergeblichen Versuch, das feste Land zu gewinnen – er prallt, wenn er das Ufer betritt, stets gegen eine unsichtbare Mauer –, hat die Kinder tief beeindruckt. Es gibt kaum ein Kind, das auf die Wiedergabe dieser Episode verzichtet. Auch in den Bildern und Zeichnungen taucht sie signifikant häufig auf. Was mag Kinder an diesem Symbol so ungemein bewegen? Die Erfahrung der Vergeblichkeit beständigen Bemühens, des Gefangenseins im Kreislauf des Vergeblichen? Wie auch immer – hier ist für einen Bruchteil von Sekunden etwas von Magie, Geheimnis, Numinosem spürbar, das sich abhebt von der platten Welt, die im Zeichentrickfilm aufgeblättert wird. Flüchtig, fragmentarisch, unbestimmt – dieses Eigenschaftsprofil, das den Erzählstil der Trickfim-Wiedergaben ebenso prägt, wie es dessen bildnerische Bewältigung zu beeinflussen scheint, steht in deutlichem Gegensatz zu jenem Eigenschaftsprofil, mit dem die Wiedergabe des erzählten Märchens zu charakterisieren wäre: geschlossen und konventionsgeleitet. Die Kategorie 'konventionsgeleitet' bedarf der Erklärung. Sie meint nicht altbacken oder brav, sondern vielmehr das lebhafte Bemühen der Kinder, sich den 'Königsmantel der Tradition' selbst um die noch schmalen Schultern zu legen, d. h. eine kohärente, die Alltagswelt transzendierende Geschichte zu erzählen, die in ihrer Bildwelt und Sprache Archaisches atmet. Dieses 'Archaisieren' wird besonders deutlich im Bemühen der Kinder um eine dem traditionellen Märchen angemessene Sprache. Die 'märchengewohnten' Kinder sind geradezu versessen darauf, bei der Wiedergabe des erzählten Märchens ungewöhnliche Wörter und poetische Wendungen zu finden und, auf der grammatikalischen Ebene, das Präteritum zu gebrauchen, jene typische Erzählzeit. Als Hürde erweist sich das Ringen um diese in der Umgangssprache eher gemiedene Vergangenheitsform vor allem dann, wenn es um die Beugung starker Verben geht. Dann wird Sprache mitunter zum experimentellen Probierfeld: Der König „wief, werfte, wurf das Kind ins Wasser ...; Es war einmal eine alte Frau, die ein Kind ge..., ge..., gebuhr...; Dann sprung er runter und ging weiter ...; Aus dem Brunnen quöll einmal Wein heraus" – man sieht geradezu den Gedankenschweiß, der die Anstrengung um eine traditionsgeleitete Sprache, deren Kostbarkeit man ja im Sprechakt wiedergewinnen will, begleitet.

Neben der verstärkten Verwendung des Präteritums ist die Sprache der 'märchengewohnten' Kinder bei der Wiedergabe des erzählten Märchens um vieles nuancenreicher,[1] um Schattierungen, Abstufungen, Differenzierung ebenso bemüht wie um eine eigene ästhetische Qualität. Diese scheinen den „Teufel ..." nicht nur gehört, sondern „belauscht" zu haben. D. h. sie haben seine Sprache auch als Wohlklang, als – mitunter – fremdartig Geheimnisvolles, hintergründig Rätselhaftes erfahren – Sprache als symbolisches Medium, das den Bedeutungskern umhüllt und ihn vor dem allzu raschen Zugriff verbaler Aktualisierung bewahrt. Dabei kommt es dann mitunter zu Übersteigerungen, die zeigen, wie Kinder um Sprache ringen, um mit ihr dem inneren Vorstellungsbild nahezukommen. So erzählt z. B. Max: „Beim Schloß fiel der König fast in Urmacht, so, so verwundert war er, daß einer aus der Hölle zurückgekommen ist." Ohnmacht scheint ihm offensichtlich allzu gewöhnlich, um den imaginierten Vorgang adäquat zu beschreiben, da wird aus Ohnmacht Urmacht – welche wunderbare sprachliche Phantasie!

Man könnte bei diesem Bemühen der Kinder um eine von der Alltagssprache abgehobene poetische Darstellungsweise an einen Satz des Antisthenes erinnert werden, der im 4. vorchristlichen Jahrhundert zu bedenken gab, dass der Anfang aller Bildung das Achthaben auf die Wörter sei. Die Kinder unterziehen sich im Umgang mit dem Märchen einer Art von Selbst-Bildung, indem sie in ganz besonderem Maße wach, sensibel, hellhörig sind für Wörter, die in der Alltagskommunikation gar nicht oder selten auftauchen. Achthaben auf die Wörter als Fundament aller Bildung – hier wirkt das Märchen wiederum als Entwicklungsagent, der die Kinder unaufdringlich lehrt, in der Welt poetischen Denkens und Fühlens heimisch zu werden.

Kindern, die diese Art von Prägung nicht erfahren haben, bleibt dieses Potential verschlossen. Ihre Sprachkapazität erschöpft sich in der Umgangssprache. Auch wenn sie das gehörte Märchen rekapitulieren, steht ihnen nur diese zur Verfügung, und ihre Narrationen erscheinen dadurch in einer Art sorglosem Palaver. Sie gleichen auch das gehörte Märchen bei der eigenen Wiedergabe an den Duktus der Alltagssprache an, übersetzen gleichsam das Poetische in die Mitteilungsweise umgangssprachlicher Kommunikation.

2 Zur Bedeutung von kognitiven Schemata für die Rezeption

Kognitionspsychologisch betrachtet hinterlassen Zeichentrickfilme und Comics ebenso wie Märchen im Gedächtnis generalisierte Rezeptionsmuster, die die Erwartung an eine Rezeptionsvorgabe ebenso bestimmen wie deren Aufnahme und Verarbeitung. Solche Muster oder Schemata sind relativ einfache, kulturell standardisierte Formen, und sie bilden sich im Gedächtnis durch wiederholten Gebrauch des jeweiligen Mediums latent heraus. Wenn es sich dabei um Geschichten handelt, spricht man von 'scripts' und meint damit die im Gedächtnis abstrakt repräsentierte typische Verlaufsform einer Ereignisreihe (Matías Martínez / Michael Scheffel: Einführung in die Erzähltheorie, München 1999, S. 150). In welchem Maße das gehörte oder im Zeichentrickfilm gesehene Märchen im Gedächtnis der Kinder unter ein bestimmtes 'script' subsumiert wird, ja, wie ein bereits verfestigtes 'script' die jeweilige

Rezeption steuert, wird in unserer Untersuchung vor allem dann deutlich, wenn die Kinder beide Versionen kennengelernt haben.

Die 'märchengewohnten' Kinder gleichen sowohl das gehörte als auch das gesehene Märchen dem 'script' Märchen mit seinen typischen Verlaufsformen von Vorgeschichte, Etablierung des Gegenspielers, Bedrohung, Bewährung, glückliche Auflösung des Konfliktes an. In den narrativen Interviews wird das Geschehen zur Gänze entfaltet; die gezeichneten oder gemalten Episoden verteilen sich auf die Gesamtheit des Märchens, in der schriftlichen Befragung bieten alle Figuren des Märchens und wiederum die Gesamtheit der Geschichte eine breite Palette von Identifikations- und Differenzierungsmöglichkeiten.

Umgekehrt assimilieren die 'märchenungewohnten' Kinder das gehörte Märchen an das 'script' Comic, Abenteuergeschichte oder Liebesromanze. In der schriftlichen Befragung, in den von diesen Kindern gemalten Bildern wie auch in den narrativen Interviews zeigt sich eine klare Fokussierung auf die beiden Comic-Figuren Yoyo und Doc Croc, auf die drei Aufgaben (Brunnen, Baum, Fährmann), das Geschehen in der Hölle und – bei den Mädchen – auf die Hochzeit. Die Geburt des Glückskindes, seine Aussetzung, das Aufwachsen in der Mühle, die Räuberepisode kommen entweder gar nicht oder nur durch Nachfragen wieder in Erinnerung. Allerdings weichen diese Kinder, wenn sie sowohl das Märchen gehört als auch den Trickfilm gesehen haben und anschließend die Geschichte rekapitulieren, generell dann von der Trickfilm-Version ab, wenn sie vom Ausreißen der Haare des Teufels erzählen: Kein einziges Kind lässt es sich nehmen, die Trickfilm-Fassung dahingehend zu verändern, dass die drei Haare nacheinander und mit jeweils deutlicher Zäsur zwischen den einzelnen „Handgreiflichkeiten" der „Oma", der „Mutter des Teufels", der „Großmutter", der „Teufelsfrau" herausgezogen werden – im Gegensatz zum Zeichentrickfilm, wo sie sich aller drei Haare mit einem Ruck bemächtigt. Die Wiederholung ist demnach kein spannunungsminderndes, sondern ein spannungssteigerndes Moment mit ganz eigener Faszination. Die Kinder insistieren auf der Wiederholung des dreimal beinahe identischen Vorganges, d. h. sie pochen geradezu auf Verzögerung und verweigern die Raffung des Trickfilms, um diese höchst erregenden Augenblicke genügend lange auskosten zu können. Es ist der Kulminationspunkt der Geschichte, und das traditionelle Märchen weiß nur zu gut, wieviel 'Langsamkeit' es seinen Zuhörern zumuten darf.

Wie nun reagieren die Kinder auf die spezifisch comichaften Anteile in der Zeichentrickfilm-Version des *Teufels mit den drei goldenen Haaren* – also auf die beiden Zeichentrickfiguren Yoyo und Doc Croc, die durch jedes der 26 *SimsalaGrimm*-Märchen führen, auf die Veränderungen, die der Film am Originalmärchen vornimmt und auf diejenigen Episoden, die der Film aus dem Original übernommen, aber in das Medium des Trickfilms transformiert hat? Auch hier zeigen sich deutliche Unterschiede zwischen den 'märchengewohnten' und 'märchenungewohnten' Kindern – und zwar in Richtung Assimilation des Erlebten unter das jeweilige 'script', wie eben beschrieben. Für die 'märchenungewohnten' Kinder bleiben die beiden Comic-Figuren Yoyo und Doc Croc die eigentlichen Identifikationsfiguren; sie schlagen alle anderen Figuren des Films aus dem Feld. Für sie sind diese beiden Gestalten („die kleinen Männchen, die beiden kleinen Tierchen ...") die Leitfiguren, die sie sicher und 'mit Spaß' durch alle Abenteuer führen. Sie entsprechen dem Stereotyp der klassischen Comic-Helden: anthropomorph im Erscheinungsbild, immer zu Späßen aufgelegt, auch durch tödliche Attacken nicht umzubringen, dem Helden stets helfend zur Seite – dieses, an Trickster-Figuren angelehnte Stereotyp verfehlt nicht seine Wirkung. So möchten sich die Kinder wohl gern selber sehen: unverwundbar, immer heiter, mit hellem Kopf auch der schlimmsten Konfliktsituation gewachsen. Damit geht in der Film-Version etwas auf diese Randfiguren über, das im Original an das Glückskind gebunden ist. Der Zeichentrickfim aber bietet dafür kein Äquivalent beim eigentlichen Protagonisten der Geschichte: Kaspar (das ist das Glückskind im Film) bleibt ebenso blass im Charakter wie dümmlich in seiner Ausstrahlung. Er bleibt eine 'Leerstelle', die jedoch nicht zur projektiven Auffüllung reizt. So kommt er in allen Verfahren, die wir in der Untersuchung einsetzten, nur marginal vor – im Unterschied zu den beiden Comic-Figuren, die auch auf den von den Kindern gemalten Bildern dominieren und in den Interviews ebenfalls eine herausragende Rolle spielen. Alle diese Wiedergaben könnten den Titel tragen: Yoyo und Doc Croc erleben märchenhafte Abenteuer. Man kann mit gutem Grund sagen: Das Märchen vom *Teufel mit den drei goldenen Haaren*, wie es uns die Grimms überlieferten, haben diese Kinder nicht einmal in Ansätzen erlebt. Sie erlebten eine Comic-Geschichte mit märchenhaften Versatzstücken.

Die 'märchengewohnten' Kinder gerieten durch den Film vielfach in Konflikte. Sie suchen darin das Märchen, schieben deshalb auch die beiden Comic-Figuren beiseite, finden aber in den Protagonisten des Films wenig Entsprechungen zu dem, was sie von einem Märchen erwarten. Kaspar und die Prinzessin können sie offensichtlich nur halbherzig als Figuren akzeptieren, um deren Schicksal man bangt, mit denen man leidet und sich fürchtet. Weder der Teufel noch der König sind Gegenspieler, von deren Gewalt und Vernichtungsmanie das Leben des Helden abhängt. Die Ellermutter ist die liebenswerte Oma aus der Kukident-Reklame – welche Verballhornung einer der eindrücklichsten Frauengestalten der Grimm'schen Sammlung.[2] Auf dieses Zeichentrickfilm-Angebot reagieren die 'märchengewohnten' Kinder entweder ratlos, oder, wenn sie zunächst das Märchen gehört und dann den Film gesehen haben, mit stillem Protest – eine irritierende Erfahrung vor allem für die Versuchsleiterin.

3 Das Problem der doppelten Rezeption

Damit kommen wir zu einem letzten Aspekt, der hier erwähnt werden soll, nämlich zum Problem der doppelten Rezeption. Die Annahme, durch die Rezeption zweier verschiedener Varianten der gleichen Geschichte (der gehörten und der im Zeichentrickfilm zu erlebenden) würde die Medienkompetenz von Kindern befördert, muss

Märchen als Erzählung und Trickfilm 169

aufgrund unserer Untersuchung problematisiert werden. Wenn nämlich die Kinder die Geschichte zuerst hören und dann sehen, reagieren sie auf den Zeichentrickfilm geradezu beleidigt und übertragen diese Negativ-Haltung auch auf das zuvor gehörte Märchen. Dieses erscheint nicht etwa, wie man vermuten könnte, durch die *SimsalaGrimm*-Version in besonderem Glanz, sondern wird damit beschädigt. Die mit hohem affektiven Potential besetzte Erwartung an die Wiederbegegnung mit Bekanntem wurde durch die Rezeption der Zeichtrickfilm-Version nicht befriedigt, sondern die Kinder erlebten das Bekannte bis zur Unkenntlichkeit entstellt. Man konnte den Eindruck gewinnen, sie fühlten sich durch den Film betrogen, angeschmiert, und so reagierten sie in der nachfolgenden Untersuchung mit stillem Rückzug (sie füllten die Fragebögen nur flüchtig oder gar nicht aus, malten oder zeichneten auffallend unengagiert). Aufhebbar war diese emotionale Blockade nur, wenn die Kinder anschließend im narrativen Interview selbst zum Ersterlebnis zurückfinden konnten – aber auch da war Verunsicherung, Irritation spürbar, welcher der beiden Versionen sie folgen sollten. „Was soll ich erzählen – das richtige Märchen oder den Video?" – so fragte ein Junge Frau Weiße beim Interview. Dieser Orientierungsverlust, zu dem das Doppelangebot offensichtlich geführt hat, zeigt sich u. a. auch in den Bildern, die diese Kinder gemalt haben: In 22 von 45, also etwa der Hälfte, tauchen wiederum nur Figuren ohne Gesichter auf, und bei 5 Figuren ist die Identifizierung der Figur nicht möglich. Offensichtlich deutet sich hier ein psychisches Geschehen an, dessen Verlauf sich noch weitgehend unserer Kenntnis entzieht: Zwei unterschiedliche Vorstellungsbilder geraten zueinander in Konkurrenz – das vom Zeichentrickfilm vorgegebene und das beim Hören des Märchens selbst verfertigte. Liegen beide Rezeptionserlebnisse zeitlich eng beieinander, kommt es offensichtlich zu einem Entscheidungskonflikt, der zur Löschung beider Bilder führen kann. Beide werden in einem solchen Falle aus dem Gedächtnis ausgeschaltet, weil keines sich gegen das andere behaupten kann. Was bleibt, sind Leerstellen, die orientierungslos machen und verstimmen.

Etwas anders reagierten die Kinder, die zunächst den Film sahen und dann das Märchen hörten. Hier übertrug sich der positive Eindruck des gehörten Märchens auf den Film. Dennoch häufen sich auch hier in der bildlichen Wiedergabe der Geschichte die diffusen, unkonkreten Darstellungen und die Gestalten ohne Gesichter – vermutlich auch ein Anzeichen für Verunsicherung, für Entscheidungskonflikte, die die Kinder nicht ohne weiteres auflösen konnten. Zu einer Verschärfung dieses Entscheidungskonfliktes könnte Folgendes beigetragen haben: Das gehörte und das als Film erlebte Märchen lösten sehr unterschiedliche emotionale Prozesse aus.

Die Bitte an die Kinder, zu den 3 Gesichtern (s. Beitrag v. S. Weiße) jeweils eine 'Stelle' aus dem Märchen zu zeichnen, die dazu passt (also eine lustige, eine traurige und eine, die zornig macht), erhofften wir in Ansätzen etwas von der affektiven Wirkung des jeweiligen Mediums erfassen zu können. Wie die Tabelle zeigt, hat das gehörte Märchen in einer erstaunlichen Ausgeglichenheit alle drei Gefühlsqualitäten angesprochen. Der Film hingegen stimuliert in erster Linie 'Spaß' – der, wie zu erwarten, besonders an den beiden Comic-Figuren festgemacht wird (die Zahl 37 bezieht sich in 23 Fällen auf eben diese Figuren). Danach, so könnte man schlussfolgern, „bleibt der Zeichentrickfilm den Zuschauern schuldig, was das Märchen seit Jahrhunderten leistet: Das tiefe Sich-Einlassen auf gefährliches und schreckliches Erleben in der Sicherheit, daß es gut ausgehen wird, und das wunderbare Gefühl der Erleichterung, der Erlösung, der Bewunderung und Anerkennung nach überstandenen Gefahren" (S. Weiße im Gespräch). *SimsalaGrimm* hingegen bietet gefahr- und risikofreien Spaß, der weder Zorn noch Traurigkeit erregt. So sind beide Varianten in emotionale Kontexte eingebettet, die einander widersprechen. Es ist also vermutlich nicht nur die Andersartigkeit der Figuren und des Handlungsgeschehens, nicht nur die Überlappung der Bilder, die für die Verunsicherung der Kinder bei doppelter Rezeption verantwortlich ist, sondern auch der Zusammenstoß zweier entgegengesetzter affektiver Korrelate, in dessen Folge gleichsam ein Zusammenbruch der emotionalen Ordnung erfolgt.

Wenn die Kinder diese Kollision auflösen, anstatt mit Abwehr und Rückzug zu reagieren, dann kommt das Gesetz der Assimilation des Erlebten an vorgeprägte 'scripts' zur Geltung. Die Kinder bleiben dann letztlich in dem Erfahrungsraum, der ihnen vertraut oder geläufig ist, stecken. So ist durch eine Doppelung des Rezeptionsangebotes nur Negatives zu gewinnen: einerseits Irritation, Verunsicherung, Orientierungslosigkeit, die bis zu Ablehnung reicht; andererseits Auflösung von Entscheidungskonflikten in Richtung des Geläufigen.

Am Ende sei auf ein Ergebnis verwiesen, das etwas über die Langzeitwirkung der beiden Rezeptionsangebote aussagt. Die Lehrerin fragte die Kinder, die beide Versionen kennengelernt hatten, nach 10 Wochen, welche der beiden Fassungen ihnen am besten gefallen habe. Es entschieden sich 96 % für das gehörte Märchen, 4 % für die *SimsalaGrimm*-Verfilmung. Ein Votum unmündiger Rezipienten? Wohl kaum.

Anmerkungen

[1] So ergibt z. B. die Auszählung der beiden Erzählungen von Susanne und Cindy, dass Susanne 73 verschiedene verwendet, Cindy nur 55 (auf je 3 1/2 ausgezählten Seiten); neben der quantitativen Überzahl gibt es nur bei Susanne Verben, die primär aus dem Bereich des Poetischen stammten, wie „erhören", „vermählen" usw.

[2] Dem Illustrator Maurice Sendak war sie so wichtig, dass er ihr das ausdrucksvolle Gesicht von Katharina Viehmann gab, die dieses und andere Märchen den Grimms erzählt hat.

HELGE WEINREBE

Hand in Hand im Medienland
Zur Wirkung von *SimsalaGrimm*-Filmen

1 Vorbemerkungen

Im November 1999 zeigte die Firma Greenlight Media im Kinderkanal des öffentlich-rechtlichen Fernsehens 13 Folgen einer Zeichentrickserie. Unter dem alles einenden Titel *SimsalaGrimm* wurden 13 Märchen der Brüder Grimm in *zeitgemäßer, modernerr* Version vorgeführt. Ich fand nun die Frage spannend, wie solche Märchen-Zeichentrickfilme bei Kindern ankommen, welche Wirkung sie entfalten. Deswegen habe ich zwei Unterrichtsversuche mit Kindern in vierten Klassen unternommen.

2 *Erstes Beispiel*
2.1 Grimms *Hänsel und Gretel*

Hänsel und Gretel gehört zu den zehn bekanntesten Märchen überhaupt.[1] Die Geschichte der Bearbeitung und Veränderung durch Wilhelm Grimm ist ausgesprochen spannend.[2] Der Stoff hat sich als strapazierfähig erwiesen und die Übersetzung in alle Medien ganz gut überstanden: von den ersten Illustrationen über Bilderbögen und Opern bis hin zu Filmen, Hörspielen und Parodien.[3] Was macht gerade dieses Märchen so attraktiv? Es werden Verhältnisse zwischen Kindern thematisiert, Beziehungen zwischen Eltern und Kindern, elementare Ängste wie Verlassenwerden, Verirren, Verhungern und Verschlungenwerden werden genau so angesprochen wie die Lust am Fressen, und schließlich endet das Ganze gut, ohne dass Zaubermächte helfend eingreifen müssten.

2.2 SimsalaGrimms *Hänsel und Gretel*
Doc Croc und Yoyo

Wie alle Märchen in der *SimsalaGrimm*-Fassung kommen auch *Hänsel und Gretel* nicht alleine über die Runden. Ihnen werden zwei Helfer beigegeben und zwar Doc Croc, genannt *Crocky*, und Yoyo. *Crocky* ist der etwas umständliche, eher weltfremde Gelehrtentyp, der Probleme kognitiv angeht, während Yoyo der lustige, lebensbejahende Typ ist, der Probleme aus dem Bauch heraus löst – so zumindest das Profil, das ihnen von ihren Erfindern zugeschrieben wird. Diese zwei Comicfiguren kommen in allen 13 Zeichentrickfilmen als Bindeglied und gemeinsamer Nenner vor.[4] Sie greifen an den entscheidenden Stellen ein und werden aktiv:
– Sie kommen auf die Idee, Steine zur Markierung des Weges zu sammeln.
– Sie versuchen die Brotkrümel gegen fresslustige Tiere zu verteidigen.
– Sie stoßen die Hexe in den Ofen und befreien die Kinder.

Da bleibt den beiden Kindern wenig zu tun.

Veränderungen

Hinzu kommen gesonderte Episoden und Einlagen, beispielsweise:
- Ein Vogel-Terzett variiert das bekannte Hänsel-und-Gretel-Lied.
- Ein gewaltiges Wildschwein lässt sich beim Krümelfressen überhaupt nicht stören.
- *Crocky* wird in einen Bären verwandelt, angekettet und besorgt der Hexe Honig.

Es werden viele Tiere eingeführt, die in der Grimm'schen Fassung von 1857 nicht vorkommen.

Handlung

Wer diesen Zeichentrickfilm mehrfach anschaut, der wird sicher darauf stoßen, dass die Handlungen und die Motivationen der *Helden* vor Brüchen und Unwahrscheinlichkeiten nur so strotzen, beispielsweise:
- Die Comicfiguren sammeln Steine, ohne dass sie sicher wüssten, was die böse Stiefmutter vorhat; offenbar haben sie ihre Märchen gelesen.
- Die Wege sind durchgängig in Traktorbreite und von bemerkenswert gepflegter Oberfläche; wer sich da verläuft, der ist selber schuld.
- Die Bärenepisode erweist sich als eine handlungstechnische Sackgasse: Es ging dem nichts Wesentliches voraus und es folgt nichts daraus.
- Gretel ist durchgängig ein ängstliches und dummes Mädchen. Sie weint viel und wartet im entscheidenden Moment zu lange. Die Hexe ist komplett im Ofen verschwunden, Gretel müsste nur die Tür schließen und den Riegel vorschieben. Aber nein, sie wartet, bis die Hexe ihren Hintern wieder herauszuschieben droht und Bär Crocky sie mit einem Fußtritt wieder hineinbefördern kann.

Darstellung

Auffallend ist der Kontrast zwischen einem detailliert gestalteten Hintergrund mit teilweise schönen Effekten und den eher flach gehaltenen Figuren, deren Animation eher von durchschnittlicher Qualität ist.

Zwei Effekte fand ich besonders beeindruckend: Das Wildschwein, dessen unglaubliche Kraft den ganzen Schirm zu füllen vermag, und der unheimliche Schatten der Hexe, mit dem allein sie Gretel in Bann schlägt.

2.3 *Hänsel und Gretel* im Unterricht

Aktivitäten

1. Die Kinder beantworten einige Fragen zum Märchen (Vorwissen).[5]
2. Die Kinder ordnen sechs Bilder von Theodor Hosemann zu diesem Märchen in der richtigen Reihenfolge.[6]
3. Die Kinder bekommen anschließend das Märchen in der Fassung von 1857 vorgelesen.
4. Die *SimsalaGrimm*-Fassung wird als Video angeschaut und kurz besprochen.
5. Die Kinder äußern sich zu den Unterschieden zwischen Buch- und Video-Märchen.[7]

6. Schließlich zeichnet jedes Kind jeweils zum Buch- und zum Video-Märchen die Szene oder Figur, die ihm besonders gefällt.

Vorwissen der Kinder

Über die Eltern von Hänsel und Gretel wissen die Kinder, dass sie arm sind und dass der Vater gut, die (Stief-)Mutter hingegen böse ist.[8] Bekannt ist ihnen auch, dass die Kinder ihren Weg mit Kieseln und Brotkrümeln markieren. Einig sind sich die Kinder darin, dass Hänsel und Gretel sich im Wald verlaufen.

Praktisch kein Kind kennt den spruchartigen Dialog zwischen Hexe und Kindern am Knusperhaus.

Mehrheitlich meinen die Kinder: Die Hexe sieht hässlich aus, ist alt und hat eine Warze auf der Nase. Vögel und ein Schwan kommen nach Meinung der Kinder im Märchen vor.[9]

Alle Kinder wissen, dass Gretel ihren Bruder rettet, während sich nur wenige an das Gewässer auf dem Heimweg der Kinder erinnern.

Für die Heimkehr hat eine Hälfte der Kinder die Erinnerung, dass Vater und Mutter die Kinder erwarten, die andere Hälfte erinnert sich daran, dass nur der Vater seine Kinder empfängt.

Gefallen und Missfallen der Kinder an diesem Märchen fallen recht elementar aus: Die Kinder finden es gut, dass die Hexe im Ofen landet und dass die Geschichte mit einer glücklichen Rückkehr endet. Nicht gut finden sie alle Gefahren- und Angstmomente: das Ausgesetztwerden, das Verlaufen und die böse Hexe.

Reihenfolge der Illustrationen

Bei dem Versuch, die Hosemann-Illustrationen in die richtige Reihenfolge zu bringen, zeigt sich eine Schwäche der Bilddramaturgie. Die meisten Kinder finden bei den ersten drei Bildern eine andere Reihenfolge plausibel; aus der Folge 1-2-3 wird 2-3-1. Das ist durchaus einleuchtend. Die Szene am Haus mit der (Stief-)Mutter wird als Verabschiedung vor dem Auszug mit beiden Eltern gesehen und der Aufenthalt der Kinder im Wald am Feuer als Station vor dem Entdecken des Hexenhauses.

Vorlesen und Anschauen

Beim Vorlesen des Märchens wird es ganz still, als deutlich wird, dass die Hexe den Hänsel *wirklich* fressen will.

Beim Betrachten des Videos gibt es viele belustigte Reaktionen der Kinder. Der Witz dieser Zeichentrickfilme kommt bei den Kindern an; sie fühlen sich gut unterhalten.

Wahrgenommene Unterschiede

Die Kinder bekommen fast alle Veränderungen beim Anschauen des Videos mit. Allerdings bewerten sie diese Veränderungen komplett anders als ihr Lehrer.

Alle Kinder mögen die zwei eingeführten Comicfiguren, empfinden sie als attraktiv und witzig. Ein Drittel der Kinder ist pauschal mit allen Veränderungen zufrieden. Es gefällt ihnen mehrheitlich, dass so viele zusätzliche Tiere eine Rolle spielen. Das von mir kritisierte Bären-Intermezzo findet explizit Anklang bei den meisten Kindern. Kaum etwas wird kritisiert; einige wenige Kinder haben Mitleid mit den Kindern, die im Video in einen Sturm geraten.

Bei den Bildern wird ein vergleichbares Ausmaß an Zufriedenheit erkennbar: Knapp 60 % der Kinder zeichnen die Comicfiguren bzw. eine Szene, in der eine der Figuren vorkommt.

Für das Buchmärchen zeigt sich beim Malen ein interessanter Effekt: Das Wasser, über das die Ente die Kinder hinüberträgt, wird am häufigsten gezeichnet. Das ist die Szene, die im Vorwissen der Kinder gar nicht vorkam; da spielt das Vorlesen eine Rolle.

3 Zweites Beispiel
3.1 Grimms *Brüderchen und Schwesterchen*

Brüderchen und Schwesterchen gehört zu den zwanzig bekanntesten Märchen.[10] Der wichtigste Grund dafür, dass gerade dieses Märchen bei Kindern zu den beliebtesten gehört, dürfte in der verlockend intensiven Geschwisterbeziehung liegen. Brüderchen und Schwesterchen haben es nicht nur mit mächtigen magischen Kräften zu tun, sie gehen auch als eindeutige Sieger aus dieser Auseinandersetzung hervor. Es ist die Geschichte einer so starken Beziehung, dass am Ende gar nicht so recht klar wird, wer jetzt eigentlich wen heiratet.

Formal auffallend ist der dreifache Dreierschritt, verbunden jeweils mit einem Sprüchlein:

- Drei Gewässer teilen ihre Zauberträchtigkeit mit (Wer aus mir trinkt, wird ein Tiger. Wer aus mir trinkt, wird ein Wolf. Wer aus mir trinkt, wird ein Reh).
- Drei Mal meldet sich jemand an der Tür mit dem gleichen Spruch (Mein Schwesterlein, lass mich herein!), zwei Mal das Reh und ein Mal der König.
- In den letzten drei Nächten erscheint der Geist des Schwesterchens und kümmert sich um Kind und Reh (Was macht mein Kind? Was macht mein Reh? Jetzt komm ich noch ... mal und dann nimmermehr!).

Das sind einfache Merkhilfen, die es erlauben, die Handlung strukturiert nachzuerzählen.

3.2 SimsalaGrimms *Brüderchen und Schwesterchen*
Doc Croc und Yoyo

Wie alle Märchen in der *SimsalaGrimm*-Fassung kommt auch Brüderchen und Schwesterchen nicht ohne Crocky und Yoyo aus. Dieses Märchen lässt sie allerdings nicht ganz so oft aktiv werden:

- Sie entwenden der Stiefmutter/Hexe den Schlüssel, um die Kette aufzuschließen, mit der Brüderchen und Schwesterchen gefangen gehalten werden.
- Sie machen den König auf den Unterschied von wahrer und falscher Braut aufmerksam.
- Sie lassen die Stiefmutter/Hexe stolpern und tragen so zu deren Ende bei.

Veränderungen

Auch an diesem Märchen wird eine ganze Reihe entscheidender inhaltlicher Veränderungen vorgenommen, beispielsweise:
- Brüderchen und Schwesterchen sind Zwillinge und heißen Johannes und Johanna.
- Die zwei sind zu Beginn an ein Gerät gekettet, mit dem sie einen Mahlstein drehen müssen.
- Die Stiefmutter/Hexe könnte die Zwillingsschwester der Mutter/Stiefmutter von Hänsel und Gretel sein und tritt anfangs als peitschenschwingende Domina auf.
- Die Stiefmutter/Hexe verfügt über einen Zauberspiegel, mit dem sie die Flucht der Kinder verfolgen und die Gewässer verzaubern kann.
- Der Geist der Mutter von Brüderchen und Schwesterchen taucht jeweils aus dem Wasser auf und warnt die Kinder vor den Gefahren.
- Die Jagdszene führt ohne Wiederholung gleich zur Verletzung des Brüderchens und zum Kennenlernen des Königs.
- Die Stiefmutter/Hexe wird am Ende nicht umgebracht, sondern versteinert und bleibt als Statue im Schlosshof stehen.

Handlung

Auch in diesem Märchen führt die Adaption durch *SimsalaGrimm* zu Ungereimtheiten, z.B.:
- Die Grundkonstruktion unterstellt, dass mit den Zwillingskindern jeweils das Gleiche geschieht. Wenn es also einem schlecht geht, geht es dem anderen vergleichbar schlecht. Dagegen wird ständig verstoßen: Nur ein Kind wird verwandelt, nur ein Kind will zur Jagd, nur ein Kind stirbt.
- Die Stiefmutter/Hexe wird bestraft und versteinert. Ihre Tochter taucht einfach nicht mehr auf. Es bleibt ungeklärt, was mit ihr geschieht.

Darstellung

Wie bei *Hänsel und Gretel* werden die Kinder in einem übertriebenen Kindchenschema mit gewaltigen Köpfen dargestellt, die Stiefmutter überdeutlich böse mit den Augen rollend und den Brüsten wogend.

Es bleibt beim Kontrast zwischen einem detailliert gestalteten Hintergrund mit teilweise schönen Effekten und den eher flach gehaltenen Figuren, deren Animation eher von durchschnittlicher Qualität ist.

Enttäuschend ausgefallen ist für meinen Geschmack die Verwandlungsszene. Da könnte im Medium des Zeichentrickfilms einiges an Morphing nachgestellt werden, und was geschieht? Eine schwarze Wolke schiebt sich harmlos zwischen Vorher (Brüderchen) und Nachher (Reh).

Und wo bei Grimm das Schwesterchen seinen Kopf beim Schlafen auf das Reh legt, da zeigt der Zeichentrickfilm eine unfreiwillig komische Konstellation: Das kleine

Schwesterchen sitzt auf einem Stuhl und wird fast erdrückt von dem großen Rehbock, der nur teilweise Platz auf ihrem Schoß findet.

3.3 *Brüderchen und Schwesterchen* im Unterricht

Aktivitäten
1. Die Kinder bekommen das Märchen vorgelesen (Disk), und zwar von Manfred Steffen.[11]
2. In Gruppen zu je vier Kindern gestalten sie mit sechs Bildern von Franz Müller-Münster[12] und eigenen, kurzen Texten ein Bilderbuch.
3. Die *SimsalaGrimm*-Fassung wird als Video angeschaut und kurz besprochen.
4. In Gruppen zu je vier Kindern gestalten sie mit eigenen Zeichnungen und Texten ein Bilderbuch.

Das sieht nach weniger aus als bei *Hänsel und Gretel*; der zeitliche Rahmen ist jedoch der gleiche. Man muss drei bis fünf Unterrichtsstunden dafür ansetzen, je nachdem wie viel Zeit man für Gespräche braucht.

Ergebnisse

Beim Bilderbuch für die Grimm'sche Fassung wird die Reihenfolge der Bilder von Franz Müller-Münster weitgehend erkannt.

An zwei Stellen gibt es verschiedene Lesarten:
– Die Szene mit Schwesterchen und Reh kann direkt nach der Verwandlung stattfinden (dann würde die Jagdszene folgen; das wäre die Original-Version). Es kann aber auch gezeigt werden, wie das Schwesterchen sich um das verletzte Reh kümmert, das den Fuß so in Schonhaltung hat (dann würde die Jagdszene vorausgehen).
– Die Hochzeitsszene kann vor der Bettszene stehen; denn der König heiratet das Schwesterchen, bevor er ein Kind zeugt. Die Bettszene kann aber auch vor der Hochzeitsszene kommen. Dann wird der Beginn der bösen Tat der Stiefmutter/ Hexe gezeigt und zum Schluss eine allgemeine Freudenszene (so hat es der Künstler angelegt).

Die zugeordneten Sätze sind zumeist sehr einfach und kurz gehalten, beispielsweise so:

1. Brüderchen und Schwesterchen schliefen in der Nacht in einem hohlen Baum.
2. Schwesterchen holte für sich und das Reh Beeren und Nüsse.
3. Die Jäger vom König jagten das Reh.
4. Da kam der König und das Schwesterchen erschrak.
5. Der König und das Schwesterchen heirateten und das Reh ging mit.
6. Die Königin bekam ein Kind.

Die *SimsalaGrimm*-Fassung zwingt den Kindern geradezu einen Bezugsrahmen von Anfang und Ende auf: Am Anfang sind Brüderchen und Schwesterchen zu sehen, angekettet und von der Stiefmutter/Hexe zu Sklavenarbeit gezwungen; am Ende steht die versteinerte Stiefmutter/Hexe als Statue im Park und die Vögel nehmen auf ihr

Platz. Fast alle Kindergruppen zeichnen diese Situationen. Damit wird deutlich das Interesse weg von den Kindern und hin auf die Stiefmutter/Hexe geführt – vermutlich die stärkste Veränderung neben der Einführung der zwei Comicfiguren. Auf der textlichen Ebene wird das entsprechend aufgenommen.

Anekdotisches

Manchmal tun sich verblüffende Zusammenhänge auf. Ein Junge schaut sich die *SimsalaGrimm*-Fassung von *Brüderchen und Schwesterchen* an. Bevor er sich an die Arbeit am Bilderbuch macht, hat er große Pause. Gelöst und wie unabsichtlich hüpft er zum Klassenzimmer hinaus und singt dabei fröhlich: „Simsala Grimm bam ba sala du sala Grimm."

Es gibt offenbar Kinder, die 'SimsalaGrimm' nicht nur als Sprachspiel verstehen, sondern es nach ähnlichen Regeln weiterspinnen können.

4 Vermutungen, Schlussbemerkungen

Ob man Zeichentrickfilme mag oder nicht, spielt hier keine Rolle. Fakt scheint zu sein, dass dieses Medium Kinder im Grundschulalter dort abholt, wo sie gerade sind.

Witz, Gestaltung und Geschwindigkeit entsprechen den Möglichkeiten und Vorlieben von Grundschulkindern. Das haben die Macher von *SimsalaGrimm* begriffen und umgesetzt.

Sie bleiben aber dabei, versuchen nicht ein Stück weiter zu kommen. Damit bedeutet der Konsum von *SimsalaGrimm* für die Kinder einen Rückschritt; sie bleiben da, wo sie schon waren und kommen nicht voran, werden in keiner Weise gefordert. Das ist zumindest mein Eindruck aus dieser gemeinsamen Arbeit mit Grundschulkindern.

SimsalaGrimm bietet als Bindeglied Comicfiguren statt Märchenfiguren oder Rezeptionssituationen (Der rote Faden könnte ja durchaus auch eine Märchen-Erzähl- oder Vorlese-Situation sein). Damit werden viele Märchen und vor allem ihre Protagonisten in ihren Wirkmöglichkeiten reduziert. Denn wenn Crocky und Yoyo eingreifen müssen, dann verlieren die Grimm'schen Märchenfiguren ein gut Teil ihrer Handlungsmöglichkeiten. Sie werden blasser, verlieren teilweise ganz ihre besonderen Qualitäten, machen demjenigen, der nach genau dieser Projektionsfolie sucht, kein Angebot mehr. So wird *Brüderchen und Schwesterchen* vom Märchen über eine Geschwisterbeziehung zu einem über eine Stiefmutter/Hexe.

Indem schließlich jedes Märchen mit diesen Comic-Figuren versetzt wird, erscheinen die Märchenstoffe zunehmend ähnlicher. Sie werden zum Tummelplatz für Crocky und Yoyo. Berücksichtigt man überdies, dass jeder *Clip* in etwa gleich lang sein sollte (so lässt er sich besser verkaufen), so beginnen die einzelnen Märchen ihre Eigenartigkeit und auch ihre Einzigartigkeit einzubüßen.

Als Zeichentrickfilm stellen die *SimsalaGrimm*-Märchen Bezug her zu anderen Zeichentrickfilmen. Ihre mediale Referenz ist *Tom und Jerry* und Ähnliches. Damit wird ihnen der gleiche beiläufige Charakter verliehen wie unzähligen anderen Zeichentrickfilmen und -figuren. Die Hoffnung und der Verdacht, dass Märchen etwas Besonderes wären, eigene Wirkung entfalten könnten und letztlich ein Geheimnis hätten, wird aufgegeben zugunsten einer Konfektionskost.

Geschieht mit diesen Zeichentrickfilmen das Gleiche wie mit vielen Hörspielfassungen, ziehen sie also als neuer Standard in Kinderzimmer ein, so werden sich ganz neue Vorstellungen von Märchen breit machen. Die *SimsalaGrimm*-Macher setzten optimal an, schaffen eigene Effekte und kümmern sich wenig um die Qualität der Vorlagen. Kinder, die nur noch diese Versionen kennenlernen, bekommen von den Grimm'schen Märchen wenig mit.

Ein Gutes kann diese Folge von *SimsalaGrimm*-Zeichentrickfilmen schon haben. Es wird erkennbar, wie sehr die Märchen auf diesem Weg verändert und verjuxt werden. Um damit überhaupt umgehen zu können, müssen die Kinder die Märchen in der Grimm'schen Fassung erst einmal kennen. Sonst können sie auch mit den verballhornten Versionen nicht viel anfangen. Und wenn Eltern und Lehrkräfte das verstehen und deswegen wieder häufiger die *originalen* Märchen vorlesen oder nacherzählen, dann hätte *SimsalaGrimm* nachgerade märchenhafte Wirkungen.

Anmerkungen

[1] Zur Märchenkenntnis von Kindern vgl. Weinrebe, Helge: *Kindermärchen – Verschieden wie Kinder.* In: Märchenspiegel Nr. 1, 1994, S. 16–16; Nachdruck in: Walter Kahn (Hrsg.): Kinder und Märchen. Bayersoien 1996.

[2] Nachzulesen bei Walter Scherf: *Das Märchen-Lexikon.* Band 1. München 1995, S. 548–553.

[3] Vgl. dazu Weinrebe, Helge: *Grimms Märchen in Wort und Bild.* In: Audio-Visuell 9, Themenheft *Märchen in visuellen Medien*, Staatliche Landesbildstelle Hessen, Frankfurt am Main 1993, S. 147–164; Weinrebe, Helge: *Machen Medien müde Märchen munter?* Grimms Märchen und die Medien. In: Wardetzky, K. / Zitzlsperger, H. (Hrsg.): *Märchen in Erziehung und Unterricht heute*, Band II: Didaktische Perspektiven. Baltmannsweiler 1997, S. 147–158.

[4] Diese zwei Comicfiguren sind in mannigfaltigen Formen zu kaufen. Das reicht von großen Schmusepuppen bis hin zu Schlüsselanhängern, ein beachtliches Merchandising findet statt.

[5] Dies sind die Fragen zum Vorwissen der Kinder: 1. Was weißt du über die Eltern? 2. Wie erfahren sie, dass sie ausgesetzt werden sollen? 3. Wie markieren sie den Weg? 4. Stimmt es, dass sie sich im Wald verlaufen? 5. Was sagen Hexe und Kinder, als sie sich zum ersten Mal treffen? 6. Wie sieht die Hexe aus? 7. Welche Tiere kommen vor? 8. Wer rettet Hänsel? 9. Welches Hindernis mussen sie auf dem Heimweg überwinden? 10. Wer erwartet die Kinder zu Hause? 11. Was gefällt dir an diesem Märchen? 12. Was gefällt dir an diesem Märchen nicht?

[6] Theodor Hosemann: *Hänsel und Gretel*, Deutscher Bilderbogen Nr. 53, 1868.

[7] Dies ist die Frage zu den Unterschieden zwischen Buch und Video: In dem Film war einiges anders als im Buch-Märchen. Schreibe auf, an welche Veränderungen du dich erinnerst. Unterstreiche die Veränderungen, die dir gefallen haben mit Gelb. Unterstreiche die Veränderungen, die dir nicht gefallen haben, mit Rot.

[8] Das Motiv der bösen Stiefmutter wird im Lauf der Überarbeitungen durch Wilhelm Grimm zunehmend zurückgenommen.

[9] Es liegt sozusagen die Lohengrin-Variante der Märchen-Ente vor.

[10] Zur Märchenkenntnis von Kindern vgl. Weinrebe, Helge: *Kindermärchen – Verschieden wie Kinder* (siehe Anmerkung [1]).

[11] Aus: *Kinder und Hausmärchen der Brüder Grimm* erzählt von Manfred Steffen. Hamburg (Polygram) 1991, Disk Nr. 3, Spielzeit: 16 : 12.

[12] *Brüderchen und Schwesterchen* gezeichnet von Franz Müller-Münster. In: *Grimms Märchen*. Illustriert im Jugendstil. Würzburg, Arena Verlag, Edition Popp. 1982. Nachdruck von 1904 und 1922. Für den Unterricht ausgewählt sechs leicht einfarbig zu reproduzierende kleinere Zeichnungen.

DISKUSSION BEIM MÄRCHEN-SYMPOSION VOLKACH 2000

> Den Schlussteil des Märchen-Symposions bildete eine Diskussion aller Teilnehmer mit den Referenten, **Herrn Prof. Dr. Horst Heidtmann, Frau Prof. Dr. Karin Richter, Frau Prof. Dr. Kristin Wardetzky** und **Frau Dipl.päd. Helga Zitzlsperger.** Dazu kam **Herr Prof. Heinz-Albert Heindrichs** und der Aufsichtsratsvorsitzende der Greenlight Media AG, **Herr André Sikojev.** Die Gesprächsleitung hatte **Herr Prof. Dr. Kurt Franz.**
>
> Die Diskussion wurde mitgeschnitten und transkribiert. In der vorliegenden Form ist die Diskussion sprachlich geglättet, an der inhaltlichen Substanz wurde nichts verändert. Leichte Kürzungen betreffen organisatorisch-technische Hinweise, vor allem des Gesprächsleiters. Notwendige zusätzliche Erläuterungen sind in Klammern gesetzt.
>
> Nach der Begrüßung durch den Moderator und die kurze Vorstellung der Podiumsteilnehmer erhielt Herr Heindrichs, der in diesem Band mit dem Beitrag „Das Märchen – eine Urform synästhetischen Erlebens" vertreten ist, Gelegenheit, über seine Tätigkeit als Komponist und Künstler einige Worte zu sagen. Seine Bemerkungen zum musikalischen Aspekt in der Fernsehserie „SimsalaGrimm" wurden aus organisatorischen Gründen als weitere Diskussionsgrundlage an den Anfang gesetzt. Zunächst wurde der Anfangsteil des Films „König Drosselbart" auf Hörkassette vorgespielt.

Herr Heindrichs (zur Kassettenaufnahme):

Das war der Anfang von *König Drosselbart*. Ein langer Vorspann, jetzt sind wir erst im Märchen, mit der Stimme der Prinzessin. Ich will kurz etwas sagen, wie das gemacht ist. Es geht so plötzlich los, es kommt mit einem Glissando der Geräuschanteil rauf (pfeifen). Man könnte es so gemacht haben, dass man ein Band anfährt mit der Hand, so dass ein Glissando entsteht, aber dieses Glissando ist dann schließlich Vogelgezwitscher. Wenn man genau hinhört – ich habe mir das mehrfach angehört –, es ist immer das gleiche stereotype Vogelgezwitscher, nicht so, wie wenn man in der Natur hier einen Vogel und da einen Vogel hört. Ich denke mir, es ist eine Bandschleife, die man gemacht hat, die in etwa alle 10 Sekunden das gleiche Vogelgeräusch bringt, so dass das also dicht ist, aber künstlich, nicht natürlich. Wenn es also Natur suggerieren soll, ist es künstlich gemacht. Es könnte auch von einem Sampler übernommen worden sein. Dazu kommt aber wenige Sekunden später die Musik. Und die Musik ist ähnlich, es sind zuerst Holzbläser, die aber möglichst nicht Charakter haben. Die Musik bleibt eine Backgroundmusik, wie wir das ja aus unserer gesamten gesellschaftlichen Umwelt kennen, wenn Sie in Kaufhäuser gehen, wissen Sie, Sie werden bestrahlt von Musik, und die wird ja heute auch nach wissenschaftlichen psychologischen Gesichtspunkten hergestellt. Man nennt sie ja funktionelle Musik. Diese Musik, deren Höhen und Tiefen gekappt werden, damit sie nicht auffällt, sondern nur als Background da ist. Und in der Mittagszeit wird das dann etwas erhöht, es werden die Schärfen etwas mehr eingestellt, es werden etwas drivemäßigere Stücke gebracht, damit der Adrenalinspiegel sich erhöht, um die Müdigkeit zu überbrücken, auch der Verkäuferinnen. Und gegen Nachmittag sinkt dann der Spiegel wieder. Es wird solche Musik heute produziert, Umweltmusik, funktionelle Musik. Ähnlich ist das hier auch. Ich unterstelle das alles, dass das bewusst gemacht ist, bewusst auch eine solche Musik gemacht wird, die keine echte dramaturgische Funktion übernimmt, sondern eine Backgroundmusik ist. Manchmal kommt, wenn es im Schloss ist, kurz ein Cemballo vor. Wenn die beiden verheiratet werden, ertönt Orgelmusik. Das ist aber funktionelle Musik, nicht Dramaturgie von Musik. Dann kommt dazu – Sie werden bemerkt haben – pausenlos ist das Vogelgeräusch, und pausenlos ist diese Backgroundmusik, so als Spiegel unseres gesellschaftlichen Umweltlebens, und dazu kommen dann die Stimmen. Die Stimme des Erzählers ist ja normal, aber alle anderen Stimmen sind unnatürlich. Sie haben Doc Croc gehört, wobei ich witzig finde, dass für meine Begriffe Doc Croc eine sparsame Imitation von Reich-Ranicky ist, wenn Sie es vielleicht gehört haben. Ich weiß nicht, ob Ihnen das bewusst ist. Es sind Schauspieler ausgewählt, die nicht natürlich sprechen, und – haben Sie gemerkt – wenn die Prinzessin kommt, nur ein Satz! Die spricht auch affektiert und unnatürlich, und so geht das weiter. Der König spricht nicht wie ein König, sondern wie ein Biertrinker, und das geht so weiter mit allen Stimmen. Es sind also alles Dinge, die nicht aus erster Hand kommen, sondern sehr bewusst aus zweiter Hand, also nicht natürlich sind. Das ist seit den 60er Jahren unser gesellschaftliches Bewusstsein, seit der Popart etwa. Also ich denke mir, die Macher wissen, dass mit der Popart, etwa mit Roy Lichtenstein, Andy Warhol oder vor allem dem Engländer Richard Hamilton, solche Collagen hergestellt worden sind, als Bewusstsein der Mosaikstruktur unserer Gesellschaft, die also aus zweiter Hand lebt. Und da ist dieses Beispiel für meine Begriffe sehr symptomatisch auf triviale Weise, also auf der unteren Stufe für Kinder angesiedelt, so dass sie in diese Welt so eingeführt werden, wie sie unsere Umwelt heute erleben, wie wir das ja auch aus allen Referaten gehört haben. Auf diese Weise können natürlich, wie Kristin Wardetzky gestern gesagt hat, Kinder nicht Gesichter malen, weil das alles diese Mosaikstruktur ist. Sie können da nur einen Punkt herausholen und den vielleicht malen oder erzählen. Das ganze können sie nicht. Das entspricht aber einem Bild von Rauschenberg, würde ich sagen. Das ist natürlich Kunst, dies ist Trivialliteratur, was wir hier produziert sehen. Ich will mich kurz fassen. Das ist ein anderer, neuer Aspekt vom Auditiven her. Vielleicht hilft er dieser Diskussion auch noch weiter.

Moderator:

Wir sollten das jetzt einmal den Stilmitteln, die eingesetzt werden, zuordnen. Wir werden bestimmt darauf zurückkommen, auch auf die ästhetischen Aspekte. Ich glaube nicht, dass Sie unmittelbar darauf antworten müssen, es sei denn, es ist ein Bedürfnis von Ihnen. Ich habe Herrn Sikojev bewusst an den Schluss (der Einführung) gesetzt, nicht aus Unhöflichkeit, begrüßt hatten wir ihn ja schon. Wir sind sehr froh, dass ein unmittelbarer Vertreter (von *Greenlight Media AG*, der Produktionsfirma von *SimsalaGrimm*) da ist, und wir erwarten eben authentische Aussagen von ihm. Ich möchte ihm Gelegenheit geben, sich vorzustellen und auch etwas über die Entstehung und über die Intentionen zu sagen. Es gibt schon eine Art Legendenbildung, man hört und liest einiges, und man bezweifelt es. Vielleicht sollten Sie dazu Stellung nehmen!

Herr Sikojev:

Vielen Dank erstmal! Vielen Dank an Sie, Herr Kahn, für die Gelegenheit, an diesem sehr spannenden, für uns auch sehr interessanten Podium teilzunehmen. Es ist mir ein großes Vergnügen, und ich freue mich sehr, dass wir jetzt miteinander sprechen können.

Wenn es für die Organisatoren der Tagung in Ordnung geht, würde ich gerne nach meiner Einschätzung in 14, maximal 15 Minuten erstens unser Team und meine Person kurz vorstellen, zweitens ein Stück weit eingehen auf die Diskussionsbeiträge schriftlicher oder mündlicher Art, die bisher vorgetragen worden sind, so dass wir auch mal ein paar Informationen bekommen, und drittens Ihnen die eine oder andere Information auch über die gegenwärtige Situation von *Simsalagrimm* in der Medienwelt geben.

Zuerst ein bisschen zu unserem Team! Sie haben schon gesehen, es ist eine Mitarbeiterin von *Greenlight Books* hier, die Verlegerin und Produktionsleiterin Frau Marianne Wagner, die aus der Anglistik kommt, auch Sprachwissenschaften studiert hat, dazu Frau Ziegler. Alle seit vielen Jahren in Literatur oder Medien aktiv. Ich selber komme aus dem Bereich der Sprachwissenschaft, ich bin Slavist und habe im Nebenfach orthodoxe Theologie studiert, habe sehr früh angefangen, als Journalist zu arbeiten, u. a. für den *Spiegel* in politischer Recherche, habe 1981/82 über meine slavistischen Studien auch begonnen, mich mit der Märchenforschung und der Sagenwelt zu beschäftigen. Ich habe viele Jahre über die Sagen- und Epenwelt des Kaukasus geforscht, auch Texte geschrieben und übersetzt, die dann in mehreren Editionen auch noch im Hause Diederichs veröffentlicht worden sind. Das älteste europäische Epos, die *Narten*, ist – wenn Sie davon gehört haben – erst sehr sehr spät entdeckt worden, weil es bis in die 40er Jahre narrativ, also rein erzählerisch, von Märchenerzählern und Sagenerzählern überliefert worden ist und nur durch Feldforscher und Reisende bekannt gewesen ist. Davon gibt es jetzt auch eine schöne bibliophile Ausgabe im Diederichs Verlag.

Der Gang weiter über die Märchen- und Sagenforschung, Sprachwissenschaft und Ethnologie hat mich dann in den Beruf des Verlegers geführt. Ich habe zusammen mit verschiedenen Partnern russische und afrikanische Literatur übersetzt und herausgegeben und viel über einige der russischen Religionsphilosophen dieses Jahrhunderts geforscht, auch ediert, Erstausgaben initiiert, zum Teil auch selber übersetzt und war, was meine anderen Forschungstätigkeiten betrifft, sehr engagiert in einem wissenschaftlichen Arbeitskreis, der sich mit den Wirkungen von Eugen Rosenstock-Huessy, einem bekannten Soziologen der 30–60er Jahre, beschäftigt hat, der zum Freundeskreis von Franz Rosenzweig, Martin Buber, Josef Wittich zählte. Wir haben uns mit ihm beschäftigt, ebenso mit den politischen Auswirkungen auf seine Schüler, die sich fast alle dann im Kreisauer Kreis wiedergefunden haben. Also das ist ein bisschen der Background meiner Person.

1993 habe ich zusammen mit Partnern die *Greenlight Media AG* gegründet, zuerst als GmbH. Die ist dann später in eine AG umgewandelt worden, die nicht an der Börse ist. Und damit bin ich eigentlich schon mitten in den Themen, die hier schon angesprochen worden sind.

Natürlich ist jedes Medienunternehmen auch ein wirtschaftliches Unternehmen. Insofern reden wir tatsächlich über Budgets. Und zu ihrer Information das Budget für *Simsalagrimm*: Die oft zitierten 20 Millionen Mark sind eines der höchsten, die jemals beschafft worden sind für ein deutsches Zeichentrickprojekt, und zwar nur zu ungefähr 25 % aus Drittmitteln, der Rest sind unternehmerische und private Investitionen der Firmeninhaber. Was das für eine Leistung ist, können Sie selber bewerten. Ich glaube, viele von Ihnen haben, wie heute schon erwähnt, auch wirtschaftliche Verantwortung für ihre Forschungsprojekte. Insofern sind wir hier mitten in der Diskussion und auch ein Stück weit in der Geschichte von *SimsalaGrimm*, denn es gab in der Medienwelt in Deutschland 1995/96 einen sehr wesentlichen Einschnitt. Früher war das so, dass ein öffentlich-rechtlicher Sender, die es bis dahin ja fast ausschließlich gab, eine Produktionsfirma mit nahezu 100% der Mittel ausgestattet hat. Im Notfall konnte die noch mit Rückstellungen und Koproduktionen, aber doch letzthin gesichert und in Ruhe eine Zeichentrickproduktion machen. Diese Mittel, nämlich Mittel für Kinder, für Zeichentrickbudgets in den öffentlich-rechtlichen Sendern, nehmen kontinuierlich ab. Sie werden beschnitten. So war dann die Situation Anfang der 90er Jahren die, dass es üblich war, dass ein Produzent vielleicht 25, vielleicht 30, wenn er sehr gut war, 40 % des benötigten Budgets für die Produktion einer Serie vom Fernsehsender bekommen hat, den Rest musste er schauen, wo er ihn her bekam. Da ging er zur Förderung, da ging er zu einem Koproduzenten, dann hat er sich meist noch selbst ordentlich ausgebeutet und seine Mitarbeiter. Irgendwie gingen dann die Sachen über die Bühne. Dies hat sich geändert, und Mitte der 90er Jahre sind viele Produktionen zusammengebrochen oder nicht zustande gekommen, weil die verplanten und auch zugesagten Gelder nicht genutzt werden konnten, da nämlich der Produzent seine 50 oder 60 oder 40 % nicht mehr hat beschaffen können. Da bekam der eben zitierte WDR durchaus Probleme, es mussten die Mittel gerettet werden. Sie kennen diese Situation. Für die nächste Planung kam man – und das ist objektiv und auch ein bisschen zwangsweise – auf die glorreiche Idee, einen exklusiven Vertrag mit dem amerikanischen Produktionsmogul Saban abzuschließen, dessen berühmtestes Projekt Ihnen allen bekannt ist, die *Power Rangers*. Sie können sich also vorstellen, was das für ein Erdbeben ausgelöst hat, denn es wurden alle geplanten Produktionen zurückgestellt, gecancelt. Alles, was in Deutschland von Kreativen, von Redakteuren, von Autoren, erarbeitet worden ist, konnte man vergessen.

Hier kommen wir zu einem Punkt, der mehrfach angesprochen worden ist und den wir anfänglich in einem sehr polemischen Beginn der Diskussion auch als Unterstellung und ehrenrührig aufgefasst haben. Inzwischen, denke ich, ist es eine Informationslücke. Wir haben neben dem rein ökonomischen Ansatz einen ganz klaren pädagogischen und auch kulturpolitischen Ansatz gehabt und von Anfang als eine Strategie in die Umsetzung der Projekte eingebunden.

Da sind wir bei dem Thema 'Gewalt': Sie erinnern sich noch, es gab also hehre Reden vom ehemaligen Bundespräsidenten über die Gewaltzunahme im Fernsehen, die Verantwortung für die medial Zuständigen, und es hat sich nichts getan. Denn diese Frage der Gewalt, der Action, des brutalen Umgangs und die Lösung von Problemen, ist nämlich auch eine Geldfrage, und das lässt sich gut verkaufen. Sabans *Power Rangers* waren mit die bestverkauften Filme, es wurde ein Imperium darauf gebaut, ein Milliardenimperium. Das bekam nun tatsächlich einen dicken breiten Fuß auch in die deutsche und europäische Medienlandschaft. Diese Gewaltdiskussion haben wir aufgegriffen. Wir haben ganz bewusst mit Redakteuren, beim Südwestrundfunk, beim NDR, beim MDR, versucht, dagegenzusteuern. Wir haben alle Kontakte genutzt, die wir hatten, vom *Spiegel* bis hin zur *Münchner Abendzeitung*, und wir haben versucht, eine Diskussion zu entfachen, die niemand wollte, an der niemand interessiert war. Und ich kann Ihnen eines verraten, 1993/94/95 haben uns alle ausgelacht, als wir denen erzählt haben, dass wir Märchen, egal in welcher Form, den Kindern als Hauptprodukt im Fernsehen vorstellen wollten. Der eigene kulturelle Hintergrund, die eigenen Geschichten, Grimms Märchen, auch andere Märchen – wir haben auch andere Konzepte –, das wurde belächelt und mit den Ihnen gerade genannten amerikanischen Zeichentrickserien in Vergleich gesetzt. Wir haben uns durchgesetzt, u. a. auch mit Hilfe eines mutigen Märchenerzählers, Theaterschauspielers, Schauspielers, Sprechers, Wolfgang Burisch vom NDR, der gesagt hat: Ich akzeptiere diese zentrale politische Entscheidung nicht, ich akzeptiere diese Entscheidung für Gewaltfernsehen nicht. Und er hat sich stark gemacht und hat mit Hilfe seines Teams in der ARD durchgesetzt, dass *SimsalaGrimm* produziert wird. *SimsalaGrimm* wurde produziert mit 50 % des vorher geplanten Budget-Anteils der ARD. Das zur Problematik, in der wir uns befanden, wo existentielle Risiken eingegangen worden sind, wo Privatinvestitionen gemacht worden sind, wo über Jahre unter höchstem Risiko – das war nicht nur in unserer Firma, sondern auch in anderen Teams – hier Medienpolitik gemacht worden ist.

Einen wichtigen Aspekt der Entstehung von *SimsalaGrimm* haben wir gestern in einer kleineren Runde sehr spannend diskutiert, und er ist auch heute richtig dargestellt worden. Wir wissen alle, die Märchen der Brüder Grimm sind eine Sammlung, die dramaturgisch nicht miteinander verbunden ist. D. h. die einzige Chance, die Grimm-Märchen in unserer Form ins Fernsehen zu bringen, war der Seriencharakter, d. h. aus der Sammlung eine Serie zu machen. Das geht zwingenderweise tatsächlich nur mit Seriencharakteren, die Ihnen inzwischen bekannt sind, dem Harlekin Yoyo und dem Bücherwurm Doc Croc. Damit diese Figuren nicht als reine Folien oder als Schatten das Märchen nur mit durchlaufen, müssen sie natürlich Charakter und Handlung und Motivation und eine Charakterisierung bekommen. Und das ist durchaus auch ein pädagogischer Ansatz. Der Doc Croc stottert nicht umsonst. Ich weiß nicht, ob Sie die Zahlen kennen; es stottern zwei Millionen Kinder in Deutschland, mal mehr, mal länger und mal weniger. Aber das ist eines der durchaus großen pädagogischen, medizinpädagogischen Themen. Wir haben uns im Vorfeld z. B. mit den Verbänden der Stotterer, mit Hilfsorganisationen in Europa in Verbindung gesetzt. Wir haben mit denen zusammen erarbeitet, was es bedeutet, wenn ein kleiner Held so einen Sprachfehler hat. Wie kommt das an, wie kann man das besetzen? Die haben uns sehr unterstützt dabei, wobei das nur ein kleiner Teil unserer Planungsarbeit war. Wir haben also zwei Charaktere, und gestern hat ein Kollege von Ihnen das schöne Wort gesagt, dass wir uns in dem Moment natürlich auf Messers Schneide begeben haben. Denn es ist ganz klar, in dem Moment, wo man zwei ganz neue Seriencharaktere hat, greifen die natürlich massiv in die Handlung ein und nehmen den klassischen Märchenhelden eine ganze Menge von ihrer Substanz weg. Das ist ganz klar. Wenn das in der einen oder anderen Folge, wie diskutiert wurde, nach ihrer Meinung völlig ins Ungleichgewicht geraten ist, dann sind wir da von der Messerschneide nach einer Seite runtergefallen. Wir behaupten, bei anderen ist es uns sehr gut gelungen, beim größeren Teil sind wir mehr oder weniger zufrieden. Ich will Ihnen damit nur signalisieren, wir sehen uns in einem Arbeitsprozess. Wir sind nicht diejenigen, die nun sagen, wir haben hier das Ei des Kolumbus entdeckt, und besser geht es nicht, oder anders geht es nicht, sondern wir sind da für Kritik und Verbesserung offen. Wir haben allein an der dramaturgischen Fassung, an den Drehbüchern, an der Diskussion darüber, wie ein solches Märchen umgesetzt werden kann, fast drei Jahre sehr intensiv gearbeitet, bis die erste Zeichnung gemacht worden ist. Ich will auch gar nicht auf die Punkte eingehen, etwa auf die Verkürzungen. Ein Grimm-Märchen hat vielleicht 3, 4 Buchseiten, ein Skript für eine Länge von einer halben Stunde hat 30 Seiten. Dies sind aber Dinge, die eigentlich sehr genau beschrieben worden sind, von verschiedenen Autoren.

Ich möchte hier verschiedenen Personen, mit deren Text ich mich nicht länger beschäftigen konnte, danken, insbesondere Herrn Dr. Schmitt für das Thema der Phantasiekritik, der Phantasieeinschränkung. Ich glaube, da ist sehr gut dargestellt worden, dass es durchaus nicht ein Widerspruch sein muss und dass Medien hier eigentlich die Aufgabe haben, sich zu ergänzen oder aufeinander hinzuweisen.

Zum Zweiten möchte ich Prof. Heidtmann danken für seine Ausführungen und vor allem seine statistischen Hinweise. Wir konnten nämlich vieles nur vermuten; inzwischen wissen wir, dass es tatsächlich belegbar ist. Deswegen gleich ein paar Zahlen! Falsch ist, dass dieses Thema *SimsalaGrimm* sehr Jungen-lastig ist. Das ist es nur im Inhalt, Yoyo und Doc Croc sind tatsächlich Jungencharaktere. Wir haben uns dafür entschieden, weil es einfach sehr viele Prinzessinnen und Mädchenheldinnen in den Märchen gibt, und das ist uns offensichtlich gelungen, dieses Gleichgewicht zu halten, denn *SimsalaGrimm* hat 25 % mehr Ambivalenz bei Mädchen – das ist ein Begriff aus der Medienforschung – als z. B. die *Sendung mit der Maus*. Das ist ein ganz guter Vergleich. Sodann weitere Zahlen: *SimsalaGrimm* erreicht pro Sendung ungefähr 500 bis 600.000 Kinder zwischen 3 und 13 Jahren, wobei der Anteil der 3-Jährigen abnimmt und der der 13-Jährigen zunimmt. Ich finde, diese Märchen sind für 3-Jährige zu früh, aber in die Wohnstuben können wir da nicht mehr gehen. Besonders freut uns, dass mit den Kindern nochmals ungefähr 500 bis 600.000 Jugendliche und Erwachsene sich die Sendung anschauen. Das heißt, der Anteil des gemeinschaftlichen Sehens von verschiedenen Generationen ist bei dieser Sendung extrem hoch. Wir haben, was die Qualität von CD-ROM-Produkten und Büchern betrifft, nochmals sehr viel investiert, Zeit und Geld und Arbeit. Es ist inzwischen die zweite CD-ROM draußen, die von den Pädagogen sehr gut bewertet wird. Sie ist auch inzwischen eine der erfolgreichsten europäischen Produkte. Zugleich ist es – als Information für Sie – die erfolgreichste exportierte Fernsehserie des deutschen Nachkriegsfernsehens. Wir haben vor zwei Wochen die Nummer 1 verdrängt; das war *Derrick*, ich habe in meinem Leben noch keinen *Derrick* gesehen, weil ich diesen Mann so hässlich finde, aber da soll es ja andere Meinungen geben. Auf jeden Fall ist diese populäre Serie des ZDF inzwischen von *SimsalaGrimm* verdrängt worden. Das sind Aussagen, die natürlich nichts über Qualität oder über Inhalte oder über Divergenzen zu den klassischen Märchen, wie Sie sie – oder wir alle – schätzen und lieben, aussagen. Das sind reine Marktinformationen.

Ich habe jetzt noch drei Minuten. Ich möchte gerne noch Prof. Heindrichs danken, der in seinem Text auf die Frage des Gesamtzusammenhangs, des multimedialen Charakters eines Märchens eingegangen ist. Da möchte ich Ihnen nur mitteilen, dass wir uns diesem Anspruch sehr intensiv gestellt haben. Da sind aber Dinge möglicherweise bei Ihnen untergegangen. Es gibt eine Auskoppelung oder einen Soundtrack aller Lieder von *SimsalaGrimm*, die natürlich in einer Serie nur ganz kurz angespielt werden können. Oft kommt dann nur – manchmal auch völlig unmotiviert, weil dort vielleicht der Komponist einen Fehler gemacht hat – eine ganz kurze Anspielung von Liedern. Diese Lieder sind eine sehr hochwertige Produktion. Ich möchte Ihnen nur mitteilen, dass wir zusammengearbeitet haben mit den Mitgliedern des Royal Sinfonieorchesters in London. Wir haben Komponisten, führende Komponisten aus Amerika und Deutschland dafür eingesetzt. Für die Jüngeren unter Ihnen: Der Zwergensong war für uns eine besondere Herausforderung, weil es ja diesen berühmten Zwergensong von Walt Disney in *Schneewittchen* gibt. Da dachten wir, da müssen wir etwas Besonderes leisten; der ist komponiert worden von *Pink Floyd*. Also wenn sie über Qualität unserer Songs reden, bin ich bereit, uns da zu stellen. Es ist ein Marsch, es ist ein Kindermarsch, und wenn sie den Soundtrack sich besorgen können, da werden sie finden, dass es sehr lustig und eine ganz hervorragende Komposition ist. Es gibt wunderbare Liebesballaden; wir haben auch da alles, was wir hatten, in die Schublade gesteckt und nicht in die Verpackung.

Die Aspekte, die wir vielleicht noch später diskutieren können, sind die der ökonomischen Gesetzmäßigkeit bei der Umsetzung von Qualität im Fernsehen. Das ist ein

Riesenproblem. Ich denke, unsere Firma wird in den nächsten Jahren beweisen, dass man es noch besser machen kann und dass es auch da nicht eine Entwicklung ist, die dem Mainstream folgen muss. Da sind wir sehr entschlossen, das zu tun, und wir setzen das auch gerade um. Es wird einen Kinofilm geben zu *SimsalaGrimm*, und hier werden wir, glaube ich, nicht in Kontroversen kommen. Es ist nämlich kein Märchen, sondern ein Kunstmärchen, eine Kunstgeschichte. Der Held wird ein kleines Mädchen sein, welches eine große Aufgabe lösen muss, und es wird Hilfe bekommen von verschiedenen Helden aus Grimms Märchen, also von einem Frosch oder einem Prinzen oder von Zwergen. Das ist eine Kunstform, die wir hier gewählt haben. Es wird der aufwendigste und tatsächlich teuerste europäische Zeichentrickfilm aller Zeiten werden. Wir arbeiten seit zwei Jahren an dem Drehbuch. Ich lade Sie alle ein, es zu lesen, wenn wir eine Endfassung haben, und uns Ihre Meinung dazu zu sagen. Wir werden auch versuchen, das umzusetzen.

Es wurde noch ein sehr interessanter Aufruf – so haben wir das verstanden – von Frau Zitzlsperger hier in den Raum gebracht, und das ist ein Ansatz, auf den wir in der Zukunft sehr gerne zurückgreifen wollen, nämlich die Diskussion auf die Frage zu wenden: Was ist verloren gegangen, wenn Märchen in Medien geraten? Es wurde auch von anderen Autoren schon angeregt, zu fragen: Was müssen wir aus einem Märchen, aus einem klassischen Text tatsächlich sprachwissenschaftlich bedingt, strukturell, an Motiven, Handlungen bewahren, und was gehört auch in die filmische Umsetzung eines Märchens? Wenn Sie uns zeigen und nachweisen – was sie zum Teil auch sehr gründlich gemacht haben –, dass Dinge verloren gegangen sind, dass sie mit der Qualität nicht zufrieden sind – wir werden in Zukunft auch andere Märchen produzieren im Zeichentrickbereich –, dann sind Sie dazu herzlich eingeladen. Wir freuen uns sehr, und ich kann nur jeden einladen, diese Plattform zu nutzen. Wir werden versuchen, in den nächsten Monaten einen Verteiler aufzubauen, Interessenten zu finden, um sie auch darüber zu informieren, an welchen Märchen wir arbeiten, welche Projekte wir vorhaben. Das ist auch etwas, was wir mit Herrn Kahn schon im Vorfeld besprochen haben. Ich hoffe sehr, dass das dann auch Frucht trägt. Das Gute ist – und das können Sie uns glauben –, darüber haben wir ja vor 5 Jahren, vor 6 Jahren nachgedacht, und damit möchte ich schließen. Wir hatten genau das geplant. Wenn Sie glauben, dass das ein Zufall ist, dass wir jetzt alle, ganz verschiedene Personen, ganz verschiedene Generationen, ganz verschiedene Universitäten, in diesem Maße über die Grimm-Märchen reden, dann irren Sie sich. Genau das hatten wir vor, das war unser Ansatz. Wir haben vorgehabt, die Grimm-Märchen wieder populär zu machen. Es wird jetzt in diesem Jahr zwei Bücher geben, wo Yoyo und Doc Croc nichts weiter sind als die Einweiser, die Platzanweiser, die Gestalter. Diese Kinderbücher werden die Originalmärchen der Brüder Grimm enthalten, in der klassischen Form, nicht die *SimsalaGrimm-Geschichten*, und die Auflage wird insgesamt schon in diesem Jahr bei 100.000 Exemplaren liegen. Wer sich ein bisschen mit der Edition beschäftigt hat, der weiß, was das auch in der Editionsgeschichte der klassischen Märchen von Wilhelm und Jacob Grimm bedeutet. Wir haben noch ein paar andere Projekte vor. Darüber können wir vielleicht später reden.

Ich bedanke mich nochmals sehr für die zahlreichen konstruktiven Beiträge. Ich freue mich, dass *SimsalaGrimm* inzwischen an drei Universitäten in vergleichswissenschaftlichen Projekten und in medienpädagogischen Forschungen aufgegriffen worden ist, auch kritisch behandelt wird und dass darüber auch Diplomarbeiten, Doktorarbeiten entstehen. Wir hoffen, es wird noch sehr viele solche Veranstaltungen geben wie die heutige. Ich bedanke mich.

Moderator:

Ich danke Ihnen, Herr Sikojev. Ich glaube, wir haben jetzt doch tieferen Einblick bekommen, und manche Fragen sind vielleicht schon beantwortet, aber es brennt doch viele von Ihnen noch, mich selbst auch. Aber das stelle ich jetzt einmal zurück. Denken Sie aber auch daran, dass meine Kolleginnen und Kollegen auch deshalb hier auf dem Podium sitzen, um Ihnen allen Fragen zu den Referaten zu beantworten. Wir sollten nicht alles allein auf Herrn Sikojev fokussieren, obwohl er bestimmt im Mittelpunkt stehen wird. Ich bitte um Meldungen.

Herr Schmitt:

Ich denke, dass es ein sehr widersprüchliches Thema ist. Ich glaube Ihnen wirklich, dass es für Sie schwer war, sich für die Verfilmung von Märchen im gegenwärtigen Kontext des Kinderfernsehens einzusetzen. Wir sind ja hier vornehmlich Vertreter der Europäischen Märchengesellschaft, sind alo Märchenkenner, kommen vom wortsprachlich erzählten Märchen, sind diese Vermittlungsform gewohnt. Und hier ist natürlich ein ganz anderer Kontext. Das Kinderfernsehen hat ja mal sehr langsam begonnen, wenn man sich überlegt, dass es in den 50er Jahren mal mit einer halben Stunde angefangen hat. Dann waren das vier halbe Stunden in der Woche; so ist das immer weiter gegangen. Man hat einmal in den 70er Jahren sehr intensiv über das Kinderfernsehen diskutiert, aber meines Erachtens in der eigentlichen Phase, wo die wirklich dramatischen Veränderungen kamen, wo die Erzählweisen immer schneller, immer temporeicher, immer aggressiver wurden, wo die Präsentationsformen immer einheitlicher wurden, wo vor allem der Zeichentrickfilm dann als die große Monokultur sich durchgesetzt hat, da hat man eigentlich sehr wenig über das Kinderfernsehen diskutiert. Und von daher begrüße ich das wirklich sehr, dass wir über die Märchen, überhaupt auch wieder über das Kinderfernsehen diskutieren. Es gilt auch immer wieder diesen Kontext zu beachten, und ich danke Ihnen auch, dass Sie gekommen sind und den Mut haben, hier auch über das Thema einmal zu sprechen. Das ist die eine Seite.

Die andere Seite ist jedoch die, dass Sie sehr große Verantwortung haben, weil Sie jetzt eben in diesen megamäßigen Bereich vorstoßen und weil ja nun wieder eine neue Monokultur geschaffen wird, gerade durch die Serien. Man hat ja im Fernsehen immer das Problem, dass man sich an bestimmte Formate binden muss, auf bestimmte Sehweisen Rücksicht nehmen muss. Hier ist es die Form der Halbstundensendung. Nun ist ja das die Tradition des Märchenfilms, die schon sehr lange zurückreicht. Aber es hat doch noch nie den Versuch gegeben, Märchen einmal in einer Serie durch das serielle Prinzip umzusetzen. Ich kenne also nur eine einzige Serie, wo das einmal gemacht wurde. Das war in den 70er Jahren, wo es viele japanische Zeichentrickserien gab, wie etwa *Biene Maja, Sindbad* und wie sie alle heißen. Genau diese *Sindbad*-Serie ist meines Erachtens die einzige, wo eben solche Serienfiguren da waren und wo dann in der einen oder anderen Episode auch mal Märchenstoffe umgesetzt wurden, genau so gut aber auch andere Stoffe aus dem Bereich der Kinderliteratur, so wie es eben für das serielle Erzählen typisch ist. Mein Vorwurf ist jetzt der: Warum geht man nicht her und macht eine Reihe? Denn man hat ja schon vorher solche größeren Umsetzungen gemacht, dass man über den Einzelfilm hinausgegangen ist. Warum hat man nicht Reihen gemacht, so dass dann jeder einzelne Beitrag doch für sich irgendwo autonom ist? Es hat ja auch Gegenbewegungen gegeben zum amerikanischen Zeichentrickfilm, etwa in den 80er Jahren. *Janoschs Traumstunde* ist ja auch ein sehr positives Beispiel gewesen. Da war aber das Reihenprinzip. Es gab zwar diesen Vorspann, wo dieser Bär immer wieder mal die Serie dann auch anmoderiert hat, aber jede einzelne Folge war doch an die Vorlage gebunden und hat die eigene Geschichte erzählt. Jetzt ist aber das Problem, dass Sie durch das serielle Erzählen natürlich die Bindung der Kinder erreichen und es dann kommerziell vermarkten können, die einzelnen Geschichten werden jedoch sehr sehr stark zurückgedrängt. Das ist jedoch gerade bei Märchen nicht machbar, weil jedes Märchen immer eine einzelne Geschichte ist und die Personen dann immer sehr stark zurücktreten. Wenn das Märchen verfilmt wird, müssen die Personen natürlich charakterisiert werden. Sie müssen farbig werden, sie müssen aussehen, wie uns das Walter Beck auf unserer letzten Tagung (in Bentlage, März 2000) so schön erzählt hat, aber die eigene Geschichte geht durch das Serienprinzip wirklich verloren. Da ist eine sehr große Verantwortung.

Herr Sikojev:

Die Problematik bei Reihen ist – ich kann Ihnen aber auch eine positive Antwort am Ende geben – schlicht und ergreifend die, dass alle diese Fragen der Ökonomie nicht nur Fragen der Finanzierung sind. Das ist das Modell DDR. Die hatten einen Investitionsstau am Ende. Aber es ist die Frage der Refinanzierung. Verantwortliches kaufmännisches Handeln ist, wenn man jetzt nicht das große System Deutschland AG nimmt, wo sich am Schluss nur noch alle gegenseitig festhalten, tatsächlich die Verantwortung des Unternehmers, Projekte rezufinanzieren. Da stehen wir mit unseren Ansätzen vor einem Dilemma. Ich gebe ihnen ein Beispiel. Die Refinanzierung des Projekts *SimsalaGrimm* – es sind übrigens nicht nur 20, sondern 22 Millionen – geschieht nur zu 25% durch Refinanzierung über den weltweiten Verkauf. Und da sind wir die Einzigen, die es mit Video und TV tatsächlich weltweit aus Deutschland heraus geschafft haben. Das heißt, wenn Sie ein Projekt mit der hohen Qualität wie bei *SimsalaGrimm* finanzieren und refinanzieren wollen, müssen Sie sich überlegen, wie Sie 75% der Mittel woanders her bekommen. Die einzige Möglichkeit, das zu schaffen, ist – neuenglisch, neudeutsch, was auch immer – Branding,

d. h. sie müssen eine Marke aus ihrem Projekt machen, eine Marke, die auf verschiedenen anderen und möglichst Primärmedien wiedererkannt wird. Dies trifft zugleich – das ist jetzt die positive Wendung – unsere Einschätzung des Mediums Fernsehen. Fernsehen ist tatsächlich ganz stark Mainstream, ist Unterhaltung, ist das kleinste gemeinsame Vielfache, ist eigentlich nicht wirkliche Interaktivität, ist kein Gespräch, ist fast die einfachste Form von Informationsvermittlung, und insofern ist diese Herausforderung durchaus von uns positiv gesehen. Wir wissen, wenn wir Projekte machen wollen, wie wir sie lieben oder wo wir glauben, dass sie wichtig sind. Dann müssen wir die ursprünglichen primären Medien einbinden, und wir müssen Produkte schaffen, die z. B. ganz hervorragend als Kinderbücher funktionieren und nicht als Bücher zum Film. Also unsere Bücher sind keine Bücher zum Film. Wir haben Autoren, die völlig neu geschrieben haben, ich spreche jetzt nochmals über *SimsalaGrimm*. Wir haben ein Platten-, ein Musikalbum produziert, was kein Mensch gemacht hat. Das macht Disney vielleicht bei großen Disney-Produktionen, die 100 Millionen Dollar kosten. Wir haben Spielzeug entwickelt, wir haben pädagogisch ganz ausgereifte Produkte da draußen, wir investieren unheimlich viel in die Qualität von Spielzeug, von Musik, von Büchern, von interaktiven Programmen, und wir versuchen gerade eine Rahmensammlung. Wir versuchen gerade den öffentlich-rechtlichen Sendern ein Projekt mit Erzählungen, Geschichten, also Einzelstoffen, vorzutragen, von denen wir glauben, dass sie gut sind. Dies hat jetzt nicht unbedingt etwas mit Märchen zu tun. Wir hoffen, dass wir dadurch wieder ein Stück weit in europäisches Erzählgut hineingehen können. Ich kann ihnen verraten, dass dies sehr schwer wird, nicht weil die Kollegen beim Fernsehen nicht auch Qualität wollen, sondern weil sie sie schlicht nicht finanzieren können. Wir können nur anregen und befürworten, dass jeder die Diskussion darüber in seinen Podien, in Instituten, Erzählkreisen, Familien vorantreibt.

Moderator:
Also Sie begründen diese Umsetzung in den seriellen Charakter doch weitgehend ökonomisch?

Herr Sikojev:
Ja, ganz klar!

Frau Wardetzky:
Das ist schon beachtlich. Man merkt, hier ist Krisensituation. Die Leute sind aufgeladen, man möchte jetzt heftig dagegen polemisieren, man möchte seinem Herzen Luft machen. Und da stellt sich der Verantwortliche, die Zielscheibe unserer Kritik und unserer Anfragen, hin und sagt: Wir sitzen alle eigentlich in einem Boot, wir wollen alle das Gleiche; wo wir bis jetzt hingeraten sind, das ist noch nicht das Ende, wo wir eigentlich hinkommen wollen, bitte helfen Sie uns! Grandios, wirklich großartig gemacht, Herr Sikojev! Sie haben uns ja eingeladen, dass wir uns, wenn Sie etwas Neues machen wollen, mit unserer Kritik und unseren Vorschlägen mit einbinden könnten. Angenommen, dieser Vorschlag sollte ja auch durchaus ernst gemeint

sein. Ich unterstelle Ihnen jetzt nicht unredliche Absichten, in keinster Weise. Jetzt habe ich eine Frage – in einer Reihe, man könnte sagen etwa ein Dutzend von Anfragen, Kritikpunkten, die im Laufe dieser 12 Stunden, in denen wir zusammensitzen, gekommen sind –, die substantieller Natur ist. Mein Widerstand gegen dieses Gesprächsangebot resultiert vor allem daraus, dass ich mich frage, inwieweit – und ich unterstelle Ihnen das jetzt positiv – in ihrer Brust zwei Seelen schlagen. Das eine ist die kommerzielle Seele: Im nächsten Durchgang, in einem Folgegang – sie sind ein offensichtlich prosperierendes Unternehmen, wenn ich das alles so sehe – muss sich dieser Erfolg wieder einstellen. Dieser Erfolg hat seinen Preis, und man muss sich fragen, inwieweit ist dieser Preis zu zahlen, und wäre ich bereit, mich an diesem Preis zu beteiligen, wenn ich weiß, da ist eine andere Seele in meiner Brust, auch wenn Sie nicht sagen, aus welchem geisteswissenschaftlichen Hintergrund Sie kommen. Die Frage nach der Botschaft des Märchens und was vom Märchen in *SimsalaGrimm* alles verloren gegangen ist, wie weit verträgt sich das mit Ihnen selbst und mit dem Medium, und inwieweit ist eine Einflussnahme von Leuten, die das wirklich ernst meinen mit den Märchen – und ich denke, wir nehmen es einfach ernst mit den Märchen –, tatsächlich möglich? Oder sprechen nicht dieses Erfolgsrezept und der Erfolgszwang einer solchen Medienproduktion dagegen, und Sie müssen einfach eine relativ triviale Unterhaltung machen, damit sich dieser Erfolg wiederum einstellt? Und lässt sich denn unser Engagement mit den Märchen in diesen kommerziellen Zwang mit einbinden?

Herr Sikojev:

Ich habe vorhin einige der Autoren und der wissenschaftlichen Beiträge genau deshalb zitiert, weil das für mich auch neue Ansätze waren und weil ich Ihre Frage mit Ja beantworten kann. Ich glaube, dass das möglich ist, und zwar aus zweierlei Gründen. Wir hatten zwei riesige Defizite bei der Produktion von *SimsalaGrimm*. Die eine war die, dass wir nicht genügend Autorität und – sagen wir einmal – auch Kraft hatten, um unsere Interessen unbedingt durchzusetzen, und zum Zweiten hatten wir einen sehr restriktiven Zeitfaktor. Aus diesen Erfahrungen haben wir gelernt, und ich denke, dass man sich durch solche Gesprächsangebote und solche Diskussionen und solche Aspekte, die ja zum Teil schon formuliert worden sind, wirklich hinsetzt. Was ist beim Märchen Ihrer Meinung nach auch unbedingt in einer seriellen Form zu bewahren? Das meiste, was hier genannt worden ist, kann man schaffen. Es wird aber nicht so sein, dass wir hier einmal eine ideale Harmonie herstellen. Es müsste eher ein gegenseitiges Verständnis für die unterschiedlichen Anforderungen unterschiedlicher Medien geschaffen werden. Ich habe gestern Prof. Rölleke das Betriebsgeheimnis unserer Firma verraten. Ich verrate Ihnen das jetzt nicht; ich habe ihm gesagt, dass tatsächlich ja niemand von Ihnen, Ihren Familien und Kindern oder den Kindern, denen Sie Geschichten erzählen, und Ihren Studenten erwarten, dass er *SimsalaGrimm* anguckt. Ich habe aber die Hoffnung, dass Familien, Kinder, Eltern, Geschwister, Großeltern aufgrund einer solchen Popularisierung dann z. B. zu einem Buch greifen und das Märchen *Die sechs Diener*, das unheimlich viele nicht kennen, wie wir gestern festgestellt haben, wieder gelesen und als tolle Geschichte entdeckt wird. Insofern ist die Arbeit an einem Buch ein völlig anderer Aspekt, auch ein wirtschaftlicher Aspekt, kreativerer Aspekt als die Arbeit an einem Musikstück. Ich bin der Überzeugung, dass man wirklich schwere Mängel, schwere Fehler vermeiden kann. Wir werden selbstverständlich nicht mit unserer Arbeit an serieller Umsetzung und Fernsehumsetzung von Märchenstoffen usw. aufhören, und es ist auch nicht unbedingt Sinn und Zweck, bei Ihnen Sympathie zu wecken, die sie gar nicht wollen und die Sie nicht haben oder wo Sie meinen, da sind Probleme. Aber wenn Ihr Gesprächsangebot an uns, wie ich das ja verstanden habe, aufgrund dieser Textsammlung, aufgrund der Gespräche mit Herrn Kahn die ist, möglichst viele Verluste zu vermeiden und möglichst in eine Dialogsituation auch verschiedener Medien – und dazu zähle ich auch die Form des Märchenerzählens, auch des Märchenerzählers, die es ja heute auch Gott sei Dank noch gibt – einzutreten, dann, denke ich, haben wir ein Ziel erreicht, mit dem ich zumindest leben kann. Aber wir werden dazu niemanden zwingen können, und das wollen wir auch überhaupt nicht.

Moderator:

Ja, ich muss sagen, Herr Sikojev nimmt tatsächlich mit diesen kleinen 'Schuldbekenntniszuckerln' vielen den Wind aus den Segeln. Das macht er wirklich gut, und jetzt weiß ich nicht, ob Frau Heindrichs da noch weiter 'segeln' will.

Frau Heindrichs:

Ich wollte gar nicht nur auf das eingehen, aber das wäre genau mein Plädoyer. Kristin Wardetzky hat das viel besser gemacht, als ich das gekonnt hätte. Ich fand Ihr Plädoyer so, dass Sie uns in die Defensive geschickt haben. So habe ich das empfunden, aber ich habe mir noch ein paar Fragen notiert.

Ich empfinde diese Verfilmungen genauso hektisch, hack hack hack, wie Werbespots, die unter Zeitdruck – ich weiß nicht, 3 Minuten oder 3 Sekunden, wie lang so etwas sein darf – produziert sind, und von daher die Gemütslage eines Wesens, gar nicht nur eines Kindes, das dem Märchen zuhören möchte, völlig misshandelt. Das geht nach meiner Meinung völlig daran vorbei.

Dann habe ich aus der Bücherkiste, aus dem Schund – und das ist eine Gewissensfrage an Sie – dieses Buch, das weit vor ihrem *SimsalaGrimm* erschienen ist, das den Titel *Grimmsalabim* hat. Da wollte ich Sie einfach nur fragen: Haben Sie mit diesem Umstellungstitel auf der Ebene dieses Buches ihren Titel gefunden, oder haben Sie das ehrlicherweise überhaupt nicht gekannt.

Mitarbeiterin von Herrn Sikojev:

Wir haben das ehrlicherweise gar nicht gekannt. Das ist in einem Artikel – ich weiß nicht, von wem das war – fälschlicherweise als Buch zu unserer TV-Serie erwähnt worden, von einer Elfie Riegler. Wir kannten weder sie noch das Buch. Ich habe daraufhin recherchiert, wollte mir das Buch bestellen, es war aber nicht vorrätig in der Buchhandlung. Insofern würde ich es gerne mal in die Hand nehmen. Das war also auch ein Fehler in dem von Ihnen veröffentlichten Artikel, das hat mit uns überhaupt nichts zu tun.

Frau Heindrichs:

Das hat mich doch sehr stutzig gemacht, weil ich doch den Eindruck auch hatte, dass manches – darf ich das sagen – eben einfach geklaut ist von den Märchen, weil das Wesentliche nicht ankommt.

Dann hatte ich die Aufgabe – ich weiß nicht, wie weit das Herr Rölleke gestern bei ihnen schon losgeworden ist –, das Plenum über Folgendes zu orientieren. Herr Rölleke, der heute nicht mehr hier ist, hat sich sehr früh, bei Befragung durch Sie, geäußert, und zwar in einem Punkt zur Planung offensichtlich nicht negativ, sondern positiv. Warum? Weil Sie ursprünglich, wie er mir gesagt hat, nicht diese beiden Comicgestalten einführen wollten, sondern als Hebammenhelfer – oder wie ich das nennen soll – die Brüder Grimm sprechen lassen wollten, was dazu geführt hätte, wie Rölleke wohl vermutet und darum an dieser Stelle ein positives Votum abgegeben habe, dass etwas über die Märchen selber oder über die Sammeltätigkeit der Brüder Grimm hätte hineinfließen können.

Und jetzt vielleicht doch etwas ganz Grundsätzliches: Da sitzt die Annemarie Verweyen; die hat viele Seminare in der Europäischen Märchengesellschaft mit Ottilie Dinges zusammen gemacht, illustrationsbetonte. Frau Dinges hat mir immer wieder gesagt, das Märchen bedarf der Verbildlichung, der Illustrierung überhaupt nicht. Das Kind kann es vielleicht brauchen, aber das Märchen selber entwickelt in uns, wenn es auf eine nicht verbildete Phantasie trifft, so viele Bilder, die so kostbar sind, dass sie möglicherweise durch den Illustrator ganz und gar abgelenkt werden. Und ich erlaube mir zu sagen, dass diese durch die für mich außerordentlich hässlich aussehenden vollbusigen Gestalten in dieser Sendung also gar nicht ankommen. Dazu kommt, dass diese Kinder im *Brüderchen und Schwesterchen*-Film Mühle ziehen und wunderschön noch angezogen sind, überhaupt nicht abgetakelt sind. Wie kann man denn das erklären? Also wenn schon Bilder, wollte ich damit nur sagen, dann vielleicht doch mehr einem gewissen Realitätsanspruch gemäß! Und als Letztes die Erinnerung an den uralten Johann Gottfried Herder! Wir sind eben doch noch die Uralten, die vielleicht abgeschossen werden müssen, die es mit der Kultur ernst nehmen. Herder hat gesagt: „Ein Kind, dem ein Märchen nie erzählt worden ist" – die kannten kein Fernsehen, stimmt –, „wird ein Feld in seinem Gemüt behalten, das in späteren Jahren nie mehr bebaut werden kann".

Herr Haas:

Es ist ja das Angebot von Ihnen (Herrn Sikojev) gekommen, zu fragen, was meinen wir, was in einem Märchen bewahrt werden müsse, damit es überhaupt noch als Märchen verstanden werden kann? Da denke ich, da gibt es schon einige Dinge. Zum Ersten denke ich, dass wir uns nicht sperren können, auch nicht mit Herder, liebe Frau Heindrichs, dass das Märchen nur erzählt werden könne. Sondern wir leben jetzt in dieser Zeit und dieser ganzen kulturellen Entwicklung, und ich glaube auch nicht, dass wir verhindern können, völlig verhindern können – wie war die Rede –, dass es triviale Unterhaltung in einer gewissen Weise geben kann und soll. Aber wenn es darum geht, dass Märchen noch Märchen bleiben, und zwar jetzt auch zeitgenössische Märchen, dann, denke ich, hätte ich drei Aspekte, die mir ganz elementar wären.

Der erste Aspekt ist, dass diese radikale Abtrennung von 'Simsalaland', also Märchenland, und die Wirklichkeit des Hörers, Lesers, Betrachters, dass diese völlig radikale Abtrennung – und daran hängen natürlich die ganzen Klischees mit Burgen und Schlössern und dieses Rosarot der Landschaft –, dass diese Abtrennung falsch und nicht notwendig ist. Grimm und die Märchen sind Wirklichkeit – erweiterte Wirklichkeit, nicht eine beliebige andere Wirklichkeit. Ich glaube nicht, dass das der filmischen Umsetzung unmöglich wäre. Ich glaube auch nicht, dass es in der filmischen Umsetzung statt Typen Stereotypen sein müssen. Natürlich sind es Typen, was wir an Figuren haben, der Müllerbursche, der andere, der auszog, das Fürchten zu lernen. Ich glaube nicht, dass es Stereotypen sein müssen. Alle männlichen Märchenfiguren – von den weiblichen müsste man anders reden, aber ich habe darauf geachtet –, alle männlichen 'Helden' sind völlig austauschbar. Sie haben alle das übermächtige, brutale Kinn, das dazu hinaufreicht bis in die Backenknochen. Alle diese Figuren sind genau gleich gezeichnet, völlig verwechselbar. Und nochmals, dieser Typ, das muss nicht sein, und das ist machbar, das ist besser machbar.

Das Dritte schließlich, was ich auch nicht verstehe, warum das nicht machbar sein soll, dass eine solche Figur jeweils ein individuelles Schicksal haben kann. Wir haben darüber gesprochen. Horst (Heidtmann) hat gesagt, es geht um Situationen und nicht mehr um Handlungen, und es zerfällt alles in Situationen, aber wenn Sie schon Fragen haben, wenn Sie schon wollen, wenn Sie schon das Pädagogische betonen und sagen, es ist wichtig, und wir wollen hören und wissen, was da wichtig ist, warum klammern Sie dann diese Möglichkeit aus? Ich habe nämlich den Eindruck, es ist völlig ausgeklammert.

Zwischenfrage:

Sprechen Sie von den Helden des eigentlichen Märchens?

Herr Haas:

Ich spreche von den Märchenfiguren, von den Helden, von den Mittelpunktsfiguren. Es hat keine einzige ein individuelles Schicksal und vor allem keine Entwicklung. Also das wären drei Punkte, nehmen Sie es einfach mal mit.

Herr Fischer:

Ich habe nur eine Frage, die sich aber genau an Herrn Haas anschließt. Worin sehen Sie (Herr Sikojev) die hohe Qualität von *SimsalaGrimm?* Das möchte ich gerne mal definiert haben, sonst reden wir immer hin und her. Wir hören jetzt schon Vorschläge, wo Defizite sind. Was Herr Haas sagt, weist ja auf ein Defizit hin, seiner Meinung nach. Was ist also Ihrer Meinung nach die hohe Qualität dieser *SimsalaGrimm*-Geschichten? Ich denke, bis jetzt war mir immer so bewusst, dass das Grimm'sche Buchmärchen, so wie wir es in der Ausgabe letzter Hand etwa kennen, für uns ja literarische Qualität ist. Die Sammler sind ja gar nicht mehr durch die Gegend gewandert und haben da die Erzähler aufgesucht, die Grimms sowieso nicht, das ist ja historisch falsch. Irgendwie einen Bezugspunkt für Qualität muss man ja haben. Also ich würde ihn zunächst mal da sehen; das heißt nicht, dass das der alleinige Standpunkt dann sein muss.

Herr Steffens:

Der Dialog zwischen den Produzenten und dieser Gruppe hier ist äußerst wichtig, aber ich meine, an irgendeiner Stelle werden wir auch in einen größeren Diskussions- und Handlungskreis eintreten müssen, und dem gelten folgende kurze Hinweise.

Wir haben gehört – und das sollten wir uns wirklich alle in unsere pädagogischen Bücher schreiben –, Kinderkultur konstituiert sich heute aus Banalität, Niveaulosigkeit, Oberflächlichkeit, aus einem Konglomerat von medialen Versatzstücken. Herr Heidtmann hat das formuliert, ein Folgesatz, der mich sehr getroffen hat. Kunst mit Verunsicherheitskomponenten spielt so gut wie keine Rolle mehr. Wir stehen unter globaler Perspektive hier offensichtlich vor einer weltweiten Nivellierung. Herr Kahn hat vorhin zwischengerufen: Was können wir konkret tun? Und das ist die ganz entscheidende Frage: Wie kommen wir überhaupt weiter? Und auch da hat Herr Heidtmann uns einen Schlüssel in die Hand gegeben. Wir brauchen neue Formen einer ästhetischen Sensibilisierung, die wir anstreben müssen, als allgemeine gesellschaftliche Aufgabe, und diese ästhetische Sensibilisierung dürfte sich dann gleichzeitig auch als eine neue Qualität in den Medien spiegeln. Das ist eine wunderbare Zielvorstellung, und hier darf ich als eingefleischter Schulmann den Blick auf Schule und Pädagogik richten. Was haben wir selbst dazu beigetragen in den letzten zwei Jahrzehnten, dass wir auf dieses 'Kinderkulturniveau', wie es charakterisiert worden ist, gesunken sind. Da muss ich sagen, hier hat Schule vorrangig sich an die eigene Brust zu schlagen. Ich kann ihnen mein Leiden an der Entwicklung der Literaturdidaktik und Kinderliteraturwissenschaft in manchen Bereichen gar nicht schildern. Ich will nur zwei Stichworte nennen. Sichtbar war für mich seit zwei Jahrzehnten eine Endobjektivierung jedweden ästhetischen Gebildes. Es wurde den Kindern unter dem Aspekt der Lustgewinnung, als Objekt des beliebigen Umgangs dargeboten. Das trifft nicht die Breite der Schule. Ich kenne hervorragende Elemente eines sensiblen Literaturunterrichts. Ich selbst habe in den 80er Jahren große Hoffnungen gehabt. Es gibt eine Serie von hochsensiblen ästhetischen Kinderfilmen, die aber so gut wie nicht mehr präsentiert werden. Offensichtlich finden sie kein Publikum mehr. Was ich im Einzelnen, genau wie Frau Richter, jede Woche zwei Tage voll in der Schule mit Studenten hier an ästhetischer Sensibilisierung über diese Kinderfilme erreicht habe, wäre im Einzelnen auszuführen. Das kann ich hier nicht. Parallel dazu aber ebenso an anspruchsvoller Kinderliteratur. Ich habe Lehrerinnen überreden müssen, es einmal mit einem solchen Buch wie Gudrun Mebs' *Sonntagskind* zu wagen. Aber wenn man dieses Wagnis eingeht, nicht unter dem Aspekt eines autoritären Literaturanspruches, sondern durchaus vom Kind her gedacht, dann kann man mit Händen greifen, welche Formen einer ästhetischen Sensibilisierung anhand eines ernsten Eingehens auf ein ästhetisches Kunstgebilde sich vollziehen, vergleichbar eben der Zuwendung zum Märchen, wie sie hier laufend angesprochen wurde. Es soll ein Aufruf sein, darüber nachzudenken: Was können Schule und Unterricht und – über Schule und Unterricht hinaus – vielleicht auch einige Elternhäuser wieder erreichen. Ich denke an das Erzählbeispiel, das Sie uns von Max (im Referat von Frau Wardetzky) gebracht haben. Faszinierend! Ich kann es hundertfach bestätigen, im ernsten, sprachlichen Umgang mit Märchen vollziehen sich solche Sprachdifferenzierungen im Kindermund. Aber wir sollten nicht vergessen, dass das nicht allein aus der Struktur des Märchens heraus kommt, sondern dass dahinter eine sprachliche Sozialisierung steht, die man nur als beglückend empfinden kann. Die einzelnen Faktoren, ob Eltern oder weiteres Umfeld, kann ich hier nicht auflisten. Den Mut zu solchen literarästhetischen Ansprüchen auch gegenüber dem Märchen, aber auch der gesamten Breite der Kinderliteratur müssten wir wieder in der Schule und in der Literaturdidaktik finden.

Moderator:

Danke, Herr Steffens! Ich glaube, man kann dies jetzt ganz gut bündeln, mit Ausnahme vielleicht des Aspekts der Gegensteuerung und des Anliegens der Pädagogen. Da sind wir nun alle betroffen, aber vielleicht in diesem Fall weniger Herr Sikojev. Vielleicht nehmen Sie (alle) jetzt Stellung zu dem, was vorher gesagt wurde.

Frau Zitzlsperger:

Nach dem, was Sie (Herr Sikojev) vorher über die Finanzierung gesprochen haben, hatte ich den Eindruck, dass gerade der finanzielle Rahmen und insgesamt die Rahmenbedingungen auf die Qualität einen großen Druck ausüben. Und über die Qualität müsste man nachdenken, darüber ist einiges gesagt worden. Darum passt es, was ich jetzt hier sage. Wären Sie letztlich bereit zu einer Rundumerneuerung dieser Filme? Also was ich z. B. beklagen würde, ist die Sprache in den Filmen. Die Figuren sprechen absolut tonlos. Das sind so lahme Burschen, diese Prinzen, wie die daherreden, da ist gar keine Intonation da, es gibt keine sprechenden Pausen, es gibt keine Lebendigkeit. Das Einzige, was geboten wird, das ist so ein lahmes Hintereinander, fast ohne Pause, oder das Näseln dieser Trickfiguren. Und dann auch die Dialoge! Dazu gehört, dass sie aus diesen Filmen weitgehend den Rhythmus herausgenommen haben, z. B. diese ganzen magischen Verse. Ich kenne fünf Filme; in keinem wurden diese Sprüche, diese Verse, Zitate wörtlich übernommen. Diese sind aber ein Stückchen Substanz dieser Märchen.

Also vom Sprachlichen her, vom Rhythmus her, vom Aussehen der Figuren her – Herr Haas, hat das schon angesprochen –, Sie haben Stereotypen statt Typen, die sind so hässlich. Es gibt ja – Sie haben den Artikel dazu gelesen – die Flächenhaftigkeit und die Abstraktion, indem ein Wesentliches nach außen gelegt wird, d. h. das Handeln und das Aussehen spricht auch für die innere Qualität, und danach sind diese Figuren einfach hässlich und schwach. Sie haben einen enorm dicken Hals, sie haben einen viel zu großen Kopf. Karikatur kann auch anders arbeiten. Es liegt wirklich an der Qualität. Man muss ja das Karikaturhafte gar nicht verändern. Das Kinn hängt fast bis zum Knie, es sieht alles so komisch aus. Die Frauenfiguren hier drin, das sind solche Dummchen. Es schmerzt mich, wenn ich die Rollen der Frauen sehe, die wirklich nur Dummerchen sind, nicht weil ich Frauenbeauftragte an der Hochschule bin. Die Krönung ist die Frau, diese Konstanze, im *König Drosselbart*. Die ist einfach, na ja, ersparen wir uns das! Es wäre Rhythmus, es wäre Sprache, es wäre dieses Klischeehafte, das verändert werden müsste. Und dann, wenn Sie schon den Seriencharakter herstellen müssen und wenn sie schon meinen, dass Sie diese Trickfiguren als verbindendes Element reinbringen müssten, kann man sie nicht aus den Filmen selber rausnehmen, kann man sie nicht wenigstens nur als Rahmen setzen mit einer Einführung, mit dem Vorgespräch oder Denkanstößen und Nachgesprächen, statt sie da durchtummeln zu lassen? Denn genau durch diese Figuren ist das Märchen bei Ihnen eben kein Märchen mehr. Die machen keine Entwicklung durch, weil ja andere es für sie tun, und Sie wollen doch Märchenfilme, das haben Sie ja deutlich gesagt. Und wenn Sie diese Dinge alle ändern, dann kämen Sie auch den Märchen wieder mehr entgegen.

Herr Sikojev:
Ich hoffe, dass ich jetzt keine Frage überhört habe. Die erste wurde gestellt zum Thema des Tempos. Da kann ich Ihnen sagen, dass wir tatsächlich mit dieser seriellen Form Märchen – Herr Schmitt hat darauf schon hingewiesen – wieder Neuland betreten haben. Ich kann jetzt diese Kritik und diese Eindrücke auch nur mitnehmen und in unserem Team dann neu diskutieren. Ich verrate Ihnen kein Geheimnis, wenn ich Ihnen sage, natürlich ist uns das aufgefallen, und wir sind mit mancher Episode überhaupt nicht zufrieden. Schlicht und ergreifend deshalb, weil das gesamte Team ganz unvollstellbar groß ist; bei diesen Produktionen sind auf verschiedenen Ebenen unterschiedliche Gruppen in unterschiedlichen Ländern beteiligt – insgesamt zwei- bis zweieinhalbtausend Personen. Das heißt, wenn bei der 26. Episode nicht gerade ein Erdbeben in Taipeh gewesen wäre, dann würde ich mal sagen, dann hätten sie diesen Erfahrungsprozess für Tempo, für Rhythmus usw. auch noch besser integrieren können. Wir mussten z. B. zwischendurch das Studio wechseln aufgrund dieses schrecklichen Erdbebens in Asien, wo eben unsere Zeichner leben und arbeiten, also nicht die, die die Figuren entwerfen, sondern die, die sie dann seriell umsetzen. Das Tempoproblem – aber das kann ich nur bestätigen –, das ist ein Lern- und Erfahrungsprozess, den auch wir durchmachen, einfach weil es auch unter den Hauptredakteuren, unter den ganz hervorragenden Regisseuren, die daran gearbeitet haben, keinen Erfahrungshintergrund gab. Die konnten nicht irgendwohin gehen und sagen: Wie hat denn der das gemacht? Das gabs noch nicht. Das Tempo, die Tempokritik ist berechtigt, sicherlich nicht bei allen (Folgen), bei manchen.

Dann ist interessant – ich weiß jetzt leider nicht mehr, in welchem der Texte das hochkam – die Frage nach der bildhaften Umsetzung von Märchen. Ich kann nur sagen, das halte ich für ein interessantes Forschungsthema. Ich bin natürlich nicht der Meinung, dass Märchen nur über Erzählen oder über mündliche Weitergabe tradiert werden können. Das ist ein Thema, in dem sich die Hochkulturen der letzten tausend Jahre gestritten haben. Ganz Byzanz hat sich im Ikonoklasmus zerfleischt. Von Paulus bis Luther wurde die Frage gestellt: Wie können Bilder mit dem Wort integriert werden? Ich glaube, für die Tradition, in der ich stehe, ist das eindeutig beantwortet worden. Bild gehört natürlich, selbstverständlich mit dazu, und das hat auch Prof. Heindrichs sehr gut dargestellt in seinem Aufsatz.

Die dritte Frage war die nach den Elementen von Märchenbewahrung. Darauf möchte ich noch ganz kurz eingehen. Da kann ich Ihnen (allen) nur sagen, wir nehmen das jetzt mit, und wir werden da aber auch auf Sie zurückkommen. Wir werden mit Herrn Kahn vielleicht doch ein Modell erarbeiten und auch mit Hilfe unseres Teams. Wir haben inzwischen jetzt auch wissenschaftliche Mitarbeiter, die sich genau mit solchen Fragen beschäftigen werden. Es wurde die Frage – also erst mal vielen Dank für diese Auflistung – nach der Qualität gestellt. Da muss ich Ihnen einfach sagen, da wissen Sie schlicht und ergreifend einfach nicht, wie diese Arbeitsprozesse funktionieren. Man kann es einfach an Folgendem erläutern. Qualität findet natürlich auf verschiedenen Ebenen statt. Qualität ist auch ein ästhetisches Empfinden, über das man streiten kann, wo man aber auch sagen kann: Die ist einfach objektiv hässlich, diese Person, und verunstaltet. Man kann aber auch sagen: Mir gefällt das. Und dann kann man sich darüber noch auseinandersetzen. Es gibt also eine sehr subjektive Wahrnehmung von Qualität. Es gibt aber auch gerade im Zeichentrick ganz objektive Kriterien. Ich gebe Ihnen jetzt einmal ein Beispiel; das ist das Beispiel Animation, welches auch den größten Budgetanteil hat, und ich danke nochmals Herrn Prof. Heidtmann für die Hinweise. Wir sind uns durchaus der Qualität, die wir geschafft haben, bewusst, und ich muss Ihnen auch widersprechen. Ich gebe ihnen ein Beispiel. Ein Zeichentrickfilm besteht aus einzelnen Bildern, auch heute noch, wir haben handgemalt, wir haben nicht am Computer animiert. Maximal für das Auge wahrnehmbar sind 12 Bilder pro Sekunde, das kennen Sie aus der Kinomatographie, die verdoppeln das in der Regel, also das heißt, sie kommen dann auf 24. Da kann man darüber streiten; da gibt es verschiedene Schulen, aber nehmen Sie mal den Standard. Die Topqualität bei Disney sind 12 Bilder pro Sekunde. Die machen dann noch Folgendes, die verdoppeln dann oft noch die Bilder. Das heißt, da wird ein Bild zwei- oder dreimal gezeigt in bestimmten Sequenzen. Gerade bei der digitalen Bildbearbeitung wird dann das nochmal durch Minimalveränderung erhöht. Aber gehen Sie mal davon aus, dass es beim gezeichneten Film bei 12 Bildern pro Sekunde pro Minute 720 mit der Hand gezeichnete Bilder sind. Das sind ungefähr 18.000 Bilder, die man für eine halbstündige Serie zeichnen muss. Am Markt befinden sich Produkte ab 5.000 Bilder pro Serie. Die kann man sich wahrscheinlich nicht mehr angucken. Das sind die, von denen Sie vielleicht gesprochen haben. Wir bewegen uns am Disney-Fernsehniveau. Sie müssen also wissen, dass Disney ja nicht nur Kinofilme produziert – die meisten von Ihnen wissen das –, sie produzieren auch

Fernsehserien. Auch die sind international von höchstem Qualitätsniveau, rein auf der technischen Ebene. Am unteren Rand dieser Disney-Produktion bewegen wir uns. Das heißt, wir setzen in bestimmten Sequenzen möglichst viele Bilder ein, gerade die, wo Bewegung drin ist oder wo man auch dramaturgisches Tempo erhöht. Bei anderen sind es nur acht. Das fällt Ihnen aber weiter nicht auf. Und das größte Problem bei allem ist, dass es den Kindern völlig egal ist. Also die Kinder interessieren sich eigentlich nur für eine gute Geschichte, und deswegen funktioniert auch die *Sendung mit der Maus*, wo sie einfach nur wenige Bewegungen haben, weil es einfach nur hervorragend erzählte und pädagogisch gut durchdachte Vorträge sind. Das nur einmal als Beispiel! Dann auch die Hintergründe. Die Hintergründe sind von einem der führenden europäischen Hintergrundzeichner des Fernsehens gemacht worden. Wir haben auch mit Gerd Hahn – da können Sie sagen, ist uns nicht gut genug; gut, werde ich ihm weitersagen – mit den führenden und besten Zeichentrickproduzenten und Regisseur in Deutschland, der u. a. *Benjamin Blümchen* produziert hat, der *Asterix* produziert hat, der aber auch international einen hervorragenden Ruf hat. Es gibt niemand Besseren.

Die Frage nach der Erhöhung der ästhetisch-künstlerischen Qualität kann man natürlich in diesem Rahmen jetzt nicht diskutieren. Ich denke aber, dass man durchaus die Fernsehsender, insbesondere die öffentlich-rechtlichen, immer wieder zwingen und auffordern muss, in eine bestimmte Richtung zu denken und zu arbeiten. Die Chancen, da etwas zu erreichen, sind relativ gering. Die größten Chancen sehe ich darin, dass sich inzwischen Unternehmen wie wir, aber auch andere Firmen im Medienbereich, von diesen schrecklichen Finanzierungs- und Abhängigkeitsstrukturen befreit haben. Das heißt, es gibt inzwischen z. B. deutsche Medien- und Zeichentrickindustrieunternehmen, die in der Welt führend sind, die sehr gut kapitalisiert und daher auch in der Lage sind – dazu zähle ich uns inzwischen auch –, durchaus wieder, aus unserer Richtung heraus, Standards zu setzen. Früher war das so, man musste mit dem Redakteur und mit dem Medienbeauftragten usw. reden, und vielleicht hatte man die Chance über politische Gremien, und dann waren sie irgendwann plötzlich in der Rente. Also die Probleme sind bekannt. Ich denke, der Zugang könnte heute tatsächlich über solche Interaktionen, wie sie hier jetzt angeregt worden sind, zu schaffen sein. Was man dann umsetzen kann, das kann ich Ihnen natürlich hier jetzt nicht ankündigen.

„Sprachaufnahmen", das ist ein liebenswerter Hinweis! Ja, wir machen das. Z. B. haben wir ja eine englische und deutsche Sprachaufnahme gemacht. Wir haben jetzt begonnen, die englische Sprachaufnahme für die Serie nochmal völlig neu zu produzieren. Wir kennen die Probleme. Im Deutschen kann ich das mal als Anregung nehmen. Ich werde Ihnen nicht verraten, was das kostet, aber das ist ungefähr eine halbe Million Mark. Werden wir mal sehen! Gleichzeitig möchte ich das jetzt nicht völlig vom Tisch wischen, weil wir durchaus auch selbstkritisch an die Sachen rangehen.

Die Zeichnung zu verändern, das geht natürlich nicht mehr. Es gibt keine Möglichkeiten mehr, die jetzigen Serien zu verändern. Es würde aber Möglichkeiten geben.

SimsalaGrimm ist nun fertig produziert, aber man kann durchaus bei anderen Märchenverfilmungen diese Dimension und diese Kategorisierung wieder aufnehmen. Ich hätte gerne, dass wir uns vielleicht noch dieses Jahr, Herr Kahn, wenn Sie interessiert sind, vielleicht in einem Teil einer Veranstaltung – nicht gerade als Hauptveranstaltung, ich glaube, das wäre zu vermessen – einmal auf solche Aspekte konzentrieren, um da auch operatives Material und Argumentation an die Hand zu bekommen. Denn Argumentation brauchen wir wiederum gegenüber den Fernsehsendern und gegenüber dem Markt auch aus Ihrer Richtung. Wir haben ja nicht umsonst jetzt eine ganze Reihe von wissenschaftlicher Forschung angeregt, insbesondere um auch fundiert auftreten zu können und zu argumentieren. Ich glaube, das waren so die wesentlichen Aspekte.

Frau Richter:

Ich möchte ganz kurz etwas sagen, was vielleicht etwas ins Grundsätzliche zielt. Ich finde das Ganze sehr interessant. Wir diskutieren hier aber zum Teil Punktuelles. Bei dem, was Herr Haas gesagt hat – und Sie (Herr Sikojev) haben das als Anregung auch aufgefasst – stellt sich die Frage für mich: Hätten nicht diese Gedanken darüber einfach ins Vorfeld einer solchen Produktion gehört? Ich weiß durch meine Kontakte zum Kinderkanal, dass die mir dann auch sagen, manches geht einfach nicht, was ich so an Vorstellungen habe. Ich muss das auch akzeptieren, weil jedes Medium seine Gesetze hat. Da setzen meine Fragen jetzt an. Sie sagten, objektive Kriterien für Zeichentrick gibt es ja auch. Aber bei den Vorüberlegungen für so eine Verfilmung müsste doch die Frage gestellt werden: Was ist im Zeichentrick möglich und was ist im Zeichentrick nicht möglich? Wieviel des Gestus von Märchen kann ich überhaupt in Zeichentrick übersetzen? Was muss dabei auf der Strecke bleiben? Mich würde jetzt einfach interessieren, auch aus der Produktion und der Geschichte, auch des Werdens dieser Folge heraus: Hat das im Vorfeld der Diskussion eine Rolle gespielt? Genauso mit den Zeichentrickfiguren! Durch den seriellen Charakter haben Sie die Figuren geschaffen. Wenn man sich das anguckt und wenn man auch Kinder kennt, war mir klar, dass sie sich für die Serie entscheiden, aus bestimmten Wirkungszusammenhängen heraus. Den Gedanken finde ich auch wichtig. Wenn ich diese Figuren (Yoyo und Doc Croc) entwickle, frage ich mich: Was bedeutet das eigentlich, wenn die immer bei *Hänsel und Gretel* hinterm Busch stehen bleiben, also nicht eingreifen, und die Helden agieren können? Dann wird's auch langweilig. Das geht auch nicht. Da würde mich interessieren: Welche Rolle hat das gespielt, was ist übertragbar? Ich kann mir z. B. auch bei dieser Art – der Zeichentrick hat doch so einen komischen Gestus – nicht vorstellen, wie das, was Sie angemerkt haben, wie diese Sprache, „Was macht mein Kind, was macht mein Reh?" usw., wie das da reinkommen kann, ohne dass da derartige Gegensätze entstehen, die es dann auch wieder lächerlich machen. Das waren meine Fragen beim Sehen. Und mich interessiert, inwieweit das im Vorfeld eine Rolle gespielt hat, weil ich denke, es gehört einfach ins Vorfeld einer solchen Produktion.

Herr Betz:

„Ich glaub, ich bin im Trend." Es gibt so einen Slogan einer Fernsehanstalt. Mir scheint *SimsalaGrimm* ist sehr im Trend. Das heißt, also es ist ja eine kommerzielle Angelegenheit, man muss verdienen etc. Das Fernsehen ist also keine moralische Anstalt, sondern es lebt vom Kommerz. Nun sollte man bedenken, es gibt den Trend, den herrschenden Trend, aber hie und da muss man auch mal einen neuen Trend entwickeln, einen Gegentrend. Ich finde, dass der heute sehr sehr nötig ist. Ich möchte es grade so andeuten. Wir haben die Filme gestern Abend gesehen, und uns haben ja sicher am meisten geärgert diese monströsen Übertreibungen, schon von der Gestalt und von der Handlung, und dann vor allem – das ist ja auch schon ein paar mal gesagt worden – die Rasanz, dieses Tempo, dass man eigentlich nie zur Ruhe kommt. Ich würde sagen, dass das so ein Gegentrend wäre. Und ich würde meinen, dass das auch ein Bedürfnis der Kinder ist, die uns gewissermaßen auch sagen: Lasst uns Zeit! Lasst uns Zeit, dass unsere Phantasie, dass da die Flügel wachsen können. Wenn man keine Zeit gelassen bekommt, dann kann sich die Phantasie eigentlich nicht entfalten. Dasselbe gilt auch für den Raum. Gebt uns einen Raum, einen Spielraum, einen Phantasieraum, wo etwas sich entfalten kann! Oder meinetwegen, dass die Filme auch ein Stück Realitätsferne ausstrahlen, weil der Konflikt verharmlost wird. Es ist ja mehrfach gesagt worden, die Gestalten haben eigentlich keine Entwicklung, denn der Doc Croc und der Yoyo, die sind eigentlich die vorantreibenden Gestalten. Im Grunde sind die eigentlichen Märchengestalten, die zentralen, ja eigentlich nur Marionetten, die gelenkt werden von Doc Croc und von Yoyo. Das sind meines Erachtens so gravierende Dinge, dass ich einfach meine – ich weiß nicht, ob diese Serie noch verändert werden kann, die muss man wahrscheinlich nehmen, wie sie ist. Ich habe aber Angst vor den Nachfolgetätern. Das ist nicht absehbar, was das für weitere Wirkung hat. Für solche Nachfolgetäter und Nachfolgeserien, da sollte man eben doch auch Wünsche äußern können. Ich empfinde z. B. diese Kunstfiguren Doc Croc und Yoyo eigentlich als die Erbsünde dieser Serie. Das ist nicht gutzumachen, das ist miserabel im Ansatz. Wie gesagt, die Geschichte geht weiter. Wir sollten auch nicht, wie Adenauer das gemacht hat, sagen: Die Lage war noch nie so ernst, wir stehen kurz vor dem Untergang des Abendlandes. Auch diese Serie geht mal vorüber, so wie der Janosch mit seinen *Grimm's Märchen* in der Versenkung wieder verschwand, so wird auch das wieder verschwinden. Aber es kommt wieder etwas Neues. Das Neue, wenn das eine bessere Qualität hätte, wäre ich schon sehr froh.

Herr Runge:

Ich habe leider viel geschrieben, und Sie können da einiges nachlesen. Ich werde noch mehr schreiben. Einmal war es für mich wichtig, die Personen, auch die ich angreife, kennenzulernen. Deshalb bin ich auch zu Herrn Dr. Lauer gefahren, um ihn kennenzulernen, der diese Lügen auf den Markt gebracht hat. Ich denke, wenn sich ein Autor durch ein Märchen angeregt fühlt, einen schönen Film oder was auch immer zu machen, finde ich das wunderbar. Also wenn Sie den Kindern sagen, dieses

Grimm-Märchen hat mich so gepackt, dass ich eine Oper geschrieben habe, dass ich einen Film gemacht habe, dass ich ein Gedicht gemacht habe, dann hören die Kinder sehr aufmerksam hin. Die Lüge, die Herr Dr. Lauer in die Welt gesetzt hat, ist die, dass Ihre Filme eine Evolution des Grimm'schen Märchens wären, wobei er vergessen hat, nach welchem Vorbild eigentlich die Brüder Grimm diese Kunstform geschaffen haben. Da denke ich, es ist ganz wichtig, dass wir uns überlegen, worin sich das Märchen von Literatur unterscheidet. Ich würde so sagen: Das Märchen kann uns eine Botschaft vermitteln […].

(Lücke durch Kassettenwechsel)

Ich will Philipp Otto Runge nun doch erst mal ganz wörtlich zitieren, dass nämlich die mündliche Erzählung der Märchen umso bedeutender für ihn war, „weil wir als Kinder von dem wunderbaren Grauen des Lebens ergriffen waren, so dass die Märchen uns fast wie das Natürlichste, die gewöhnliche Reflexion aber als etwas Unwahres und Nichtiges erschien".

Jetzt will ich Ihnen ganz kurz ein modernes Märchen erzählen; das sind fünf Sätze vielleicht: Ein Vater geht mit seinem neunjährigen Sohn in ein Schauspiel, um ihm zu zeigen, was hohe Kunst ist. Zunächst sind sie sehr fasziniert von dem, was da passiert, und plötzlich kommt ein Mann auf die Bühne und schreit: „Es brennt, es brennt, es brennt!" Was machen die Zuschauer? Sie applaudieren, eine großartige Leistung! Aber der Mann hört nicht auf mit seinem Statement. Er springt fast an die Decke. Ich brauche das nicht weiter zu erwähnen. Und noch größerer Applaus! „Wunderbar, er macht das so lebensecht!" So ungefähr würde man heute sagen, wie man sich das überhaupt nicht vorstellen kann. Da sagt der Sohn zu seinem Vater: „Papa, das ist die Wahrheit. Komm, mach, wir gehen schnell weg, bevor die anderen das merken!"

Die Kinder, die zu mir in meine Praxis kommen, die sind total verunsichert – ich bin Kinder- und Jugendpsychiater –: Was ist die Wahrheit, was ist heute noch wirklich echt, was stimmt? Sie sind total verunsichert. Und ich kann Ihnen nur sagen, durch eine Märchentherapie können die Kinder am ehesten – die Erwachsenen sind da wesentlich begriffsstutziger – an die Wahrheit, die in einem Märchen enthalten ist, herangeführt werden. Und ich denke, es sollte auch für einen Filmemacher – und es hat sich ja gezeigt – durchaus möglich sein, etwas von der Wahrheit aufleuchten zu lassen. Und mich hat immer wieder interessiert: Von welcher Stimmung sind die, was lebt da für ein Ton? Was lebt da? Und insofern war es auch sehr interessant, zu erleben, welcher Ton, bei dem, was einer rüberbringen will, herrscht. Und ich denke, da könnte man rein vom Akustischen in ihren Aufnahmen einiges verändern. Aber wer eigentlich hier her gehört – das muss ich doch einmal erwähnen –, das ist doch eigentlich Herr Dr. Lauer, der gesagt hat, dass es die beste Verfilmung sei, wörtlich zitiert in der Zeitschrift. Also eine Auseinandersetzung damit wäre natürlich wichtig. Wie können Märchen so Kindern und natürlich noch mehr Erwachsenen rübergebracht werden, dass sie erkennen, da blitzt plötzlich eine Wahrheit auf, die wir nirgendwo, bei keinem Philosophen, nirgendwo finden.

Herr Gärtner:
Erstens, ich hatte eigentlich erwartet, lieber Podiumsteilnehmer (Herr Heindrichs), dass Sie als Komponist ein positives Beispiel entgegensetzen, dem, was wir ja eh gestern Abend zur Genüge gehört haben, also ein positives Beispiel gegen diese Hintergrundmusik. Denn das Referat von Herrn Heidtmann im Ohr und auch jetzt einige Statements zeigen mir doch, dass wir drauf und dran sein müssen, positive Dinge entgegenzusetzen, dem, was angeblich – und das ist meine zweite Bemerkung – von Ihnen (Herrn Sikojev) nicht finanzierbar ist. Sie haben einen Satz gesagt, der mich schwer getroffen hat, Sie haben gesagt: Qualität ist nicht finanzierbar. Das ist eigentlich der Angelpunkt.

(**Herr Sikojev** wendet ein, dass er das so nicht gesagt habe.)
Ich könnte Beispiele nennen, wo wirklich Qualität natürlich auch nicht leicht finanzierbar ist. Aber Qualität ist finanzierbar. Nehmen Sie mal die vielen Kinder- und Jugendbuchverlage, vor allem die Bilderbuchverlage, die so großartige Qualität geliefert haben.

Das Dritte ist: Sie haben behauptet, oder Sie haben eigentlich einen Wunsch, eine Wunschvorstellung, dass durch ihre Sendungen die Kinder zu einem Buch greifen. Sie haben gesagt, das könnte ja hin und wieder passieren, jetzt sinngemäß, dass die Kinder nach einer Sendung dann wirklich sich Grimm sozusagen 'reinziehen' im Original. Wie wollen Sie das behaupten, und wie wollen Sie das fertigbringen. Sie müssten eigentlich nachher eine Moderatorin sagen lassen: So, und da kriegt ihr jetzt eine Liste von guten Büchern. Denn die Eltern und die Kinder vor allem sind überhaupt nicht in der Lage, sich das Richtige rauszusuchen.

Herr Sikojev:
Die erste Frage war, in welchem Maße im Vorfeld die Diskussion Märchenumsetzung, Animation stattgefunden hat. Ich kann Ihnen sagen, dass die Ausrichtung dieser Diskussion natürlich in diesem Maße neu ist. Wir hatten aber in diesen drei Jahren, in denen wir an den Stoffen gearbeitet haben, hier sehr sehr intensive Auseinandersetzungen über die Möglichkeiten der Umsetzung von Einzelgeschichten der Charaktere, der Dramaturgie. Die Schwerpunkte, die Aufgaben, lagen aber ganz klar, auch aufgrund der Größe des Teams, noch woanders. Ich habe gestern Herrn Prof. Rölleke auch die Wege und die Zusammenarbeit mit Herrn Dr. Lauer geschildert. Ich kann das gerne auch in einem anderen Zusammenhang noch ausführlicher machen. Es ist sehr sehr viel gemacht worden. Ich kann ihnen aber verraten, dass grundsätzlich auch eine Entwicklung passieren kann und dass, wenn wir jetzt eine solche systematische Diskussion im Vorfeld von neuen Stoffen auf den Weg bringen könnten, das dann natürlich ein neuer Schritt wäre.

Zum Zweiten, das Wort Trend – Sie hatten das Wort 'Trend' gebraucht –! Machen Sie sich bitte eins klar: *SimsalaGrimm* hat eine Trendwende im deutschen Kinderfernsehen geschafft. Ich sage nun nicht, dass wir eine Qualität erreicht haben, mit der Sie oder wir oder alle anderen glücklich sind. Wir haben mit dieser Serie, zusammen mit allen anderen Kollegen, eine Abwendung von ganz bestimmten Gewalttrends und amerikanischen Trends, erstmal hinbekommen. Das war gegen den Markt, das war gegen den Trend. Und dass wir jetzt hier zusammen – das kann ich nur noch einmal wiederholen – und auf vielen anderen Podien Märchenerzähler die Märchen der Gebrüder Grimm vorlesen, vor oder nachdem *SimsalaGrimm* als Serie gelaufen ist, das kann ich sagen, das ist neu. Und wenn Sie diesen Trend aufgreifen und im Rahmen Ihrer Arbeit auch auf völlig andere Weise, auch kontrovers, durchziehen, dann kann ich nur sagen, dann war's das. Dann ist das genau der Trend, den wir einleiten wollten und auf den wir auch stolz sind.

Ich habe vorher die Frage nach dem Tempo nicht substantiell beantwortet. Wir haben tatsächlich das Problem, dass bei der ganzen Gruppe der Kinder ab 5 – wir haben leider auch festgestellt, sehr viele Eltern haben auch kleinere Kinder vor diese Sendung gesetzt – tatsächlich eine andere Wahrnehmung von Tempo, von Zeit, Phantasieeinbindung passieren kann. Wir haben dort bestimmten Gesetzmäßigkeiten des Fernsehens von Kindern und Jugendlichen Rechnung getragen. Wir haben aber, wenn Sie sich einzelne Folgen angucken, durchaus auch dagegengesteuert. Wir haben versucht, diese Hektik, die erwartet wird, auch die schnellen Schritte von MTV, da nicht immer einzusetzen. Wir haben oft verlangsamt, wir haben Balladen eingesetzt, also wir haben das Problem auch sehr bewusst angegangen. Vielleicht haben wir es nicht in dem von Ihnen erwarteten Maße geschafft.

Wie wir das mit den Büchern machen? Ja, ganz einfach! Vor allem müssen Sie wissen, Produkte werden auch von Eltern und Großeltern gekauft. Es gibt sehr oft eine Konfliktsituation. Das kennen sie vielleicht. Wenn jemand von der älteren Generation ein Geschenk zu Weihnachten mitbringt, also die Großmutter z. B., wird oft Enttäuschung ausgelöst, weil man sich vielleicht so lange nicht mehr gesehen und das kleine Kind eigentlich völlig andere Sachen erwartet hat, und man frustriert sich gegenseitig. Wenn jetzt aber der Opa Dinge mitbringt, die der Enkel sich schon immer gewünscht hat, nämlich z. B. *Power Ranchers* oder *Pokémon*, dann kriegt die Mutter einen Schreikrampf, weil sie gerade erfolgreich ein halbes Jahr lang diese Produkte aus dem Haushalt herausgehalten hat. Also, wir kriegen die Bücher dahingehend, dass wir konfliktentschärfend zu arbeiten versuchen. Das bedeutet, die Großmutter oder der Elternteil weiß, dass Yoyo und Doc Croc extrem beliebt sind bei den Kindern. Die finden das toll. Und insofern, wenn sie also ein Buch kaufen gehen, auf dem Yoyo und Doc Croc, „Spiele, Märchen, Lieder" auf dem Buch vorne draufsteht, und es sind neu komponierte Lieder für Instrumente zum Mitsingen, und da sind die klassischen Märchentexte drin, dann haben wir die Hoffnung, dass die dieses Buch kaufen. Und zu Hause wird dann das klassische Märchen gelesen und dann eine Ballade gesungen aus *König Drosselbart*, und zwar eine neu komponierte. Das sind die Dinge, wo wir hoffen, dass es funktioniert. Wir haben gestern ein interessantes Projekt mit Herrn Rölleke diskutiert, wir machen ein Begleitbuch zum *Simsala-Grimm*-Film, zum Kinofilm, die klassische Märchenausgabe, sagen wir mal die 50er Märchenausgabe, und lassen auch neu zeichnen. Also ich will Ihnen nur sagen, da sind wir selber dabei, neue Wege zu beschreiten. Aber ich bin erstmal guter Hoffnung. Das waren die bisher gestellten Fragen.

Frau Wienker-Piepho:
Ich möchte mich bei Herrn Kahn sehr herzlich bedanken, dass er uns allen die Möglichkeit gegeben hat, hier so viel zu lernen. Denn ich war ein anderer Mensch, als ich gestern anreiste, als der ich jetzt wieder wegfahre. Ich habe unendlich viel gelernt. Ich habe mir im Vorfeld so ein bisschen gedacht – Herr Betz, mein Gott –, kann man die ganze Sache nicht eine Etage tiefer hängen. Ich habe an den Papst gedacht, der ja auch nicht reagiert hat, als die Bibel als Comic erschien. Nichts, keine Reaktion! Dann habe ich aber über diesen Vergleich weiter nachgedacht und gedacht, der Vergleich hinkt. Da fiel mir Pius ein und das Dritte Reich. Das ist vielleicht ein Hinweis auf das, was ich eigentlich sagen möchte. Ich möchte sagen, dass ich gelernt habe, mir Gedanken darüber zu machen, ob hier wirklich etwas Irreparables angerichtet wird. Und ich denke, wir haben uns trotz der drei Analysen, die wir gestern gehört haben – wo im Einzelnen dazu zu sagen wäre, dass ich viele von diesen Statistiken einfach nicht glaube; aber das ist ein anderes Thema – einfach zu überlegen – und das können wir ganz schlecht beurteilen –, was denn wirklich mit diesen Kindern passiert. Wir haben keine Daten. Wir haben die bisherigen Daten. Was aber mit diesen Kindern, wenn sie in 20, 30 Jahren unsere Gesellschaft leiten und führen, heute wirklich angerichtet worden ist, das wissen wir nicht. Dafür bin ich sensibilisiert worden, und dafür bin ich dankbar. Ich habe früher nie darüber nachgedacht, über diese Dimension dieser Frage. Im Übrigen finde ich den Vergleich mit dem Papst angemessen.

Frau Verweyen:
Ich möchte auch danken, und zwar Frau Dr. Heindrichs für die Erinnerung an Frau Prof. Dinges. Ich stand mit ihr jahrelang in Kontroverse über das Bild im Märchen. Sie haben das eben gerade noch auch sehr intensiv aufgegriffen. Ich arbeite zwei Jahrzehnte am Bild im Märchen und muss sagen, dass bei allen Voraussagen das Bild siegreich hervorgegangen ist, schon durch die Entwicklung in den Medien. In diesem Haus wird die nächste Veranstaltung auf die Illustration zurückgreifen, und es wird eine intensive Dokumentation der zeitgenössischen Bilderbuchillustration und Märchenbuchillustration, ganz stark gezielt auf das Märchen, auf die Entwicklung der Märchenillustration der letzten 45 Jahren, gezeigt werden. Die heutige und gestrige Unterhaltung haben mich wiederum sehr beeindruckt und auch leicht geändert in meinem Konzept, das schon feststand für diese Ausstellung. Dass ich auch auf die Dinge, die hier erwähnt wurden, zurückkommen werde und darauf anspielen werde, ich denke, dass ich das dem Publikum sagen wollte. Ich danke auch für die Initiativen, auch die mir selbst jetzt erwachsen aus diesen Unterhaltungen. Ich habe ebenfalls sehr viel gelernt.

Herr Pleticha:
Ganz kurz zu diesen vielen Fakten, die Sie (Herr Sikojev) genannt hatten:
a) Wieviele Filme sind bereits produziert?
c) Wieviele sind in Arbeit?
e) Wieviele sind in Planung?
Und die letzte Frage: Meinen Sie mit den Büchern, auf die Sie hingewiesen haben, die gegenwärtig erschienenen Sachen beim Schneider Verlag?

Herr Sikojev:
Es sind 26 Filme produziert.

Herr Pleticha:
Auf die bezieht sich die Gesamtsumme, die Sie nannten?

Herr Sikojev:
Das ist das Produktionsbudget, das ist nicht einmal das Vermarktungsbudget, das ist die reine Herstellung einer solchen Serie. Die Bücher, die ich angesprochen habe, die Schneiderbücher, sind typische Bücher zum Film. Aber im Gegensatz zu den üblichen Schneiderbüchern haben wir nicht deren Autoren, wir haben eigene Autoren gefunden, die das geschrieben haben. Und ich denke, im Kontext von Büchern zum Film haben wir eine sehr hohe Qualität, insbesondere auch der Texte, nicht aller Bilder.

Herr Pleticha:
Also bei den Schneiderbüchern können Sie das nicht sagen, dass es eine hohe Qualität der Texte wäre.

Herr Sikojev:
Die Texte sind gut. Da können wir uns mal darüber unterhalten.

Herr Pleticha:
Da wollen wir gar nicht einmal auf Neujahr eingehen. Das könnte ich Ihnen in einigen Beispielen genau nachweisen.

Herr Sikojev:
Dann machen Sie das doch, also nicht jetzt. Sagen Sie es uns doch. Das ist wichtig.

Herrr Pleticha:
Gut, das machen wir nachher.

Herr Sikojev:
Wovon ich vorhin gesprochen habe, die klassischen Märchentexte, die werden im Herbst erscheinen. [...] Es sind jetzt keine weiteren Filme in Produktion. [...]. Es sind auch keine in Planung. Woran wir gerade arbeiten, ist der Kinofilm. Zur Zeit gehen unsere gesamten Kapazitäten, Ressourcen und auch Personalarbeit in den Kinofilm hinein. Es wird ein Zeichentrickfilm, ein Kinozeichentrickfilm, aber keine

Märchenverfilmung in der hier diskutierten Weise. Wir werden aber – und es gibt den Willen, wenn Sie so wollen – die Tradition von Märchenverfilmung fortsetzen. Deswegen war mein Gesprächsangebot jetzt hier durchaus ganz ernsthaft und substantiell gemeint. Deswegen würde ich die Diskussion eben so früh wie möglich beginnen. Ich denke schon, dass es da ein Podium geben kann, dem diese Diskussion zukommt. Ich kann aber jetzt bereits ankündigen, also aus der Dogmatik, z. B. von Frau Zitzlsperger, – da bin ich mir sicher – fallen von 7 oder 8 Faktoren 3 oder 4 regelmäßig raus. Das wird das Medium selber aus bestimmten Gründen nicht zulassen. Aber wenn wieder alle rausfallen, wie Sie behaupten, dann hätten wir heute umsonst geredet.

Herr Pleticha:
Ich habe mich jetzt gefragt: Wozu diskutieren wir überhaupt? Wozu Ihr Angebot?

Herr Sikojev:
Es wird eine neue Serie mit Verfilmung von Märchen geben, definitiv.

Herr Pleticha:
Grimms Märchen oder ...?

Herr Sikojev:
Das ist noch nicht entschieden.

Herr Pleticha:
Es gibt ja noch andere Möglichkeiten.

Herr Sikojev:
Das ist richtig.

Frau Wardetzky:
Was Sie beschrieben haben als Trendwende oder so was, was sie mit *SimsalaGrimm* geschaffen haben, bezieht sich in Ihrer Argumentation insbesondere auf den Aspekt von Gewalt. Lassen Sie mich mal weiterreden. Ich denke mal, in allem anderen sind Sie im Wesentlichen dem gängigen Trend so gefolgt. So viel Neues habe ich da gar nicht gesehen und entdecken können. Und vielleicht liegt das an mir, weil ich es nicht sehen konnte. Wozu ich Sie ermuntern würde, wenn ich sage, wir müssen nochmal über etwas ganz Grundsätzliches reden: Im Moment beobachtet man im Theater eine Gegenbewegung zu dem, was im Fernsehen passiert. Das Theater orientiert sich, insbesondere dann, wenn es sich an die Kinder wendet, zunehmend an erzählenden Formen. Der erzählende Schauspieler ist ganz im Aufwärtstrend, also nicht mehr die opulente Weihnachtsgeschichte, die präsentiert wird, sondern der allein oder mit einem Partner auf der Bühne stehende Schauspieler, mit ganz wenig Dekoration, mit wenig Aufwand, fasziniert Kinder über eineinhalb Stunden, wo man sagt, die könnten nur noch 10 Minuten zuhören. Unsinn! Man muss sich davon überzeugen: Ein einzelner Schauspieler sitzt da, macht nichts weiter als eineinhalb Stunden

erzählen, nichts weiter. Was ich sagen wollte: Die erzählende Form gegenüber den unendlich vielen zerschnittenen Actions, was wir dauernd sehen, die eine Ruhe, eine Gelassenheit, ein Vertrauen in den Gang der Handlung mitformuliert usw., die uns das Vertrauen auch gibt in zeitliche Rythmisierungen, die auch dem Atmen usw. entgegenkommen, ist etwas, was ihre Wirkung auch heute nicht nur nicht verliert, sondern ganz im Gegenteil! Ich habe ich eher den Eindruck, es ist fast eine Sehnsucht danach, einmal wieder etwas in aller Ruhe entfaltet zu sehen. Deshalb meine große Hoffnung, Bitte: Aus dem, was hier entsteht, sollte sich eine wirkliche Trendwende entwickeln, dass Sie den Mut haben, die Kühnheit haben, die wirkliche Kühnheit haben, Trendsetter zu werden, also mit der Kühnheit der Entwürfe, wenn Sie neue Formen entwickeln wollen, wie man Märchen im Fernsehen erzählt. Dann bedeutet das wirklich einen Abschied, einen wirklichen Bruch vom Herkömmlichen, was Sie hier machen. Nicht in dem Sinne, dass wir jetzt die benützte Oma da oben sehen, die Strümpfe oder irgendwas produziert und dann Märchen erzählt. Das meine ich überhaupt nicht, sondern ästhetische Entwürfe mal zu formulieren, die es bis jetzt überhaupt noch nicht gab. Warum nicht diese Kühnheit dazu – und da haben Sie sofort unser aller Unterstützung, so etwas mit zu phantasieren? Aber da gehört Kühnheit dazu, da gehört auch kaufmännische Kühnheit dazu. Ich weiß nicht, inwieweit Sie dazu bereit sind, dieses Risiko auch einzugehen, wirklich Trendsetter zu werden und vollkommen das neu zu denken, wenn Märchen und Familien zusammenkommen, und nicht das Herkömmliche zu perpetuieren.

Frau Knoch:

Darf ich schnell noch etwas zu Ihnen persönlich sagen: Ich bin eine Märchenerzählerin, die textgetreu erzählt, und ich bin Großmutter. Ich bin nicht so eine Großmutter, die dahin geht und irgendwelchen Mist kauft, sondern ich würde also Rölleke (Märchenausgaben) empfehlen, wenn Sie jetzt etwas verschenken wollen.

Herr Neumann:

Ich habe mich absichtlich nicht früher gemeldet, weil ich gedacht habe, vielleicht sagen es andere, und Frau Wardetzky hat es jetzt eben fast gesagt. Ich war neugierig darauf, wie Sie wohl argumentieren würden. Ich stimme auch wieder Frau Wardetzky zu in der Einschätzung der Argumentation. Also ich unterstelle Ihnen nicht, dass Sie nicht das Beste gewollt haben, aber Sie sind offenbar schlecht beraten worden. Ich finde, Sie haben sich nicht, wenn ich jetzt an die gestrigen Filme denke, Sie haben sich letztendlich eigentlich nicht am Märchen orientiert. Seien wir ganz ehrlich: Sie haben sich am Comic orientiert. Sie haben für mein Empfinden auch nicht Grimm verfilmt. Sie haben sich bestenfalls von den Grimms anregen lassen, Comics – ich zitiere doch noch einmal Herrn Betz –, Comics im Trend zu produzieren – ich gestehe Ihnen zu – mit Ausklammerung der Gewalt. Aber zur Berurteilung steht ja nicht Ihre gute Absicht und, wenn man das Resultat ansieht, auch nicht die Schwierigkeiten, mit denen Sie zu kämpfen hatten, sondern es steht das Ergebnis zur Diskussion. Für mein Empfinden haben sie keine Verfilmung Grimm'scher Märchen, sondern im besten Falle filmische Antimärchen geschaffen. Man hat das Empfinden, also wenn Sie gesagt hätten, Sie hätten die Absicht gehabt, Grimm'sche Märchen zu travestieren, dann hätte ich es Ihnen nach dem Ergebnis eher geglaubt. Die Inhalte sind so verändert, so willkürlich wird aus dem Inhalt herausgegriffen, dass die Filme im Grunde, also dass die Grimm'schen Märchen im Grunde verballhornt erscheinen. Und indem Sie es nicht versucht haben, in der Umsetzung sich von der Ebene der Comics abzuheben, haben Sie im Grunde auch die Grimm'schen Märchen, die Wiedergabe der Grimm'schen Märchen in der Form parodiert, nicht nur travestiert, sondern auch parodiert. Ich habe mich über die heutige Diskussion gefreut, und ich habe mich auch auf Ihr Eingehen auf diese Diskussion gefreut. Und ich finde, Sie sollten die Chance – Sie haben eine Diskussion angeboten – und Sie sollten die Chance der hiesigen Diskussionsbereitschaft aufgreifen. Und ich würde es sehr schön finden, wenn wir uns vielleicht in zwei Jahren in irgendeinem Kreise wiedersehen. Und wir sehen Ihre neuen Produkte, und man sagt: Das ist ein ganz gewaltiger Fortschritt. Damit kann man auch hier zufrieden sein.

Frau Zimmer:

Ich mache es ganz kurz. Ich war damals im Medienverbund *Buch – Partner des Kindes* zuständig für den Bereich Kindergärten. Ich bedaure sehr, dass die Stiftung Lesen, damals noch Deutsche Lesegesellschaft, anscheinend nicht präsent ist. Ich habe erst gestern Abend dieses Begleitheft *Märchen im Medienverbund – Ideen für den Kindergarten* in die Hand bekommen. Ich bin ein bisschen entsetzt über das Konglomerat und über die Widersprüche, die hier präsentiert werden, mit Schiller-Zitaten und allem Möglichen und dann wieder mit Platitüden, wie es besser nicht geht. Das tut mir eigentlich richtig weh, nachdem dieser andere Medienverbund doch – wer sich erinnern kann – recht positiv gelaufen ist, mit Büchern, Fernsehsendungen, Veranstaltungen für Eltern und Lehrer. Und ich denke, eine gute Wirkung hatte auch das Buch, das ausgezeichnet gemacht war. Ich wünschte mir das Gespräch auch mit der Stiftung Lesen in dieser Sache, denn ich war wie vor den Kopf gestoßen, als ich das hier sah.

Das Zweite: Jemand hat gesagt, Kinder wollen es lustig und spannend. Mehr wollen die Kinder nicht. Das ist heute gefallen. Ich weiß nicht mehr, wer das gesagt hat. Ja und? Wer ist denn schuld, dass Kinder nicht mehr wollen als 'lustig und spannend'. Ich weiß, dass es nicht stimmt; Gott sei Dank stimmt es nicht. Aber wenn das verbreitet wird – man macht das so – und als Argument benutzt wird, dass es Kinder eben lustig und spannend wollen, und wir es ebenso machen, wie es Kinder wollen – das ist es, was ich ein bisschen ankreide. Ich habe auch andere Erfahrungen. Ich bin auch Großmutter. Ich denke, wenn auch in diesem Medienverbund immer wieder darauf hingewiesen wird: Erst vorlesen und erzählen!, das ist ein netter Appell, aber wie sieht die Realität aus? Da stimme ich vollkommen zu, die Realität ist doch so, dass nicht einmal mehr die Kindergärtnerinnen gut erzählen und vorlesen. Ich bin in dieser Branche tätig. Es ist nur ein Teil, der das kann. Die Lesefähigkeit und Vorlesefähigkeit von Eltern ist doch auf eine kleine Gruppe reduziert – sind wir doch mal realistisch! Also wenn wir wirklich ernsthaft meinen, dass vor dem Anschauen von Filmen, Fernsehen – ich gehe gar nicht auf diese Serie ein, das finde ich gar nicht so wichtig –, wenn wir wirklich wollen, dass vorgelesen und erzählt wird, dann müsste man sich darum kümmern, wie im 'Volk' das Vorlesen und Erzählen wieder mehr Freude macht, dem Vorleser und dem Zuhörer. Und darüber wäre ein Medienprojekt, sage ich, mal wieder angebracht, so wie es damals gelungen ist mit *Buch – Partner des Kindes*. Und ich mache mir schon ein bisschen Sorgen um die Kindergartenkinder, denn statistisch ist ja klar geworden, dass die Sprech- und Sprachfähigkeit im Argen liegt. Das Stottern hat zugenommen und und und ..., mehr will ich jetzt nicht sagen. Danke!

Frau Zitzlsperger:
Ein Bereich ist nicht weiter diskutiert worden, der ein absolutes Desiderat bleibt, und zwar die pädagogische Seite. Herr Steffens hat es angeregt – ich glaube, Sie waren es –, und es ist natürlich auch mir ein sehr großes Anliegen, und die Zeit wird dazu nicht reichen. Aber es bleibt ein Desiderat, und wir müssen darüber reden, denn wir stehen in einer pädagogischen Verantwortung. Was können wir denn tun, dass die Zielgruppe dieser Filme und Geschichten usw., auch Märchen so kennen lernt, dass sie damit auch schöpferisch umgehen kann. Das sind die Lehrer, die Eltern, die Erzieher. Ich denke, man muss sich mal Gedanken darüber machen: Was kann man an Pädagogischen Hochschulen in der Ausbildung von Lehrern und Lehrerinnen und von Erzieherinnen tatsächlich leisten? In der Lehrerfortbildung die Programme, die Möglichkeiten einmal konkret durchzugestalten, das wäre etwas, auch in multiplizierender Wirkung. Was können dann nämlich diese Leute wieder in der Elternarbeit bei Elternabenden erreichen? Das wäre ein ganz interessanter Vervielfältiger. Das einmal im Detail zu besprechen wäre wichtig. Ich möchte, da ich ja diese Efteling-Wettbewerbe – das ist der Märchenpark in Holland – betreue, nur noch kurz erwähnen: Bei zwei Wettbewerben in Nordrhein-Westfalen haben sich 1500 Schulen beteiligt, Sonderschulen, Grundschulen, Hauptschulen, Gesamtschulen, Gymnasien, von Klasse 3–10. Es ist hoch interessant, zu sehen, was hier an Produkten, an Kreativität, an Einlassung auf die Binnenstrukturen des Märchens tatsächlich herauskommt, vor allem auch im Sonderschulbereich, wo die Lehrer behutsam betreut, herausgefordert, aber nicht manipuliert haben. Das kann man den Tagebüchern entnehmen, die dabei Pflicht sind und mit abgegeben werden müssen. Der Sonderschulbereich ist der Bereich, der mich nun ganz besonders interessiert. Wenn man hochmittelt, dass Förderschulklassen usw. etwa 6 bis 8 Kinder haben, gerade auch bei den Mehrfachbehinderten, und Gymnasien bis zu 30, können sie 1500 mal 20 nehmen, d.h. in zwei Jahren haben 30.000 Schüler sich detailliert mit Märchen befasst. Das wäre etwas, womit man viele viele Kinder erreichen könnte. Dies setzt voraus, dass die Lehrer, mit denen wir zusammenarbeiten, sich auf dieses Thema einlassen. Ich denke, in dem Bereich ließe sich vieles machen.

Herr Sikojev (Schlussantwort):

Die Trendwende – das war die Frage, die wiederholte Frage – liegt tatsächlich nicht nur in der Gewalt, sondern wichtig gewesen ist, dass es eine Rückbesinnung oder eine Wiederverstärkung oder eine Zuwendung zu europäischen, deutschen oder originären Themen oder Projekten gegeben hat. Das war ein sehr sehr wichtiger Aspekt, und inzwischen ist da auch eine ganze Reihe von wunderschönen Dingen wieder in Arbeit und wird jetzt kommen. Und ich denke, das war eher der wesentliche Punkt. Dass wir eine Gewaltdiskussion nochmal angeregt haben, halte ich eigentlich für fast selbstverständlich.

Meinen Dank jetzt an all diejenigen, die sich mit uns ins Gespräch gesetzt haben, würde ich sehr gerne dahingehend konkretisieren, dass Sie vielleicht einen Weg finden – ich werde Ihnen also auch meine Visitenkarte nochmal dalassen – sich mit uns direkt in Verbindung zu setzen. Ich würde aber auch darum bitten, dass wir uns noch einmal darüber zusammensetzen und überlegen, wie so etwas dann in eine echte substantielle Arbeit übergeführt werden kann, insbesondere was auch diese Veröffentlichung oder Sammlung betrifft.

Wir wären Ihnen sehr dankbar, wenn Sie Ihre Arbeiten, Ihre Briefe oder Überlegungen – es ist ja schon jetzt sehr viel passiert – auch an uns herantragen. Die Einladung zu einer Teilnahme zu dem Thema 'Wort und Bild' finde ich ganz hervorragend. Das wird sicher sehr spannend.

Die Bewertung, die Sie gegeben haben, kann ich so nicht unwidersprochen im Raum stehen lassen, weil sie auch mehr oder weniger polemisch war, was nicht das Schlechteste an einer solchen Meinung ist. Wir glauben, dass wir hier tatsächlich auch an den Grimm-Märchen gearbeitet haben, dass wir sie nicht verhunzt haben. Dass wir möglicherweise am Ende oft ganz andere Geschichten hatten – das Thema hatten wir nämlich gestern –, dass wir vielleicht Zeichentrickabenteuer haben, in dem Moment aber plötzlich das Märchen noch mal in einem ganz anderen Spiegel oder gegenüber steht. Wir glauben, dass diese Diskussion und Auseinandersetzung absolut sinnvoll und notwendig ist. Und wir werden sie verstärken. Wir haben bereits jetzt, mit Hilfe auch unserer Pressepartner, Initiativen laufen, wo Märchenerzähler aus Anlass des Besuchs von Yoyo und Doc Croc in Buchhandlungen Grimms Märchen vorlesen, eigene Märchen vorlesen, überhaupt Geschichten erzählen, und die Kinder finden das ganz toll. Es findet, außer dass Yoyo und Doc einladen, nichts anderes statt. Also wenn Sie uns nicht glauben, dass wir genau das vorhatten, ich kann es Ihnen tagtäglich beweisen. Das finden wir, das kann man verstärken.

Was da als Vorleseinitiative, vielleicht auch von Frau Zitzlsperger, aufgegriffen wurde, da gibt es eine Menge Möglichkeiten. Und es ist auch von uns ein Interesse, da dann mitzuarbeiten; es muss aber auch von Ihrem Kreis ausgehen. Das kann nicht eine Aufgabe der *Greenlight* sein, die natürlich unter ganz bestimmten, auch medienspezifischen Ansätzen arbeiten muss.

Und als letzter Punkt: Es ist tatsächlich so. Das ist mein neuer Blick auf pädagogische Aspekte. Uns ist ganz klar – und deshalb sind wir auch hier; das haben wir gestern sehr heiß diskutiert mit verschiedenen Teilnehmern aus diesem Kreis –, dass in dem Moment, wo unsere Firma, unser Team, mit diesem Produkt an dem Punkt steht, den wir jetzt erreicht haben, natürlich die Verantwortung, die wir jetzt haben, immens gewachsen ist. Das sehen wir auch. Wir sind auch ein bisschen erschrocken, natürlich, weil wir uns eigentlich gar nicht jedweden Themas so massiv annehmen wollten; aber jetzt ist es so passiert. Und wir verstärken unser Team dahingehend, dass wir Leute bei uns in der Firma haben, die sich jetzt ausschließlich mit diesen Dingen beschäftigen, also medienpädagogischen Aspekten, auch medizinpädagogischen Dingen, wie der Stottererfrage. Und ich denke, dass es deswegen wirklich wichtig ist, dass wir es schaffen, sagen wir mal in den nächsten 6 bis 12 Monaten, ein Podium zu finden, Herr Kahn, das wir nutzen, um die Diskussionen auch zu systematisieren, auch Ergebnisse rauszubringen.

Mir bleibt jetzt nur noch, Ihnen noch einmal zu danken. Ich habe jetzt nicht das letzte Wort, aber das Dankeswort. Und es war für mich ebenfalls sehr sehr spannend und sehr sehr interessant, und dafür danke ich Ihnen sehr.

Herr Kahn:

Ich möchte Sie, Herr Sikojev, beim Wort fassen, und zwar: Wir haben ja vor, im Anschluss von diesem Symposium ein Buch herauszugeben, in dem alles das drinsteht, was sich von den Referenten und von einigen anderen her zum Thema ergeben hat. Ich bitte Sie aber, auch dazu einen besonderen Beitrag zu leisten. Führen Sie aus, was aus den Märchen in den neuen Medien umgesetzt werden kann und was nicht umgesetzt werden kann, damit wir uns ein Bild machen können, wie weit unsere Forderungen überhaupt Realität sind. Das ist also ein ganz dringender Wunsch. Ich werde auf jeden Fall Kontakt mit Ihnen halten. […]

Dankeschön! Ich wünsche Ihnen allen, dass sie nach Hause gehen und etwas von beiden Seiten, von den Märchenfreunden und von denen, von denen wir meinen, dass sie nicht gerade freundlich gegenüber den Märchen gewesen sind, mitnehmen und sich für die Zukunft genauso vornehmen, daran weiterzuarbeiten, damit ein abschließendes Ergebnis erreicht wird.

Moderator:

Herr Kahn hat das Schlusswort eigentlich schon vorweggenommen. Ich muss dazu nicht mehr viel sagen. Ich danke auch nochmals Herrn Sikojev. Ich fand das ganz toll, dass er sich hier 'gestellt' hat. Und so schlimm war es, glaube ich, nicht. Er hat bestimmt Anregungen erhalten. Inwieweit er diese umsetzen wird, werden wir sehen. Ich habe da etwas Zweifel. Es wäre wohl das erste Mal, dass so ein unglaubliches Unternehmen auch auf Idealisten hören würde. Aber wir hoffen das Beste.

Ich bedanke mich bei allen Referentinnen und Referenten und vor allem auch bei Ihnen (allen) für Ihr Engagement. Ich glaube, es war eine sehr lebhafte Diskussion, die ganz bestimmt ihre Früchte tragen wird. Ganz herzlich bedanke ich mich bei dem Hauptinitiator, bei Herrn Kahn. Gerade seine Märchen-Stiftung ist Vorbild für das, was wir vorhaben, denn damit initiiert er ja Lehrerfortbildungen, -weiterbildungen usw. Und gerade die Lehrerausbildung, die Lehrerfortbildung, die Ausbildung der Kindergärtnerinnen, das alles muss forciert werden, und dafür werden wir kämpfen. Ich danke Ihnen allen.

Über die Autoren und Autorinnen

Bergmann, Prof. Dr. Ingrid (* 1942 Berlin), Lehrerin für Grundschule und blinde und verhaltensauffällige Kinder; danach erneutes Studium der Pädagogik, Psychologie und Philosophie. Von 1973 bis 1980 lehrte sie an der Pädagogischen Hochschule Berlin und von 1980 bis 1992 an der Technischen Universität Berlin als Professorin für Grundschulpädagogik im Fachbereich Erziehungswissenschaften. Danach Vortrags- und Seminartätigkeit und Arbeit in eigener Praxis für Logotherapie (Sinnorientierte Psychotherapie) und Existenzanalyse nach V. E. Frankl.

Fischer, Prof. Dr. Helmut (* 1934 Geistingen), lehrte Germanistik / Literaturwissenschaft und ihre Didaktik an der Universität Essen. Zahlreiche Veröffentlichungen zur Erzählforschung, mündlichen Literatur, Kinderfolklore und Kinderliteratur. Zuletzt erschienen: *Sagen des Westerwaldes*, 6. Aufl. 1999; *Kinderreime im Ruhrgebiet*, 2. Aufl. 1994; *Spukgeschichten aus dem Turm*, 1995; *Umgang mit Kinderliteratur*, 1995.

Franz, Prof. Dr. Kurt (* 1941 Ossegg / Sudetenland), Studium der Germanistik, Geographie, Geschichte und Pädagogik; Lehramt für Realschule und Gymnasium; zunächst Lehrer, seit 1974 an der Universität München, zuletzt als Akademischer Direktor, seit 1993 Inhaber des Lehrstuhls für Didaktik der deutschen Sprache und Literatur an der Universität Regensburg; M. A., Promotion zur Soziologie mittelalterliche Spruchdichter, Habilitation über J. P. Hebel. Präsident der Deutschen Akademie für Kinder- und Jugendliteratur Volkach, Vorstandsmitglied des Literaturarchivs Sulzbach-Rosenberg, vier Jahre Mitglied der Jury des Deutschen Jugendliteraturpreises u. a. Wissenschaftliche Schwerpunkte: Methoden des Literaturunterrichts, Geschichte des Deutschunterrichts, Kinder- und Jugendliteratur, volkstümliche Erzählformen, Namendidaktik, Leseforschung (zur Zeit DFG-Projekt). Buchveröffentlichungen u. a.: *Was Kinder alles lesen – Kinder- und Jugendliteratur im Unterricht* (mit B. Meier), 3. Aufl. 1983; *Kinderlyrik – Struktur, Rezeption, Didaktik*, 1979; *J. P. Hebel: Kannitverstan*, 1985; *Kalendermoral und Deutschunterricht*, 1995; Hrsg.: *Interkulturalität und Deutschunterricht* (mit H. Pointner), 1994; *Kinderlyrik zwischen Tradition und Moderne* (mit H. Gärtner), 1996; *Blickpunkt: Autor* (mit F.-J. Payrhuber), 1996; *Namenforschung und Namendidaktik* (mit A. Greule), 1999; *Bilderwelten – Vom Bildzeichen zur CD-ROM* (mit G. Lange), 1999; *Kinder- und Jugendliteratur – Ein Lexikon* (mit G. Lange, F.-J. Payrhuber), seit 1999. Kinderliteratur u. a.: *Lesen macht stark*, 9. Aufl. 1996.

Heidtmann, Prof. Dr. Horst (* 1948 Hamburg), Professor für Medien- und Informationswissenschaft mit dem Schwerpunkt Kinder- und Jugendmedien an der Hochschule für Bibliotheks- und Informationswesen, Stuttgart, geschäftsführender Leiter des Instituts für angewandte Kindermedienforschung. Veröffentlichungen u. a.: *Kindermedien*, Stuttgart 1992 (SM); *Kinder- und Jugendliteratur multimedial und interaktiv. Multimedia-Anwendungen auf CD-Rom*, Weinheim 1996; *Leseförde-*

rung in der Mediengesellschaft, Stuttgart 1997 (hrsg. vom Institut für angewandte Kindermedienforschung); *Neue Formen von Kinder- und Jugendliteratur im Zeichen der digitalen und interaktiven Medien*, in: Karl Otto Conrady u. a.: *Lebenswelten, Medienräume. Jugendliche, Bibliothek und Schule*, Gütersloh 1997, S. 43–47; *Von Pinocchio bis Pocahontas. Die Märchenfilme der Walt-Disney-Company*, in: Kristin Wardetzky u. Helga Zitzlsperger (Hrsg): *Märchen in Erziehung und Unterricht heute* (Veröffentlichung der EMG) Rheine 1997; *Veränderungen der Lesekultur am Ende des 20. Jahrhunderts. Das Bedürfnis Jugendlicher nach Trivialliteratur und die Perspektiven der Leseförderung*, in: Grünbuch der Kinder- und Jugendmedien Bd. 3, Hamburg 1999, S. 7–23.

Heindrichs, Prof. Heinz-Albert (* 1930 Brühl), studierte Deutsch und Musik in Bonn und Köln, war Theaterkapellmeister in Essen und Wuppertal, Bühnen- und Hörspielkomponist, unterrichtete Musiktheorie am Konservatorium Dortmund, Schauspielmusik an der Folkwang-Hochschule, war seit 1966 Dozent, seit 1971 Professor und von 1975 bis 1979 Dekan des Fachbereichs Kunst, Design, Musik an der Universität Essen. Wissenschaftliche Schwerpunkte: Musiktheorie – Musik des 20. Jahrhunderts – Synästhesie. Künstlerische Schwerpunkte: Kompositionen – Gedichte – Zeichnungen.

Giera, Dr. Joachim (* 1947 Gleina), Studium Filmgeschichte und Filmwirtschaft an der Filmhochschule in Potsdam-Babelsberg. Arbeit als Redakteur, Spielfilmdramaturg, Lehrbeauftragter und Autor, seit 1974 auch als Medienpädagoge tätig. Veröffentlichungen u. a.: *Kinderliteratur und Kinderkinomatographie in der DDR* (2 Teile), 1984/86; *DEFA-Filmspiele 1950–1985* (4 Teile), 1985; *Kinder vor der Kamera*, 1988; *Wahrheit, wie sie in alten Märchen steckt*, 1989; *77 Märchenfilme*, 1990; *Kindertheater im Fernsehen der DDR (1953–1991)*, 1998.

Kahn, Walter (* 1911 Braunlage), Reisebürokaufmann. 1953–1964 Gründer und Gesellschafter-Geschäftsführer der Scharnow-Reisen, 1960 Initiator und Mitgründer des Studienkreises für Tourismus, 1985 Stifter und Vorsitzender der Märchen-Stiftung Walter Kahn. Veröffentlichungen u. a.: *Hinter dem Ende der Welt, Märchen*, Stuttgart 1960; *Die Felszeichnungen auf der Farm Etemba*, Windhoek 1965; *Die schlafende Stadt und andere Märchen*, Hameln 1991; *Das große UNICEF-Märchenbuch, Märchen aus aller Welt* (Hrsg.), illustr. von Natalia Zurakoowska, 2. Aufl. München 1997. Ehrungen: 1998 Großer Preis der Deutschen Akademie für Kinder- und Jugendliteratur.

Knoch, Linde (* 1940 Richtenberg), Bibliothekarin; seit 1984 Märchenerzählerin, Seminare zur Märchenkunde und zur Erzählausbildung für die Europäische Märchengesellschaft e. V. und für verschiedene Bildungseinrichtungen; Veröffentlichungen für die EMG und den MÄRCHENSPIEGEL; seit 1995 Vizepräsidentin der EMG.

Richter, Prof. Dr. Karin (* 1943 Magdala), Studium der Germanistik, Geschichte und Pädagogik; Tätigkeit als Lehrerin und Literaturwissenschaftlerin / Literaturdidakterin; Promotion zur Staatsidee in der deutschen Romantik; Habilitation zu wirkungsästhetischen Fragen der Kinder- und Jugendliteratur; Professorin für Literarische Erziehung / Kinder- und Jugendliteratur an der Pädagogischen Hochschule Erfurt. Publikationen u. a. zur Theorie, Geschichte und Didaktik der Kinder- und Jugendliteratur, zu Kind und Medien, zur Frauenliteratur.

Röhrich, Prof. Dr. Lutz (* 1922 Tübingen), em. Professor für Volkskunde an der Universität Freiburg im Breisgau, Direktor des Deutschen Volksliedarchivs. Zahlreiche Veröffentlichungen auf dem Gebiet der Erzählforschung, u. a.: *Märchen und Wirklichkeit*, 4. Aufl. 1979; *Erzählungen des späten Mittelalters und ihr Weiterleben in Literatur und Volksdichtung bis zur Gegenwart*, 1962/1967; *Sage und Märchen. Erzählforschung heute, 1976; Lexikon der sprichwörtlichen Redensarten*, 6. Aufl. 1988; *Der Witz. Figuren, Formen, Funktionen*, 2. Aufl. 1980; *Sprichwort* (mit Wolfgang Mieder), 1977; *Wage es, den Frosch zu küssen. Das Grimmsche Märchen Nummer eins in seinen Wandlungen*, 1987; Mitherausgeber der *Enzyklopädie des Märchens*. Ehrungen: Chicago Folklore Prize 1974; Oberrheinischer Kulturpreis (Basel) 1984; Brüder-Grimm-Preis (Marburg) 1985; Preis Pitré (Palermo) 1985; Märchenpreis der Stiftung Walter Kahn 1991.

Schieder, Brigitta (* 1946 Thalham/Miesbach), verheiratet, vier erwachsene Kinder. 1986–1989 Ausbildung zur Märchenerzählerin; seit 1988 therapeutische Ausbildung nach V. E. Frankl; seit 1989 Märchenseminare für Erwachsene; seit 1990 für Lehrer und Erzieher. Veröffentlichungen: *Der goldene Apfelbaum, Märchen für Kinder ab vier*, 1995; *Märchen, Nahrung für die Kinderseele, Sachbuch für Erzieher*, Gütersloh 1996; *Chancen ganzheitlicher Märchenarbeit in Kindergarten und Schule*, in: Wardetzky / Zitzlsperger: *Märchen in Erziehung und Unterricht heute*, Bd. II, Baltmannsweiler 1998; *Erzähl mir doch ein Märchen*, München 2000; *Märchen machen Mut, Werkbuch für Werteerziehung und Persönlichkeitsentfaltung*, München 2000.

Schmitt, Dr. Christoph (* 1956 Hilders/Hessen), Studium der Europäischen Ethnologie und Kulturwissenschaft, Neueren Deutschen Literatur und Kunstgeschichte in Marburg. Förderpreis der Märchen-Stiftung Walter Kahn zur Dissertation, Frankfurt a. M. 1993; 1994–1996 Lehrbeauftragter am Institut für Volkskunde der Universität Hamburg; ab 1996 Wissenschaftlicher Mitarbeiter am Institut für Volkskunde (Wossidlo Archiv) der Universität Rostock, ab 1999 dessen Leiter. Forschungsschwerpunkte: Erzählforschung, populäre (Bild-)Medien, Kinderkultur. Letzte Buchproduktion (Hrsg.): *Homo narrans. Studien zur populären Erzählkultur*, Münster u. a. 1999.

Wardetzky, Prof. Dr. Kristin (* 1942 Ranis), Studium der Germanistik, Anglistik und Pädagogischen Psychologie in Jena und Leipzig; Theaterpädagogik am (Ost-)-Berliner Kinder- und Jugendtheater (1970–1992); seit 1992 Professorin für Spiel- und Theaterpädagogik in Darmstadt, jetzt an der Hochschule der Künste Berlin.

Forschungsschwerpunkte: Rezeptionsverhalten von Kindern und Jugendlichen im Theater, Märchenrezeption und -produktion von Kindern. Schwerpunkte in der Lehrtätigkeit: Theorie und Praxis des Erzählens, Märchentheorie, Geschichte des Kindertheaters, Didaktik des Darstellenden Spiels, Spieltheorie. Veröffentlichungen u. a.: *Ins Tiefe springen. Gespräche mit Kindern*, Berlin 1990; *Märchen – Lesarten von Kindern*, Berlin, Bern 1992; *Gewalt in Texten von Kindern*, in: JuLit 3/1993; *Märchen in Erziehung und Unterricht heute* (hrsg. mit Helga Zitzlsperger), Bd. I, EMG Rheine 1997, Bd. II, Baltmannsweiler 1997.

Weinrebe, Dr. Helge (* 1950 Rostock), 1969–1973 Studium der Erziehungswissenschaft, Psychologie und Soziologie in Konstanz (M. A.); 1971–1975 tätig in der Lehrerbildung (Schweiz und Bundesrepublik Deutschland); 1975–1977 Studium an der PH in Lörrach; 1998 Promotion an der Universität Konstanz / PH Weingarten (Dr. paed.); seit 1977 im Schuldienst. Publikationsschwerpunkte: Märchen, Spiel, Grundschuldidaktik und -methodik.

Weiße, Suse (* 1962 Wolfsburg), aufgewachsen in Aurich, Ostfriesland; Studium an der FU Berlin und HdK Berlin; seit 1991 Diplompsychologin, seit 1995 Theaterpädagogin; 1996 bis 1999 Theaterpädagogin und künstlerische Mitarbeiterin am Kammertheater Neubrandenburg; seit 1999 freischaffend als Regisseurin, Theaterpädagogin und Märchenerzählerin. Bisherige Inszenierungen: *Honigmond* – frei nach der *Kleinbürgerhochzeit* von Brecht (1995 in Berlin); *Das besondere Leben der Hiletje Jans* (1997 in Neubrandenburg); *Projekt Kafka – der Prozeß* (1998 in Neubrandenburg); *Leonce & Lena* (1998 in Neubrandenburg); *Der kleine Häwelmann* (1999 in Berlin); *Schneewitte* (2000 in Berlin).

Zitzlsperger, Helga (* 1941 Wangen/Allgäu), Dipl.Päd., Oberstudienrätin an der PH Weingarten für das Fach Deutsch und seine Didaktik. Veröffentlichungen u. a.: Kinder spielen Märchen, 5. Aufl. Weinheim 1994; *Ganzheitliches Lernen*, 4. Aufl. Weinheim 1994; *Märchen in Erziehung und Unterricht heute* (hrsg. mit Kristin Wardetzky), Bd. I, EMG Rheine 1997, Bd. II, Baltmannsweiler 1997; zahlreiche Beiträge in pädagogischen Zeitschriften und im MÄRCHENSPIEGEL.

Clemens Kammler
Neue Literaturtheorie und Unterrichtspraxis
Positionen und Modelle. Deutschdidaktik aktuell Band 8.
2000. X, 166 Seiten. Kt. ISBN 3896762273. FPr. DM 29,80

In diesem Band werden Möglichkeiten einer Annäherung von aktuellen Literaturtheorien – insbesondere den sogenannten poststrukturalistischen Ansätzen – und Deutschunterricht theoretisch erörtert und praktisch erprobt. Dabei geht es nicht um simple „Abbilddidaktik", sondern um den Versuch, die Relevanz, aber auch die Grenzen der einzelnen theoretischen Konzepte (u. a. Hermenetik, Dekonstruktion, Diskursanalyse) an konkreten unterrichtspraktischen Beispielen darzustellen. Der Band gliedert sich in drei Teile:

1) Literaturdidaktische Positionen
2) Arbeit an Kanon-Texten (Beiträge zu Goethe, Büchner, Kafka, Heinrich Mann)
3) Gegenwartsliteratur im Unterricht (u. a. Aufsätze zu Heiner Müller, zum Auschwitz-Diskurs und zu Aspekten didaktischer Literaturkritik).

Bilderwelten
Vom Bildzeichen zur CD-ROM. Hrsg. von **Kurt Franz** und **Günter Lange**. (Schriftenreihe der Deutschen Akademie für Kinder- und Jugendliteratur Band 24). 1999. VI, 209 Seiten. Kt. ISBN 3896762168. FPr. DM 29,80

Dieser Band der „Schriftenreihe der deutschen Akademie für Kinder- und Jugendliteratur" versammelt die Vorträge, die auf der Frühjahrstagung der Akademie vom 22. bis 23. April 1999 in Volkach gehalten worden sind. Die Tagung stand unter dem Thema **„Bilderwelten. Vom Bildzeichen zur CD-Rom"** und hatte sich zum Ziel gesetzt, den verschiedenen Möglichkeiten des Umgangs und der Verwendung von „Bildern" in Tradition und Gegenwart unter jugendliterarischem Gesichtspunkt nachzugehen.

In dem hier vorgelegten Tagungsband sind die Plenumsvorträge wie auch die Themen der Arbeitsgruppen als Aufsätze zusammengestellt, aber nicht in der Reihenfolge, wie sie auf der Tagung gehalten wurden, sondern nach Medien geordnet.

Ein Fazit der Tagung: Es kann in Schule und Öffentlichkeit nicht um ein Gegeneinander von Buchstaben- und Bilderwelten gehen – darin äußert sich ein kulturpessimistischer Ansatz –, sondern darum, zu erkennen, daß sowohl die Buchstaben- wie die Bilderwelten jeweils besondere Möglichkeiten zur Wahrnehmung von Wirklichkeit bieten und eine „alternative Erkenntnisstruktur" besitzen. Man muß sie nur erkennen und zu nutzen wissen.

Schneider Verlag Hohengehren
Wilhelmstr. 13; D-73666 Baltmannsweiler

Neuerscheinungen

Kinder – Literatur – 'neue' Medien

Hrsg. von Karin Richter und Sabine Riemann
Diskussionsforum Deutsch Band 1. 2000. VI, 244 Seiten. Kt.
ISBN 3896763008. FPr. DM 36,—

Die in dem Band vereinten Beiträge widmen sich einem Beziehungsgeflecht, das in der gegenwärtigen Kinder- und Jugendliteraturbetrachtung eher selten in den Blick fällt – der Frage nach dem Verhältnis von Kinder- und Jugendliteratur und neuen Medien.

Sie erfassen dabei sowohl das weite Feld der kindlichen Mediennutzung und Veränderungen in der Lesekultur junger Menschen als auch Wandlungen in den Medien selbst.

Darstellungen zu einzelnen Aspekten der Printmedien, zum Kinderhörspiel und Kindertheater, zum Kinderfernsehen und Kinderfilm, zu Kindercomic und CD-ROM-Produktionen sowie zu Kinderzeitschriften ermöglichen einen interessanten Einblick in gegenwärtige Medienwelten.

Die von Wissenschaftlern, professionellen Literaturvermittlern, Schriftstellern und Pädagogen verfassten Aufsätze wollen Orientierung bieten und zu einem kreativen Umgang mit einem komplizierten Gegenstand in Schulen und Hochschulen, in Verlagen, Sendern und Redaktionen anregen.

Die Beiträge bieten in der Unterschiedlichkeit ihrer Standpunkte, in der Souveränität der Auseinandersetzung mit einem vielschichtigen Phänomen und in der Bedachtsamkeit des Urteils ein Beispiel für die Vielfalt der Zugänge zu einem schwierigen Gegenstand, der keine einfachen Antworten und Rezepte zulässt.

Schneider Verlag Hohengehren
Wilhelmstr. 13; D-73666 Baltmannsweiler